BLACK
SCREEN

黑帮、好莱坞
与美国社会

李洋 著

中信出版集团｜北京

图书在版编目（CIP）数据

黑色银幕：黑帮、好莱坞与美国社会 / 李洋著.--
北京：中信出版社，2024.12. -- ISBN 978-7-5217
-6968-5

Ⅰ. D771.28

中国国家版本馆 CIP 数据核字第 20249F2R51 号

黑色银幕：黑帮、好莱坞与美国社会
著者： 李洋
出版发行：中信出版集团股份有限公司
（北京市朝阳区东三环北路 27 号嘉铭中心　邮编　100020）
承印者：北京尚唐印刷包装有限公司

开本：880mm×1230mm 1/32　印张：14.25　字数：352 千字
版次：2024 年 12 月第 1 版　印次：2024 年 12 月第 1 次印刷
书号：ISBN 978-7-5217-6968-5
定价：128.00 元

版权所有·侵权必究
如有印刷、装订问题，本公司负责调换。
服务热线：010-84849555
投稿邮箱：author@citicpub.com

目录 CONTENTS

第一章　纽约黑帮　001
美国19世纪的街帮与文化

第二章　教父　057
黑白交织的杰作及其原型

第三章　教父再起　107
《教父》系列的有组织犯罪与地下金融

第四章　美国往事　209
纽约现代黑帮的四个原型

第五章　疤面煞星　259
阿尔·卡彭的银幕传奇

第六章　赌城风云　321
马丁·斯科塞斯电影中的美国社会

第七章　洛城机密　371
经典好莱坞与黑帮的幕后交易

第八章　黑道家族　403
美国黑帮的衰落

参考文献　441
后记　447

America was born in the streets

CHAPTER

01

Gangs of New York

第一章

纽约黑帮

美国 19 世纪的街帮与文化

> 一个世纪以来，电影和黑社会之间是相互伴生、相互依存的关系。
>
> ——狄亚哥·甘贝塔（意大利犯罪学家）

黑帮片是一个尽人皆知的全球化电影类型，日本、英国、法国、韩国、印度等许多国家都有自己的黑帮片，但黑帮片作为类型最重要的传统，当然是由美国黑帮片奠定的。尽管关于美国黑帮片的研究已经很多，但我们在这里尝试换一个角度理解美国黑帮片的历史和人物，在那些观众耳熟能详的黑帮片背后，有美国有组织犯罪的历史，及美国有组织犯罪与美国政治、好莱坞和华尔街之间复杂的历史恩怨。美国黑帮片与美国现实之间有着若隐若现、真真假假的关联，这一点往往被电影类型研究者忽视，而这恰恰是我们这场黑帮片历史漫游的起点，我们会看到经典黑帮片精彩情节背后的那些更精彩、更令人不可思议的人物和故事。《纽约黑帮》(Gangs of New York, 2002) 是美国导演马丁·斯科塞斯（Martin Scorsese）酝酿了 30 年的作品，这部电影特别适合为我们打开黑帮片通向好莱坞、美国历史和有组织犯罪的那道"暗门"。

导演马丁·斯科塞斯与主演莱昂纳多·迪卡普里奥在片场（alamy / 视觉中国）

· 一 ·

《纽约黑帮》在美国黑帮片历史上有着特殊的地位，由莱昂纳多·迪卡普里奥（Leonardo DiCaprio）、卡梅隆·迪亚兹（Cameron Diaz）和丹尼尔·戴－刘易斯（Daniel Day-Lewis）主演，制片公司是当年出品了《低俗小说》（Pulp Fiction, 1994）和《哭泣的游戏》（The Crying Game, 1992）等经典独立电影的米拉麦克斯影业公司（Miramax Films）。这部电影是斯科塞斯与莱昂纳多·迪卡普里奥的第一次合作，从开始拍摄就吸引了媒体的追踪报道，上映后更是成为马丁·斯科塞斯截至当时的近10年时间里票房最好的电影，获得了10项奥斯卡奖提名。可惜，它最终没有拿下任何奖项，这让《纽约黑帮》成为奥斯卡奖历史上争议较大的一部作品。这或许是因为美国电影工会的成员对这部影片展现纽约历史的方式，以及其所呈现的美国黑帮与政治的关系持有谨慎的意见；或许是因为他们对影片过于单薄的复仇故事并不满意，但马丁·斯科塞斯却坚持要把这段历史拍出来。影片获得了第60届金球奖最佳导演奖，著名演员丹尼尔·戴-刘易斯获得了第56届英国电影学院奖最佳男主角奖。

黑帮片的影迷或许会对《纽约黑帮》里的故事感到陌生，因为它不是"典型"的黑帮片。《纽约黑帮》没有《教父》(*The Godfather*, 1972)中黑帮家族之间的尔虞我诈，也没有《古惑仔》中小混混在城市街头的逞凶斗狠，更没有北野武《极恶非道》中那些西装革履却"易燃易爆"的大哥。《纽约黑帮》讲述的是19世纪60年代的"近代"黑帮，而不是罗伯特·德尼罗(Robert De Niro)和乔·佩西(Joe Pesci)主演的《好家伙》(*Good Fellas*, 1990)及《赌城风云》(*Casino*, 1995)中展现的现代黑帮。《纽约黑帮》是美国电影史上一部罕见的"另类"黑帮片，故事发生在19世纪的纽约，影片中的帮会使用的武器都是尖刀、斧头和铁棍，而不是手枪。这是一部"冷兵器黑帮片"，但这段历史对于美国有组织犯罪的历史来说却至关重要。而且，该片在电影史上也比较罕见，它讲的是美国黑帮的精神源头和美国帮派文化的诞生。在电影中，人人都拿着砍刀、棍棒和斧头，帮派之间相互搏杀，场面暴力血腥，看上去像《勇敢的心》(*Brave Heart*, 1995)那样的中世纪战争片，但故事的发生地不是别处，正是世界著名城市纽约，而且是20世纪的金融中心曼哈顿，这是酝酿了美国精神的地方。在19世纪，纽约还没有成为现代大都会，反而像是一个失去法律秩序的蛮荒的西部世界。

《纽约黑帮》取材于许多美国历史上真实的黑帮事件。故事发生在19世纪中期的曼哈顿岛，由爱尔兰新移民组成的黑帮"死兔党"(Dead Rabbits)与由纽约本地人组成的"包厘街小子"(Bowery Boys)有很深

影片中的新移民帮派"死兔党"（alamy / 视觉中国）

的积怨，他们分别代表不同的人群和利益，最终发生了激烈的暴力冲突，双方举行了一场大规模街头群殴，最终"死兔党"的头领维纶（Vallon）神父被本地帮的头目"屠夫"比尔（Bill 'The Butcher'）杀死，"死兔党"受到重创，但维纶神父的儿子阿姆斯特丹（Amsterdam）在混乱中躲进贫民窟的地道而幸存下来。他漂泊了16年后，回到当年父辈们争夺的曼哈顿街区，寻找机会替父报仇。然而，这时的曼哈顿已不是当年的曼哈顿，随着纽约迅速城市化，不同的社会力量在这里发生着激烈的碰撞，帮派、族裔和宗教等问题纠缠在一起，而美国内战的爆发又加剧了纽约人民在奴隶制和联邦制等问题上的分歧。曼哈顿既是纽约最生机勃勃的地方，也是最肮脏危险的地方。"屠夫"比尔依然是凶残、冷血、杀人不眨眼的本地帮老大，当年追随维纶神父的"死兔党"成员则有了不同的发展。阿姆斯特丹感到自己势单力孤，他的复仇计划变得困难重重。这时，他结识了女贼珍妮，两人渐渐相爱。在一次机缘巧合下，阿姆斯特丹获得了比尔的信任，成为他的手下，并在一场刺杀行动中救了比尔，从而获得了比尔的赏识。但是，阿姆斯特丹迟迟找不到复仇的机会。结果他被自己的好友出卖，陷入狂怒的比尔在大庭广众之下险些将他杀死。在珍妮的恳求下，比尔给他留了一口气。

　　阿姆斯特丹想把刚抵达纽约的新移民和刚解放的黑人团结起来，因为他们都是被本地帮欺凌的弱势群体。当他正准备与本地帮决一死战时，纽约的地方选举开始了，政治组织坦慕尼协会（Tammany Hall）过去一直与"屠夫"比尔合作，但他们对比尔日趋保守的政治观点和推崇暴力的行事风格非常不满，转而联合阿姆斯特丹的"死兔党"。阿姆斯特丹以扶持一个爱尔兰人做县长作为条件，同意带领新移民去为坦慕尼协会支持的候选人投票。很快，阿姆斯特丹支持的爱尔兰人瓦尔特·麦克金（Walter McGinn）在地方竞选中气势如虹，随着他的票数越来越高，支持共和党的本地帮非常不满，"屠夫"比尔残忍地在麦克金家的门前杀死了他，这让那些对本地帮早已忍无可忍的移民群体组成新的同盟，他们为了维护爱尔兰人的生存与平等，对"屠夫"比尔和他的本地帮宣战。可就在双方约好在街头决斗的当天，纽约爆发了暴动，暴动缘于反对当地政府颁布的征兵政策，但逐渐演变为带有种族色彩的屠杀。就这样，两个帮派的决斗与由美国内战引发的骚乱混在一起，最后人群被纽约港军队的大炮镇压和驱散。在混乱中，阿姆斯特丹终于亲手杀死了"屠夫"比尔，报了血海深仇。经历了腥风血雨的纽约，迎来了迅速发展、不断扩张的大都会时代。

影片中的本地帮派"包厘街小子"（alamy / 视觉中国）

· 二 ·

《纽约黑帮》改编自赫伯特·阿斯伯里（Herbert Asbury）的纪实小说《纽约黑帮——黑社会的非官方历史》（*The Gangs of New York: An Informal History of the Underworld*, 1928）。早在 1970 年，马丁·斯科塞斯就读到了这本书，当时他就断定这本书可以拍成一部好电影。但当时他既没有资金，也没有影响力，只能等待时机。1979 年，他买下了这本书的电影版权，甚至还写出了一个剧本初稿，但他又用了 20 年时间寻找愿意为这部电影投资的人。最终，在 20 世纪 90 年代因美国独立电影复兴而强势崛起的米拉麦克斯影业公司心甘情愿地为这部电影投资，制片人就是在美国 MeToo 运动中被逐出电影业并被判刑的哈维·韦恩斯坦（Harvey Weinstein）。马丁·斯科塞斯为了让哈维·韦恩斯坦理解这部电影拍摄完的样子，给他布置了许多"家庭作业"，让他观看了近 80 部电影。这或许是一个夸张的说法，但他的确让韦恩斯坦看了许多电影，其中包括《笑面人》(The Man Who Laughs, 1928) 这样并不算特别有名的默片。哈维·韦恩斯坦回忆道："80 部，你能想象吗？要知道，当时没有录像，没有 DVD［数字激光视盘］，每部电影都要在大银幕上放映，这就像跟着斯科塞斯教授上学一样。"

影片中展现的旧纽约早就不复存在了，因此他们只有两个选择，一个是用电脑特效来制作，这在当时是刚刚开始流行的做法，《黑客帝国》(The Matrix) 系列和《指环王》(The Lord of the Rings) 系列都采取了这种做法。还有一个方法，就是因循大制片厂时代的传统做法，在摄影棚里重新建造外景。斯科塞斯选择了后者，他要求使用真实布景。影片的美术设计是意大利设计师丹提·费瑞提（Dante Ferretti），他们在意大利传奇的罗马电影城（Cinecittà）重新建造了一个令人叹为观止的 19 世纪 60 年代的纽约景观。斯科塞斯决心在罗马复刻纽约的五点区（Five Points）与曼哈顿，把这个肮脏的地方和贫民窟如实地重建起来。美术组重建了一英里①长的纽约街道，包括商店、沙龙、房屋、城市广场，甚至是港口、码头和船只，所有这些布景都没有外墙包围，参观者只要进入布景仿佛就踏入了历史中的纽约，回到了纽约的五点区。布景的建造参照了许多历史档案照片、笔记和插画。费瑞提说："把所有的东西都按照原来的建筑那样真实建造起来，甚至连砖石、鹅卵石和木头都不例外，而不是像《角斗士》[Gladiator, 2000] 或《指环王》那样使用数字特效。"但是，新建的五点区尽管在尺寸与材料上做到了对历史一比一的复现，看上去还是太新了，费瑞提只好找专业团队为这些布景统一做

---

① 1 英里约合 1.6 千米。——编者注

美国社会改革家、摄影家雅各布·里斯
(Pirie MacDonald, 1906)

旧。他们用石膏、油漆、补丁把建好的建筑一点点做旧，费瑞提说："这真是一项浩大的工程，但最终一切都很完美。"对于五点区的重现，费瑞提参考了美国新闻记者、摄影家雅各布·里斯（Jacob Riis）的历史照片。在19世纪90年代，作为新闻记者、摄影师和社会改革家的雅各布·里斯在纽约的五点区拍摄了许多街区照片，这些照片展现了底层街区拥挤的公寓、穷苦的儿童，以及像"强盗窝"一样的生活区。这些照片曾激发了当地公众对生活条件的愤怒和抗议，最终让纽约市政府把五点区最臭名昭著的街区"马尔伯里弯巷"（Mulberry Bend）夷为平地。所以，这些照片反映了纽约人对五点区最深刻的记忆，也是斯科塞斯和费瑞提在布景上的重要参考。

当然，在影片中还是有些东西没法搭建，比如影片结尾在"纽约征兵暴动"（New York Draft Riots）过程中冲出动物园的大象。意大利布景设计师没办法将一头大象带进罗马电影城。为了解决这个问题，韦恩斯坦让斯科塞斯继续拍摄，他则求助于乔治·卢卡斯（George Lucas）。乔治·卢卡斯正在拍摄《星球大战前传2：克隆人的进攻》(Star Wars: Episode II - Attack of the Clones, 2002)。在拍戏期间，他曾到罗马观看斯科塞斯的大型布景，并告诉斯科塞斯，用搭建大型实景的方法拍摄电影，

由于雅各布·里斯的摄影而被拆毁的"马尔伯里弯巷"(Jacob Riis,约 1890 年)

《纽约黑帮》剧组在罗马电影城搭建的纽约五点区的真实布景(alamy / 视觉中国)

以后在好莱坞不可能存在了，大家都会选择用电脑特效以节省成本。在韦恩斯坦的求助下，卢卡斯在现场指导演员们在没有大象的情况下完成了拍摄，并用自己的特效团队完成了大象的数字创作，为电影制作出一头大象，效果完全可以以假乱真，这也是《纽约黑帮》中唯一完全由电脑生成的内容。

影片中的反派演员丹尼尔·戴-刘易斯是非常著名的方法派演员，从《布拉格之恋》(The Unbearable Lightness of Being, 1988)到《因父之名》(In the Name of the Father, 1993)，他在许多作品中的表演都出神入化，给人留下了深刻的印象。他在《纽约黑帮》中塑造的"屠夫"比尔的光芒，甚至压制住了年轻帅气的莱昂纳多·迪卡普里奥。哈维·韦恩斯坦夸大了他邀请戴-刘易斯的过程，但戴-刘易斯确实没有马上就接受这个角色，曾经犹豫过一段时间。他与斯科塞斯合作过《纯真年代》(The Age of Innocence, 1993)，在同意接受这个角色之前，他专门约见了迪卡普里奥。据说两人在纽约中央公园的长椅上进行了一次深入的交流。丹尼尔·戴-刘易斯演活了"屠夫"比尔这个人物，一个凶残的屠夫，一个保守的种族主义者，一个纽约贫民窟的国王，一头预感到自己在时代的洪流中注定毁灭的绝望的野兽，令人望而生畏，过目难忘。为了这部电影，戴-刘易斯先是向皇后区里经营肉店的两个阿根廷人学了屠夫手艺，然后又向一位特地从伦敦飞来的屠宰大师学习。他在影片中的动作看上去非常娴熟，让人一看就知道这是一个依靠屠宰去生活和斗争的人。他在整个拍摄期间都保持着比尔的那种精神状态，而且听了很多埃米纳姆(Eminem)的歌曲，每天早上五点起床后就听埃米纳姆的《我的生活》("My Life")。在拍戏之前，他总喜欢寻找可能对扮演角色有帮助的音乐，作为一种特别的准备工作。也许是埃米纳姆因在黑人区长大而形成的那种张扬、自负和某种底层的精神，对他扮演"屠夫"比尔这个角色产生了许多启发。

《纽约黑帮》是斯科塞斯罕见的历史大制作，所以他希望像弗朗西斯·福特·科波拉（Francis Ford Coppola）那样，让自己的女儿弗兰西斯卡在影片中也露脸出演一个角色。但他不想让他的宝贝女儿出演"五点帮"（Five Points Gang）的人，于是特地设计了一场他与女儿共同出场的戏，他扮演了一个花花公子爸爸，与他的小女儿正在吃饭。拍摄时，由于罗马下雨，现场非常泥泞，拍摄进程变化很大，最后斯科塞斯只好选择了一个最安全、最干净的地方，就是卡梅隆·迪亚兹扮演的角色所偷窃的花花公子的房子里。

就在影片制作期间，"9·11"事件发生了，美国人长时间陷入悲伤和低落的情绪中，影片的上映时间也不得不从原计划的2001年12月推迟到2002年12月。韦恩斯坦对此给出的官方解释是，《纽约黑帮》展现了纽约早期警察使用暴力镇压骚乱，但考虑到当下纽约人对警察建立的信任和尊重，这些情节显得不太合适。事实上，斯科塞斯直到2002年还在为了连戏而拍摄一些小段落。要么是韦恩斯坦有意放纵斯科塞斯拖延一段时间，要么是斯科塞斯利用了韦恩斯坦的拖延在不断完善作品。不管怎样，当电影上映时，影片结尾那个曼哈顿的段落依然按照原计划以延时摄影的效果呈现出来，最终定格在今天纽约市的全景上，人们也能看到15个月前在"9·11"事件中已经倒塌的世贸大厦双子塔重新矗立起来。

斯科塞斯坚持要让影片结束于现代纽约城市天际线的镜头，否则这部片子就失去了它的意义。他说："我们在9月11日之前就制作和剪辑了结尾那段天际线的镜头，后来有人建议我们把世贸中心的塔楼拿掉，但我觉得修改纽约的天际线不是我的工作。电影中的这些人创造了纽约的天际线，而不是破坏它。如果天际线坍塌了，最终，他们还会再建一条新的。"

1900 年的纽约（Geo. P. Hall and Son, 1900）

《纽约黑帮》的剪辑修改持续了很长时间，斯科塞斯在 DVD 评论中说，没有任何一个版本算是原始版本，好几个版本都更像是草稿。第一个剪辑版本是看什么能用就放进去，时间长达 3 小时 38 分钟，比最后的剪辑版长了近一个小时。斯科塞斯与同他长期合作的剪辑师塞尔玛·斯昆梅克（Thelma Schoonmaker）做了很多细致的工作，一共制作了 18 个不同版本的《纽约黑帮》，用来为不同的观众放映。韦恩斯坦因此快被折磨疯了，他当然希望斯科塞斯能剪得再短一点，但斯科塞斯表示对我们最后看到的 2 小时 47 分钟的版本是最满意的。埃尔默·伯恩斯坦（Elmer Bernstein）为影片创作了一整套音乐，但斯科塞斯最终没有采纳。埃尔默·伯恩斯坦是一位传奇而多产的电影作曲家，曾为 200 多部电影和电视作品做配乐，在《纽约黑帮》之前，他也曾多次与斯科塞斯合作，包括为他赢得奥斯卡最佳原创配乐提名的《纯真年代》。尽管他为《纽约黑帮》创作了"完整的配乐"，但在影片拍摄完成之后漫长的剪辑过程中，斯科塞斯对音乐的观念产生了变化，最后，他使用了霍华德·肖尔

（Howard Shore）的管弦乐，以及彼得·盖布瑞尔（Peter Gabriel）和 U2 乐队的比较现代的音乐。霍华德·肖尔就是《指环王》系列的作曲家。

· 三 ·

看美国黑帮片，要看故事发生的城市，就像了解香港这座城市，对于我们理解香港黑帮片来说至关重要一样。影片中的许多人物和故事，都是在纽约真实存在和发生过的。"屠夫"比尔在历史上确有其人，尽管斯科塞斯在电影中改掉了他的姓氏，而且，让这个角色活到了南北战争时期，但在历史上，五点区的"屠夫"比尔在 1855 年就被人杀了。影片中的威廉·特威德（William M. Tweed）也是纽约历史上的真实人物，他控制着坦慕尼协会，这是纽约地区历史悠久的政党机器。也许最令人惊讶的是，影片开场斗殴中给人留下深刻印象的"地狱猫"玛姬（Hell-Cat Maggie），就是那个咬掉受害者耳朵的恶毒女人，也是以历史人物为原

威廉·特威德（Mathew Benjamin Brady，拍摄于 1860—1865 年的某个时间）

型的，是将历史上真实的"地狱猫"玛姬（本人真名不详）与其他几个著名女罪犯融合起来的角色。

在《纽约黑帮》中，这个剑拔弩张、危机四伏、被帮派统治的地方，就是曼哈顿臭名昭著的五点区，也是美国历史上最声名狼藉的街区。"五点"这个名字来自曼哈顿彼此贯通的四条街道：安东尼街（Anthony Street）、奥兰治街（Orange Street）、十字街（Cross Street）和小水街（Little Water Street），这四条街道形成了五个拐角，从地图上看像是一个不规则的五边形。在影片中，"屠夫"比尔说，这些紧邻的街道就像五点区的五根手指，他要把它们牢牢握在手中。在电影中的时代，五点区还是纽约的郊区，那里有一个名叫克莱特（The Collect）的小湖。当时纽约市的污染比较严重，市民们反对在市区里建屠宰场，于是就把水源丰富的五点区变成了屠宰场。后来，随着城市化进程的发展，纽约市不断扩张，到 19 世纪末，五点区在交通上的地位越来越重要，就被并入了纽约，成为曼哈顿的一个区，改名为今天大家熟知的"下东区"（Lower East Side），即现在的哥伦布公园（Columbus Park）到唐人街这片区域。

英国作家狄更斯在 1842 年曾经描写过纽约的五点区，把这里称作"一个罪恶和痛苦的世界"。当时的五点区正处在危机边缘。在 19 世纪 40 年代，爱尔兰爆发马铃薯大饥荒，一批又一批衣衫褴褛的爱尔兰穷苦

五点区一个帮派巢穴（Jacob Riis, 1888）

人远渡重洋来到纽约，他们仅剩的钱只够住在这里最廉价、最混乱的地方，也就是五点区。在《纽约黑帮》开场，我们可以看到这些爱尔兰人混居在一座巨大的贫民区建筑中。纽约黑帮的崛起就与五点区的环境和文化密不可分。在纽约，屠宰业是底层人聚集的行业。这些最脏最累的工作成为新移民来到纽约之后赖以生存的工作。因此五点区也成为本地帮派最早控制的地区，这也是本地帮的老大会是一个屠夫的原因。历史上，这个本地帮的名字叫"包厘街小子"，包厘街就是五点区最东边的一条街。很多人可能不会注意,"屠夫"比尔经营的其实是一家肉店。虽然他早已不再是个屠夫,但是他依然以屠夫的方式去处理问题,比如他的武器就是一整套屠刀,他像教屠宰一样教阿姆斯特丹如何搏击,而当他发现阿姆斯特丹潜伏在自己身边试图杀死自己时,他把阿姆斯特丹像猪肉一样摔在了木桌上,准备像宰杀牲畜一样去收拾他。

五点区就是纽约一个三教九流、不同种族杂居的地方。这里房屋简陋,环境卫生条件差,秩序混乱,聚居了大量新移民,成为滋生犯罪和暴力的地方,因此才帮派林立,成为美国黑帮的发源地。

历史学家泰勒·安宾德(Tyler Anbinder)是《纽约黑帮》的历史顾问,他曾经写过一本专门研究五点区的著作。根据他的描述,在五点区的贫民窟,不同的家庭、群体都挤在一两间没有窗户的房间里,厕所很少,而且经常堵塞,街上到处是泥泞的污水。由于附近是屠宰场,所以经常有猪在街道上跑。五点区整个街区都是臭气熏天,人们不得不用沾满樟脑的手绢捂着鼻子以防恶臭。这就是当时纽约人对五点区的评价。还有一些上流社会的人会在警察的护送下来到五点区,看看他们从记者和传教士那里听来的骇人听闻的故事是否属实。当时,有一位纽约卫理公会的人这样评价五点区,说它是"最彻底的无知、最赤裸的痛苦、最黑暗的犯罪、人性堕落到无以复加的代名词"。

其实,五点区并不纯粹是一个犯罪横生的野蛮地区,这里许多人都有真正的合法工作,比如鞋匠、裁缝、泥瓦匠、杂货商、雪茄商、酒商等,新移民在这里生活和攒钱,并把亲人从欧洲接过来,在新世界安家落户。但是,由于居住环境比较差,人员混杂,犯罪现象多也是事实。《纽约黑帮》中展现的许多职业和社会现实都是符合历史的,《纽约论坛报》(New York Tribune)的记者乔治·福斯特(George Foster)曾在1850年的报道中提到,五点区妓院非常多,甚至母亲带着女儿共同接客也是

纽约曼哈顿一条街道上的贫民公寓：五美分一个床位（Jacob Riis, 1889）

很平常的事情。泰勒·安宾德在书里也提到，五点区的警方资料显示，在19世纪40年代到50年代，"从五点区十字路口辐射的街区，几乎每一栋楼里都有一家妓院"。

五点区最早是纽约当地人的地盘，这些人是19世纪初第一代爱尔兰新教移民的后代，但是从19世纪40年代到60年代，爱尔兰马铃薯大饥荒导致爱尔兰底层人大量移民美国，这些新移民从纽约登陆上岸，形成了新移民潮。1845年，纽约人口只有37.1万，到1855年就已经达到63万，其中超过半数纽约人的出生地是国外。1860年，移民占到了纽约人口的47%。为什么《纽约黑帮》中年轻稚嫩的阿姆斯特丹最终敢于与本地帮叫板？就是因为新移民越来越多，本地人再凶残，也抵不过他们人多。由于移民人口太多，1855年，纽约市不得不在城堡花园设立了美国历史上第一个移民安置点。新移民的加入和人口结构的变化，让纽约逐渐成为一个多元文化的城市，也为纽约在工业和经济方面的迅速崛起提供了充足的底层劳动力。19世纪的纽约是继伦敦、巴黎、北京之后的世界第四大城市。历史学家认为："在世界上所有的大都市中，只有纽约的声望可以主要归因于移民，这是独一无二的。"移民对纽约的历史非常重要，但我们不要忘了，移民也是美国帮会文化的根源。19世纪40年代到60年代，纽约的新移民主要来自德意志、爱尔兰和英格兰。德意志人很快从纽约去了西部，以务农为生。留在纽约的德意志人几乎都是手艺人和小商店店主，他们在纽约下东区的"小德意志"（Little Germany）这个地方聚居，主要经营熟食店、乐器行和啤酒屋。而爱尔兰新移民则普遍比较贫穷，多数人是农民，他们要经过五周甚至七周的时间漂洋过海。查理·卓别林（Charles Chaplin, 1889—1977）的《移民》（The Immigrant, 1917）就是对这些新移民的滑稽化的写照。马铃薯大饥荒已经让他们营养不良，移民船只的条件更让他们的移民之路充满艰辛，船舱里臭气熏天、毫无隐私、拥挤不堪，卫生和饮食条件都很差，很多人在路上就感染了伤寒、天花等。在电影《教父II》（The Godfather: Part II, 1974）中，维托·柯里昂（Vito Corleone）小时候坐船抵达纽约港时，就已感染了天花，不得不被隔离三个月。尽管爱尔兰人熬过了长途航行的辛苦，但当他们登上美国的土地时，迎接他们的是更为严峻的考验，比如本地帮对他们的欺压和剥削。

从19世纪80年代开始，来到纽约的新移民主要是中东欧的犹太人。在1900年前后，移民主力成为意大利人。当然，就像我们在影片中看到的，这个时期的五点区还有华人，有几场戏就发生在唐人街，因为唐人街紧邻五点区。当时的美国华人移民多数是广东人，他们多数是以劳工身份从美国西海岸登陆，而纽约的华人多数是那些无法忍受西部艰苦的工作、因被迫害而逃到纽约的，这些华人主要经营大烟馆和中餐馆。华人一贯能吃苦，什么样的艰苦工作都能接受，对其他族裔的包容力很强，因此在19世纪后期，华人被美国当地白人视为敌人，白人还在1882年颁布了臭名昭著的《排华法案》(Chinese Exclusion Act)，遏制华人移民。《纽约黑帮》展现的那个年代，爱尔兰人统治着五点区。所以，影片看上去讲述的是帮派之间的恩怨，实际上讲述的是爱尔兰新移民在美国的抗争与奋斗的历史。影片表层是年轻的阿姆斯特丹为父报仇的故事，而本质上讲的是爱尔兰新移民在美国争取他们应该获得的社会地位和公平权益的故事。

· 四 ·

美国黑帮片的重要特点之一，就是与族裔文化之间的联系。美国是一个多元文化的移民社会，所以，帮会的兴起、不同帮派的做事风格以及他们信奉的价值观，都与其所属的族裔息息相关，这是美国黑帮，也是美国黑帮片的特色。从某种角度看，我们可以把《纽约黑帮》理解为爱尔兰裔美国人的抗争史，而把《教父》理解为意大利裔美国人的奋斗史。

纽约就是美国作为移民社会的缩影。伴随着19世纪的移民潮，不同国家和地区的人来到纽约，其中很多人既没有受过良好的教育，也不懂英语，人生地不熟，只能依靠他们归属的族裔社群来生存，先一步抵达美国的故国亲友和老乡们成为他们落脚的依靠。天长日久，就形成了族裔聚居的城市格局，德意志人、爱尔兰人、意大利人、犹太人、华人都有自己的街区，就像城中城。当不同族裔的人因为工作和生活发生冲突时，他们不得不组成自己的组织，以调解邻里冲突，保护自己人不受欺负，给年轻人安排就业，于是就出现了帮派。这些族裔的宗教信仰、生活习惯和价值观不同，每个帮派的行事风格也不同。《教父》系列讲的是意大利人帮派，而《美国往事》（Once Upon a Time in America, 1984）则讲的是犹太人帮派，《无间风云》（The Departed, 2006）讲的是爱尔兰人帮派。虽然这些电影都是黑帮片，但是仔细比较，我们就会发现人物的做事风格、他们从事的黑道生意，甚至连他们威胁恐吓和杀人灭口的方式，都有很大区别。这是因为他们有着不同的族裔文化，不同族裔是理解美国黑帮片的第一个重要视角，这与日本、法国等国家的黑帮片是完全不同的。

在19世纪60年代，本地人对新移民非常冷漠，充满了偏见。新移民对于融入主流社会也比较消极，与本地人格格不入。于是就形成了两个对立的团体。在《纽约黑帮》中，屠夫"比尔"代表的"包厘街小子"是本地帮，而阿姆斯特丹和他的爸爸代表的"死兔党"则是新移民帮派。双方之所以会进行大规模武斗，还与他们的宗教差异有关。本地人都是新教徒，而爱尔兰新移民则信奉天主教，宗教差异加剧了他们之间的矛盾。这也是为什么阿姆斯特丹的爸爸作为新移民的帮派头领，居然是一位神父，他对于生活在贫民窟中的底层爱尔兰人来说，是双重意义上的首领：既是他们现实利益的保护者，也是他们信仰生活的引领者。在《纽约黑帮》开场双方决斗之前，"屠夫"比尔和维纶神父两个人在演讲中都声称自己代表上帝，然而彼此却水火不容。

从19世纪50年代开始，纽约本地帮与新移民群体爆发过许多次骚乱和冲突，这成为纽约历史中最沉痛的记忆。由于宗教原因，新移民与本地人关于教育的分歧最大。当时学校里充斥着新教教义，而越来越多的底层天主教徒则对此公开反对，这就是"1853年骚乱"的原因。1853年7月4日，信奉新教的本地人与信奉天主教的新移民分别举行了国庆游行活动。但当双方的庆祝队伍在街头相遇时,积蓄已久的仇怨让他们大打出手,引发群体斗殴,导致许多人被捕。10月9日,就在这次骚乱平息后不久,纽约爆发了第二场类似的骚乱。最终在12月11日,双方聚集在五点区中心进行斗殴,有5 000人参与了这场大规模的骚乱,而这场真实发生的骚乱就是《纽约黑帮》开场那场血腥冲突的历史原型,这也是第一场戏发生在冬天的原因。在影片中,"屠夫"比尔与"城市老板"(City Boss)勾结,抓捕新移民作为司法的牺牲品。在1853年的真实历史骚乱中,纽约有一半被捕的嫌疑人是爱尔兰天主教徒,因此《纽约黑帮》看上去像是一部具有传奇色彩的夸张历史剧,实际上它是忠于19世纪纽约历史的。

在影片的结尾,阿姆斯特丹带领"死兔党"与"屠夫"比尔的本地帮"包厘街小子"再次聚集到五点区,准备决一死战,这场骚乱在历史上并不是发生在"纽约征兵暴动"爆发的1863年,而是发生在1857年的国庆节。纽约市警察局被解散,加剧了本地帮与新移民的矛盾,"死兔党"与"包厘街小子"在五点区爆发了长达三个小时的大混战,双方参战者

1857年"死兔党"与"包厘街小子"的街头械斗(当时一份报纸的版画)

超过了 1 000 人，最后导致 12 人死亡、100 多人受伤，其中 37 人受重伤。因此，《纽约黑帮》中那些夸张和戏剧性的帮派混战，其实都来自纽约的真实历史，只是由于这段历史过于灰暗，此前它从未被搬上过银幕。

在影片中，长大成人的阿姆斯特丹回到了五点区，他童年时代的朋友在街道上一边走，一边向他介绍五点区的帮派，这些帮派的名字听上去都比较奇怪，除了"包厘街小子"和"死兔党"，还有"短尾帮"（Short Tails）、"丑塞子"（Plug Uglies）、"屠宰屋"（Slaughter Houses）、"沼泽天使"（Swamp Angels）等，这些名字听上去特别随意，既不威风，也没有内涵，甚至有些粗俗。其实，这些名字都是 19 世纪五点区真实的街帮名字，来自阿斯伯里的原作。

影片当然有失真的地方。阿斯伯里的书出版于 20 世纪 20 年代。安宾德认为，他在书里夸大了五点区的危险程度："我看过统计数字，除了公共场所的醉酒和卖淫，五点区的犯罪率并不比纽约的其他地方高。"比如说，"《纽约黑帮》这本书里说，有一个公寓，每天都会发生一起谋杀案。但在他写的那个时期，事实上纽约市几乎整整一个月都没有发生过一起谋杀案"。安宾德还认为马丁·斯科塞斯过度强调了天主教与新教的冲突。其实大多数战斗是在爱尔兰天主教帮会之间进行的，而且没有电影里演的那么血腥。"暴乱者一般不拿刀剑和斧头，偶尔会有一个人拿着剑或斧头，但绝不可能像影片里演的那样，所有人都像战士一样武装起来。"安宾德协助斯科塞斯工作，参与了影片的前期准备，他说，斯科塞斯做了大量工作，他了解到的历史资料要远远超出电影中所展现的内容。但安宾德也认为斯科塞斯并不想做历史研究，也不是要拍摄历史专题片，而是要拍一部有戏剧情节的大银幕电影。安宾德认为，阿斯伯里在出版这部小说时，正是阿尔·卡彭（Al Capone, 1899—1947）最猖狂的时代。阿斯伯里似乎想用这本书来证明，芝加哥的暴力犯罪并不是偶然的，纽约的五点帮是这些有组织暴力犯罪的前身。而马丁·斯科塞斯拍完了《穷街陋巷》(Mean Streets, 1973)、《好家伙》和《赌城风云》之后,就是想通过《纽约黑帮》把美国黑帮的历史渊源拍出来。但是,安宾德认为,恰恰是这种执念成为影片的最大问题:电影所讲述的那个时代的帮派与纽约、芝加哥后来的帮派其实有着许多本质性的区别,不能完全等同起来。

· 五 ·

黑帮片中的美国黑帮经历了四个不同的时期。

第一个时期就是《纽约黑帮》里的 19 世纪中期,这是美国黑帮的"街帮时代",帮会成员主要由新移民等弱势群体组成,以爱尔兰人为主。他们是自发组织的帮派,彼此争斗的目的是自我保护,维持底层人的基本就业,建立街区的社会秩序,抵抗其他族裔的欺压,扶持街区的代表人物参与政党政治活动。这些黑帮的工作主要是争夺资源,比如对街区和公共场所的控制权,以获得平等的地位与权力。这个时期,黑帮的主要手段就是集体骚乱,使用刀子、斧子等武器在街道上群殴。

第二个时期是 19 世纪末到 20 世纪初,以纽约的莫雷洛(Morrello)家族为代表的犯罪家族形成的时期。虽然这个时期的帮会成员也是移民的后裔,但他们的目的不再是维护社区的安定团结和街头秩序,而是有计划、有组织地从事犯罪活动,他们尤其发展出以公司来操控生意的犯罪形式,从事的非法生意主要是卖淫、黑市交易、抢劫、敲诈和收取保护费。在这个时期,除了莫雷洛家族,就是五点区兴起的五点帮,这是美国犯罪史上最传奇的帮会,这个帮会不仅从事犯罪活动,还专门培训移民群体中的青少年,把他们培养成经验丰富的犯罪分子,相当于"黑帮学校"。在下一个时期中,美国现代有组织犯罪影响最大,也是最主要的黑帮首领都是纽约五点帮培养出来的。

第三个时期是 20 世纪 20 年代到 50 年代，这个时期就是阿斯伯里和安宾德所说的以卢西亚诺（Lucky Luciano, 1897—1962）、阿尔·卡彭等人的活动为代表的时期，可以被称为美国黑帮的"现代化"时期。为什么是现代化？因为在这个时期，美国的黑帮利用禁酒令颁布后出现的黑市交易迅速积累了大量财富，购买和占有许多新式武器，展开街头暴力恶斗，并且完全改变了传统帮派的规则，通过公司化的管理，组成全国性犯罪联盟，这个时期的黑帮从事的是一种以营利和扩张为目的的、有高度组织性的、富有理性的犯罪。这个时期的黑帮成员以意大利裔和犹太人为主，主要的生意转向贩运私酒、工业敲诈和赌博业等。许多美国经典黑帮片的故事都发生在这一时期。

第四个时期就是 20 世纪 50 年代到 80 年代，以白人为主的美国黑帮逐渐把重心从卖淫、敲诈勒索、抢劫、走私这些行业撤出来，转向赌博、垃圾回收、运输业和市政工程等，同时，有色人种的帮派逐步占据被白人帮派放弃的社会底层犯罪领域，尤其是卖淫、贩毒和敲诈等。所以在这个时期，出现了有组织犯罪的分层，黑人、亚裔、拉丁裔等帮派逐渐兴起，这些帮派往往伴随着 20 世纪 60 年代出现的亚文化。由于族裔文化的差异，这些帮会的做事风格与意大利人和犹太人的帮派有很大差异。

所以，阿斯伯里当年写《纽约黑帮》时，认为 19 世纪的帮派就是 20 世纪 20 年代有组织犯罪的前身，这是比较武断的，两个时期的黑帮活动处在完全不同的状态。在影片中，阿姆斯特丹代表的"死兔党"和屠夫"比尔"代表的本地帮"包厘街小子"，尽管都是历史中真实存在的帮派，但是他们更接近于某种"政治俱乐部"，并不会真的每天聚在一起你争我抢。这些人平时都有自己的工作，只有晚上和周末才聚会，聚会的目的主要是为他们支持的议员候选人做宣传、拉选票。两派只在投票时才会大打出手，但不是为了抢夺地盘。在历史记载中，五点区的确经常发生骚乱和暴力冲突，几乎每一次打架都是为了帮助帮派支持的候选人选上公职。因为只有这些候选人有了官职，帮会里的人才能得到更好、更稳定的工作和资金支持。这就涉及一个问题：帮派之间的矛盾是因为族裔之间的冲突，而这种冲突在美国最终是通过民主制度，以政治的方式获得解决的。所以，美国黑帮的历史看上去是底层人巧取豪夺、争名夺利的历史，其实与美国政治的诞生和完善是息息相关的。

1883年，在曼哈顿下城开放的"富尔顿鱼市"（Fulton Fish Market），后来成为全美知名的海鲜市场。这个市场成立之后就被黑帮占领，他们以敲诈渔民、收保护费等手段，控制了整个市场上的摊位。

爱尔兰人有酗酒的传统，这也是当地人与新移民矛盾不断的原因。内战结束后，爱尔兰帮派推动政治候选人参选，让爱尔兰人在政府和议会有了越来越多的发言权，这样他们也就有了更好的生活条件。他们慢慢把五点区让给了新移民，其中大部分是意大利人和华人，但贫民区依然存在。考古学者丽贝卡·亚明（Rebecca Yamin）说，五点区的报纸、小册子和书籍上写的很多东西，都带有某种宗教热情，以及廉价报纸所述的欲望和朴素的恐惧色彩。"作为外来者的中产阶级看着这个生机勃勃的街头卖菜的街区，会感到害怕。他们只是从外面看，以为这里的一切都很糟糕。"历史学家们认为，从这个地区的动物遗骸的历史记载看，肉食是五点区人们一日三餐的主要食物，因而穷苦的印象或许是一种想象。"在斯科塞斯的电影中，你会在地下室里看到这些场景，角落里有头骨，人们披着破布，"丽贝卡·亚明说，"我们没有看到任何材料表明人们是这样生活的，当然也没有头骨在人们的房间里滚来滚去。"她在看电影时，注意到影片中出现了许多锡杯，每个人都在用这种杯子喝酒。但实际上，五点区的人在18世纪就不再用这种杯子喝水了。她曾向影片的制作团队展示过五点区的人喝水用的小玻璃杯,但影片最后并没有使用这种杯子。

· 六 ·

《纽约黑帮》不仅展现了族裔的社会冲突,更通过19世纪的纽约黑帮活动,揭露了纽约的政治状况。在"死兔党"和本地帮"包厘街小子"的斗争中,帮会恩怨开始与地方政治的摩擦融为一体。从这个角度看,《纽约黑帮》故事发生的这个时期(1846—1863),不仅是大量新移民来到纽约的时期,也是美国两党制逐渐形成并确立的时期。而在纽约,帮会之间的恩怨也与美国的政党政治发生了关系。

美国奉行的两党制民主政体是在1854年到1865年这段时间奠定的。1854年,辉格党的南部派和北部派分裂,出现了新的政党共和党,从此以后,共和党与民主党成为美国的两大政党,两党之间的博弈和竞争一直延续到今天,成为美国政治的基础。一般说来,共和党由于反对奴隶制,势力范围多集中在北方,但纽约市和纽约州则在很长的历史时期中一直是民主党的天下,这就是坦慕尼协会运作的结果。

马克·吐温(Mark Twain)与查尔斯·达德利·沃纳(Charles Dudley Warner)写过一篇叫《镀金时代》(*The Gilded Age*, 1873)的小说,讲的就是美国在这个时期的经济投机与政治腐败。许多研究者都认为,小说中描绘的政治腐败与新移民有关,大量新移民的出现是纽约政治腐败的根源。但事实并非如此。哪怕在纽约市政府腐败最严重的时期,新移民在选民中的比例也都不高。马丁·斯科塞斯在《纽约黑帮》中就是想讲出这个道理:人们都以为纽约的政治腐败来自新移民,事实上,新移民是被压迫和被剥削的群体,马克·吐温所抨击的腐败主要来自坦慕尼协会。这是纽约历史上非常著名的政治组织,是一个近似于政治俱乐部的团体,创建于 18 世纪 80 年代。在很长时间里，坦慕尼协会都是民主党的政党机器（Party Machine）。坦慕尼协会采用各种办法控制纽约市和纽约州的地方选举，一直活跃到 20 世纪 60 年代。《纽约黑帮》就是通过这个协会把纽约底层的帮派纷争，以及美国两党制和地方政治的关系说清楚了。

在影片中，坦慕尼协会的主席叫威廉·特威德，历史上确有其人，他是美国历史上最有名的腐败官员。美国作家奥利弗·艾伦（Oliver Allen）称他为"掠夺成性的政治机器的终极化身"。在影片中，威廉·特威德扶持的爱尔兰裔候选人在竞选过程中被杀，但在历史上的 1867 年，也就是《纽约黑帮》故事结束四年后，特威德当选了纽约州的州参议员，并且利用坦慕尼协会，把纽约市市长、纽约州州长和纽约州法官，都换成他

美国漫画家托马斯·纳斯特画的讽刺特威德的漫画：控制投票箱（Thomas Nast, 1871）

扶持的民主党人，实现了他对纽约的统治，趁机大肆贪污。据统计，在短短 6 年间，特威德通过贪污、发行公债和公开掠夺等方式，在纽约地区获取非正常收入累计达 2 亿美元。"美国漫画之父"托马斯·纳斯特（Thomas Nast）就画过许多讽刺特威德的漫画。

威廉·特威德出身于苏格兰裔的新教家庭，在影片中，五点区的一座民宅被人放了大火，两个消防队到现场扑救，其中一个消防队就是特威德所在的消防队。他年轻时在纽约组织了一家义务消防队，通过帮助市民来获得底层人的拥护。他于 1848 年进入政界，虽然没有当过纽约市市长，但是他通过坦慕尼协会控制选举，拥有过许多职务和头衔：市议员、国会众议员、州参议员、市公共工程专员等。因此，他是美国 19 世纪第一个真正的"城市老板"。所谓"城市老板"，是指 19 世纪美国各大城市出现的一种以党魁为首的权力网络系统。在特定历史时期，尤其在美国的地方选举制度不完善的时期，城市老板成为城市里真正拥有权力的人。当时的城市老板多数是 19 世纪初期移民的第二代，以爱尔兰人和苏格兰人为主，他们伴随美国工业化和城市化而成长，谙熟城市政治和经济环境，具有丰富的参与地方政治的经验。

在影片开场，阿姆斯特丹说，"纽约人最爱威廉·特威德，但我却恨他"。特威德不仅与"屠夫"比尔这些本地人相互勾结、寻欢作乐，更通过种种非法手段达到政治目的。这个人其实没有真正的政治理想，只是利用政治捞取个人利益。

那么，威廉·特威德在坦慕尼协会，是怎样控制地方选举的呢？这也是《纽约黑帮》要表现的内容之一。首先，他利用新移民为他投票。影片中展现的这一时期，新移民成为影响美国社会的大问题，穷苦的移民没有受过教育，很多不会说英语，因此只能在劳动力市场做一些廉价工作，对纽约当地的就业形成了威胁。新移民对美国的政治体制并不熟

坦慕尼协会旧址（Irving Underhill, 1914）

悉，尤其对地方选举和两党制不太理解。他们对纽约的城市生活也不熟悉，其宗教、语言、饮食习惯也与当地人不同。他们在生活中经常与当地人发生冲突，或者触犯法律。影片开始不久，坦慕尼协会的特威德为了平息纽约民众对暴力犯罪的愤怒与不满，指使"屠夫"比尔随便找到四个没有帮派靠山的新移民作为替罪羊，在广场上当众将四人处以绞刑。

　　新移民的目的就是在美国定居下来，他们希望安居乐业。他们尽管不适应美国的生活，还是对新大陆充满了期待，比如他们期待可以找到养家糊口的工作以保障基本的生活需求，可以在贷款、社会福利、医疗和教育等方面有所保障。在影片中，阿姆斯特丹在街道上看到本地帮肆意欺负新移民，新移民特别想获得安全感，希望在精神上寻求慰藉，这都成为坦慕尼协会利用他们的机会。

影片临近结尾时,特威德和坦慕尼协会从"屠夫"比尔代表的本地帮,转向了阿姆斯特丹领导的新移民帮派。一方面,是因为这些本地帮在政治上越来越保守,他们支持奴隶制(影片中有"屠夫"比尔向林肯的画像投掷飞刀的场面),排斥新移民,仇视黑人,并崇尚运用原始暴力来解决城市问题。"屠夫"比尔虽然与特威德合作,但并不把坦慕尼协会这些人放在眼里,也完全不在乎民主政治体制,这无形中影响了专门控制选举的坦慕尼协会。新移民的数量庞大,他们需要庇护,有强烈的入籍归化的愿望,他们因此成为一个巨大的票仓。

《纽约黑帮》中有这样一场戏:在纽约港,新移民走下船后,就在"屠夫"比尔的本地帮监视下,在码头上被坦慕尼协会"归化"为美国公民。坦慕尼协会帮助他们办理入籍申请,拉拢这些新踏上自由土地的人。作为报答,他们在获得公民身份后,立即排队在坦慕尼协会的选票上签字。讽刺的是,紧接着,这些刚踏上北美土地的人,排队领取统一的军装和行李,走上了南北战争的战场。马丁·斯科塞斯格外用心地用一个戏剧性的长镜头拍摄了整场戏,以表达出黑帮与政治在历史中具体的合作关系。

从这个角度看,阿姆斯特丹与"屠夫"比尔之间的矛盾,不仅是帮派利益的冲突,也是本地人与新移民的冲突,是新教与天主教的冲突,还是上层社会与底层人之间的冲突。在纽约民主选举时,这些冲突演变为两大政党之间的政治利益的冲突。这种独特的社会矛盾在影片结尾达到了高潮,当两派人马即将展开决斗时,纽约市发生了骚乱。这就是 1863 年 7 月的"纽约征兵暴动"。根据政府颁发的新的征兵法案,纽约人只要支付 300 美元,就能免除兵役。而纽约底层人和新移民都交不起 300 美元的免兵役税,这无形中意味着让那些底层穷人去战场上送死,而有钱人则可以花钱免除兵役。这个政策激化了社会矛盾,最后导致大

1863 年 7 月的"纽约征兵暴动"（当时一份报纸的版画）

规模骚乱。在影片结尾，个人恩怨、帮派斗争、族裔冲突和两党竞争掩映在美国内战引发的硝烟中，这是一个非常深刻的历史隐喻。

《纽约黑帮》不仅是一部"近代"黑帮片，更把曼哈顿视为纽约的缩影，把纽约视为整个美国的缩影，通过讲述纽约黑帮的斗争，来讲述纽约的诞生，再通过纽约来讲述"一个国家的诞生"。五点区的帮派冲突，其实是美国作为移民社会的多元文化相互冲突、融合的象征，而在这种直接的冲突中，才出现了纽约精神。美国人引以为豪的民主制度，其实也与当年血腥的帮派纷争和族裔斗争息息相关。美国的历史有其辉煌的一面，也有其街帮斗争那个肮脏、血腥和残酷的一面，而美国的政治（以两党制为基础的现代民主）、经济（曼哈顿的金融帝国）和文化（不同价值观之间自由竞争、优胜劣汰的精神），与纽约的黑帮一样兴起于街头，美国发展的根基是底层人的劳作、抗争和冲突，因而《纽约黑帮》归根结底讲的是美国精神。

· 七 ·

同样作为"共同体"，美国黑帮与政党之间也有着相似之处。首先，黑帮与政党有相似的组织形式，他们都需要政治领袖作为代表。政党需要党魁，黑帮需要老大。政党领袖必须具有一定的个人魅力，具有一定的口才，其公共形象可以代表政党的形象，以赢得选民的信任。而黑帮大佬也必须具有超出一般黑帮分子的智慧和胆识，在关键时刻可以果断做出判断，为帮会成员树立榜样。在 20 世纪 30 年代，美国黑手党成立了全美黑手党委员会，该委员会由美国各地高级别黑帮老大组成，以裁决黑帮之间的利益冲突。这个委员会直接下属一个只对其负责的杀手公司（Murder, Inc., 1929—1941），专门处理黑帮内部不遵守规则、影响帮会利益的人。政党依靠对美国社会的具体问题提出各种意见、措施和策略，来表达政党的执政理想和治理措施，党员在政党生活中往往一方面追逐利益，一方面实践个人政治理想，而这差不多也是黑帮组织能够凝聚一群底层人的主要方式。

其次，政党与黑帮都必须履行一些相似的社会责任。政党参与地方选举，必须承诺维护地方和国家的社会秩序，解决治安和就业问题，保障福利，这都是政党参与选举、参与地方政治必须完成的社会职责。而现实中的黑帮，不像电影中看到的那样，三五成群在街上或夜总会里欺负普通人，动不动就大吼两声或者四处找碴打架，黑帮要做的事情不是在街区里每天打打杀杀，而正相反，他们要维护街区的和平和秩序，调解街区里的纷争，让相同族裔的居民找到工作，管理娱乐场所，使其可以不受干扰，正常营业。所以，黑帮在社会中发挥了许多治安管理的作用，做了许多社会管理的工作。日本福岛核电站发生泄漏之后，最早在当地有组织地展开赈灾活动的就是日本最大的黑社会组织山口组的成员。在大萧条期间，阿尔·卡彭在芝加哥给底层人提供的救助比市政府还要多。美国黑帮大佬几乎都以社会名流的身份出现，在当地有很高的社会声望，因为他们经常向当地穷人和失业者发放社会救济。在《无间风云》的开场，街区里的男孩和女孩并不害怕杰克·尼科尔森（Jack Nicholson）扮演的大佬"弗兰克"，因为他不仅给这些孩子零钱花，还在一定程度上保护这些街区的小店不被流氓骚扰。

最后，黑帮是协助政党参与选举的重要力量，这也是《纽约黑帮》特别想揭示的内容。特威德与阿姆斯特丹之所以能够联合起来，就是因为在19世纪，美国地方选举的秩序还很混乱，新移民用各种手段在选举中作弊。比如帮会可以威吓选民投票给帮会支持的候选人。对于当时那些底层人来说，大家都不愿因维护个人的选举自由而得罪帮会，他们宁愿息事宁人。在《纽约黑帮》中还有这样的情节，阿姆斯特丹告诉手下人，让一些人剪了胡子后重新投票，以及让人们在不同的投票站之间车轮式地反复投票，这就是选举作弊。

正因如此，罗杰·伊伯特（Roger Ebert）认为《纽约黑帮》与马丁·斯科塞斯的其他黑帮片有很大的不同，它"取得了相当大的成就，书写了一部将美国民主的诞生与美国犯罪联系在一起的修正主义历史"。

· 八 ·

《纽约黑帮》的故事结束之后，纽约的帮派还在发展。到了19世纪末,《纽约黑帮》中那些大大小小的帮派相继没落了,而五点帮成为这个地区最重要的帮派,这个帮派主要活跃于 19 世纪末和 20 世纪初。我们可以把它看作美国有组织犯罪从《纽约黑帮》中那种爱尔兰人的残酷街帮,演变到《教父》中那种现代有组织犯罪集团的"过渡性"帮派。可以说,它是美国黑帮现代化过程中一个具有转折性、革命性的帮派,不仅奠定了后来美国黑帮组织的办事原则,更培养了大批黑道老大,这些老大都是 20 世纪在美国叱咤风云的黑道人物,也是世界有组织犯罪历史上的代表性人物,因此五点帮堪称美国的"黑帮学校",为后来美国各地黑帮联合组成犯罪辛迪加(syndicate),成立杀手公司,建立全美黑手党委员会以解决和平衡黑帮之间的纷争,都奠定了基础。

五点帮的创建人叫保罗·凯利(Paul Kelly, 1876—1936),他是意大利西西里人,19 世纪 90 年代移民到纽约,是一位颇有声望的拳击手。年轻的时候,凯利在五点区以打拳闻名。他的本名不叫保罗·凯利,而叫保罗·安东尼奥·瓦卡雷利(Paolo Antonio Vaccarelli)。他出来混的时候,纽约最厉害的帮派就是《纽约黑帮》中的"死兔党"等爱尔兰人帮派。五点区是爱尔兰人的天下,他为了能在爱尔兰人的地盘生存下来,改了一个听起来更像爱尔兰人的名字"保罗·凯利",以确保可以赢得更多的拳赛,还不被人找麻烦。地下拳赛是爱尔兰人操控的赌博业的一部分,都是底层人去看,保罗·凯利在拳赛中赢了不少钱,他用这些钱在意大利人街区开了一家妓院,从此开始了他的黑道生涯。

1903 年,他因伤害罪入狱 9 个月。出狱之后,保罗·凯利改头换面,召集"死兔党"等爱尔兰帮派的残余人员,组建了一个新的帮派,这就是五点帮。他带领年轻的五点帮不断壮大。1904 年,凯利在曼哈顿买下一个马厩,地址在百老汇与包厘街之间的大琼斯街(Great Jones Street),他把这条街上的 57 号和 59 号两栋相互连接的建筑改建成一家名叫"新

五点帮创建人保罗·凯利（William Oberhardt, 1909）

布莱顿竞技俱乐部"（New Brighton Athletic Club）的舞厅，这个舞厅成为当时曼哈顿最火的娱乐场所。"新布莱顿"这个名字听起来好像很斯文，让人联想起曼哈顿那些专门给私人会员提供服务的俱乐部，实际上，这里是五点帮的总部，是下东区最乱的舞厅和酒馆。这里看上去是一个舞厅和酒馆，其实是在招揽客人在晚上观看黑市拳击比赛。"新布莱顿"舞厅在刚刚成为大都会的纽约是夜生活的中心，保罗·凯利每天都衣冠楚楚、彬彬有礼地在这里接待客人。据说他会说英语、意大利语、法语和西班牙语，根据当时《纽约先驱报》（New York Herald）记者、小说家理查德·哈丁·戴维斯（Richard Harding Davis）的报道，凯利"浑身散发着精致的香水味，穿着丝绸袜子，棕褐色的鞋子系着丝质的鞋带儿，手指上戴着戒指,保养特别好"。这里吸引了许多纽约的社会名流,每天晚上笙歌达旦、灯火通明。

五点帮将这个舞厅作为总部,迅速扩大,巅峰时期有大约 2 000 名成员。那个时代,五点帮是下东区势力最大的黑帮,他们组织卖淫、敲诈勒索,同时还参与地方政治选举。犹太黑帮伊斯曼帮(Eastman Gang)是五点帮最大的对手,老大叫"修道士"伊斯曼(Monk Eastman, 1875—1920)。五点帮的地盘主要在曼哈顿西区,而伊斯曼帮则控制了东区。坦慕尼协会为了避免双方发生冲突,划定了一个中立地带。当双方在中立地带发生冲突时,坦慕尼协会就会出面,召集双方开会。

在选举时期,两派都会利诱和威逼选民。为了争夺街区选票,两个帮派在第二大道的高架铁路下面进行了一场枪战。由于影响太大,坦慕尼协会让两个帮派以举行一场拳赛的方式来解决恩怨,赢了的一方拥有"争议地盘"。双方都派出了最好的拳手,结果拳赛以平手结束,双方又重新开战。不久,"修道士"伊斯曼因抢劫罪被判刑,坦慕尼协会希望

新布莱顿竞技俱乐部(佚名,1905)

借此机会结束下东区的帮派暴力事件，所以撤销了对伊斯曼帮的政治保护。保罗·凯利一方面趁机让手下打手破坏工人罢工，帮助商人们解决烦恼，另一方面延续《纽约黑帮》里的做法，与操控纽约的坦慕尼协会合作，为当时的协会主席蒂莫西·苏利文（Timothy Sullivan）的选举提供帮助。反过来，当选议员的苏利文则成为五点帮的政治保护伞。1908年，有人企图在"新布莱顿"舞厅暗杀保罗·凯利，引发了社会恐慌。当时的纽约警察局长威廉·麦克阿杜（William McAdoo）借这个机会永远关闭了这家臭名昭著的俱乐部。保罗·凯利尽管是黑帮老大，但他还是以码头工人工会干部的身份度过了他的余生，于1936年自然死亡。

尽管时过境迁，但"新布莱顿"舞厅反而成为纽约一个具有传奇色彩的地方。在20世纪80年代，艺术家安迪·沃霍尔（Andy Warhol）买下了这栋建筑，将其改建为美国著名黑人艺术家让-米歇尔·巴斯奎特（Jean-Michel Basquiat）的艺术工作室。巴斯奎特是街头艺术的天才，被安迪·沃霍尔发现并介绍进入纽约当代艺术的圈子。可惜的是，1988年，在沃霍尔逝世一年后，巴斯奎特就在这座房子里死于服用海洛因过量，年仅27岁。据说，现在的大琼斯街57号是一家非常神秘的日本餐厅，而且是纽约最神秘的餐厅之一，因为只有在用餐的回头客的介绍下，餐厅才会接受新顾客的预订。

· 九 ·

五点帮对于美国有组织犯罪来说，是革命性的帮派。在保罗·凯利的领导下，纽约五点帮彻底改变了19世纪街帮时代的很多规矩和传统，并建立起一套崭新的黑帮世界游戏规则。这绝不是夸大其词，五点帮有三个开创性的举动。

第一个就是格外重视人才培养，专门收留和培养一大批黑帮青年。五点帮之所以日益壮大，就在于雇青少年打手为自己所用，并把他们培养成名震江湖的帮派人物。最辉煌时期，他们拥有 2 000 名打手，几乎都是意大利人。许多美国叱咤风云的黑帮老大，都是保罗·凯利培养的打手，比如好莱坞黑帮片的许多原型人物：约翰尼·托里奥（Johnny Torrio, 1882—1957）、阿尔·卡彭、卢西亚诺、梅耶·兰斯基（Meyer Lansky, 1902—1983）、巴格西·西格尔（Bugsy Siegel, 1906—1947）、弗兰基·耶尔（Frankie Yale, 1893—1928）等，这些人都是 20 世纪美国有组织犯罪史上最著名的人物，这必然让五点帮成为 20 世纪初纽约最传奇的帮派。

第二点，五点帮打破了黑帮的族裔壁垒。为了与伊斯曼帮竞争，保罗·凯利不限于单一族裔发展，而是自由招募其他族裔的黑帮分子，比如约翰尼·托里奥就是犹太人。但在此之前，纽约的黑帮始终恪守着严格的族裔原则。在《教父》中，罗伯特·杜瓦尔（Robert Duvall）扮演的汤姆·哈根（Tom Hagen）就不是意大利人，经常被柯里昂家族的人视为外人。保罗·凯利把纽约许多青年帮派成员都招致麾下，自己成为一代黑帮的精神领袖。他认为，意大利黑帮的目的是追求利益，而非仅仅是维持街区的秩序，所以他们完全可以与爱尔兰人等其他族裔的人合作，这个思想深深地改变了约翰尼·托里奥和卢西亚诺，让他们永生难忘，也让他们后来彻底放弃黑帮中的族裔规则。

第三个开创性举动就是成立了公司，公司的名字就叫"保罗·凯利公司"（Paul Kelly Association），他们不再是街头小混混，从此拥有了可以公开经营的合法身份。保罗·凯利效仿当时公司管理和运营的方式，比如给打手们明码标价：打一拳给 2 美元，把双眼打肿是 4 美元，打碎鼻子或下巴给 10 美元，打昏迷给 15 美元，打断一只手或一只脚是 19 美元，腿上打一枪或肚子来一刀则是25美元,杀人则给100美元。除了给暴力活动明码标价,由于巅峰时期帮会成员人数太多,凯利还设立了许多类似于子公司的小帮派。他根据年龄、街区划分不同的小帮派,为了防止他们之间发生冲突,还把业务进行了明确的切分,有的帮派负责街头,有的负责放贷,有的负责夜总会的安保,有的负责地下拳赛等。借用公司的组织形式从事有组织犯罪活动,不仅让黑帮有了可以公开的社会身份,更让黑帮与公司产生了相似性和相关性。因此,黑帮与公司之间的关系,也是理解黑帮片的一条重要历史线索。

保罗·凯利打通了黑帮与公司的关系,这之所以是开创性的,在于在黑帮与公司这两种既完全不同又高度相似的共同体之间建立了联系。《纽约黑帮》的故事发生的时代,不仅是美国两党制形成的时期,也是美国大公司崛起的时代,从1862年到1913年,美国出现了标准石油、卡内基钢铁、中央太平洋铁路等有深远影响的大型公司。公司与黑帮,是西方社会进入城市化阶段出现的两种共同体,都是为了追求某个共同的目标,在内部建立让每个成员都认同的价值和文化。为了实现这个目标,公司和黑帮都会在某个领域与同行展开激烈、残酷、不惜任何手段的竞争,这种竞争通常会关系到公司或黑帮的生死存亡。公司和黑帮一方面利用成员的智慧和身体去赚取利润,另一方面为成员提供稳定的收入和保障,二者都依靠严格的组织制度去约束成员的行为,包括行之有效的人事层级与奖惩制度,而且都对那些以公肥私、吃里爬外、背叛的行为采取零容忍的态度。

许多黑帮都是以公司作为幌子,掩饰其非法生意。比如20世纪美国多数黑帮家族都有公开注册的公司和相对活跃的领域与行业。在《纽约黑帮》中,爱尔兰人主要经营肉店,《教父》中的柯里昂家族对外公开的事业是进口橄榄油。公司还可以洗白黑帮的非法收入,在《赌城风云》

开场，斯科塞斯通过旁白，把美国赌场与黑帮之间的经济关系说得清清楚楚。

伴随现代社会的兴起和城市文化的兴盛，那些新出现的街头经济实体是黑帮敲诈的主要对象，比如饭店、理发店、夜总会等。一方面，黑帮往往寄生在现代城市中的一些行业里，比如黑帮划分势力范围的街区，往往由零售店、洗衣店、酒吧、妓院、舞厅、台球厅等经济实体构成，而这些经济实体是黑帮地下经济的主要来源。另一方面，黑帮往往会盯着那些成功的企业，展开敲诈勒索，就像《美国往事》里那样，他们会以解决困难、平息罢工等方式，对大公司进行敲诈勒索。黑帮操控了工会组织，就像电影《爱尔兰人》（*The Irishman*, 2019）里一样，扶植可以为黑帮工作的工会领袖，共同从公司榨取利润。

19世纪末是美国大企业兴起的时期，比如美国钢铁公司、美孚公司等，这些公司成为美国神话的一部分。美国推崇自由贸易，也是一个移民国家。在这里，一个人只要依靠个人的勤奋和才能，就能获得在欧洲无法实现的成功，而且，这种成功受到美国法律的保护。这种自由与成功就是美国梦的主要内容，也在大众文化中催生了对发明家、工业家、企业家、大亨、金融家、创业公司老板、IT（信息技术）精英这些成功人士的认同与崇拜。事实上，那些工业巨子、企业大亨在美国公司崛起的初期，都有着反常的、令人不安的个性，19世纪成功的商业领袖或者疯狂、偏执，无视社会规则、破坏秩序等，或者冷酷无情、纵欲无度、自私任性，这些人格特质与黑帮人士有着某种相似性。

因此，在特殊的历史阶段，黑帮与公司有着某种同质性，实业家在成功的道路上往往采取了许多与黑帮成员所采取的手段相似的非法竞争手段，以在最短时间里牟取暴利。比如，科尼利厄斯·范德比尔特（Cornelius Vanderbilt, 1794—1877）一方面在铁路竞争中采取各种方式获得利润，另一方面在金融市场进行恶意收购，对竞争者进行无情的打击。而约翰·戴维森·洛克菲勒（John Davison Rockefeller，1839—1937）在法律还没有对垄断行为进行约束时，通过非法手段让标准石油公司实现了对美国石油行业的垄断。

在差不多同一个历史时期，公司与黑帮都奉行一种家族式管理方式。洛克菲勒、卡内基等大型美国企业往往以创始人的名字命名，20世纪初期好莱坞的大制片厂也用创始人的姓氏，比如华纳、米高梅等命名，而在黑帮世界，在20世纪初期也形成了以帮会创建人的名字作为家族名称的方式，尤其是意大利黑帮，纽约的"五大家族"都是以此形式命名。此外，黑帮权力的继承也是以家族内部成员世袭的方式来完成，这与许多家族企业早期的运行方式是相同的：在家族内部选择最优的、最合适的继任者。直到20世纪40年代，美国大公司的管理模式才从家族式转为职业经理人式，董事会任命更有能力的职业经理人来管理公司事务，这个人并不必然来自家族内部。而美国黑手党也差不多从20世纪30年代开始出现全国委员会，建立用来选择、管理地方代理人的体制。所以，公司与黑帮有着非常复杂的相似性。

· ✛ ·

随着有组织犯罪的发展，黑帮不再满足于在街头划分势力范围，依靠暴力和勒索去赚钱，而是逐渐把从黑道赚来的钱转向其他行业，比如房地产、环保和金融业。因此，黑帮表面看上去是衰落了，事实却是带有黑社会色彩的金融犯罪逐渐兴起，这些黑帮以金融公司的名义，从过去在街头敲诈老百姓的无赖，变成试图在投资市场上运用各种手段赢利的投资人。带有黑帮色彩的金融公司更是杀人不见血，杜琪峰的作品

《夺命金》（2011）就显现了香港传统帮会的没落，以及金融犯罪在香港的出现。在电影中，香港帮会已经名存实亡，曾经打打杀杀的中层头目，都已改行做了废品回收或者替幕后庄家操盘，只有刘青云扮演的"三脚豹"依然信奉传统帮会的伦理原则，他为了保释大哥，不得不想办法去借钱和凑钱。在这个过程中，他原本以为可以跟随原来的兄弟到股市里捞一笔，但是香港股市突然遭遇股灾，两个人瞬间破产。过去黑帮片中那些打打杀杀的黑帮大哥，在金融海啸中被打得毫无还手之力，被这些以金融犯罪为业的公司玩弄于股掌之中。美国导演詹姆斯·格雷（James Gray）的电影《家族情仇》（*The Yards*, 2000）也是从带有帮会色彩的家族公司的角度，讲述了过去纽约地铁兴建的历史。《至暴之年》（*A Most Violent Year*, 2014）被誉为当年美国最优秀的黑帮片，可这部电影从头至尾甚至都没有开枪的镜头，讲述的是被黑帮控制的石油公司总经理如何克服黑道和白道的各种问题。在影片压抑的色调下，主人公处理竞争与黑道威胁时的困惑、惊恐，让观众更加理解了今天的黑帮与公司之间看不见的"暴力联系"。

在这种转变中，虽然黑帮野蛮凶残，但在今天，那些黑道大哥与躲在公司背后运用非法手段捞金的高级犯罪者相比，根本就不值一提。

在香港黑帮片中，经常有这样的情节，因为一件事，两个帮会争执不下时，双方的小弟就聚集在街头或者餐厅，双方都严阵以待，随时可能爆发大规模恶斗。在现实中，这种双方在街头对峙的局面，在粤语里叫"晒马"（showoff force），往往只有在谈判的时候才会出现，尽管双方小弟都很嚣张，不时挑衅对方，但电影里演的那种几十人的持械斗殴，是基本不可能发生的，因为黑帮也要像公司那样考虑成本，要为这些人的安全负责，大规模的斗殴很容易就让一个老大立即破产。"晒马"的目的只是炫耀一下武力，而不是真的想打架，所以有些人甚至都不是帮会里的人，而是被拉过来友情客串的。有时候，帮会也会临时招聘一些人充场面，支付他们出场费。根据香港犯罪学专家朱耀光介绍，请一个人要200港币，重要场合就要500港币，有的还要给交通费和伙食费，如果真的打起来，帮会还要准备支付医药费、律师费，真的打残或打死还要给安家费。街头群殴的成本太高了，搞不好就得不偿失。所以"晒马"只是吓唬吓唬对方而已，双方心里都害怕真的打起来。今天，黑帮并不像电影中看到的那么不顾一切地追求暴力恶斗，而是像公司那样精打细算，以营利为目的。

最后，对一个电影史研究者来说，电影这个行业本身就与黑帮世界有着复杂的关系。应该说，从电影工业建立开始，电影就始终伴随着有组织犯罪。意大利犯罪学家狄亚哥·甘贝塔（Diego Gambetta）就说过："一个世纪以来，电影和黑社会之间是相互伴生、相互依存的关系。"我认为，尽管不能把电影史的这个侧面无限夸大，但是，这种伴生关系也确实存在，电影与黑帮之间时而和谐，时而冲突，其中既有文化冲突，更有经济冲突。但是黑帮与电影的互动和相互影响，从来都不是电影史学者研究的内容，那些研究黑帮片的专家，也不会研究现实中的黑帮对电影的影响。正是出于这个原因，研究黑帮与电影的关系才变得更加重要。

· 十一 ·

简单来说，黑帮与电影有五层关系：第一，黑帮的犯罪故事一直都是电影创作的灵感源泉；第二，电影业和娱乐业一直是黑帮敲诈勒索的重点行业；第三，黑帮片实际上成为对黑帮文化的宣传，黑帮片参与了黑帮文化的创造与传播；第四，黑帮人士也会参与黑帮片的制作和创作，推动了黑帮片的发展；第五，黑帮片反过来会成为教化黑道世界的教材，成为他们学习和模仿的对象。接下来，就结合具体的例子，具体分析这五层关系。

第一，黑帮人物和有组织犯罪的故事，本身就是观众最好奇、最感兴趣的题材之一，也是制片厂和电影编剧最喜欢的故事类型之一。

黑帮片这个类型在美国兴起于20世纪20年代后期，从1927年开始，声音技术在电影工业逐渐占据主导地位之后，一些新的电影类型在好莱坞确立下来，比如对音乐和音效有很高依赖的歌舞片、恐怖片等，黑帮片也是其中之一，有声技术让电影中的枪战和暴力变得非常真实、有震撼力。华纳兄弟公司首先拍摄了《小凯撒》（*Little Caesar*, 1931），此片上映后激起了强烈的反响。这个反响包含两层含义，一方面是影片故事激发了观众的强烈兴趣，票房上非常成功，另一方面，社会各界对于这种赤裸展现犯罪活动、把犯罪分子表现为英雄的范式，进行强烈的反对和批评。随后，华纳兄弟公司很快又拍了《国民公敌》（*The Public Enemy*, 1931）。接着，霍华德·休斯（Howard Hughes）作为制片人，请霍华德·霍克斯（Howard Hawks）拍摄了《疤面人》（*Scarface*, 1932）。这个时期，被美国学者称为黑帮片短暂的"古典时期"。

这些影片在上映时非常轰动，它们之所以会引起关注，就是因为在20世纪20年代，美国的有组织犯罪已经非常频繁，而且，帮派之间的暴力冲突升级，成为美国大城市的居民最关心的社会问题。所以，美国黑帮片从最开始就有了一种纪实色彩，电影的人物和故事来自当时报纸上对黑帮犯罪的报道和描写，有一种"实录"色彩。

所谓"实录"，来自日本。日本的黑帮片大概有两类："任侠"与"实录"。"实录"是20世纪60年代到70年代以东映公司为主制作的黑帮片，往往根据新闻媒体披露的有组织犯罪的人物、案件改编，在日本就叫"实录黑帮片"。东映公司的实录黑帮片非常受欢迎，涌现了许多导演，比如深作欣二，演员则有菅原文太等。而实录黑帮片之前的"任侠黑帮片"，则脱胎于武士的故事，都是按照某种模式虚构的。保罗·施拉德（Paul Schrader）1970年在美国《电影评论》（*Film Comment*）上发表文章，专门讲日本的任侠黑帮片。任侠片反映了20世纪初日本带有侠义色彩的帮派恩仇，往往倡导从中国古代沿用的侠义观念。而实录则瞄准了二战后日本有组织犯罪的兴起，取材于真实故事。后来成为实录黑帮片著名编剧的饭干晃一，最早就是在报纸上撰写黑道新闻的记者。实录黑帮片的许多故事，都是根据日本山口组在战后的神户、东京扩张的真实故事改编的，这也是吸引日本观众去观看电影的理由。

在美国，许多经典的黑帮片都是根据黑社会成员的回忆录、调查记者的报告文学改编的，几乎每一部这样的作品出版后，其电影版权都很快会被电影工业买走。《好家伙》的编剧及原作《聪明家伙》（*Wiseguy*，中译本为《盗亦有道》）的作者尼克·派洛基（Nick Pileggi）过去就是纽约的调查记者，调查走访了大量黑帮人物，而迈克·纽维尔（Mike Newell）导演的黑帮片《忠奸人》（*Donnie Brasco*, 1997），也是根据美国联邦调查局特工约瑟夫·皮斯托内（Joseph Pistone）的个人经历改编的。马里奥·普佐（Mario Puzo）在写《教父》时，也做了大量的调查走访，导致后来有江湖传言说，是美国的意大利黑手党拿100万美元让普佐写了《教父》，普佐认为这个传言是对他写作的最高褒奖。这些影视剧，无论风格多么夸张浪漫，其中或多或少都含有美国历史上真实人物的影子。这成为美国观众看黑帮片的某种契约，他们不满足于在电视台上看到一些零星的关于教父或帮派的新闻报道，反而对地下世界的神秘行为和生活充满好奇，黑帮片是帮助美国观众把真实有组织犯罪的故事串联起来的最好的"历史老师"。

当然，黑帮片里有很多情节都是虚构的，但就是这种真实与虚构、明星面孔与黑帮大佬真真假假的混合，才让美国黑帮片充满魅力。这些电影或许在说："大家不要当真，因为这只是电影而已。"但对于一部分影迷和对黑帮故事了如指掌的人来说，这些电影似乎在说："快看吧，那些别人以为是虚构的电影里，隐藏着黑帮真实的历史。"

第二，电影业和娱乐业一直是黑帮敲诈勒索的重点行业。

黑社会的主要经济来源，在很长一段时间以来，是对其他行业的敲诈。犯罪学专家彼得·鲁特（Peter Reuter）和狄亚哥·甘贝塔曾经总结了那些特别吸引黑帮敲诈的行业的共同特点：一是规模小，二是准入成本低，三是有有组织的经济活动，四是有许多水平不高的技术工人，五是科技含量比较低。综合来看，街头摊贩、小型零售、餐饮、建筑工程、垃圾回收、食品批发等行业最符合这些特点，当然，这里也包括电影业，尤其是美国的 B 级片。

黑帮对电影行业的敲诈主要是在实拍期间勒索剧组交保护费，否则就搞破坏。意大利著名影评人图里奥·克泽奇（Tullio Kezich）在 1961 年曾参与拍摄意大利著名导演弗朗西斯科·罗西（Francesco Rosi）的电影《龙头之死》(*Salvatore Giuliano*, 1962)，这部电影讲述了意大利西西里著名匪帮头目萨尔瓦多·朱利亚诺的故事，他是西西里黑帮的英雄。按理说，在西西里拍摄这样的电影，黑帮应该给予支持才对，但是，克泽奇回忆说，剧组在西西里拍摄时，受到许多人的敲诈，甚至在监狱里坐牢的某个老大也通过律师向剧组施压，而他们的目的非常简单——如果在我的地盘上拍电影就必须交钱，否则就砸你场子，让你滚蛋。就连《教父》这样的被黑帮人士奉为神作、无限敬仰的电影，在西西里拍摄时，依然交了保护费买平安。在西西里，这成为一项大家遵守的不成文的规则，除非导演或制片人能提前与当地老大见面认识。意大利著名黑手党老板米歇尔·格列柯（Michele Greco）的儿子想学拍电影，而指导他学习的正是一个黑社会的叔父辈的人,他就在黑手党中专门负责与电影业对接。香港大学社会学博士朱耀光的博士论文,就是写20世纪80年代香港有组织犯罪的,里面提到80年代户外电影拍摄的秩序,完全就是由黑社会维持的。据香港媒体报道,2013年,美国导演迈克尔·贝(Michael Bay)在香港取景拍摄《变形金刚4:绝迹重生》(*Transformers: Age of Extinction*, 2014)时,由于没有交保护费,被所谓的"当地商户"围攻。规矩就是规矩,香港本地帮不会管对方是不是好莱坞的大导演。

曾执导过《美国狼人在巴黎》(*An American Werewolf in Paris*, 1997)的英国导演安东尼·威勒(Anthony Waller),于1993年在俄罗斯拍摄了一部名为《无声言证》(*Mute Witness*, 1995)的影片,故事讲述了一位不能说话的女道具师误打误撞进入俄罗斯黑帮控制的恐怖电影拍摄现场,结果目睹了真实的杀人经过。当剧组正在莫斯科拍摄的时候,威勒在俄罗斯的联合制片人就告诉他,至少要向莫斯科三个当地黑社会组织交保护费,才能保证拍摄顺利,而且他们的开价比好莱坞的制片费还要高。据威勒说,与俄罗斯黑帮签合同是没用的,每天都要根据情况同他们讨价还价,而且几个黑帮还在讨价还价过程中相互攀比,让他伤透了脑筋。

为什么电影行业,尤其是实际拍摄过程中容易受到敲诈?因为实景拍摄电影特别容易受到外界影响,也最怕干扰。电影拍摄过程中,剧组人员繁多,为了降低成本,制片人必须提前设计好拍摄日程,让每天的工作都安排紧凑,而且许多演员的档期有限,有些场景的租借时间也有限,群演需要提前准备到位,所以,必须整个剧组通力配合,才能按照日程完成拍摄,而一个小的失误就会带来很大的代价。所以电影业和建筑行业一样,特别容易受到敲诈。

第三,黑帮片成为黑帮文化的宣传工具,电影参与了黑帮文化的建构与传播。

这一点，似乎不是很好理解，但仔细想想就懂了。黑帮世界有一套完整的符号和代码，在黑帮内部流传和自然演化，每个成员都懂，比如中国过去的民间结社，像袍哥的茶阵，以摆茶碗的方式进行求救和对话，而洪门也有许多手语和暗语，这些代码在群体内部都是公认的，江湖人都懂，方便交流而不必暴露身份。可是，黑帮世界还需要跟外界打交道，既想表明自己的身份并说清楚意图，还要让普通人明白，就需要一套在现实中广泛传播的符号，而这恰恰就是电影帮助黑帮完成的。

在生活中，没有人去教黑帮人士如何穿衣打扮、如何说话做事。如果黑帮是一个职业，那黑帮人士并没有职业学校。他们需要自己摸索，他们要去设想和构思一个黑帮人士会怎么说话、怎么做、怎么想问题，尽管他们要使用一些常规的符号，但是不同的人很难统一，黑帮人士之间没有统筹协调、订立行为标准的权威机构。黑帮分子从来不会对外说自己是黑手党、黑社会，但当他们工作的时候，他们又特别想能够一句话不说，就让普通人立即认出他们的身份。犯罪分子不能随心所欲地把自己的内心活动对外人说，也不能雇用广告公司给他们做宣传，因为宣传的形象太好了，反而不利于他们工作。而这恰恰是电影可以施展的空间。

电影是大众艺术，畅销电影本身就成为一种"公共知识"，当黑帮世界没有一个权威机构去建立和传播标准代码时，电影恰恰可以帮助他们建立这套标准。荷兰的日本专家伊恩·布鲁玛（Ian Buruma）在《日本之镜》（*A Japanese Mirror*）中就分析过日本的这个现象，日本的"雅库扎"（Yakuza）成员都是黑帮片的狂热粉丝，他们经常模仿日本实录黑帮片中的雅库扎的说话和做事风格。为什么？因为日本不同的黑帮组织之间没有统一的仪式和风格，山口组不能与住吉会共同演练一套规范的日本黑帮仪式，而让日本雅库扎风格得以统一起来的，是深作欣二的"无仁义之战系列"、北野武的黑帮片等。正是黑帮片想象、建构、演示和传播了一整套黑帮礼仪，成为日本不同地区、不同性质的暴力团的教材。到20世纪80年代，这些暴力团基本上都按照经典日本黑帮片的内容，统一了组织内部的仪式和规则，甚至统一了对忠诚、牺牲等行为伦理的认识。

黑帮成员喜欢看黑帮片，并不是因为喜欢黑帮片把他们拍成有型有款、有情有义、忠肝义胆的江湖大哥，而是喜欢看到黑帮片把他们塑造成冷血、凶残、可怕和崇尚暴力的匪徒。为什么？因为黑帮片越是把他们塑造成邪恶的形象，对于他们在现实中从事敲诈勒索和犯罪活动就越有利，这些电影无形中替他们完成了某种"广告宣传"：别惹我，否则电影里的情节就是你的下场。黑帮片真正对现实中的有组织犯罪最有利的是间接提供了这种示范性。

所以，黑帮分子的确可以从黑帮片的免费宣传中获利，而且特别陶醉于此。他们想要别人明白自己的身份时，按照黑帮片提供的符号和惯例做就可以了，比如说话的腔调、黑话、穿衣服的方式、表情、文身等。郭德纲曾在相声《我是黑社会》中开玩笑说，想加入黑社会就去文身，结果文了个蜡笔小新。这当然是个笑话，可是，让文身这个符号与黑社会联系在一起的，正是这些电影代表的流行文化。

电影总是喜欢改编黑帮故

19世纪日本的两个雅库扎成员
（来自一本1873年出版的书）

事，除了真人真事的社会效应，黑帮的故事还能提供某些可怕的犯罪细节，为电影编剧提供扣人心弦的故事情节，增添影片的真实性和观赏性，更重要的是恐怖感。黑帮成员特别期待在黑帮片中看到如何让人恐惧的手法，他们也是在电影中不断学习。或许在帮会内部，会有人教会他们如何制造恐怖，但这些手法毕竟是有限的，他们总是需要创新，而黑帮片在制造恐怖方面提供了虚构的情节和想象力。许多黑帮成员会有自己喜欢的黑帮片演员，一方面是觉得对方是黑帮人士的理想化身，一方面是学习他们在演戏的时候如何制造恐惧感，这些手法既然可以在大银幕上打动观众，就可以在现实中威慑普通人。

第四，黑帮成员参与黑帮片的制作，推动了黑帮片的创作。

黑帮除了在电影制作过程中敲诈勒索之外，在电影史上，还与电影制作有许多合作，而这恰恰是电影史不怎么提到的内容。在好莱坞，有一个特别有名的制片人、剧本顾问和演员，他就是洛克·穆萨基亚（Rocco Musacchia），他是纽约"五大家族"之一的吉诺维斯（Genovese）家族的成员。他在好莱坞的主要工作，就是参与黑帮片的制作，他一方面帮助剧组解决一些麻烦，一方面还会指导演员如何表演。他参与了《蓝眼睛米奇》（*Mickey Blue Eyes*, 1999）和《普利奇家族的荣誉》（*Prizzi's Honor*, 1985）的制作。《蓝眼睛米奇》的男主演休·格兰特（Hugh Grant）第一次见到穆萨基亚，就对穆萨基亚的能力佩服得五体投地。他在采访中说："穆萨基亚帮忙解决了电影外景拍摄地的问题，我们想在哪儿拍就在哪儿拍，没有任何问题。"在拍摄期间，休·格兰特还通过穆萨基亚认识了一个名叫吉米·黑兹的帮会成员，还有一个叫托尼的人。通过这些人，格兰特对黑帮世界的人和他们的行事方式有了非常深入的了解。制片人伊丽莎白·赫利（Elizabeth Hurley）也对穆萨基亚的能力赞不绝口，说他可以把联邦调查局照片墙上的帮会分子与好莱坞明星一一对应起来。

日本东映公司之所以会在20世纪70年代拍了那么多实录黑帮片，与这些电影的总制片人俊藤浩滋有关，俊藤浩滋除了在制片方面有过人的能力之外，以前还是雅库扎成员。当然，在日本黑帮片历史上，最为传奇的人物不是与山口组的第三代头目田冈一雄亲如兄弟的高仓健，而是安藤昇。安藤昇是日本著名黑帮片演员、编剧和导演，从20世纪60年代开始，他制作和参演的黑帮片接近60部，而他之所以有这个成就，是因为他本人在50年代就是东京犯罪组织安藤组的创始人和老大，后来因被陷害而坐牢，组织衰落，才转行进电影圈做了演员。更有趣的是，他曾作为编剧把安藤组的故事搬上银幕，而且他本人在大银幕上扮演了自己。这在黑帮片历史上都是绝无仅有的。

安藤昇曾经对记者马克·西林（Mark Schilling）说过这样一句话："所有的雅库扎成员必须学会演戏才能生存。"也就是说，在生活中演戏是黑帮成员的基本功，而且他们的表演甚至要比电影中的演员还真实自然、不露痕迹。他们需要让江湖上流传一些关于他们的可怕传闻，这有利于他们的发展。他们必须从电影中学会如何表达自信、有胆识，以及伪装自己。有意思的是，很多演员为了演好黑帮片，还要主动去认识他们，模仿他们的行为，以便看上去逼真可信，他们不知道，黑帮成员更多时候是在现实中模仿电影。

很多黑帮底层会在电影圈里谋个兼职，尤其是在黑帮片里扮演小弟，这样的例子数不胜数。美国黑帮片中许多著名的配角都是道上的人，比如著名演员乔治·拉夫特（George Raft）。北野武在美国拍《大佬》（Brother, 2000）时，发现有一个饰演小弟的群演有着出色的表演能力，拍摄间隙跟他聊天才知道，原来他本人就是洛杉矶墨西哥帮派的小弟，因为好莱坞有许多做群演和配角的机会，于是他经常兼职演电影。

在布莱恩·德·帕尔玛（Brian De Palma）导演的《铁面无私》（The

Untouchables，1987）中，罗伯特·德尼罗扮演了阿尔·卡彭，卡彭保镖的扮演者鲍勃·马塔纳（Bob Martana）本人也是帮会成员，晚上来拍戏，白天回去工作。钮承泽导演的黑帮片《艋舺》（2010）中有一场大规模街头斗殴的群戏，据说他通过黑道大哥真的找来了两百多个道上兄弟来做群演，结果开拍之后这些兄弟真打急眼了，导演喊"咔"之后，许多人打得停不下来，导致许多人受伤。

当然，不应该过度渲染和夸大这种联系，只是在某个特定历史时期，对于一些导演、制片人和明星来说，黑帮人士的参与确实对电影制作有着许多助力和推动作用。

最后，为什么说黑帮片还会有"创作"呢？黑帮片中的许多细节不是真实存在的，而是编剧和导演想象的，却能让多数观众信以为真，因此，尽管是虚构的，但由于过于可信，被许多黑帮拿来直接使用。换句话说，黑帮片总有超出真实黑帮世界的想象与发明，而这些超出现实的内容，成为黑帮人士学习和自我认同的对象，他们会不自觉地比照经典黑帮片中人物的行为、言谈、举止，不断改变和规范自己的穿着、言行，调整自己的做事风格，以努力配得上电影中展现的那些形象。这成为一个非常有趣的循环：黑帮片源自现实中的黑帮犯罪，而黑帮片也潜移默化地改变了那些喜欢看黑帮片的帮派分子，甚至改造了美国有组织犯罪的风气。

美国著名的黑手党头目卢西亚诺，在 20 世纪 50 年代回到故乡西西里后，做的第一件事就是在祖上生活的小村庄捐资修建了一家电影院，而电影院建好之后放映的第一部电影，就是爱德华·罗宾逊主演的黑帮片《小凯撒》。还有一个例子，2018 年，约翰·特拉沃尔塔（John Travolta）主演了黑帮片《高蒂传》（*Gotti*, 2018），影片的主人公就是纽约黑帮家族老大约翰·高蒂（John Gotti, 1940—2002），高蒂有一个手下叫弗兰基·洛卡西奥（Frankie LoCascio），弗兰基的儿子萨尔瓦多·洛卡

电影《枪疯》剧照（alamy / 视觉中国）

西奥（Salvatore LoCascio）曾在审判他父亲的法庭上大声喊道："这里是美国，你们没有听说过《权利法案》吗？你们要回去好好读读！"而这句话，就是1959年罗德·斯泰格尔（Rod Steiger）主演的电影《阿尔·卡彭》中的一句经典台词。

黑帮片改变了黑帮成员穿戴风格的例子更多，比如黑帮的符号墨镜，最早就是电影的发明。甘贝塔考证了这个符号其实来自黑色电影《枪疯》（*Gun Crazy,* 1950），其中的犯罪分子为了防止在抢劫中被认出来而戴着墨镜，之后戴墨镜才在现实中的犯罪世界里逐渐流行起来。吴宇森的《英雄本色》（1986）上映之后，香港许多阿飞开始穿风衣戴墨镜上街。《古惑仔》系列上映之后，许多小弟穿着皮衣皮裤上街。

不能说黑帮片会带动黑帮成员的穿戴潮流，但他们的确在有意地使用这些流行黑帮片中的服饰，作为标榜自己的符号。至于经典黑帮片《教父》系列对美国有组织犯罪的影响，那就更多了。

Behind every great fortune, there is a crime

CHAPTER

02

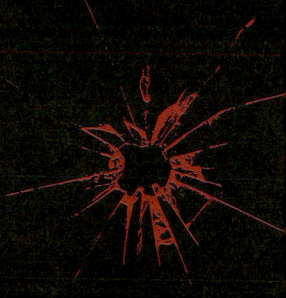

The Godfather

第 二 章

教父

黑白交织的杰作及其原型

© Alamy / 视觉中国

> 这不仅仅是一部关于有组织犯罪或帮派的虚构作品，它真正的主题是家族的骄傲与个人的荣耀，这是它如此流行的原因。
>
> ——约瑟夫·伯纳诺（纽约伯纳诺家族老大）

《教父》是电影史上的经典名片，它的地位和影响，毋庸置疑。同样，《教父》的制作与拍摄，也与美国黑帮之间有着千丝万缕的联系，甚至映射了20世纪70年代，美国犯罪家族与好莱坞之间不为人知的关系。《教父》的剧情非常复杂，它就像20世纪初的"长河小说"那样设置人物、安排情节。该片长将近3个小时，登场的主要人物有20多个，其中，柯里昂家族的主要人物就有11个之多。《教父》讲述了柯里昂家族改朝换代的故事。在二战结束后，美国社会发生了变化，纽约五大犯罪家族之间形成的联盟，在新的利益面前开始瓦解。老教父维托·柯里昂依然固守传统的黑帮做事原则，而准备接班的长子桑尼则风流成性，性格暴躁，遇事冲动，感情用事。就在这个时候，家族面临内忧外患，卷入了"五大家族"的纷争，老教父去世，桑尼遇害，而小儿子麦克则挺身而出，成为新一代教父。

《教父》影片很长，可以分为一个序曲和三个章节。序曲部分从康妮的婚礼开始，人们向老教父求助，随后发生敲诈好莱坞制片人的事件，这个段落是影片的序曲，目的是介绍主要人物，让观众了解他们的性格以及人物之间的关系。如果仔细观察就会发现，除了毒枭索拉索和在拉斯维加斯经营赌场的莫·格林，影片中的其他主要人物，包括最后的反派人物巴西尼，都在这场婚礼戏中出现了。那么，为什么还要加上之后发生的敲诈制片人这场戏？我认为是为了介绍了教父一家的职业和手段。在婚礼这场戏中，这些人穿戴考究，说话也很礼貌，所以观众感觉不到

《教父》序曲部分的康妮的婚礼（alamy / 视觉中国）

《教父》经典场面：马头敲诈（alamy / 视觉中国）

这是一个危险的犯罪家族，只有经过制片人这场戏，用一只血淋淋的马头，才让观众一下子对老教父的深不可测，以及他们冷酷和残忍的风格留下了深刻印象。

接下来，影片进入正式的情节，可以分为三个部分。第一部分，可以称为"暗杀风云"，索拉索和塔塔基里亚家族找到老教父，想与他合作搞毒品生意，但遭到老教父的拒绝，他们收买老教父身边的保镖，刺杀老教父，所幸老教父在刺杀中活了下来。桑尼成为家族的代理，但在他谋划如何复仇时，麦克在医院制止了对老教父的第二次刺杀。为了报仇和挽救家族危机，麦克决定铤而走险，在约会时杀死了索拉索和贪污的警察队长，并远走西西里，这是第一部分。

第二部分，可以称为"阴谋"。老教父出院后，桑尼代理家族事业，他暴躁冲动，杀死了塔塔基里亚家族的长子，导致"五大家族"开始混战。桑尼始终缺乏深谋远虑，幸好有军师汤姆帮他出谋划策。康妮与她的丈夫卡洛经常争吵，桑尼为了给妹妹出气，当街痛扁卡洛。卡洛背叛了家族，故意家暴康妮而引出桑尼，结果桑尼在汽车收费站被几个人乱枪杀死。躲到西西里的麦克，遇到了心爱的女孩并与她结婚，但是他世外桃源般的爱情并没有躲过纽约家族之间的仇杀，他的新婚妻子因汽车炸弹而遇害。老教父知道桑尼被害之后，没有急于复仇，而是决定重新出山。他召集"五大家族"代表，宣布不再追究桑尼的死，并与塔塔基里亚家族握手言和，但他要各大家族保证小儿子麦克能够安全回到美国。

第三部分可以叫"复仇"。老教父知道了巴西尼是幕后真凶，麦克从西西里回到美国，开始主持家族生意。经过混战，柯里昂家族在纽约岌岌可危，麦克决定把纽约的生意转移到内华达州拉斯维加斯的赌场上，而家族里的两位元老克莱曼萨和泰西奥，在这个时刻为了自保，提出想自立门户，而麦克让他们再等6个月。麦克到了拉斯维加斯，他的二哥弗雷多在那里主持家族赌场的生意，莫·格林是纽约五大家族在拉斯维加斯的赌场生意的代表，麦克想从他手里收回赌场的控制权，结果被莫·格林羞辱和断然拒绝。老教父去世，麦克决定将家族的生意从纽约全部转移，并且洗白，但为了达到这个目的，他必须下决心痛下杀手。影片结尾，麦克在参加康妮孩子的洗礼时，派人杀死了巴西尼、莫·格林和塔塔基里亚家族的老大。最后，麦克杀了背叛家族的泰西奥，并在得知是卡洛与巴西尼勾结出卖了桑尼后，下令杀了卡洛，而他成为家族的新教父。这就是《教父》的全部剧情内容。

在情节方面，一方面由于导演弗朗西斯·福特·科波拉对叙事做了取舍，有详有略，另一方面由于大家对美国黑手党的实际情况不太了解，所以观众对其中一些情节可能不是特别理解。

比如说，巴西尼和塔塔基里亚家族想在纽约贩毒，为什么非要柯里昂家族参与呢？这是因为，在"五大家族"之间，为了避免纷争，每个家族的生意的界限比较清楚。柯里昂家族主要控制着纽约的政治资源，这个所谓的政治资源是什么呢？一个是柯里昂家族控制着纽约的工会，与工会领袖关系非常密切，而工人群体是最理想的贩毒对象。而更重要的是，柯里昂家族控制着纽约的警察，用联邦调查局调查人员的话说，他们系统性地供应纽约腐败的警察系统。那为什么柯里昂家族控制着警察，教父在医院的时候还有一个警察配合刺杀他呢？因为这是一个被巴西尼或索拉索买通的警察，而正是因为柯里昂家族对警察受贿的情况非常熟悉，所以麦克才决定杀死这个警察，并把他的黑材料发给媒体。因此，如果柯里昂家族不合作，就没有警察的保护，毒品的生意根本做不起来。所以，巴西尼想染指毒品生意，就必须获得柯里昂家族的支持，他指使塔塔基里亚家族与外号"土耳其人"的索拉索去找老教父谈判，结果被老教父拒绝了。于是，索拉索才要刺杀老教父。

所以，《教父》的血雨腥风，表面上看，来自二战后纽约"五大家族"对毒品生意的不同态度，而实际上是巴西尼家族试图削弱甚至吞掉柯里昂家族。有人可能会问，在现实中，意大利黑帮真的像电影中演的那样不贩毒吗？应该说，在20世纪20年代到50年代之间，纽约的意大利黑手党，基本上是不碰毒品的。不过原因不是电影里演的那样，而是老派黑手党有自己的道德操守和职业底线。真正的原因在于，一方面，他们已经控制了许多产业，比如私酒、夜总会、卖淫和赌场，并且通过工会和贿赂警察，已经获取了足够丰厚的利润；另一方面，毒品一旦沾上太麻烦，社会危害太大，警方一旦追查就会一查到底，很容易威胁到家族的生存。通过毒品赚钱是小事儿，整个家族的安全才是大事儿，这才是许多意大利黑手党不碰毒品的原因。

在影片中，当"军师"（consiglieri）汤姆与老教父、桑尼三个人商议是否接受毒品时，汤姆说，毒品生意至少在未来十年是利润丰厚的。这是事实，尽管影片中的柯里昂家族没有贩毒，可就像巴西尼家族一样，意大利黑帮还是做起了毒品生意，因为他们从西西里进货太方便了。二战后美国青年亚文化兴起，毒品市场扩大，底层小毒贩总会因为地盘你争我夺，这影响了街头秩序，当纠纷升级时，还是要由这些大家族出面，来维持毒品行业的稳定。

我们可以把《教父》循序渐进地理解为一部关于个人成长的电影、一个关于家族兴衰的电影，以及一部冷静剖析意大利黑帮价值观和行事风格的电影。

首先，这是好莱坞电影中经常出现的成长故事。麦克一开始是一个想通过服役摆脱家族的犯罪生意、通过个人努力进入美国主流社会的二代移民，但最终他还是为了在阴谋中摇摇欲坠的家族，决定挺身而出，违背个人意愿，挽救家族，最后变成一个冷酷而绝情的新教父。他不仅为了拯救家族而不惜亲手杀人，而且宁可被姐姐误解，也要干掉叛徒卡洛。麦克的成长和变化，是影片的主线之一。长近3个小时的电影里，麦克作为儿子和继承人的崛起成为核心。影片也伴随着他的转变、他接受教父的权力和获得整个家族的信任而达到高潮。相信很多男性观众可以从麦克身上感受到那种成长的落寞，为了整个家庭和那些需要依靠你的人，不得不放弃少年时代的美好愿望和理想，背负人们的误解，果断应对事业中的阴谋，最后不得不把自己的情感隐藏在内心深处。

此外，电影片名虽然叫"教父"，但是宗教价值在影片中只是一个幌子。所谓"教父"，西西里人有个笑话，就是说，世道太艰辛了，人至少需要两个爸爸才能活下去，所以除了爸爸，还需要有个教父。因此，其实意大利人对"教父"是有淡淡的嘲讽的，对于老教父和小教父来说，最重要的价值其实是家庭，所以，《教父》其实是一部家庭伦理电影，只不过碰巧主人公都是黑手党。姜文曾经在采访中说过这一点，《教父》不过就是美国类型片版的《家》《春》《秋》。

意大利黑手党在现实中格外注重家庭，这一点在《教父》中有很多体现，比如开场的婚礼上，柯里昂家族拍合影的时候，麦克没有出现，老教父就延迟了拍照。这一方面表现出老教父很喜欢小儿子，另一方面也说明，他注重家庭团圆。他知道大儿子桑尼在外面与女人鬼混，就教育他要多花时间与家人在一起，因为不抽空陪家人的男人，不是真正的男人。麦克虽然想走自己的人生道路，但他继承了父亲身上的这种强烈的西西里式家庭观念。他看到哥哥弗雷多帮着外人说话时，就警告说，不要再联合外人来反对自己的家族。桑尼虽然也非常爱父亲和弟弟，但他经常在外面与女人乱搞，还有了私生子，破坏了家庭观念。弗雷多就更不用说了，懦弱，没有主见，帮外人说话。因此，从家庭观念上看，柯里昂家族也只有麦克才是最合格的接班人。因此，家庭价值是《教父》的内在原则，影片中多数人物都是柯里昂家族的成员，关键场景都是家族历史上的事件，比如女儿的婚礼、儿子的死亡，然后是父亲的死亡。

而且，影片将家庭的象征意义，通过麦克的崛起，延伸到柯里昂家族的直系亲属及其后代之外，延伸到他所领导的家族的所有成员，这些人构成了一个大家庭。麦克最后是为了这个大家庭，也就是整个犯罪家族，而不惜杀死家庭成员卡洛。所以，到了《教父2》中，家庭的象征意义被进一步放大，成为对整个意大利裔美国人群体的隐喻。

小说《教父》的作者马里奥·普佐，1920年生于纽约的一个意大利家庭，他在纽约城市学院读书，毕业后赶上二战，就报名参军，在美国航空部队服役，退伍之后，他回到纽约，在哥伦比亚大学读书，攻读文学。从20世纪50年代开始，他为传媒大亨马丁·古德曼（Martin Goodman）的杂志工作，做编辑和撰稿人，并开始写小说，他的理想是成为一个作家。1955年，他发表了自己的第一部小说，叫《黑暗竞技场》（*The Dark Arena*, 1955）。十年之后，也就是1965年，他出版了第二部小说《幸运的移民》(*The Fortunate Pilgrim*, 1965)。十年才写两本书，普佐的水平可想而知，实事求是地讲，这两本小说的质量平平。与美国二战后那些优秀的当代作家相比，他的文笔和才华绝对算不上是一流的，这两本书的稿费只有 6 500 美元。可是这点钱根本不够他偿还向亲戚、朋友借的钱。他想让出版社预支一部分稿费，好撰写第三部小说，但出版社拒绝了，原因是人们对小说的内容根本不感兴趣。不过，出版社有一个编辑告诉他，如果能把其中一个黑手党人物的故事延伸一下，写成一本小说，可能会被出版社接受。于是，普佐就写了一个 10 页的黑手党小说的故事大纲，结果还是被出版社驳回，他从此与这家出版社分道扬镳。

后来，一个朋友帮他将这篇关于黑手党的小说交给普特南父子出版社（G.P. Putnam's Sons）看，于是普佐与几个编辑聚在一起。据说，那几个编辑只是坐着听他讲了一小段，就立即拍板接受这部小说，而且给他预支了 5 000 美元的稿费。这笔钱对于当时穷困潦倒的普佐来说，简直是一个难得的翻身机会。

所以，《教父》虽然伟大，但它还真不是普佐发自内心想写的作品，而是他在文学圈子里走投无路时，为了生活不得不写的东西。他写《教父》，用了足足三年时间。普佐家里有好几个孩子，他是父母认为资质最差的一个。所以后来，当《教父》小说的销售额达到 40 万美元时，他马上给家里人打电话，告诉他们，他再也不是家里那个拖后腿的笨蛋了。

可是，黑手党小说并不像想的那么容易，可以说写就写。尽管普佐是意大利裔，但当时他与黑手党没有一分钱关系，至少在写《教父》这个时期，普佐本人与黑手党完全没有联系。因为有了出版社的支持，他可以认真查阅一些资料，所以小说中许多关于黑帮的细节，都来自普佐自己的调查，而不是许多人猜测的是他的亲身经历。在《教父》这本小说出版之前，电影改编版权就被买走了，当时好莱坞的版权交易就是这么快。普佐本人对这个电影版权其实不太上心，他压根没想到这片子能红，更没想到这部电影彻底改变了他的命运。1968年春天，普佐见了派拉蒙公司的制片经理罗伯特·埃文斯（Robert Evans），别看埃文斯还不到40岁，但他已经对好莱坞电影工业了如指掌，是经验丰富的老油条了。

埃文斯见到普佐，希望购买这个还没有写完的小说的电影改编权。据埃文斯回忆，"这家伙从一个皱巴巴的信封里，拿出了五六十页皱巴巴的纸"，这就是《教父》。普佐告诉埃文斯，小说暂定名为《黑手党》（Mafia），讲的是一个有组织犯罪的内幕故事。普佐说，他有一笔1万美元的赌债必须马上偿还，只要埃文斯给出一个合理的价格，他就可以接受。最后，埃文斯以12 500美元的价格买下了这本所谓《黑手党》的小说的电影版权。他当时无法想象，他用这么一笔微不足道的钱，就买到了电影史上最赚钱的一本原作小说的改编版权。

埃文斯很想拍好这个片子，但是派拉蒙公司的人觉得意思不大。发行部的人跟他说，"西西里的黑帮片玩不转了"，这里指的是1968年柯克·道格拉斯（Kirk Douglas）演的黑帮片《天伦劫》（The Brotherhood, 1968）。其实这片子在黑帮片的历史上算是还不错的，但在当时砸锅了。埃文斯不这么看，他认为《天伦劫》之所以会失败，主要原因是影片的主创人员里几乎没有一个是意大利裔的，电影的导演马丁·里特（Martin Ritt）和主演道格拉斯都是犹太人，影片中的演员与道格拉斯一样，大部分只能是化装成西西里人，而不懂得演真实的意大利人。所以，尽管《天伦劫》失利了，但埃文斯坚持认为，当时美国观众对黑手党的故事是非常感兴趣的。

应该说，经验老到的埃文斯是对的。1950年，美国参议员埃斯蒂斯·基福弗（Estes Kefauver）在有组织犯罪委员会召开了听证会，这次听证会通过电视进行了转播，引起了全美观众的注意。许多黑手党成员出席了听证会并当面回答了问题，比如弗兰克·科斯特洛（Frank Costello）就出席了听证会。科斯特洛就是《教父》中麦克的原型，这个人太厉害了，被称为美国"黑帮首相"（The Prime Minister of the Underworld）。除了基福弗听证会，在1963年秋天，美国参议员约翰·麦克莱伦（John McClellan）也成立了委员会，开始调查美国的有组织犯罪，这个事件也受到了全美的关注。所以，埃文斯推测：这个国家已经准备好迎接一部真实的黑手党电影了。

《教父》中麦克的原型弗兰克·科斯特洛（Al Aumuller, World Telegram staff photographer, 1951）

二

1969年4月,这部小说最终以《教父》(*The Godfather*)的名字出版了。埃文斯开始为电影寻找合适的制作团队。他最早考虑的人选是伊利亚·卡赞(Elia Kazan),卡赞虽然不是意大利人,但是拍过《码头风云》(*On the Waterfront*, 1954),该片内容也涉及工会运动。但是最终,埃文斯还是觉得应该让一个意大利裔导演来拍,这样才能成功,他说:"你必须在电影里能闻到意大利面的味儿。"

这时,派拉蒙公司的副总裁、埃文斯的首席助理彼得·巴特(Peter Bart)向他推荐了一个人,这是一个有意大利血统的初出茅庐的青年导演——弗朗西斯·福特·科波拉。

埃文斯听到巴特的介绍之后,回忆起科波拉之前拍摄的电影《雨族》(*The Rain People*, 1969)中女主角在意大利婚礼上的场景,觉得可以让科波拉试试。他说科波拉"知道意大利人吃东西的方式以及亲吻、说话的方式。他知道那种豪放的感觉"。所以,科波拉也知道怎么向大众传达美国黑手党说话和做事的方式。

埃文斯觉得科波拉可以胜任的另一个原因,是他对此前的表现意大利裔的黑帮片非常不满,这些片子只是堆砌了对意大利移民罪犯的刻板印象。马丁·斯科塞斯对霍华德·霍克斯的《疤面人》(1932)有这样的评价,他只要看到影片的男主演保罗·穆尼(Paul Muni)学着意大利人的腔调张嘴说话,就让他的鸡皮疙瘩掉一地,斯科塞斯说,这就是"妈妈咪呀"(Mama Mia)级别的表演。

埃文斯最后决定用科波拉,不仅因为他是意大利裔,还因为他刚拍了《雨族》这部非常失败的电影。埃文斯认为科波拉比较年轻,因为票房失败,一方面会非常听话和配合,按照派拉蒙的意思拍摄,一方面会比较懊恼,会不顾一切证明自己的实力。同时,彼得·巴特说科波拉只用很少的钱就拍出了《雨族》,所以圈子里有人传说他很能省钱,而这个以讹传讹的名声打动了派拉蒙。

其实,埃文斯和巴特都没有明确说出的另一个至关重要的原因,是科波拉刚为《巴顿将军》(Patton, 1970)写过剧本,而这个剧本获得了奥斯卡最佳原创剧本奖。于是,出身于艺术世家、满脑子想当艺术导演的文艺青年科波拉,终于在《教父》这场大戏中登场了。而埃文斯也不知道,接下来发生在科波拉身上的事情,堪比影片中发生在麦克身上的事情。通过与埃文斯的斗争,他从一个困顿潦倒的意大利裔青年导演,一步一步走上了电影的神坛。

导演选好了,接下来该写剧本了,这个伟大的剧本是科波拉和普佐合作完成的。但是,当派拉蒙公司第一次问科波拉想不想接拍《教父》时,他开始读这本小说,却没能坚持读到第50页。他对这本书的评价很低,印象很差,觉得这本书非常垃圾,就是一本低俗、煽情、肮脏的犯罪小说。这样的小说怎么能进科波拉的法眼呢?

当然,普佐本来也没把这本书当作严肃作品来写,就是想写一本畅销书而已,所以故意加入了一些性描写和暴力描写,比如长子桑尼的风流韵事,以及歌手强尼的爱情故事等,这些情节纯粹是为了提高销量故意编的,恰恰也是这些内容,让科波拉最反感。科波拉当时认定,这是一本三流的小说,根本不值得考虑。另外,科波拉不想再拍类型片了,他当年接拍了歌舞喜剧片《彩虹仙子》(Finians Rainbow, 1968),就是走了弯路,他认为自己不能再走弯路了,不能再为制片厂拍商业片,而且还是黑帮片。所以,科波拉读完小说的想法就是:不能接这个片子。

几周以后,彼得·巴特再次给科波拉打了个电话,询问情况。碰巧当时在科波拉租的小公寓里,还有一个科波拉的同学,这就是乔治·卢卡斯,他当时正在做处女作《500年后》(*THX 1138*, 1971) 的后期，卢卡斯回忆说，当时科波拉用手捂住了话筒，问他："乔治，你觉得我应该拍这部黑帮片吗？"卢卡斯马上提醒科波拉："哥们儿，咱们合伙开的电影公司〔American Zoetrope〕马上就倒闭了，我们已经负债累累，所以无论怎样，你得找一份工作。我觉得你应该接这个片子，生存还是最重要的。"于是，科波拉放下手，对着巴特说："好吧，我可以拍，但是演员我要自己来选。"其实，科波拉当时根本就没有读完小说。

当他进一步读这本小说时，他发现这其实是一个家庭故事，是一个父亲和他的儿女的故事。科波拉承认，如果把乱七八糟的东西都删掉，这还算是一个不错的故事。所以，他得出这样一个结论，如果他把可有可无的分支情节删掉，这不是一本垃圾书。科波拉的父亲卡明·科波拉（Carmine Coppola）是一个作曲家，他也赞同科波拉接这个片子，因为如果这部商业片成功了，儿子就可以实现理想，轻松获得许多资源。所以，科波拉给巴特回电话说："只要不只是让我拍一部黑帮片，还能拍成一部家庭纪实片，那我就拍。"

在科波拉同意之后，影片的实际制片人阿尔伯特·鲁迪（Albert Ruddy）进入项目了。埃文斯是派拉蒙主管制片的副总裁，他主要负责选项目和定主创，但具体的制片业务，都是鲁迪完成的，所以影片最后挂的制片人是鲁迪，在奥斯卡奖颁奖礼上代表派拉蒙公司领取最佳影片奖的，也是鲁迪。鲁迪是一个比较实干的人，他把科波拉接拍这部电影的消息告诉给普佐，普佐正在写剧本的初稿。鲁迪跟他说，科波拉也会参与剧本写作。普佐与科波拉见了面，他提议两个人分头写剧本，各写各的，最后合在一起。但科波拉认为不行，必须相互配合修改。普佐明白了，这是一个认真的、有抱负的导演。

虽然《教父》本来不是科波拉计划要拍的片子，这是一个完全难以预料会拍成什么样的商业片，但他一旦进入项目，就非常认真。虽然他觉得小说很一般，但他一旦明确了方向，就会暗暗努力，争取把它做到最好。一个年轻导演如果没有这种决心和用心，也就做不成事。一个人能成功，绝不是所有条件准备就绪了，万事俱备才成功，永远是跟随实际情况，随时做好准备，抓住机会竭尽全力。电影史上很多大家看上去经典得天衣无缝的电影，或许在拍摄时是各种迁就、对付，但每一步都争取做到条件内最好，最后成了经典。

《教父》成功以后，很多人都问，怎么写出这么神的剧本？其实关于两个人在剧本上的合作，流传有许多版本。

两个人分头写，科波拉在旧金山，他每天早上到一个名叫"的里雅斯特"（Trieste）的咖啡馆里，挑一处僻静的桌子写剧本。普佐则是在洛杉矶，他特别喜欢派拉蒙公司提供的办公室，因为冰箱里随时有许多免费的苏打水。普佐最早的版本是按照公司要求，把年代改为20世纪70年代，科波拉又改回50年代。他修改好自己的版本，再联系普佐，普佐再在这个基础上修改。普佐在纪录片里说："我们是分开写的，我把我的东西发给他，他也把他的东西发给我，但最后，是科波拉来决定拍摄的剧本内容。"

在后来发行的关于《教父》的书里，有个传奇的笔记本，就是科波拉当年写剧本时使用的笔记本。科波拉为了确保小说中他认为重要的事件都能在剧本中找到细节，就从普佐小说的复印件上撕下这些页，并把每一页都粘贴到一个大的笔记本上，然后，他在每一页小说周围的空白处，手写一些情节和动作的备注，或者补充的细节、对白等。科波拉在纪录片中解释说："我会把每个场景的核心内容都记下来，这成了我在执导影片时的主要参考。在拍摄时，除了剧本之外，我就会参考它。这对我来说是一个多层次的导演路线图。"

科波拉最终把这部小说改编成一个130多页的剧本，实际拍摄出来差不多是3个小时。最后的成片差不多也是3个小时，说明科波拉在剧本控制上非常精准。

　　尽管之前埃文斯向意大利裔美国人民权联盟（Italian American Civil Rights League）做了保证，但科波拉在剧本里却没有任何妥协，明明白白指出，这些家族就是黑帮分子，而这些犯罪分子是意大利裔。他希望以坦诚的态度和理解的角度，去表现美国的意大利社会，因此他从小说中选择哪些情节要保留下来，这对于影片来说是非常关键的。

　　最明显的是，他把原作小说中关于西西里黑手党起源的内容，基本删除了。在普佐的小说中，当麦克躲避到西西里时，在西西里接应他的是当地的一个黑手党老大汤马西诺（Tommasino），在《教父》中，他是一个对西西里非常了解的瘸子，在《教父2》里，才介绍他与老教父的关系，这个人就是带着老教父去报仇的那个朋友，临走时被对方开枪打伤了脚。汤马西诺在《教父3》里继续出现。但在小说里，设置这个人物的目的，是介绍西西里黑手党的起源。汤马西诺是为西西里当地的地主管理土地的，西西里地主和贵族有很多土地，在西西里山区最多，而地主和贵族本人不会耕种，所以把土地包租给普通农民，种植粮食和水果。西西里岛在地中海中，阳光充足，所以盛产水果，尤其是橙子。英国的贸易商船从印度回国，路过西西里时都会停靠一段时间，进口大量橙子运回英国销售。所以在殖民时代，橙子是西西里农业经济的象征。所以，老教父在被刺杀时，橙子滚了一地。在《教父3》中，麦克的儿子安东尼在回到西西里之后，即兴为父母和亲朋好友演唱了一首西西里民谣，曲子就是"西西里之歌"（Ferenc Hegedus 演唱），只不过歌词改成了"燃烧吧月亮，燃烧吧大地"（Brucia la Luna, Brucia la Terra）。

　　那西西里黑手党是怎么来的呢？由于山区很多，地主和贵族虽然占有土地，但他们没有能力去监督农民们干活，而且他们本人四体不勤，五谷不分，也没有办法监督，于是他们就雇用一些人，帮助他们管理租用土地的农民。这些人熟悉山路，了解农民，而且多数比较凶残，拥有武器。他们彼此认识，相互合作，形成了一个网络，最后就形成了黑手党，利用暴力压榨普通农民。在小说里，汤马西诺就是替有钱人管理土地租金的，如果有人提出过分的要求，或者占有荒地，他就会去吓唬他们。同时，汤马西诺还控制着当地的水源，当地农民用水，都要付给他水费。而科波拉在剧本里完全回避了这部分内容。那他把西西里的戏用来做什么呢？用来展现麦克的成长和爱情。西西里的戏，更像是围绕麦克展开的，而不是展现犯罪家族与西西里黑手党的关系。在西西里这个精神故乡，麦克内心深处有一种寻根的亲切，他发现了自己身上那种强

19世纪末的两名西西里黑手党成员（佚名，创作于19世纪末）

烈的西西里人的性格，而阿波罗尼亚只是一个象征，她象征着西西里人最为淳朴的善良和美好。科波拉把西西里的内容聚焦于麦克的精神变化，让他对西西里有强烈的认同。他就是西西里人，当有人破坏了他的美好生活时，他必须也以西西里人的方式反击，这为他随后毅然决然回归家族做好了铺垫。

还有一点，科波拉主要展现了家族的日常生活，而尽量回避更多的暴力描写。他让观众看到，这个教父更多的时候是在主持女儿的婚礼、去食杂店买东西、在花园里逗孙子玩，他穿着皱巴巴的衣服，说话慢条斯理，看上去弱不禁风，甚至脸上还有没刮干净的胡子。而小说中，安排人去帮助向他求助的博纳塞拉（Bonasera），去教训欺负博纳塞拉女儿的两个青年，这样的暴力戏反而被拿掉了。大家第一次看的时候，可能会觉

影片中老教父维托·柯里昂遇刺的场面（alamy / 视觉中国）

得不适应，感觉节奏缓慢，不打打杀杀，不吹胡子瞪眼，这还是黑帮片吗？可是，如果再看一遍就会发现，让观众更多看到柯里昂的家庭生活和日常生活，会让观众对他遇刺那场戏，迸发出强烈的同情心，观众会觉得这些黑帮分子也是人，也有鸡毛蒜皮的事儿，也一样经不起子弹。

就从这两个取舍来看，科波拉对剧本的贡献非常大。

在剧本的设计中，老教父柯里昂深信有组织犯罪是落魄的移民们实现美国梦的一条路，对于他来说，犯罪的手段是让被家族保护的人实现这个梦的途径。科波拉认为，尽管《教父》比较浪漫，并没有如实展现美国黑帮的现实，但"生活中的黑手党与美国社会在根本上和细节上是高度相似的，黑手党是美国一个极好的隐喻"。科波拉说："黑手党和美国基本上都认为自己是乐善好施的组织，两者为了维护自己的权力和利益，双手都沾满了鲜血。两者都是彻头彻尾的资本主义，基本上都是以获利为动机。"

科波拉对剧本的改动，让观众能够通过有组织犯罪的角度来理解美国的历史。由于来自意大利、爱尔兰和其他欧洲国家的移民没有能力找到工作，生存很不容易，因此，敲诈勒索似乎还是一条为数不多的可以走得通的路。黑手党通过赞助腐败政客获得权力，从而获得庇护，他们再去庇护街区里依靠他们生活的底层人。科波拉这样拍摄《教父》的原因，就是让大家知道，黑手党就是从纽约这座城市自身的无政府状态中滋生出来的，他们最初面对的是社会的不公正。《教父》的开场，殡仪馆老板博纳塞拉的台词就是想让人们明白，美国梦与黑手党之间是互补的关系，追求美国梦的人，也离不开黑手党。

科波拉还在剧本中增加了一些小细节，这些细节看上去非常随意，可有可无，其实体现了他的用心良苦，很真实。比如老教父柯里昂被暗杀之后，他的手下克莱曼萨干掉出卖教父的司机兼保镖保利这场戏，科波拉设计了一个小细节，让克莱曼萨的妻子在他们出门之前对他说："别忘了带些甜饼（cannoli）回家。"之后，克莱曼萨在偏僻的乡间小路上，让杀手干掉了司机保利，在弃车离开现场之前，克莱曼萨对杀手说："把枪留下，但是带上甜饼。"在刚刚杀人之后，克莱曼萨还能记起妻子让他带回家的甜点，这个小细节，让人物更可信，也让人对他们的行为感到毛骨悚然。《纽约时报》的影评人爱德华·罗斯坦（Edward Rothstein）评论这个情节说，这一幕虽然是杀人，却让人感到一丝温馨，"影片的核心是对民族身份的直言不讳的宣扬，这是暴力的源泉。这让我们发现了黑帮富有人性的一面，温情、忠诚、对甜饼的热爱。除了是关于家族企业的故事外，这也可以是一个关于移民家族试图保留其民族传统的故事"。这个细节其实是小说中没有的，是科波拉加进去的。为什么这个甜饼会引人注意？因为这种甜饼是意大利西西里黑手党人最喜欢的一种西西里甜点。

美国著名影评人宝琳·凯尔（Pauline Kael）认为普佐给科波拉提供了"一个小说家选择的事件与细节"，而科波拉除了规避了小说中粗俗的地方，更从这些原材料中"打捞出普佐的能量，并赋予叙事以尊严"。所以，如果说普佐提供了原料，那科波拉的工作就像炼金术，把普佐的小说在大银幕上变成艺术品，这部电影的丰满来自小说，而光辉则来自科波拉。

剧本完成后，鲁迪约见了科波拉，告诉他派拉蒙公司最近的一些作品损失惨重，比如朱莉·安德鲁斯（Julie Andrews）主演的《拂晓出击》（*Darling Lili*, 1970）。因此，公司不想在一部黑帮片上赌博。为什么会派鲁迪来做制片呢？就是因为他在控制预算方面比较有经验，他善于省钱，而不是赚钱。科波拉是个年轻导演，选鲁迪做制片人，可以很好地控制预算。埃文斯最初的设想是，《教父》应该是一部小成本电影，在派拉蒙的摄影棚里拍内景，外景可以用摄影棚的后院。此外，故事要以当时也就是 20 世纪 70 年代为背景，而不是小说中的二战后，这样可以节省许多成本。简言之，埃文斯给《教父》的设计成本是 100 万美元，差不多是以 B 级片的方式制作。

科波拉知道后非常反感。他坚持认为，把故事设置在当时的年代是行不通的，比如 20 世纪 70 年代的黑帮成员不能再像 50 年代的黑帮战争时那样，在街上疯狂射击。"他坚持电影要像小说里写的那样，发生在二战后，要有 40 年代的感觉。"埃文斯听了这些话非常不高兴，这样会让预算再加 100 万美元，这绝不可能。

但是科波拉不甘示弱，他选择游说派拉蒙的高层赞同他的观点。他先让公司里的人明白，必须在纽约实景拍摄，而不是在制片厂的后院，因为太多电影在派拉蒙摄影棚后院的"纽约"街道拍摄，观众已经非常熟悉了。但这个请求同样被拒绝，就是因为成本太高。

在实景拍摄的问题上，科波拉与埃文斯展开了拉锯战，就在这个时候，一件出人意料的事情发生了，《教父》小说销量竟然稳步攀升，一直升到畅销书排行榜的首位！这本书的畅销，改变了科波拉在谈判中势单力孤的局面，他强烈要求派拉蒙将影片升为 A 级片，因为这才是对畅销书进行电影改编应该有的待遇。最终，他成功地让派拉蒙公司改变了制作策略，这部电影将以小说原初年代为背景，而且，公司允许他在纽约实景拍摄，甚至还可以在西西里岛取景拍摄西西里的几场戏，预算最终增加到 650 万美元！

科波拉的争取非常重要。改变影片的年代背景，不仅仅是预算的问题，更涉及观众如何通过电影理解美国黑帮真实的历史，许多事实都是按照真实事件发生的年代而写的，必须唤醒观众对纽约黑手党的记忆。在制作成本这个回合，幸运之神站在了科波拉这边。他显然已经开始熟悉派拉蒙公司的套路，逐渐有意识地通过各种办法主导电影的决策。

当后来回忆起他与埃文斯、派拉蒙电影公司高层之间的拉锯战时，科波拉说："在《教父》的制作过程中，我其实是把大量精力用在说服公司那些有权有势的人上。"科波拉把这些人叫作"西装党"，他们让他能按照自己的设想来拍摄电影。普佐也说："弗朗西斯看上去是乐天派，平时嘻嘻哈哈的，但我不知道的是，他对工作的态度其实非常强硬。"

· 三 ·

《教父》这样的黑帮片，在制作时必然要克服来自黑帮的干扰。首先，派拉蒙要拍一部黑手党电影，而且在纽约市取景拍摄，这个消息一经传出，黑道就得到了消息。派拉蒙公司先是接到了总部设在纽约的意大利裔美国人民权联盟的抗议，这个联盟声称：一部关于黑手党的电影会丑化和贬低所有意大利裔美国人。可讽刺的是，该联盟当时正是由纽约黑手党老大约瑟夫·科伦坡（Joseph Colombo, 1923—1978）领导的。约瑟夫·科伦坡可不是一般人，《教父》中所说的"五大家族"，在现实中，其中之一就是科伦坡家族，而约瑟夫·科伦坡就是这个家族的老大。科伦坡在20世纪60年代影响非常大，因为他的官方身份就是民权运动领袖，而且他领导的民权运动组织在很长一段时间里非常成功，甚至很多人认为约瑟夫·科伦坡与马丁·路德·金和马尔科姆·X齐名。他在纽约社交界非常有名，经常与明星、政府官员共同出席活动。1970年，他创建了意大利裔美国人民权联盟，这其实是一个幌子，因为民权组织可以阻止司法机构采用非常手段调查科伦坡家族的黑社会活动。

埃文斯在随后参加一部电影的映后活动时，接到了一个匿名电话，打电话的是一个黑帮老大，他警告埃文斯不要拍关于纽约"家族"的电影，否则，他们会毁了他的"漂亮脸蛋"。可是，埃文斯也不是善茬儿，他在电话里直接撑回去说："哥们儿，如果你觉得不爽，就去找我们的制片人，他叫鲁迪。"

没想到，几天以后，鲁迪的车在路边被人用枪打满了弹孔。鲁迪在现场制片领域很有经验，他不怕事儿，但这种骚扰让他感觉《教父》这片子可能没有办法拍好。所以他决定跟意大利裔美国人民权联盟商量一下。而埃文斯之所以敢放话让他们去找鲁迪，就因为鲁迪在处理这些事情上很有经验，认识许多黑白两道的朋友。鲁迪主动找到联盟的人，承诺把剧本中所有出现 mafia 这个词的地方都删掉，绝对不会提到这个词，而且保证，电影一定能体现出对意大利裔人群足够的尊重。作为交换，联盟那边则必须为影片的制作过程"保平安"。鲁迪果然是非常精明，因为，剧本里压根就没有 mafia 这个词，而且本身就有对意大利裔美国人家庭生活的正面描写。鲁迪还向联盟强调说，《教父》讲的其实是虚构的故事，与整个意大利社区没有关系。

但是，搞定了科伦坡家族的纠缠，还有一些地头蛇需要摆平。在开拍之前，埃文斯就听到风声说，有一些黑帮成员已经计划好，当科波拉在纽约的意大利社区拍摄时，他们会在外景地蹲点。电影业最容易被敲诈的情形就在这里显现了，他们随便找个借口打断拍摄计划，都会让影片的制片成本提高。埃文斯也不得不做点什么，他打电话给他的律师朋友西德尼·科沙克（Sidney Korshak），这个科沙克也不是一般人，他对外公开的身份是律师，但实际上专门为好莱坞大公司摆平黑道问题，是个中间人。联邦调查局认为，科沙克是"黑帮、好莱坞与拉斯维加斯的合法企业、工人之间最重要的联络人"。据说，科沙克打了几通电话，之前所有的威胁就都消失了。

虽然说埃文斯和鲁迪把黑道的威胁暂时摆平了，但是剧组真正的战

导演弗朗西斯·科波拉与主演马龙·白兰度在片场（Imago / 视觉中国）

争才刚刚开始，《教父》选角，是这部大戏的第一个高潮。

最初，科波拉和普佐都认为，老教父维托·柯里昂的首选演员，是马龙·白兰度（Marlon Brando）。事实上，普佐在写这个角色的时候，脑子里想的就是47岁的马龙·白兰度。老教父这个角色，需要一个有魅力、有深度的人来演。科波拉曾解释过为什么选马龙·白兰度，他说："作为演员，白兰度比许多其他演员都更具有神秘感，这能激发这些演员与这个传奇演员合作时的敬畏之心，并且，可以在电影中把这种敬畏转化为对老教父的敬畏。"

但是，埃文斯断然拒绝了这个提议，因为白兰度当时在电影圈的名声很差，他以在拍摄现场喜怒无常、性格暴躁而闻名。当时有报道说，白兰度在拍摄《糖果》（*Candy*, 1968）和《三狼喋血》（*The Night of the Following Day*, 1969）时，在现场都与导演发生不合，导致影片拍摄延误，预算大大超支，因此这两部电影最后都没有赚钱。科波拉也不示弱，他根本没有考虑过其他演员，于是他开始与埃文斯展开了较量。

埃文斯安排科波拉、鲁迪和派拉蒙公司当时只有 30 岁的总裁斯坦利·贾菲（Stanley Jaffe）开制片会，讨论选角问题。科波拉提出要用白兰度时，几乎是一种恳求，他回忆说："我就像律师为某人的生命求情那样去恳求。"但是，贾菲总裁打断了他，明确地说："作为派拉蒙电影公司的总裁，我向你保证，马龙·白兰度永远不会出现在这部电影中。"公司一把手和制片总裁都断然拒绝了科波拉的请求，这件事仿佛真的没有回旋余地了。

但是，话要看怎么说，事儿要看谁来做。换了别人，可能就要妥协了。但这是科波拉，他早有准备，只见贾菲总裁话音刚落，科波拉突然捂着肚子倒在地毯上，开始剧烈抽搐。大家很快看出来，科波拉在压力之下犯了癫痫！大家非常惊慌，在科波拉恢复平静之后，贾菲让步了，同意让马龙·白兰度作为老教父的候选人。科波拉后来承认说："我的'癫痫发作'当然是个噱头，但他们明白我的意思，最后他们收回意见，告诉我可以考虑白兰度。"一个导演想要做成事儿，真是无所不用其极，甚至不惜用这种比较低级的手法，但是很有效。事实证明，科波拉这个假癫痫，成就了一部艺术杰作，之后再没人追究他的人品。实际上，科波拉在学生时代就曾用过这种假装癫痫发作的方法，迫使一个投资人给他的处女作《今夜缠绵》(*Tonight for Sure*, 1962)拿出剩余资金拍摄，而这一招儿在贾菲和派拉蒙的高管那里，一样好用。但这并不意味着科波拉是在偷奸耍滑，他不是赢在假癫痫上，而是赢在了扎实的电影创作技巧上。但是，派拉蒙这些高管也不是吃素的，他们只是同意可以考虑白兰度，之所以答应科波拉，只是缓兵之计，但必须让白兰度前来试镜才行。其实，贾菲认为，白兰度不会来试镜，因为圈里人都知道：马龙·白兰度拒绝接受任何角色的试镜，这是出了名的。所以贾菲其实是以退为进，等到白兰度拒绝试镜，科波拉就只好再选别的演员。但是，科波拉自有他的办法。他没有非常正式地邀请白兰度试镜，因为这肯定行不通，而是假装漫不经心地给白兰度打了电话，说想请他来演这个角色，但他没有说到试镜，而是说，到白兰度家里做一次化装测试，毕竟维托·柯里昂是一位接近70岁的老头，结果，白兰度居然同意了。于是，喜出望外的科波拉带着一个摄像师，在意大利发型师萨尔瓦多·科西托（Salvatore Corsitto）的陪同下，去了白兰度的家。当时，科波拉已经决定让这个发型师在影片中演一个角色，就是影片开场向老教父求助的殡仪馆老板博纳塞拉。

科波拉和科西托到白兰度家里的时候，白兰度是穿着日本和服出来的，但是随着他换上衣服，慢慢就进入了角色。他换上了一件皱巴巴的衬衫和夹克，然后把纸巾卷了两个纸球，塞进了嘴里，他说，"教父应该有一张斗牛犬的脸"。白兰度还说："在故事里，维托·柯里昂的喉咙曾经被射中，所以他说话应该像一直没有痊愈那样沙哑。"事实上，马龙·白兰度一定是看了弗兰克·科斯特洛在基福弗听证会上的电视节目，科斯特洛没有露脸，所以他沙哑的声音给所有美国人都留下了深刻的印象。而科斯特洛之所以会嗓音沙哑，就是因为脖子曾经中枪。白兰度虽然不好相处，但是他是一个非常聪明、专业的演员，他知道用什么办法很快进入角色，这就是演员工作室[①]传授的方法派表演的力量。接下来，白兰度和科西托即兴演了一场戏，就是《教父》开场在办公室里那场求助的

[①] 演员工作室（Actor's Studio）是1947年由伊力·卡山、劳勃·路易斯和雪莉·史劳复在纽约成立的职业演员训练场所，对20世纪50年代的美国戏剧和电影产生了重大影响。其以"方法派"表演原则而出名。马龙·白兰度、罗伯特·德尼罗、玛丽莲·梦露、保罗·纽曼、阿尔·帕西诺等均经过这个机构的培训。

阿尔·帕西诺扮演的麦克·柯里昂（alamy / 视觉中国）

戏。只要科波拉这边一喊开拍，白兰度就像进入了教父的皮肤一样，立即换了一个人，让他非常震惊。科波拉毕竟也拍过几部电影了，但还是被白兰度的表演给镇住了。之后，科波拉飞到了纽约，向查尔斯·布卢多恩（Charles Bluhdorn, 1926—1983）展示了试镜结果。查尔斯·布卢多恩就是美国海湾和西部公司（Gulf & Western Industries）的总裁，一个强硬的奥地利犹太移民，当时是派拉蒙公司的实际控股人，也就是说，他是比贾菲、埃文斯这些"老大"更大的"老大"。布卢多恩看了试镜段落后，印象非常深刻，直接授权科波拉用马龙·白兰度，于是其他人再反对也没有意义。就这样，白兰度被确定下来。但科波拉的选角烦恼才刚刚开始。在普佐的支持下,他继续选演员,他想让青年演员阿尔·帕西诺(Al Pacino)扮演麦克·柯里昂。麦克是维托·柯里昂三个儿子中最美国化的一个,上过大学,参过军,老教父希望他将来可以从政,参选议员,甚至是总统。但这次选角又遭到了埃文斯的反对。他对科波拉的选角口味有了某种抵触,认为他的癖好有问题,他对科波拉说,帕西诺太矮了,看起来有点邋遢,长得太离谱了;而且,帕西诺在试镜时,还忘了台词,另外他的主要经验是舞台表演的经验,并没怎么拍过电影。说句公道话,仅从当时的实际情况来看,任何人从当时帕西诺给人的印象里,完全看不出他能演好麦克这个至关重要的角色。可是在这一点上,科波拉体现出他超越常人的眼光,他坚持认为阿尔·帕西诺是完成这个角色的不二人选。那帕西诺当时真的就那么差?试镜居然还能忘词儿?他后来回忆说,他试镜的效果很差,是因为他不太想演。他当时已经知道派拉蒙高层不想让他演,既然如此,他本身也有情绪:既然不要我,我又何必太认真呢?但是,科波拉坚持自己的选择。普佐说,科波拉之所以笃信帕西诺可以演这个角色,是因为他在帕西诺的脸上看到了西西里岛的地图。因为在影片中一个很长的段落里,麦克要在西西里,所以科波拉要找一张出现在西西里的山区依然不别扭的脸,来演麦克这个角色。科波拉后来也在花絮里说:"考虑到麦克在西西里岛的逗留,我看中的就是帕西诺的脸,所以我才会如此坚持。"最后,在帕西诺第三次试镜后,埃文斯不得不让步,并告诉科波拉,如果他愿意,就可以用这个"矮子"!

　　在选演员的问题上,埃文斯也不是没有成功的,他相中了一个女演员,可以演教父的独生女康妮,而这个人不是别人,她是科波拉的亲妹妹塔莉娅·夏尔(Talia Shire)。所以,两个人再次陷入了不合。

　　让自己的亲妹妹进组演康妮,按理说,这应该是一件好事,科波拉应该很开心才对，但实际上，科波拉并不认为这是个好事。科波拉是这样想的，派拉蒙的高管已经对他产生不满了，受够了与他在制片、选角问题上总是针锋相对、剑拔弩张，所以，科波拉预感到，他们中有一些人想要针对他，甚至要想办法甩掉他。在这种局面下，夏尔进组演戏，可能会对他造成不利。

塔莉娅·夏尔在纪录片里回忆说，科波拉当时找过她，对她说："当你在拍电影，工作受到了威胁，最不需要的就是你的妹妹也在旁边。"所以她觉得，科波拉也是有道理的：这么大一个剧组，如果有亲人参与，比如兄弟姐妹在里面工作、搅和，会非常麻烦。如果只是客串一下还好，但康妮是影片中为数不多的女性角色，虽然戏份不多，但位置非常重要。所以，埃文斯的选择再次遭到科波拉的反对。

最后，是马里奥·普佐劝服了科波拉。科波拉之所以会妥协，也是因为他在选角的问题上与派拉蒙之间发生了太多矛盾，如果再不让妹妹进组，后面的合作可能会更紧张，他已经有了白兰度和帕西诺，不得不做一点让步了。所以，科波拉让自己的妹妹进组，居然是让步的结果。而埃文斯也是真的喜欢康妮这个角色，而夏尔确实把角色演得很好。

剩下的一些角色，在选演员方面几乎没有遇到什么困难。制片厂选了科波拉以前电影《雨族》中的两位演员，詹姆斯·肯恩（James Caan）演情绪易怒的桑尼，罗伯特·杜瓦尔演老教父的养子和军师汤姆·哈根。科波拉承认，他选的许多演员都不是公众熟悉的明星，他对明星不感兴趣，他要找像阿尔·帕西诺这样的人，让人觉得真的是意大利裔美国人，以免重蹈他之前两部电影选角上的覆辙。他还请了杰出的意大利裔演员理查德·康特（Richard Conte）扮演教父的对手、狡猾的巴西尼，他在影片中是隐藏在幕后的阴谋家，科波拉说，"巴西尼是草丛中一条真正的蟒蛇"。事实上，理查德·康特在经典的黑色电影《大爵士乐队》（*The Big Combo*, 1955）里就扮演过类似的角色。从后来影评人的评价来看，理查德·康特的表演，成为科波拉运用天才配角来提升电影品质的最佳例子。选角结束了，但是从前期制片到选角，埃文斯与科波拉之间就此埋下了怨念。可是当时科波拉还不知道，接下来在拍戏期间发生的事，比这些要凶险得多。

科波拉与派拉蒙的制作团队发生了冲突，差一点就保不住他的导演的位子。由于小说《教父》的畅销，以及制作规模从B级升为A级，加上还有一线演员加入，预算提高了，剧组升级了，埃文斯和派拉蒙的其他高层，都开始怀疑科波拉这样一个年轻的导演，到底能不能胜任这个规模的制作，能不能应付如此巨大的项目。在这期间，埃文斯曾经向公司建议，应该用一个比科波拉更成熟、更有经验的导演，比如伊利亚·卡赞，认为他更擅长对付马龙·白兰度，毕竟卡赞与白兰度合作过三次，以他们的交情，应该可以避免白兰度在片场制造麻烦。

但是，派拉蒙公司也有科波拉的线人，科波拉很快就得到消息，埃文斯已私下向卡赞发出邀请，想用他来替代科波拉，这个消息让科波拉非常焦虑，感觉自己很快就被解聘。可是卡赞最后没有来。埃文斯后来说，伊利亚·卡赞劝埃文斯，还是应该继续用科波拉，埃文斯这才作罢，但当时科波拉对此根本不知情。

1971年3月23日，《教父》在纽约老的影业公司电影通道公司（Filmways）的摄影棚里开始主景拍摄。当时派拉蒙公司依然对科波拉与帕西诺的合作持怀疑态度。制片厂高层看了帕西诺拍的第一场戏，认为他的表演很沉闷。剧组里弥漫着一股对帕西诺的表演持否定态度的气息，甚至在他拍戏时，摄影组的人就会小声嘀咕。

派拉蒙的高管们看了几场戏后，还在问科波拉，要不要换掉帕西诺。直到看了麦克为父亲报仇、在意大利小餐馆里杀死两个仇人那场戏后，他们才放弃了换掉他这个念头。这是《教父》中非常精彩的一场戏，把影片前面埋伏的杀机一下子释放出来。这场戏发生在布朗克斯区的露娜咖啡馆，麦克赴约，从厕所里拿出藏在里面的枪，杀死了刺杀老教父的黑帮老大索拉索和受贿的警察队长。无论是科波拉对这场戏的指导，还是帕西诺的表演，都给埃文斯留下了深刻的印象。帕西诺说，当时派拉蒙的高管是这样表达他们的观点的："你开枪打人的时候挺好看的。"这其实并不算是夸奖。根本不是开枪的样子好看，而是对心态变化的演绎几乎无可挑剔。帕西诺生动地演绎出一个不想涉足家族事务的大学生，一步一步变化，最后不惜铤而走险也要保护家族的心路历程。这场戏是展现麦克心态和性格变化的点睛之笔，帕西诺运用了许多技巧，让这种惊心动魄的转折变得非常可信。麦克既害怕，又下定了决心，既忐忑不安，又镇定自若，所以，科波拉后来说，这场戏之后，帕西诺赢得了剧组很多人对他的钦佩，他展现了真正的实力，他的专注和表演张力都是独一无二的。

影片中麦克为父亲报仇、在小餐馆里枪杀仇人的场景（alamy / 视觉中国）

在我看来，帕西诺的表演其实是一种非常优雅的极简主义，从影片开场的婚礼开始，他几乎不表达任何多余的内容，话不多，也没夸张的表情，看上去像是家族里的边缘人，但帕西诺渐渐地非常细腻地展现了麦克最独特的性格：自强、果断、精明，尤其是医院那一场戏，为观众进一步理解他的性格做了非常好的铺垫，在餐馆刺杀那场戏更让人刮目相看。看上去帕西诺演了一个静态的人物，但实际上是在观众眼前表演出一种看得到的变化，无论是变得果断，还是变得残酷。当麦克在厕所里拿枪的时候，可以看到他的手在微微颤抖。他把枪举起来的时候，没有第一时间开枪，两个人坐在那里发愣地看着他，但他不是懦弱或胆怯了，而是在等待有轨电车经过一个急转弯时发出尖厉的摩擦声。我多年以后重新看这场戏的时候，被导演和演员的这个非常精细的设计震惊了。一方面，麦克是在犹豫，甚至在不断酝酿勇气来开枪射击，再仔细看，帕西诺的黑眼睛在他那原本毫无表情的脸上疯狂地跳来跳去；另一方面，他也是在等待最佳的时机，他在等待可以掩盖枪声的有轨电车的声音，这种瞬间的停顿与等待，让人感觉他在高度的紧张中，依然保持着沉着和机智。难怪这一幕最终让派拉蒙的老板们放弃换人的想法，而这种高级的表演在当时非常少见，派拉蒙的人开始时就没有看懂帕西诺在表演上的厉害之处。

· 四 ·

对于科波拉的导演能力，队伍中还是有不和谐的声音。影片的摄影指导戈登·威利斯（Gordon Willis）在开始的时候对科波拉并没有什么好感。科波拉后来回忆说，他与威利斯在《教父》开始时的关系是"一触即发"。威利斯认为自己是一个经验丰富的老手，他拍过像《柳巷芳草》

（*Klute*, 1971）这样的电影。他当时认为，科波拉尽管是加利福尼亚州立大学洛杉矶分校的校友，但是对电影制作的技术层面却所知甚少，而科波拉虽然承认威利斯是一个天才，但也认为他脾气暴躁，不好相处。

两个人开始的时候就彼此不对付，主要争议是科波拉喜欢让演员在排练时即兴发挥，以便他在最后拍戏之前，可以临时对剧本再进行一些修改。正如布景设计师迪安·塔沃拉里斯（Dean Tavoularis）所说，对科波拉来说，剧本就像报纸，每天都有新剧本问世，每天都有新的剧情出现。而戈登·威利斯越来越不耐烦地等着科波拉完成漫长的排练，然后才能拍摄这场戏。

戈登·威利斯喜欢按照制片表有条不紊地工作，而科波拉在开始的时候却不断地彩排。威利斯认为科波拉之所以花了太多时间让演员们即兴创作，是因为他自己没有自信，大量即兴创作为了弥补导演经验上的不足，以备不时之需。"你作为导演，不能拍摄整部电影，希望出现有趣的意外"，他说，"你得到的是一个大的、糟糕的意外。"

威利斯没有理解，科波拉在影片刚开拍时，之所以经常排练，尝试不同的拍摄方式，是为了让演员通过磨合进入情境，同时，即兴排练可能激发一些不可预知的东西，可以改善场面调度。其实他在拍《雨族》的时候就用了这种办法，科波拉说，实拍初期的即兴裁片，"就像有时候你在瓶子里会抓到闪电"。

威利斯当时就直言不讳地说，由于科波拉在排练时花费了许多时间在即兴创作上，所以影片的进度与计划相比就落后了。科波拉当时做了一个 80 天的拍摄计划，但埃文斯只给了他 55 天，所以落后于拍摄计划是很自然的事儿。实际上，整个影片的拍摄用了 62 天就完成了，并没有超出多少时间。等演员们对每次开拍之前的即兴表演熟悉之后，拍摄的进度反而加快了，因为导演与演员、演员与演员之间彼此更为了解了。

《出租车司机》(Taxi Driver, 1976) 的摄影师迈克尔·查普曼（Michael Chapman）也在《教父》的摄影组，他把《教父》拍摄时威利斯与科波拉之间的争端称作"奇妙的歌剧打架"。摄影组的人知道威利斯不太相信科波拉。在强悍的纽约摄制组面前，科波拉显得缺乏安全感。他们甚至对他冷嘲热讽，甚至这种嘲讽有时会被他听到。

科波拉回忆起了当时的一个故事："他们让我觉得自己像个局外人，我记得我在录音台附近洗手间里的一个隔板中时，有两个家伙走了进来，其中一个人说，科波拉这家伙以后再也别想拍一部大电影了，大家都觉得他其实不知道自己在做什么。"科波拉说："我太尴尬了，我把脚抬了起来，这样他们就看不出谁在隔板里面了。我对自己没有多少信心，我当时才30岁，只能靠着自己的能力在坚持。"

有一天，科波拉和威利斯围绕一个特定的摄影机的设置产生了特别尖锐的分歧，最后演变为两个人之间不断升级的争吵。威利斯对科波拉大吼道："你不懂做什么事都需要有权利！"就这样，威利斯退回到自己的车里，拒绝出来。科波拉决定继续拍摄这一场戏时，就找不到威利斯了。整个摄制组都害怕了，科波拉让查普曼接替威利斯，但查普曼不敢，他是个刚入行时间不长的摄影师，怎么敢得罪威利斯。而且他也不想夹在两个人中间受夹板气，这么做最后只能是自己难受。

据说科波拉在现场气得大骂："去他的吧，我不管这片子了！我执导过四部电影，没人能教我该如何拍片子。"

然后，他愤怒地走出了拍摄现场。很快，科波拉办公室里传来一声响亮的爆炸声，副导演吓坏了："他是不是开枪自杀了？"实际上，科波拉只不过是在办公室火冒三丈，把门踢了一个洞。制片经理来看的时候，他正坐在里面。为了平息事态，剧组给这个被踢坏的门拍了一张照片，将照片送给了科波拉，作为纪念。

拍戏现场，最怕的就是导演与摄影指导不合。影片开拍时，导演必须与主演和摄影指导一条心，这些人也是青年导演在资金不足的情况下，最需要团结的几个人。一个导演可以没有钱，但是主演和摄影师肯与导演同甘共苦、齐心协力拍完，哪怕再缺钱影片最后也能完成。

科波拉和威利斯吵完了架，剧组就陷入一种令人不安的休战状态，没有公开的和解仪式，拍摄继续进行。渐渐地，两人都对对方有了一点了解，也开始欣赏对方的才华，相互尊重才逐渐建立起来。科波拉后来在DVD的评论音轨中说，两个人直到《教父2》才真正建立起互信，相处融洽。

尽管他们有分歧，但对于一部电影来说，最后要看的是效果。科波拉与威利斯的矛盾，最后没有影响影片的质量。

《教父》开场的经典场景（alamy/视觉中国）

对于摄影师戈登·威利斯，或许现在的影迷会感到陌生。他可是美国电影史上最著名的摄影师之一，他对《教父》的贡献巨大。威利斯为了让影片看上去符合科波拉所设定的 20 世纪 40 年代，使用了一种颗粒感很强的胶片，洗印出来看上去就像是旧时代的照片。在科波拉的建议之下，威利斯决定采用一种以黄色和红色为主色调的布光设计，因此影片看上去有一种古旧的感觉，人的皮肤看上去是古铜色的，整体色调表达了 20 世纪 40 年代纽约的粗犷风格。

更重要的是，威利斯的摄影为室内戏提供了一种阴暗、凶险的气氛，人物多数坐在曝光不足的黑暗中，比如老教父，有几场戏几乎看不到他的表情。威利斯在《教父》犀利的布光上最大的特点，就是非常大胆地使用了曝光不足。

在影片开场那场戏中，老教父坐在他的办公室里，笼罩在黑暗中，而他女儿的婚宴正在外面彩虹色的花园里进行。这种阴暗、光线不足的拍摄方法，在当时是非常大胆、反传统的。这场戏的冲洗片被送到好莱坞后，技术人员认为摄影存在严重的问题，因为总是聚焦在暗处，那些习惯了看超亮灯光画面的制片厂大亨，对这些画面非常生气。其中有一位派拉蒙的高层说："我感觉自己是戴着墨镜去看那些草丛。"威利斯说，这么做是为了让花园里的幸福与屋里的交易产生强烈的对比。老教父是一个不会让人知道他在想什么的大佬，所以他会坐在阴影里，人们看不清他脸上的表情，低调的灯光强调了这个地下世界的隐秘性。当老教父到殡仪馆去看死去的桑尼时，只有顶光，脸上的痛苦表情完全被黑暗遮住，这种做法在当时的好莱坞摄影中是格外反常的。影片在后期制作时，派拉蒙很多高管认为可能出现了拍摄事故，而实际上，这种大胆使用暗调布光的做法，是戈登·威利斯有意为之。

尽管他没有说，但可以看出来，他在布光和色调上很明显参照了文艺复兴鼎盛时期的绘画以及卡拉瓦乔的明暗对比法。也就是说,《教父》之所以让黑帮世界的生活看上去有了某种神秘感和神圣感,就是因为这种摄影和色调改变了人们对 20 世纪 40 年代黑帮片的视觉印象。《教父》的画面看上去会让人想起绘画作品,这种布光既高贵、神秘,又让人联想到意大利,让黑帮世界看起来像沐浴在古典的光晕中,有了一种优雅和神秘感。后来,好莱坞开始效仿这种布光方式。许多黑帮片在色调和布光上都是模仿《教父》,为黑帮犯罪故事增添了一种史诗片的质感。

卡拉瓦乔的代表作《圣马太蒙召》,画作充分体现了他的明暗对比法(Caravaggio,约 1599—1600 年)

与威利斯不同的是,布景设计师迪安·塔沃拉里斯与科波拉的关系一直很好。《教父》是他第一次与科波拉合作,后来他又设计了后两部续集和《现代启示录》(*Apocalypse Now*, 1979)。塔沃拉里斯很高兴科波拉坚持把电影设定在二战后的 20 世纪 40 年代,因为他觉得年代电影对他来说很有挑战性,他必须时刻保持警惕,让布景的每一个细节都符合历史背景。事实上，塔沃拉里斯对历史细节的关注，让影片拥有了故事所涵盖的 1945 年到 1955 年这十年的非常真实的感觉。塔沃拉里斯对细节的强调，让他的表现无可挑剔，他后来在科波拉电影中的美术设计让他在职业生涯中达到了巅峰。

整个拍摄期间，科波拉与派拉蒙公司高层的关系一直很紧张。科波拉一边想着安抚制片方，因为他们在拍摄时要监督他的进度，一边又要坚持以自己的方式拍摄。就在这个时候，他通过自己在剧组里的线人得知，剧组里有人正在酝酿一场"政变"，计划推翻他的导演地位，这个人就是编剧兼剪辑师阿拉姆·阿瓦基安（Aram Avakian），他与助理导演史蒂夫·克斯特纳（Steve Kestner）正在合谋把科波拉赶下导演之位。

阿瓦基安从科波拉的阵营叛逃，对于导演来说是一种致命的打击，因为阿瓦基安曾做过科波拉第一部商业电影《如今你已长大》（*You're a Big Boy Now*，1966）的剪辑师。阿瓦基安在剧组里偷偷放出话，说科波拉当年给自己的素材镜头根本没办法剪在一起，还说科波拉没有足够的镜头，也不会从不同的角度拍摄，因此，剪辑师根本不能把这些镜头剪辑成连续的故事。在助理导演克斯特纳的煽动下，阿瓦基安从纽约打电话给制片人埃文斯，向他告密说，每个镜头看起来都很好，但是剪切在一起就像是"七巧板"，科波拉根本不懂什么是连续性。

科波拉不认为非要给剪辑师提供大量镜头，才能保证最终剪成一场好戏。他喜欢给剪辑师相对充足的素材，目的是让剪辑不会过于改变自己的设想。而阿瓦基安更喜欢那种从每一个可能的角度都拍的导演，然后让剪辑师在剪辑室里自由组合，决定这场戏的镜头怎么组合。于是，两个人在这个问题上产生了矛盾。科波拉始终坚持，他希望在现场就"拍"出电影，而不是剪辑师在剪辑室"重拍"电影。两个人的矛盾传到了派拉蒙高层那里，拍摄剧组里传出小道消息，阿瓦基安正虎视眈眈，想取代科波拉成为《教父》的导演，因为他当时也已经执导过两部片子，而这才是他为难科波拉的真正原因。

为了搞定这个官司，埃文斯与另一位剪辑师彼得·津纳（Peter Zinner）一起查看了科波拉运往西海岸的所有素材镜头，结果，埃文斯对科波拉的工作很满意，他预感到阿瓦基安不惜一切代价要把科波拉赶走，就是为了接班做导演，这一次，埃文斯站在了科波拉这边。他回复阿瓦基安说，科波拉的工作没什么问题。同时，埃文斯授权科波拉可以开除不服从管理的阿瓦基安和他的盟友克斯特纳。于是，科波拉像影片中"小教父"麦克一样，对敌人发起了先发制人的打击：他第一时间果断开除了在背后搞"政变"的人，阿瓦基安的剪辑工作由彼得·津纳和威廉·雷诺斯（William Reynolds）接手，而克斯特纳的助理导演工作由弗雷德·加洛（Fred Gallo）接手。值得一提的是，在这场"政变"中，马龙·白兰度的支持发挥了重要作用。当他听说阿瓦基安等人想在背后搞科波拉后，他就对制片厂的人说："如果科波拉被解雇了，那我也不拍了。"在关键时刻，这种支持至关重要。

科波拉觉得自己打赢了一场战役，但是没有打赢整场战争，因为派拉蒙公司的工作人员仍然对他心存疑虑，他在整个拍摄期间都承担着制片厂的考验。科波拉说，他有时觉得自己就像被扔掉的毛巾。他后来回忆说，他的助理曾经给过这样的劝告，就是千万不要自己退出，而是让他们解雇你。因为如果辞职就会一分钱工资都拿不到，但如果是被派拉蒙解雇，派拉蒙就必须支付他的导演费。

但科波拉最终没有放弃，他努力向制片方证明自己有能力拍好，这种焦虑和自我证明的强烈愿望在拍摄时的每一天一直伴随着他。他后来回忆说："我和《教父》的故事很像是一个人的麻烦史……好比在一辆火车头前面奔跑，你停下来或者你被绊倒，哪怕犯了一个错误，你就会被干掉。"

其实到这个时候，制片厂已经不可能把科波拉换掉了。但是埃文斯依然觉得科波拉在拍摄暴力戏方面有点胆小。他认为，这毕竟是一部黑帮片，暴力戏要真实激烈。于是他决定派第二组导演到片场来拍摄后面的暴力戏。科波拉知道埃文斯要派一组动作导演过来时，心里非常难受。就在这时，日程表上的下一场暴力戏，就是怀孕的康妮被丈夫卡洛殴打那场家暴。于是，科波拉在周末偷偷带着妹妹塔莉娅·夏尔和自己 9 岁的儿子去了片场，打算试演这场戏。科波拉跟妹妹把能想到的动作都演了一遍，他让儿子扮演卡洛，用皮带抽打自己的姑姑，而他则打碎了盘子。塔莉娅·夏尔曾说，这场戏的关键是让观众看到一个怀孕的妇女试着躲在薄薄的窗帘后面，而她的丈夫依然鞭打着她，这会让她显得非常可怜，而这场戏也会让许多妇女回想起二战后那个时期承受酗酒丈夫家暴的经历。科波拉在周六安排好了这场戏，周一就拍完了。等动作导演来到现场时，这场戏已经由科波拉拍完了。科波拉不想让派拉蒙派来的动作导演在这场戏里加入那些套路化的动作，他觉得这样会破坏影片整体的气氛。他还是想把家庭生活的场景拍摄得像家庭情节剧那样，而不是粗鄙夸张的 B 级片。他认为这样能激起人们对家庭生活的真实回忆。

· 五 ·

无论怎么样，1971 年 7 月 2 日，拍摄结束时，科波拉仍然是《教父》的导演。影片的音效设计由沃尔特·默奇（Walter Murch）负责，他在影片中的声音设计有神来之笔。他是科波拉和乔治·卢卡斯在南加利福尼亚大学的同学，三个人共同创建了美国活动画片工作室（American Zoetrope）。影片中最重要的一场戏，就是麦克在意大利餐厅里杀死索拉索那场。科波拉希望在麦克杀完了人离开餐厅后，再出现音乐伴奏。所以，默奇决定在谋杀发生之前加入一种声响效果,他发现餐厅附近有高架火车轨道,所以他采用火车转过一个拐角时发出的刺耳摩擦声,来制造紧张气氛,也以此表达麦克的精神状态。这是麦克第一次面对面杀人,他的人生也将随着这场刺杀快速地滑过一个不可逆转的弯道,越来越刺耳的刹车的嘎吱声,既预示着枪杀时刻的临近,也表达出麦克内心的挣扎。沃尔特·默奇在《教父》和其他科波拉电影中的卓越工作使他处于行业的领先地位。

科波拉拍摄《教父》的经验揭示出,如果想做导演,同时还要面对强大的制片方的考验和一个不熟悉的剧组,切记要做好两件事:第一,一定要在拍摄之前,准备好剧本,千万不要在拍摄过程中不断修改,这会让合作者对导演极不信任,而且会引起大家的反感;第二,一定要与信任的人一起工作,尤其是主演和摄影师,一定要是知根知底、彼此有信任和默契的人,这样,哪怕剧组穷得揭不开锅,导演依然能够按照自己的想法把片子拍完。

影片在制作上还有几件事需要提一下。

在老教父性格暴躁的长子桑尼被人枪杀那场戏中,桑尼被妹夫卡洛出卖,在阴谋诱骗下没有带保镖,从长岛一个人开车前往纽约,结果在路上,他停下来支付过路费时,几个埋伏好的人用冲锋枪打爆了桑尼的林肯车,并把他的身体打得稀烂。这场戏,可以称为"收费门屠杀",其实是科波拉从阿瑟·佩恩(Arthur Penn)的电影《邦妮与克莱德》(*Bonnie and Clyde*, 1967)那里抄来的。《邦妮与克莱德》是新好莱坞(New Hollywood)的标志性作品,在影片结尾,邦妮与克莱德在汽车里被埋伏的警察用乱枪打得粉身碎骨,这场戏在电影史上非常经典,被称为"血之芭蕾",而科波拉的"收费门屠杀"就借用了这种手法。科波拉的父亲卡明·科波拉作为一位资深老艺术家,曾经对科波拉说:"儿子,要偷就偷最好的。"所以科波拉就偷了这场戏,效果依然让人感到震撼。

影片中桑尼在收费站被杀的经典场景（alamy / 视觉中国）

《邦妮与克莱德》结尾的名场面：血之芭蕾（alamy / 视觉中国）

科波拉对影片最后一段老教父与麦克在花园里的对话一直不太满意，这段对话发生在老教父临死之前。对话中，老教父把柯里昂家族的领导权交给麦克。这场戏的原文在1971年3月29日的拍摄剧本里，这个版本的剧本现在保存在派拉蒙公司的剧本库，原始剧本里没能清楚地表达权力的交接。拍摄时，科波拉找到了《邦妮与克莱德》的剧本顾问罗伯特·唐恩（Robert Towne），请他重写了这场戏。科波拉对唐恩的改写非常满意，唐恩用几句对话，就把权力的交接、爱、尊重和父亲的遗憾都微妙地表达出来了。深谋远虑的老教父透露出一个非常重要的信息，就是希望麦克未来可以从政，做参议员或者州长，从而把家族洗白，这也是麦克后来始终希望家族生意可以公开转型的原因。在这场戏里，老教父最后给麦克留下了一个锦囊，那就是找到真正叛徒的方法，麦克最后也是这样找到了家族里的叛徒。所以，这场戏尽管只有三分钟，而且是两个人慢条斯理的对话，但成为全片最重要的时刻。

拍这场戏时，白兰度能留在剧组的时间已经不长了，而科波拉还要拍老教父最后的死亡场景。于是剧组决定马上拍完这场戏，否则就拍不成了，派拉蒙没有给演员支付延期拍摄的预算，合同到期如果继续拍戏，就要额外支付白兰度片酬。当科波拉准备好这场戏时，已经夕阳西下了。

在影片剪辑的时候，威廉·雷诺斯负责剪辑影片的前半部分，彼得·津纳剪辑后半部分。科波拉与津纳密切合作，创作了影片最后洗礼那场戏。将洗礼与暗杀穿插在一起，并不在原来的剧本中，这两场戏原本是分开的。科波拉最后决定把两场戏穿插在一起，彼得·津纳建议他加入管风琴主题，因为这种音乐强烈有力，既有宗教感，又充满暴力感。这场戏以洗礼开始，伴随着管风琴的演奏，不断加强的管风琴声随着杀戮浪潮而进入疯狂的高潮，蒙太奇将几场刺杀与麦克参加教子的洗礼穿插在一起，洗礼仪式上的台词与黑帮之间仇杀的对比格外强烈。

《教父》结尾场面:家族成员亲吻麦克的手,以表示对他的忠诚,这表示麦克已经正式成为新一代教父(SNAP/视觉中国)

　　影片最后,凯站在类似于老教父的作战指挥室一样的书房的门口,看着家族成员亲吻麦克的手,以表示对他的忠诚。镜头拉远,麦克书房的大门在画面上关闭,把凯和电影观众拒之门外,这个结尾非常耐人寻味。沃尔特·默奇用音效强调了这扇门关闭的重要性,伴随着门关闭的不是简单的咔嚓声,而是猛烈的撞击声。"更重要的是要得到一个坚定的、不可撤销的关门声,与麦克的最后一句话'永远不要问我的事,凯'产生呼应。"

　　凯瑟琳·墨菲(Catherine Murphy)指出,到了影片最后一个画面,麦克已经从婚宴上那个清秀的海军陆战队老兵,无缝地蜕变成了一个撒旦式的、马基雅弗利式的、戴着面具的黑手党教父,被赋予了可以熔化一切的愤怒。

　　在后期制作过程中,电影配乐被加入声轨中。科波拉委托曾为意大利导演费德里科·费里尼（Federico Fellini）的《甜蜜的生活》(*La Dolce Vita*, 1960) 等多部电影配乐的杰出作曲家尼诺·罗塔（Nino Rota）为《教父》作曲，他的父亲卡明·科波拉为婚宴上那场戏中的舞蹈乐队创作了音乐。在配乐中，罗塔使用了交响乐的结构来表达人物和情境，埃文斯很担心这些音乐太过歌剧化，但科波拉一如既往地坚持在影片中使用罗塔的音乐。评论界对罗塔音乐的反应都是正面的，《教父》音乐中掺杂着复杂的旋律、意大利式动机和令人难忘的悲剧感，其中一些更成为电影史上最令人难忘的主题，例如"教父华尔兹"，首先是一个孤独的小号在开场时演奏，然后在整个影片中，以不同的乐器组合重复演奏，表达出非常丰富的情感。

科波拉在剪辑过程中的主要顾虑是片长。埃文斯曾说，如果超过 2 个小时，他就会利用制片公司赋予他的最终剪辑权在洛杉矶把剩下的内容剪掉。科波拉原本设想的是一部 3 小时的电影，但他不得不屈服于埃文斯，承诺会剪到 2 个小时。影片最初有约 90 个小时的素材，他必须将其压缩到一个合理的片长。雷诺斯和津纳在拍摄期间对每场戏都进行了粗剪，科波拉在拍完后又花了 5 个月的时间来完成粗剪。

科波拉第一次剪辑版实际上是 3 小时时长，之后在埃文斯的压力下，他把与故事无关的镜头都剪掉了，片长剪到 2 小时 20 分钟。这样派拉蒙公司就不会有借口解雇他，并找别人接管电影的剪辑工作。他把粗剪稿运给了埃文斯，埃文斯很快就气急败坏地打电话给他，说这个短版简直就是"两小时的预告片"，把人物的内容都剪没了，而那些是最好的东西。

于是，这一次是埃文斯本人命令科波拉把粗剪版带到洛杉矶的派拉蒙公司，让他还原第一次剪辑中删除的镜头。科波拉说，他基本上就是把第一版删掉的所有镜头又都放了回去，让片子回到了 3 个小时的版本。

当年彼得·巴特甚至说，埃文斯由于对科波拉的短版不满意，亲自监督科波拉剪辑了长版，把一部拍摄精湛但拼凑不到位的影片变成了一部杰作。科波拉则否定了埃文斯监督他对影片的重新剪辑的说法，他说是自己有条不紊地恢复了"那些精彩的东西"，而这些最初正是在埃文斯的要求下被剪掉的。

尽管埃文斯在整个拍摄期间都与科波拉有很深的矛盾，但是在最终剪辑上，他还是做出了正确的选择。他看出在较短的版本中，很多人性的质感、家庭的温暖等都被拿掉了，因此可以说，埃文斯虽然不信任科波拉，但他还是一个非常专业的制片人，而不是把工作矛盾转为私仇。他最终是以理性的专业眼光进行判断的。

影片上映十年后，科波拉读到了一篇埃文斯的访谈，埃文斯再次声称是他亲自策划了《教父》的最终剪辑。1983年12月13日，科波拉给埃文斯发了一封电报，抨击他这种事后在媒体上夸大邀功的行为。

科波拉说，在后期制作时被从粗剪版中删掉的一些场景，其实没有恢复，这些被删掉的场景可以在DVD的花絮中看到。在这些花絮中，只有一场戏，我觉得是可以考虑放回到影片中的，就是凯在教堂里为麦克祈祷。科波拉原本打算用这场戏作为影片的结局：凯在教堂里点燃蜡烛，为迷失的丈夫祈祷。普佐也支持这个结局，因为这就是小说的结尾。但埃文斯认为，如果影片以麦克成为柯里昂家族的新教父结束，那么麦克关门的画面会更为贴切，在这一点上，埃文斯是有道理的，科波拉最终选了埃文斯建议的结局。

上映后，《教父》在有些方面受到了批评。因为影片相当于鼓励观众去欣赏有组织犯罪者的情感和行为，以及去庆祝黑手党不惜采取暴力手段来实现目的的做法。科波拉反驳这些评论说，他从来没有打算对有组织犯罪或者暴力进行美化。事实上，电影中很少有真正的暴力。当卡洛被杀时，他是坐在一辆汽车的副驾驶位上，被坐在后座的杀手杀害，镜头无动于衷地呈现他的双脚在无助地挣扎，最后他的双脚踢破了前窗玻璃。科波拉坚持认为，这里并没有美化暴力。

此外，科波拉认为，在影片最后，麦克对柯里昂犯罪家族的所有敌人执行了无情的清除，这是他对黑手党所做的严厉批评。电影研究者安德鲁·迪科斯（Andrew Dickos）说，这部电影正确地展示了黑帮是如何安然自得地披上受人尊敬的外衣的，柯里昂犯罪家族采取了"一种复杂的资本主义方式"，像黑手党这样的犯罪组织的运作越来越"像商业社会中的公司"。现实正是如此，二战之后的黑帮的确越来越像一个公司了。

《教父》上映后，创造了当时电影史上最高的票房纪录。首映时，仅在美国的片租收入就达到1.34亿美元，创下了前所未有的纪录。影片获得了奥斯卡最佳影片奖，马龙·白兰度获得了奥斯卡最佳男主角奖，普佐和科波拉获得了奥斯卡最佳剧本奖。值得一提的是，《教父》还获得了意大利大卫奖的年度最佳外国影片奖，这是意大利国内最高的外国影片荣誉，这说明了这部表现意大利裔犯罪家族的电影，并没有受到意大利人的反感和抵制，影片的内容也没有受到意大利裔美国人的质疑。这一点格外重要。

此外，该片在评论界和大众中都获得了巨大的成功。宝琳·凯尔称《教父》是一部开创性的电影，它将黑帮片提升到了艺术的高度，这也代表了大多数影评人的判断。正如威廉·佩赫特（William Pecht）所说，《教父》"比其他任何处理这类主题的影片都要大、都要长、都要丰富"。此外，在1998年美国电影学会（AFI）评选的"20世纪100部最佳美国电影"中，《教父》排在首位。

不过，尽管人们对这部电影赞不绝口，但科波拉在影片上映时还是被那些不公平的评价责备,说他歌颂黑手党,替黑手党感伤。科波拉还是非常看重这些评价的。所以,他把拍摄续集看作纠正这种印象的机会。在续集中,科波拉决心展现黑手党的冷酷和虚伪,把麦克塑造成比他的父亲更冷血、更残忍的新教父。

All the power on earth can't change destiny

CHAPTER

03

The Godfather: Part II & III

第三章

教父再起

《教父》系列的有组织犯罪与地下金融

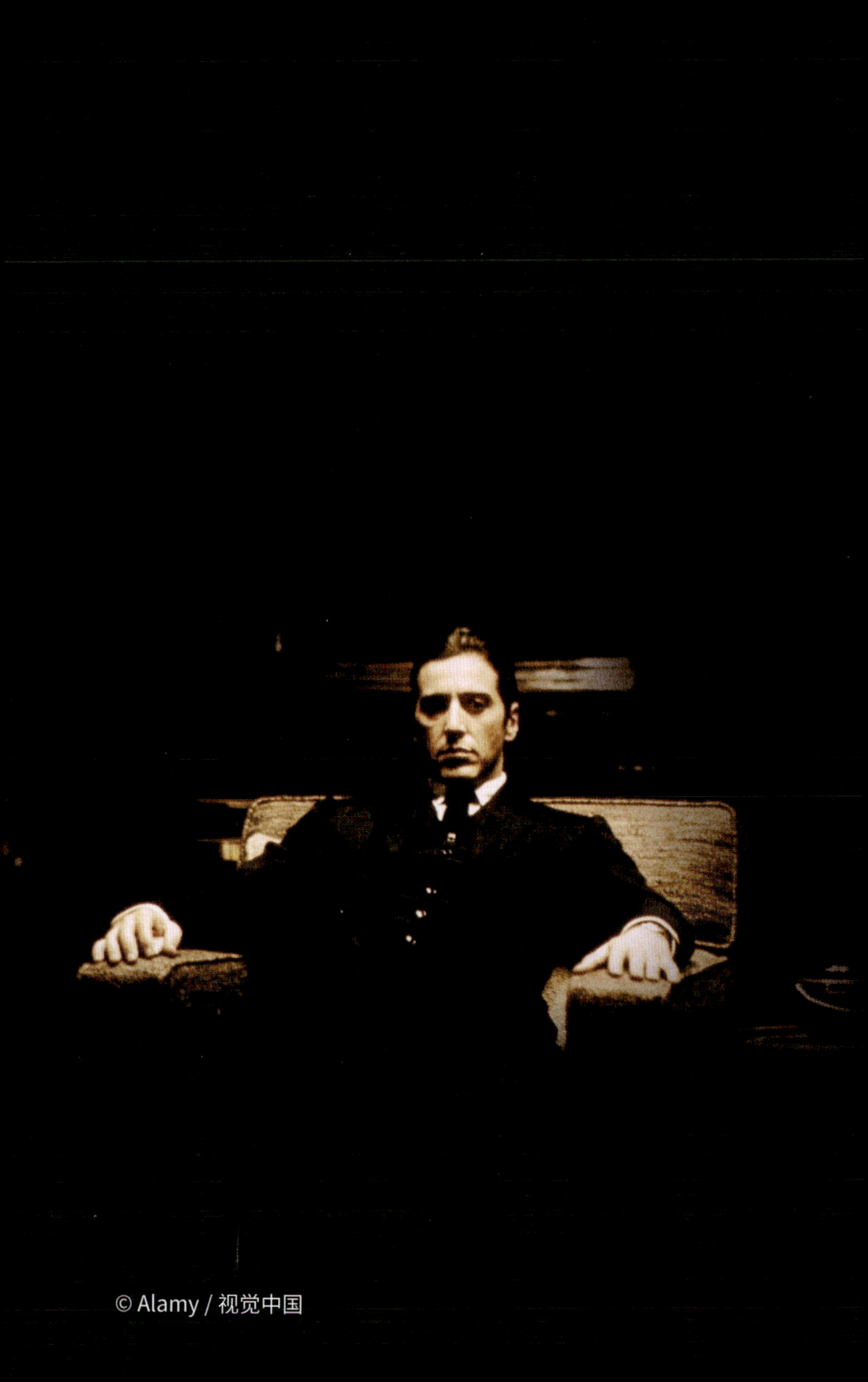
© Alamy / 视觉中国

对一个想成为美国总统的人来说,这只是一小步,只要用足够的钱就可以实现。麦克,我们比美国钢铁公司还强大。

——海门·罗斯(《教父2》中的台词)

《教父》和《教父2》故事发生的时间非常接近,人物有很大的连续性,像是一部比较长的完整的电影。《教父2》的故事分为两条线索,一条是老教父如何从意大利移民到纽约,并一步步成为教父的;另外一条是麦克在老教父去世之后,把家族从纽约搬到内华达州,并清除异己的故事。

· 一 ·

《教父2》的开场是1901年的西西里岛,维托·柯里昂的父亲和哥哥因为得罪了当地的黑手党老大西西欧(Ciccio)而被杀害,维托的母亲为了能让小儿子活下来,也被枪杀。在母亲的掩护下,他被村民保护着逃出了西西里岛,背井离乡,搭乘移民船来到了纽约,海关人员把他的出生地柯里昂作为他的姓氏登记。

维托在纽约的小意大利区长大、做工、结婚、生子。有一次，维托与朋友去欣赏意大利的小歌剧时，认识了这里的老大范伦齐（Fanucci），他在剧院后台勒索剧院老板。老板朋友说他是当地的黑手党，一直在这一带收取保护费。晚上，不认识的邻居突然扔过来一包东西，让维托帮忙暂时保管，这个人就是维托之后的伙伴克莱曼萨，就是在《教父》里杀人之后还不忘了给老婆带甜饼的老头，此时他还是个小伙子。

范伦齐为了给自己的侄子找事做，威胁老板辞退了维托，把工作给了自己的侄子。维托没有把坏消息带给妻子和孩子。克莱曼萨拿回包裹，为了表达谢意，执意要送给维托一个地毯，他们撬开一户人家的门，悄悄取走地毯。其实克莱曼萨根本不认识这家人，他是带着维托偷窃，从此以后，两个人开始合作。范伦齐知道维托和他的两个朋友在意大利人街区经常偷窃，于是找到他，说只要每个人交200块钱保护费，自己就不会报警。维托答应了，但说要跟朋友们商量一下。克莱曼萨和泰西奥都害怕范伦齐，想尽快给钱了事。可维托却说，只要他俩每人给他50块并记住他的人情，他就自己去找范伦齐，说服他接受条件。他对范伦齐说自己失业了正缺钱用，等有了钱再补上，范伦齐接受了。而此时的维托大概已经确定，范伦齐并不像大家传闻的那样有自己的小弟和跟班，平时他就一个人而已。维托小时候在西西里见过真正的黑手党，他知道黑手党老大不会亲自出来做事，于是一路跟随，在楼道里枪杀了他。

慢慢地，维托小有成就，附近的人有了麻烦，就会请他帮忙调解。维托妻子的朋友，因为房租问题，房东不想再让他住下去，维托很客气地找到房东，帮忙付了增加的房租，房东虽然有点不情愿，最后还是接受了。房东后来得知维托在这一带的名声，客气地把钱还给了他，并主动提出减租。维托和克莱曼萨等人的橄榄油生意也做得风生水起。在他们有了一点基础之后，维托带着家人回到了故乡西西里。

《教父2》中维托枪杀范伦齐的场景(alamy/视觉中国)

在西西里,一个叫汤马西诺的人接应了维托。在《教父》里,麦克回西西里时,有一个瘸腿老大接待麦克,那就是汤马西诺。他带领维托找到了小时候杀死他家人的老大西西欧,此时的西西欧已经病入膏肓,他的影响也在逐渐消失。维托毫不犹豫地杀死了他,替父亲和哥哥报了仇。他们逃跑的时候,汤马西诺为了掩护维托而腿部中枪,这就交代了他瘸腿的原因。维托报了仇,而西西欧在西西里的势力就转移到汤马西诺手中。在两个兄弟的协助之下,维托慢慢建立起他的犯罪帝国。

另外一条是麦克的线索,可以认为是影片的主线,它比较长,讲述麦克成为新教父之后的故事。这条线可以分为四个段落。第一段是刺杀,讲述麦克在内华达州的家里遭到刺杀,让他感到家族岌岌可危,而且家族内部有叛徒,他决定要找出敌人和叛徒。第二段是古巴会议,讲麦克与犹太黑帮老大去古巴，参与古巴当地赌博业，但遭遇社会革命而投资失败，麦克发现叛徒是自己的二哥弗雷多。第三段是听证会风波，麦克还没有找到对付敌人海门·罗斯（Hyman Roth）的方法，他和他的家族就遭到了参议员的调查，他必须出席听证会，潘坦居利（Pentangeli）成为检方证人。第四段是复仇，麦克为了保护家族，必须化解这场危机，他向对手发动了反击，派人杀死了海门·罗斯，潘坦居利在听证会上推翻了供词，并且选择了自杀。母亲去世之后，麦克最终决定杀死哥哥弗雷多，家族的危机解除了，但他为了把所有非法生意洗白，不得不继续使用黑帮的手段。最后他成为一个孤独的教父，他所保护的家族，却没有人再跟他一起。

麦克的故事从1958年的内华达州开始，他把家族从纽约搬到了内华达州，他以儿子安东尼的名义为内华达大学捐助了一笔钱，一方面是建立家族在内华达州的良好形象，另一方面是为子女教育铺路。内华达州的一个参议员参加了仪式。麦克计划在拉斯维加斯收购赌场，以把家族生意转为合法生意，但是参议员则打算趁机勒索柯里昂家族25万。麦克没有同意他的条件。

在仪式上，纽约黑手党的犹太大佬海门·罗斯的手下强尼·欧拉（Johnny Ola）找到麦克谈生意，而海门·罗斯的势力范围主要在迈阿密。此时，克莱曼萨已经死了，他死之后，纽约的潘坦居利继承了他的业务。他跟罗萨多（Rosato）兄弟有矛盾，所以来找麦克，希望麦克允许他干掉罗萨多兄弟。麦克知道，罗萨多兄弟的背后是海门·罗斯，而他正与海门·罗斯谈一笔生意，不想潘坦居利影响家族的生意，潘坦居利生气地离开了。到了晚上，麦克和凯在卧室里突然遭到窗外的机枪扫射，所幸没有受伤。麦克意识到家族里面有内奸，于是让汤姆代管家族事务并照顾家人，他去查出这名内奸。

影片中麦克和凯在卧室里突然遭到窗外机枪扫射的场景（alamy / 视觉中国）

· 二 ·

麦克怎么查内奸的？电影似乎没有明说，麦克的言行不仅骗过了电影里的角色，甚至也骗过了观众，他成为一个真正深不可测、难以捉摸、城府极深的人。其实查内奸很简单，只有最近与他发生关系的人才有可能想除掉他，一个是迈阿密的海门·罗斯，另一个就是纽约的潘坦居利。

麦克先到迈阿密，找到海门·罗斯。海门·罗斯虽然是黑帮老大，但是生活环境同普通人一样。见到海门·罗斯之后，麦克故意说是潘坦居利对他下的手，因为潘坦居利之前与罗萨多兄弟不合。然后他告诉海门·罗斯，自己会尽快处理好这件事，不会影响之前与海门·罗斯的生意。海门·罗斯对麦克强调，没有什么比生意更重要。之后，麦克来到纽约，他又对潘坦居利说，海门·罗斯想要杀了他。通过试探和观察，麦克基本认定背后刺杀自己的是海门·罗斯，而不是潘坦居利。

很多观众也许没有看懂这段戏。首先，麦克不动声色的表现，让人难以看出他话里的真假。其次，观众对电影角色的善恶还没有建立判断，不知道谁是好人谁是坏人。而且由于前面的剧情铺垫，潘坦居利看上去像是一个鲁莽、酗酒的人，他还对麦克不满，而海门·罗斯则比较朴素、和善。这就是科波拉的叙事艺术，黑帮的世界也一样，人不可貌相，不能从表面去判断。

麦克发现谁是可能的敌人之后，做出了一件很反常的事，就是接近海门·罗斯。老教父曾经教导他，要接近你的朋友，但更要接近你的敌人，要比了解你的朋友更了解你的敌人。

麦克告诉了潘坦居利他的想法。潘坦居利听从了麦克的建议，带着手下打算找罗萨多兄弟和解。然而，麦克的对手也亮招了，潘坦居利在谈判时被罗萨多兄弟勒住，后者告诉他这是麦克的意思。最后潘坦居利在一个执行临时检查的警察的干扰下，死里逃生，但潘坦居利认为是麦克要杀他。

这时，之前那个打算勒索柯里昂家族的内华达州参议员在一个娱乐场所玩到不省人事，结果醒来后发现身边的女孩已莫名其妙地惨死，他认为是自己嗑药后失手杀的。麦克这时候出现帮他摆平了麻烦。有观众认为，这场戏是麦克故意给参议员设的陷阱。仅从电影本身来看，这到底是不是提前设计好的圈套，也说不准。用马头来吓唬人还有可能，而真的杀死一个年轻女孩，目的只是讹诈参议员，这多少有点夸张。黑帮为达目的不择手段，但他们不是畜生，至少柯里昂家族的人看上去不会做出这种事。意大利移民特别重视家庭，尤其是保护家里的女孩。托马斯·索威尔的《美国种族简史》里写到，在20世纪初，意大利移民的女孩出来从事卖淫的人很少。所以，或许是这个参议员真的有这个癖好，但是出现了意外，正好赶上是麦克的场子，麦克顺便帮他解决了麻烦，也掌握了他的把柄。

麦克和海门·罗斯一起来到古巴，打算合伙行贿这里的亲美独裁总统，一起投资一笔大生意。但此时的古巴正在经历着一场革命，结合真实的历史，这场革命应该就是菲德尔·卡斯特罗（Fidel Castro）和切·格瓦拉（Che Guevara）等领导的古巴革命战争。海门·罗斯召集各个投资者一起分享他预订的蛋糕，这个蛋糕上的图案正是古巴地图，他想和麦克以及其他投资者一起瓜分古巴的赌博业务，然后他特地要了一块小蛋糕，说等他退休或者去世之后，会把自己的所有产业分给在场的每个人，尤其是麦克。然而，麦克并不看好在古巴的投资，因为，他在来的路上看到一个革命者为了反抗，引爆身上的手雷与政府军同归于尽。革命者有这样的魄力，他担心现在的政府不能战胜革命者。海门·罗斯听到麦克的忧虑后很不高兴，作为生意牵头人，他不想麦克在众目睽睽之下扩散对投资不利的消息，以免影响其他人。

有人会问，海门·罗斯不是要害麦克吗？那为什么还邀请他参与古巴的投资呢？因为海门·罗斯想让麦克提供在古巴用来行贿的现金，麦克让二哥弗雷多带着200万现金来到了古巴。在古巴，麦克发现弗雷多与强尼·欧拉早就认识，因此判断他就是家族里的叛徒。

为了试探弗雷多，他告诉弗雷多他要在古巴新年活动结束后刺杀海门·罗斯。新年晚会时，老杀手先杀死了强尼·欧拉，就在要杀海门·罗斯时，被提前赶来的军队当场击毙。可以理解是他的哥哥弗雷多告密，才会有军队去保护海门·罗斯，麦克也就知道了哥哥就是叛徒。就在当晚，古巴革命者取得了胜利，亲美政权被推翻，晚会现场一片混乱，麦克回到美国。

回国之后，得知妻子小产，他非常愤怒。他找到母亲，说父亲曾经为了家族而变得坚强，而当自己为家族操持的时候，会不会失去这个家？母亲安慰他说不会，而麦克无奈地回答说，时代变了。

参议员针对柯里昂家族发起了调查，潘坦居利认为是麦克要杀他，所以成为污点证人，他知道柯里昂家族很多内幕，如果亲自出庭做证，柯里昂家族将面临严重的危机。此时的麦克已经处在内忧外患中。他找到逃回美国的哥哥弗雷多，想从哥哥那里得到更多信息，以让家族渡过危机，但弗雷多只是抱怨自己没有得到尊重。麦克非常失望，彻底与哥哥断绝关系。

麦克出席听证会（alamy / 视觉中国）

听证会正式开始后，潘坦居利来到现场，他发现自己远在西西里的哥哥坐在麦克身边，潘坦居利考虑再三，决定当场翻供，否认之前对柯里昂家族的指控。听证会不得不终止。潘坦居利之所以翻供，主要是考虑到西西里黑手党的"乌默塔"（Omerta），即"沉默法则"。按照西西里的惯例，黑帮成员一旦发生意外被捕，不得向警察和政府供出家族的秘密，这样他的家人也不会遭到牵连。

在听证会风波之后，凯与麦克彻底决裂，她告诉麦克自己不是小产，而是堕胎，由此夫妻之间的情感彻底破裂。麦克的母亲去世，弗雷多回来想得到麦克的原谅，麦克走出房间，与弗雷多拥抱，但是麦克没有原谅他，而是选择与哥哥告别。最后，麦克在海门·罗斯乘飞机降落在美国机场时派人杀死了他，潘坦居利为了保护家人而自杀，弗雷多在湖心钓鱼时被杀。麦克最终没有放过自己的哥哥。他回想起当初一家人团聚为父亲准备生日的时光，当时他已报名参军，而家里人都不理解他，只有二哥弗雷多支持他。伴随着这些画面，挽救了家族危机的麦克陷入了孤独的沉思。

科波拉本人曾说过，为一部成功的电影拍续集是最愚蠢的事情之一，他本来没想给《教父》拍续集，或者说，他心里很享受《教父》的成功，很想继续享受这种成功，可又不想明说。所以，官方的说法是，在他接待一位苏联客人的时候，对方用一种特别奇怪的方式问他："你什么时候拍《教父》的第二部分？"科波拉突然之间被这种可能随口一说的话打动了，他感觉自己拍的并不是续集，而是《教父》的第二部分，它们其实是一部电影。

开始，科波拉的热情都在《窃听大阴谋》（The Conversation, 1974）上，对拍摄《教父》续集的热情不高。在他看来，这太像是给上个礼拜吃剩下的炖肉重新加热。他开玩笑说，如果能让他把续集拍成类似于"阿博特和科斯特洛遇上教父"这样的破了"次元壁"的 B 级片闹剧，他才会执导续集。科波拉指的是好莱坞历史上曾经的"大乱斗 B 级片"，比如《阿博特和科斯特洛遇上弗兰肯斯坦》(*Bud Abbott Lou Costello Meet Frankenstein*, 1948)。派拉蒙公司当然不舍得把这么好的作品拍成 B 级片了。当时的科波拉倾向于创作像《窃听大阴谋》这样带有个人风格的作品，哪怕是"只能用超 8 毫米来制作"。

派拉蒙的控股人查尔斯·布卢多恩不让除了科波拉之外的其他人接拍续集，布卢多恩劝告科波拉："弗朗西斯，你已经拿到了可口可乐的配方，就不想再生产任何一瓶可乐了吗？"派拉蒙公司给了科波拉非常丰厚的薪水和利润分成，但科波拉更重视的不是钱，而是对整个制作过程的主控权。《教父》拍摄期间发生的那些事让他受够了，所以在与制片厂谈判时，他首先要求罗伯特·埃文斯不能参与，在制作的任何阶段，埃文斯都要与影片保持"零关系"。这个要求不是问题，因为埃文斯"染上了更深的毒瘾"，最终"不再来办公室了"。

派拉蒙最早给科波拉提出的剧本方案是麦克·柯里昂最后死了，但科波拉拒绝了这个想法。"我不想看到他被对手杀死或坐牢，我想带着麦克走向现实中他真实的命运……在赢得所有战斗、干掉所有敌人之后，他成为一个破碎的人。"

科波拉能够接拍续集，从创作上有一个很有说服力的原因，就是他认为观众在《教父》的结尾，没有在道德上产生批评麦克的想法，而似乎产生了某种认同，因此大家都批评他在替黑手党开脱，而这不是他本人想要的结果。他当时还听到有人说，在电影院里，当影片播放到结尾那场戏，麦克办公室的门把凯关在门外时，一些观众居然鼓起了掌。科波拉有一点点担心，担心《教父》的空前成功会强化他作为作者在伦理上的暧昧，所以，把麦克黑化，把他表现成一个真正无情、冷血的罪犯，是科波拉决定拍续集的重要动机。

所以,他决定把这部电影叫作那个苏联人所说的"《教父》的第二部分"。有一些电影书上写着,这可能是电影史上第一部续集叫作"Part 2"的电影,其实不是,谢尔盖·爱森斯坦(Sergei Eisenstein)的《伊凡雷帝》(Ivan the Terrible)就是把两部电影拍成了一部电影的第一部分和第二部分,而不是用续集这种形式。但科波拉想拍一部没有独立片名的续集电影,所以影片还是叫"教父",这在美国电影史上的确是第一次。

科波拉最终同意接拍之后,派拉蒙给他制定了一个非常紧凑的时间表。他们希望这部电影能在1974年的圣诞节上映,那是一年之中票房最好的档期。科波拉抱怨说,一个小说家至少需要两年时间才能完成一部小说,但他只有三个月。

在创作剧本时,科波拉就想好了让这个家族最终在道德上被摧毁,此外,在剧本上最吸引科波拉的尝试是,让父亲和儿子两条线同步进行,即维托·柯里昂如何一步步建立起犯罪家族,以及与他同龄时的儿子麦克,如何以保护家族的名义,让这个家族逐渐衰落和解体。

科波拉在《教父》三部曲的纪录片里说:"我一直想写一部讲述同龄父子故事的剧本。他们都是30多岁,我会把这两个故事整合在一起。"年轻的维托·柯里昂作为意大利移民的早年生活,发生在第一次世界大战期间,而他的儿子麦克主持柯里昂家族的后期生活,发生在20世纪50年代。因此,《教父》续集的一个特色是横跨了美国近60年的历史,从20世纪初意大利移民时期一直到二战之后,所以,科波拉绝不希望《教父2》是《教父》的翻版。

他说:"为了不只是重拍《教父》,我给了《教父2》这样的双重结构,让故事在过去和现在同时延伸。"可以看出,他对一部电影能在时间上自由地来回移动这种手法非常着迷。简而言之,他对制作一部"比第一部更有野心，更有发展"的续集很感兴趣。

派拉蒙公司在科波拉加入之前，曾让马里奥·普佐写了一份剧本初稿，科波拉在他的版本基础上修改，把一些事件吸收进来。普佐在影片拍摄过程中，给剧本贡献了一些小说中没有的素材，但第二部的剧本大部分都是科波拉创作的。

现代故事这条线上，大部分内容都是科波拉创作的，其中一些事情是有报纸记载的事件。比如，麦克为了让参议员能支持柯里昂家族在拉斯维加斯顺利拿到牌照，在他们经营的一家妓院里，让参议员在床上发现一个死去的妓女，以此来讹诈这名内华达州的参议员。这个故事的灵感就来自当时关于内华达州妓院的一篇轰动一时的新闻报道。

老教父在纽约的小意大利街区生活的倒叙部分，主要取材于普佐小说中留下来的历史背景，《教父》中完全没有了这部分内容。事实上，小说中用了30页的篇幅讲述西西里黑手党的发源，以及老教父维托·柯里昂移民美国后，怎样成为黑手党老大。普佐写了维托如何成为教父，科波拉则直接从小说中摘取这部分故事，写进了剧本。

这些倒叙实质上描述了像老教父这样的意大利移民来到美国，试图实现美国梦的人生经历。但他们当时却只能在血汗工厂里做工，在贫民窟里居住和生活，他们只有通过加入街头帮派才能找到自尊，才能赚钱，于是，他们把帮派视为"兄弟"。

马丁·斯科塞斯的《纽约黑帮》表现过新移民的暴力传统，尤其是意大利西西里的移民曾经对剥削他们的地主进行过反抗，就像老教父的父亲、哥哥和母亲一样。他们来到美国时，组建了自己的帮派和地下社团，这是西西里的生活法则在美国的延续。黑帮源自社会底层的生存需要，正如历史学家吕克·桑特（Luc Sante）曾在美国广播公司制作的电视纪录片《纽约黑帮：五点区的历史》（*Gangs of New York: History of the*

Five Points, 2003）中所说的："犯罪成为无法无天的贫民窟生存的必要手段。"

除此之外，科波拉本人特别想在大银幕上展现的小说中老教父这段经历，就是纽约的小意大利街区早年的生活，尤其是那些街道、人们的生活面貌甚至是饮食和音乐。在这个意义上，《教父2》中老教父的这个段落可以视为一部带有强烈个人情感的电影，让科波拉可以间接展现自己祖上在纽约的日常生活。

比如影片中，维托和朋友在一个小音乐厅观看了一场意大利歌剧，这部歌剧实际上是由科波拉的祖父弗朗西斯科·佩尼诺（Francesco Pennino）创作的，这个剧的主人公是一个把母亲留在了意大利、自己来到纽约的意大利移民。这个剧在当时的意大利街区相当受欢迎，而这些意大利移民有限的民间娱乐，为影片增添了非常真实的感受。

· 三 ·

剧本酝酿成熟了，科波拉开始考虑谁来扮演各个角色。《教父》中的许多演员都在《教父2》中重演了他们的角色。比如帕西诺、科波拉的妹妹夏尔，而黛安·基顿（Diane Keaton）演了凯，约翰·凯泽尔（John Cazale）演了懦弱的弗雷多，罗伯特·杜瓦尔演了汤姆。至于新成员，科波拉为了找到合适的演员来演年轻时的维托·柯里昂，煞费苦心。他见到罗伯特·德尼罗之后，认为他可以演年轻的维托。科波拉认为，德尼罗有一种很庄重的神态，仿佛真的是那个可以成长为《教父》中马龙·白兰度扮演的那个老男人的年轻维托，他有一种优雅的气质。事实上，德尼罗在学习表演的时候，就曾花过一段时间去模仿白兰度的表演风格，所以他才能在《教父2》中重现白兰度那种比较收敛、沉稳的表演，并模仿

导演科波拉和主演阿尔·帕西诺在片场（alamy / 视觉中国）

他那沙哑的声音。

阿尔·帕西诺推荐了李·斯特拉斯伯格（Lee Strasberg）来演罪犯海门·罗斯。斯特拉斯伯格对于美国电影来说十分重要，他是匈牙利人，1936年移民美国，1948年加入纽约的演员工作室成为老师，最后成为这里的艺术指导。他运用斯坦尼斯拉夫斯基的表演方法，为美国培养了大量优秀的演员，这些演员包括：马龙·白兰度、阿尔·帕西诺、罗伯特·德尼罗、保罗·纽曼、达斯汀·霍夫曼（Dustin Hoffman）、杰克·尼科尔森、哈维·凯特尔（Harvey Keitel）、詹姆斯·迪恩（James Dean）、梅丽尔·斯特里普（Meryl Streep）等。

所以，他是阿尔·帕西诺的老师。斯特拉斯伯格的到来把科波拉吓到了，这是一位伟大的表演老师，而科波拉不得不指导他的表演。但他的表演非常细腻，无论一场戏需要什么情绪，他都会很轻松地投入其中。斯特拉斯伯格把海门·罗斯塑造成一个狡猾的黑帮大佬，同时也是麦克的对手，一个有着政治抱负和金融野心的犯罪分子。罗斯表面上把麦克当作盟友，暗地里却密谋推翻他。他的原型，就是美国著名的犹太黑帮分子梅耶·兰斯基。海门·罗斯住在佛罗里达州一栋简陋的平房里，以此掩盖他作为有钱有势的黑帮老板的身份。但是，斯特拉斯伯格年纪很大了，在拍摄期间还生了病，科波拉临时修改了剧本，让罗斯成为一个生病的人。剧作家迈克尔·格佐（Michael Gazzo）同样是一个重要的选角，他饰演了潘坦居利。斯特拉斯伯格和格佐都因本片获得了奥斯卡奖提名。科波拉在选角上的英明，证明了为什么《教父》系列中哪怕一个很小的角色，看上去都比大多数美国电影中演员的演技要更好。

科波拉请回了曾在《教父》剧组工作过的创作人员，尤其是摄影师戈登·威利斯、美术制作迪安·塔沃拉里斯、音效师沃尔特·默奇以及作曲家尼诺·罗塔和科波拉的父亲卡明·科波拉。戈登·威利斯和科波拉在拍摄《教父2》的时候相处得很好，当然，原因之一是科波拉本人成了制片人。

科波拉与威利斯联合构思了一个视觉方案，以保持画面中两条情节线索的区别。维托年轻时的闪回部分，用威利斯所说的怀旧的"金琥珀"色调拍摄，好让这些场景看上去具有年代感。他们想把将维托·柯里昂拍成一个劫富济贫的"下东区的罗宾汉"。在这些段落中，威利斯让意象变得比较柔和，没有那么鲜明的反差。而关于麦克的戏则设置在现代，用了非常写实化的配色方案，以冷蓝和灰色为特色，以暗示麦克如何随着时间的推移变成冷酷无情的新教父。

《教父 2》中的冷蓝色调场景（alamy / 视觉中国）

麦克在古巴参加会议（alamy / 视觉中国）

1973年10月23日,《教父2》的主要摄影工作开始在塔霍湖(Lake Tahoe)的高海拔地区进行。科波拉征用了美国工业家亨利·凯泽(Henry Kaiser)于1934年精心设计的"湖之花"(Fleur de Lac)庄园,作为柯里昂在塔霍湖的大院。到了11月中旬,剧组转战好莱坞的派拉蒙摄影棚,进行为期五周的内景拍摄。1974年1月2日,科波拉去了多米尼加共和国的圣多明各,海湾和西部公司在那里拥有大量的财产,他们把这些财产交给科波拉处置。圣多明各是古巴场景的取景地点,在古巴,麦克与海门·罗斯以及其他美国工业巨头一起参加高级会议。在古巴巴蒂斯塔(Batista)统治时期,黑手党参与了那里的赌博和其他非法活动。但在卡斯特罗推翻巴蒂斯塔的独裁统治后,美国黑手党的财产很快就消失了,这在本片中得到了体现,所以,美国黑手党是憎恨社会主义革命的。

阿尔·帕西诺在圣多明各得了肺炎,医生让他休一个月的病假,他因为扮演麦克·柯里昂这个高难度的角色而感到疲惫不堪。1974年1月下旬,由于帕西诺的病情,科波拉将剧组移到纽约市,与德尼罗一起拍摄闪回。当科波拉被问及在制作过程中,从现代故事到闪回年代的转换是否让他感觉很难处理时,他回答说:"没有,因为基本上你还是一天一个样,一个镜头一个镜头地拍。"

在纽约市拍摄时,迪安·塔沃拉里斯将曼哈顿下城A大道和B大道之间的东六街封锁起来,有计划地将其改造成1918年的小意大利,老式的商店门面和土路取代了后世的门面和路面。塔沃拉里斯在《教父2》中的制作设计当之无愧地获得了奥斯卡奖。

由于制片厂信守承诺,在拍摄过程中不打扰他,科波拉在拍摄过程中没有遇到任何问题。人们不再怀疑他的能力,也没有人搞"政变"篡权了,他唯一的问题就是个人问题。他说,在纽约拍摄期间,"我的婚姻正处在脆弱时期"。他聘请了梅丽莎·麦吉森(Melissa Mathison)作为他的现场制片助理。她年轻、聪明，从各方面来看，她都对导演很忠诚。事实上，他们经常在片场外一起出现，成为八卦栏目的内容。科波拉的父母对此很不高兴，特意去纽约的拍摄现场探班。科波拉在东六街的小意大利片场安装了喇叭，这样他就可以很容易地与威利斯和摄制组沟通。有一次，科波拉因为与助理的关系与母亲发生了争吵，结果他们吵架的内容通过那个大喇叭被扩散到东六街的每个角落。科波拉刚拍了一部关于窃听的电影（《窃听大阴谋》），结果在拍摄《教父2》时就无意中给自己装了窃听器。"你是个天主教的好孩子，"他的母亲提醒道，"你和那个女孩在一起是什么意思？"他为母亲公开讨论家里的私事而感到愤怒，说："这不关你的事，我是个成年人。"科波拉的妻子在那段时间哭过许多次，但他们的婚姻还是维持了下来。聪明漂亮的梅丽莎·麦吉森后来成为一位优秀的电影人，写了《E. T. 外星人》的剧本并嫁给了著名影星哈里森·福特（Harrison Ford）。

随后，电影剧组前往海外，在欧洲的一些地方进行拍摄。与《教父》中一样，陶尔米纳村再次作为柯里昂家族的故乡柯里昂村，在《教父2》中出现。意大利海港的里雅斯特的一个鱼市被塔沃拉里斯选中，作为埃利斯岛移民到达中心的替身，孩童时期的维托就在这里等待着进入美国。科波拉选择在意大利拍摄这一幕，是因为他希望800名临时演员看起来像进入美国的欧洲移民，而纽约市的临时演员会显得太美国化。科波拉再一次倾向于在现场拍摄，而不是在摄影棚拍摄。科波拉对此说，在电影制片厂的绝缘气氛之外进行拍摄，使场景有一种真实感。"这对导演来说是有好处的，因为他和他的演员可以挖掘出一种真实感。"

到1974年5月，《教父2》完成了将近8个月的工作，预算为1 300万美元。这部电影的实际拍摄时间为104天，而《教父》的实际拍摄时间为62天。但考虑到续集的拍摄涉及欧洲、多米尼加共和国以及纽约等大量外景，所以尽管拍摄周期长，但拍摄效率还是很高的。到拍摄结束时，科波拉已经被连日来的艰苦累坏了，当时有记者问他在完成《教父2》后期待什么，他的回答是："退休。"

由于他必须在12月12日首映前，将大量素材整理成一部比较合适的故事片，因此，休息是不可能的了，他开始监督影片的剪辑，与时间赛跑。到了11月，粗剪完成，时长3小时20分钟。

派拉蒙公司担心观众会迷失在过去与现在之间这种交错的故事中，制片厂的工作人员认为"现代的故事体量已经足够大了，我们不再需要之前的故事"。当时，乔治·卢卡斯与科波拉在电影公司上已经分道扬镳，但他们仍然会就工作问题商议。卢卡斯在看了片段后，对科波拉采用双线剧情表示强烈怀疑。"弗朗西斯，你这是拍了两部电影，"卢卡斯劝告他说，"你扔掉一部吧，没用的。"

尽管科波拉非常重视卢卡斯的建议，但他坚持自己的做法。"我知道自己在经济上的成功永远无法超越《教父》，"他说，"但我确实想拍一部质量上超越它的电影，一部真正感人的关于人性的记录。"他相信，在父子不同人生的重要时刻来回切换，能够把两个人的生活紧密联系在一起，并展示出老教父和麦克在处理家庭问题和家族危机时的所作所为。所以，在从麦克的时代切换到维托年轻时的场景时，科波拉不厌其烦地暗示麦克和他父亲之间的关系。所以，麦克在他的豪宅中凝视着熟睡的儿子这一画面，慢慢溶化为维托在纽约公寓里以同样的方式凝视着他的长子。最终科波拉行使了他的最终剪辑权，让影片保留了双线叙事，片长几乎达到3小时20分。

12月中旬起，影片小心翼翼地逐步上映。科波拉在旧金山进行了一次秘密试映，结果非常不好。观众的确很难同时跟上两条故事线。当时观众在预演意见卡上写着：画面冷清、混乱，尤其是最后一个小时。科波拉结合观众的反应迅速做了许多改动，在圣迭戈再次做了秘密试映，效果虽比旧金山那次好一点，但随着电影的展开，观众还是明显焦虑和困惑。沃尔特·默奇认为，在圣迭戈的版本中，两个故事被频繁地穿插在一起，也就是说，每个故事都频繁地穿插在另一个故事中，在现代故事和过去之间共有 20 多次来回的剪辑。在圣迭戈放映期间，科波拉对着一个袖珍录音机喃喃自语。在观影后与后期制作团队举行的会议上，他解决了发现的一些问题。他发现，如果片段太短，观众就很难坚持看下去；如果现代和过去之间来回切换得太快，观众就会困惑。所以，他的结论是，如果一段电影观众看的时间能长一些，他们会觉得更舒服。然后，每一段故事都是在一个段落发生一段时间、有个结尾而即将进入该故事的另一个段落时，被插入另外一条线索。所以，在今天的版本中，现在和过去之间只来回切换了 11 次，而不是此前剪辑中的 20 多次。

一位从事最终剪辑工作的助理剪辑说，科波拉在剪辑时一直没有固定想法，如果后期制作时有人说不喜欢某场戏的剪辑，他就会说："那好，我们试试别的。"他希望电影是好看的，不在乎是谁的想法，这就是大导演与小导演的区别。有些青年导演，还没拍出什么好的作品，先把导演的范儿学得很足，听不进别人的意见，就只认为自己的想法好。这样的人或许水平很高，但不会有多少人真心愿意与他合作。

科波拉并没有因为《教父》的成功而变得自我膨胀，他会听每个人的意见，但是采用双线叙事这个大的决定一直没有改变。

彼得·津纳、理查德·马克斯（Richard Marks）和巴里·马尔金（Barry Malkin）是本片的剪辑师，他们几乎是没日没夜地工作，不断地调整。可以想象，不断调整这样复杂的故事是非常折磨人的。他们当时就只能睡在剪辑室的地板上，正因如此，科波拉终于赶在《教父 2》上映的前几天成功完成了最终剪辑。

正如宝琳·凯尔所说："我们在第一部中只看到了故事的中间部分，现在我们有了开头和结尾。"《教父2》不仅记录了麦克后来作为"家族企业"负责人的生涯，还以倒叙的方式呈现了老教父早年在西西里的生活，以及他移民美国后在纽约市小意大利街区黑手党中的崛起。科波拉拍摄的不仅是一部黑帮片，还是一部庞大的史诗，讲述了意大利移民在美国发展的历程，以及与此相关的美国现代有组织犯罪的发展。平行结构把两代教父的共生关系表现得淋漓尽致，从孤身一人来到纽约的孩子在长大后缔造了一个犯罪家族，颠覆了美国梦，通过犯罪获得财富，到他的儿子开始追随他的脚步。从这个角度来说，《教父2》可以称作科波拉的"美国梦安魂曲"。

《教父2》上映后，其实没得到多少好评。最早的评论甚至是毁灭性的，有一位影评人说，《教父2》是用《教父》剩下的部分拼接成的科学怪人。所以，当《教父2》赢得奥斯卡奖时，科波拉甚至有点惊讶，他一度认为人们不喜欢这个续集。当时最支持科波拉的影评人就是宝琳·凯尔，她认为："科波拉在影片里的感悟力是一位艺术大家的感悟……有多少导演能真正抓住权力，创作出一部现代美国史诗？"

随着时间的推移，科波拉因为有勇气拍这样一部昂贵的黑帮片而受到称赞，这部电影不追求简单的叙事，而是构建了一个家庭两代人的命运长卷，其中老教父的部分用了西西里语做对白，同时用了英文字幕，这在当时的主流商业电影里是很少见的。《教父》不仅是黑帮片历史上最优秀的作品，也是美国电影史上的杰作。1998年，美国电影学会评选出电影史上最伟大的100部美国电影，《教父》排名第三，十年后又上升至第二，这个《教父》就同时包括前两部。英国广播公司（BBC）电视台评选的有史以来最伟大的100部美国电影，《教父》排名第二。此外，《教父2》也是当年大卖的电影，在美国的票房收入为4 600万美元。当然，《教父》的票房收入要更高，总之《教父》前两部是有史以来最赚钱的系列电影之一。

在奥斯卡之夜，科波拉成为电影史上为数不多的"三冠王"，因《教父2》同时获得最佳影片、最佳编剧和最佳导演奖。科波拉也成为唯一一位在同一年获得两项奥斯卡最佳影片和两项最佳编剧提名的电影人，因为他的《窃听大阴谋》和《教父2》都获得了这两个奖项的提名。因此，他其实是在和自己竞争。最后，他的《教父2》击败了《窃听大阴谋》获得了这两个奖项。此外，《教父2》也是历史上第一部获得奥斯卡最佳影片的续集。罗伯特·德尼罗获得了奥斯卡最佳男配角奖，他几乎所有台词都是用他其实不懂的西西里语说的。尼诺·罗塔和卡明·科波拉获得了奥斯卡最佳作曲奖，这个奖或许是最让科波拉感到开心的。当在

1975年，在第47届奥斯卡金像奖上，《教父2》同时获得最佳影片、最佳改编剧本和最佳导演奖。图为科波拉领奖现场（alamy / 视觉中国）

颁奖典礼上宣读他父亲的名字时，科波拉兴奋地用手指吹起了口哨。当他接受奥斯卡最佳影片奖时，他还在致辞里说："谢谢你们给我爸爸一个奥斯卡奖。"我想，如果没有科波拉，他的父亲可能永远没有机会体会到这种荣誉的滋味。比较遗憾的是，阿尔·帕西诺没有获得当年的奥斯卡最佳男主角奖，要知道，麦克·柯里昂是他演艺生涯中最伟大的角色。

1977年11月中旬，美国全国广播公司（NBC）电视台连续四个晚上播出了《教父传奇》，这是一部迷你剧，是《教父》和《教父2》的7小时合集。科波拉请巴里·马尔金把两部电影的镜头按时间顺序重新剪辑，影片从《教父2》中20世纪初的戏开始讲起，中间是《教父》的故事，最后是《教父2》里当代的故事。这个超长的电视版本成为后来教父粉丝们追随的版本，但科波拉后来承认，当电影按照真实、直接的时间顺序剪辑时，年轻的维托·柯里昂的故事和麦克的故事都不像在原片中那样精彩和突出了。这是因为，只有把父亲与儿子的生活通过剪辑展开交叉对比，才会激发强烈的情感，而当故事按时间顺序自然呈现时，这些对比感就消失了。比如在《教父2》中，科波拉把老教父年轻时的家庭场景切换到麦克的家庭场景，以说明年轻的维托的家虽然贫寒，但很温暖，而麦克的家庭虽然奢华，却让人感到阴冷。维托坐在前院的门廊上，对他的小儿子说："麦克，爸爸很爱你。"与其对应的是，成年的麦克回到寒冷的家中，儿子的玩具车被遗弃在院子的雪地里，而母亲孤单单地坐在火堆旁。

《教父》两部曲在评论界和观众中的成功，让科波拉在30多岁时就成为美国最成功的导演，被认为是年轻一代电影人的灯塔。在科波拉之后，唯一可以与之媲美的导演，就是昆汀·塔伦蒂诺（Quentin Tarantino）了。

· 四 ·

在《教父2》之后，科波拉一边创作，一边坚定抵制派拉蒙历届高管为了让他拍摄第三部而展开的各种诱导。科波拉认为没有拍摄第三部的需要了，因为原本麦克在第二部里就应该死了，他失去了他所看重的家庭。但派拉蒙公司一直没有放弃对科波拉展开攻势，聘请各种类型的编剧设计《教父》第三部的方案，来吸引科波拉。这些剧本统统没有聚焦在麦克身上，而是继续讲述其他故事。但科波拉心里想的是继续拍摄麦克，而派拉蒙的剧本无一例外都偏离了《教父》原来的剧情，情节也越来越夸张，比如涉及了拉美贩毒集团、南美独裁者，甚至肯尼迪遇刺事件等。

到1989年，《教父》前两部的累计票房已超过了8亿美元。这时，派拉蒙的首席执行官弗兰克·曼库索（Frank Mancuso）来找科波拉，想让他拍第三部，并给科波拉了一张自由卡，让他想怎么拍就怎么拍，对影片拥有全部权力。按照科波拉自己的说法是，派拉蒙给他全权拍摄《教父3》，这让他有机会可以利用派拉蒙制片厂的一切资源，拍出更富有艺术性的作品。而事实上，科波拉是在那个时候终于想好了如何拍摄，他想按照莎士比亚的悲剧把麦克故事的最后一章拍出来。《教父3》主要讲述麦克的晚年，而晚年的麦克与李尔王有许多相似之处，他们都是饱经风霜的老人，他们手中的帝国正在衰落。真正让科波拉动心拍摄第三部的关键，是他想把麦克拍成"黑帮版的李尔王"。派拉蒙除了给予科波拉影片的全部控制权之外，还向他提供了400万美元的酬金，让他参与剧本撰写。简言之，引用《教父》中的一句话，他们给科波拉"开出了一个无法拒绝的条件"，这句经典台词已经成为人们日常语言的一部分。最终，科波拉接下了这个项目，同意拍摄第三部。

尽管科波拉明确想在第二部中把麦克塑造成一个冷酷无情的犯罪分子，试图纠正第一部让观众对柯里昂家族产生的同情，但观众并不能完全把《教父2》中的麦克理解为一个坏人，反而感到他是一个令人敬畏的老大。他为了家族安全能够迅速研判，不惜铤而走险接近敌人，运筹帷幄展开周旋，遇到内忧外患依然稳健，抓住要害解决问题。当然，他杀死了哥哥。但他的妻子凯背着他堕胎，麦克虽然也有责任，却不应该承担所有责任，夫妻之间再怎么相互误解，也不至于打掉孩子，她的做法可能出于冲动，而且两个人已经有了两个孩子，打掉这个孩子也不能让他们彻底断绝关系，所以凯本身也有责任，这个悲剧不能全部怪麦克。

麦克当然是一个可怕、冷酷、城府极深、敢痛下杀手的教父，但科波拉在塑造这个人物时，依然保留了一丝丝暧昧的态度，因此有些观众会觉得麦克的忍辱负重、自我牺牲，目的就是捍卫和保护家族的发展，也为下一代人打下基础。相信有些人会有这样的想法，即在把麦克理解为一个坏人之外，还会把他理解为一个枭雄，为达目的不择手段，敢作敢当绝不手软。

麦克在影片中是一个话不多的领导人，他从不透露自己的所思所想，喜怒不形于色，从不感情用事，绝不袒露心扉，做事高瞻远瞩，关键时刻果断出击。科波拉还是给这个教父戴上了光环，他或许不是一个正派的人，但是一个令人敬畏的人，同时吃喝嫖赌毒几乎不沾，只有这样的人才能在黑道这个阴冷无情的世界立于不败之地。面对冷峻而残酷的现实，或许那些为了长远目标、有能力保护自己和周围人的人，通过击败对手而发展壮大，其在道德上的某些缺点反而可以被谅解。

关于麦克杀死哥哥弗雷多这件事，许多意大利黑帮的高层人士认为，这种情节不真实。在真实的黑帮中，就算哥哥做出令人难以原谅的事，一般来说，他们也绝不会杀死自己的哥哥。在现实中，意大利人起码不会杀死亲兄弟。但是，大家不要忘了，弗雷多的死，隐含着没有明说的家族接班人的争夺，而这在真实的黑帮世界是经常出现的。有时候，尽管都在一个帮派中，为了当上话事人、当上新教父，自相残杀的例子也非常多。

所以，麦克为什么要杀弗雷多？弗雷多就算背叛了家族，似乎罪不至死，更深的原因，可能还是继承人之争，就像李世民发动"玄武门之变"。为了皇位的争夺，哪怕是兄弟手足，也必须将其置于死地，往好里说，这是政治斗争的需要，往坏里说，就是不留活口，免除后患。当然，教父的故事跟皇位继承相差甚远，可是道理却很接近。柯里昂家族的老教父去世，整个家族迁到内华达，正是内忧外患的时候。如果这个时候，两个儿子之间发生争夺教父继承人的内讧，那整个家族必然摇摇欲坠，所有人都会弃家族而去。在这个时候，麦克最终还是决定杀死哥哥。这当然很过分，可要知道，弗雷多背叛家族后也是要杀死麦克的，尽管他后来对麦克说，他不知道他们要杀麦克，可是这种事，他怎么可能不知道呢？弗雷多虽然软弱、狭隘，但是他显然已经对麦克动了杀心。因此，从他哥哥的所作所为和当时的家族面临的局势来看，麦克杀弗雷多是快刀斩乱麻，让家族迅速稳定下来，团结一心，一致对外，这条路是必须走的。

在《教父》中扮演弗雷多的意大利裔演员约翰·凯泽尔也给观众留下了深刻印象，他前额宽大、表演精湛，可惜的是，这位与阿尔·帕西诺共同升起的好莱坞新星，在1978年3月12日因肺癌而英年早逝。凯泽尔曾与好莱坞著名实力派女演员梅丽尔·斯特里普发展过一段恋情。凯泽尔是斯特里普年轻、还没有成名时就爱上的男人，斯特里普能看上的男人，一定不是平庸之辈。

约翰·凯泽尔在影片中饰演的弗雷多（alamy / 视觉中国）

由于英年早逝，约翰·凯泽尔一生只演过五部电影长片，但这五部电影每一部都是美国电影史上的经典：《热天午后》（*Dog Day Afternoon*, 1975）、《窃听大阴谋》、《教父》、《教父2》和《猎鹿人》（*The Deer Hunter*, 1978）。

当初科波拉为了寻找演员出演《教父》里的弗雷多费尽周折，许多年轻演员都参与了试镜，但都不合他的心意，正在为此焦头烂额的时候，一个人的出现让他看见了曙光："他就是演这个角色的最佳人选！"这就是约翰·凯泽尔。

约翰·凯泽尔也是意大利裔美国人，1935年出生于美国马萨诸塞州的里维尔市，来自一个中产阶级家庭，在家中排行老二。大学毕业后，凯泽尔来到了纽约，成为一名演员。当时，毫无名气的他只能在舞台剧里演些小角色，入不敷出，但他就是热爱表演。迫于生存压力，他不得不靠打零工养活自己。直到 1971 年，他出演了舞台剧《线索》。他在剧中精湛的演技，以及他本人的意大利裔身份，引起了当时在台下观看演出的科波拉的注意，他发现自己即将拍摄的电影《教父》中的弗雷多仿佛就是给这个演员量身定制的。两个角色都是家中次子，都拥有强势的父亲，约翰·凯泽尔的表演说服了科波拉。科波拉决定让他来演弗雷多。约翰·凯泽尔不负所望，弗雷多的胆小懦弱、对父亲的复杂感情，以及他在人性深层的挣扎和矛盾，都被表现得淋漓尽致。在《教父 2》弗雷多与麦克正面对峙那场戏中，凯泽尔深陷躺椅中，摆出一副绝望的姿势，带有怨气和委屈的愤怒，斥责家人多年来对他的不公，这场景让这个人物变得丰富立体。

梅丽尔·斯特里普与约翰·凯泽尔是 1976 年在一场舞台剧排练中认识的。那年，梅丽尔只有 27 岁，事业上初露锋芒，而比她大 14 岁的凯泽尔，则因《教父》系列和《窃听大阴谋》《热天午后》的成功，成为新好莱坞导演最为钟爱的演员。两个人，一个是情窦初开、芳心暗许，一个是一见钟情、频频示爱，就这样坠入了爱河。梅丽尔的传记中这样写道，"最初他们之间的关系是一阵旋风，没有人能阻止他们相爱"。

那时候，虽然凯泽尔有点名气，但是他把收入都投入电影中，梅丽尔和他相爱时，两个人的生活并不富裕，即便如此，他们依旧爱得热烈，不久后，梅丽尔就与凯泽尔在曼哈顿富兰克林街的一个小阁楼里同居了。

凯泽尔热衷于塑造那些性格复杂的角色，他的最后一部电影《猎鹿人》是与梅丽尔·斯特里普共同出演的。梅丽尔这样评价凯泽尔的演技："凯泽尔即使扮演的是最有趣的角色，也会有悲剧的意味在里面；即使是最可怜的角色，也会被他演绎出喜剧的色彩。"

不幸的是，拍摄《猎鹿人》时，凯泽尔已身患癌症。导演迈克尔·西米诺（Michael Cimino）得知凯泽尔的病情后，决定把他的戏份先拍完。后来剧组发现他得的是癌症，想让他退出影片拍摄。梅丽尔以辞演相威胁，如果凯泽尔退出，她也退出剧组。同时，她还不顾家人的强烈反对，坚持与凯泽尔订婚。

事实证明，约翰·凯泽尔用卓越的演技把《猎鹿人》中斯坦（Stan）这个普通人的怯懦、欲望、勇气和卑微都演绎得淋漓尽致。吴宇森特别喜欢这部电影，他用《喋血街头》（1990）向这部电影致敬，影片中梁朝伟饰演的角色与一个越南士兵轮流用左轮手枪对着对方脑袋开枪的戏非常精彩，这场戏的灵感就来自《猎鹿人》。

凯泽尔住院后，梅丽尔停止了一切工作，坚定不移地陪伴在他身边。梅丽尔陪着凯泽尔看了许多医生，尽量陪伴他经历每一次放疗。但是后来，为了支付凯泽尔巨额的医药费，梅丽尔不得不继续接活赚钱，到澳大利亚参加电视迷你剧《大屠杀》（*Holocaust*, 1978）的拍摄。

等到工作一结束，她立刻动身飞回美国，亲自照顾凯泽尔。她的支持给予病重的凯泽尔很大的精神支持。1978 年 3 月 12 日，医生向梅丽尔宣布了她最不愿意听到的噩耗，凯泽尔快不行了，快抓紧时间见最后一面。梅丽尔崩溃了，哭倒在凯泽尔的病床前，她无法再在爱人面前假扮坚强，当时她只有 29 岁，却要与自己这辈子深爱的男人生死相隔。

才华横溢的凯泽尔虽然英年早逝，但收获了梅丽尔·斯特里普的爱情，在弥留之际应该没有遗憾了。2009 年，导演理查德·谢帕德（Richard Shepard）拍摄了关于约翰·凯泽尔的纪录片《重新发现约翰·凯泽尔》（*I Knew It Was You: Rediscovering John Cazale*），梅丽尔、科波拉、帕西诺等凯泽尔的生前好友回忆、评价了他的表演艺术。

· 五 ·

黑帮片不是僵尸片，真实的黑帮在杀人的时候，从来不会考虑像电子游戏那样爆头，杀手不是神枪手，如果只打头是很困难的，打中身体要比打中头部容易得多。而且，爆头需要走到很近的距离，容易暴露，而且不好脱身。所以，真实的黑帮并不追求爆头，开枪的姿势也没有那么好看。

所以，像《教父》这样相对来说比较写实的黑帮片，是不会追求动作姿势和射击部位的。许多黑帮片在展现杀人时，场面一般是向对方的喉咙开枪，或者在杀死对方时，会攻击对方的喉咙。比如麦克在小餐馆里杀死那个受贿的警察，那一枪就是打在喉咙上。在汽车里杀死卡洛时，杀手也是用绳子从身后套住喉咙。杀死卡洛的这种方法在真实黑帮中是很常见的，即在对方的汽车中从后座将其杀死，原因是什么？从后面攻击防不胜防，在汽车里杀人也比较隐秘，方便毁尸灭迹。

攻击喉咙，是意大利黑手党的一种非常特殊的杀人方法，杀手在射击对方的身体和头部之后，最后往往会在喉咙上补一枪，或者直接射击喉咙。原因有两个，第一个是警示，告诉对方，杀死这个人是因为他说了不该说的话，射击喉咙是一个黑手党灭口的信号，所以，当警方在街头或汽车里看到有人死的时候是喉咙中枪，往往就会认定凶手是黑手党。第二个原因是，杀手们也不能确定每次都能成功，如果攻击对方的喉咙，那么哪怕被杀的人侥幸逃脱生还，他也无法开口说话，无法在面对警察时背叛帮会。

比如老教父就是因为年轻时被人刺杀，被子弹打穿了喉咙，但并没有被打死，所以没有变成哑巴，而是变得嗓音非常沙哑。当然，这些情节在《教父》电影中是没有的。

向喉咙射击还有一个原因，就是一般资深的黑手党人会教导新手们不要直接射击对方的头，因为人头骨很坚硬，有可能会反弹子弹而让被害人逃过一劫。如果在室内或汽车里，子弹打在人的头骨上可能产生其他意外，比如可能伤害杀手本人。而喉咙同样是致命部位，却不会反弹子弹。

至于穿着风衣、拿着冲锋枪在街头枪战，实际上是很少见的，冲锋枪很少出现在暗杀的场景中，而往往会出现在到对方地盘上扫射挑衅的场景中。使用冲锋枪更大的意义，或许是在气场上镇住对方，别管打得准不准，先把气势拿得死死的。冲锋枪和子弹都很昂贵，杀人不用那么浪费；而且市民对使用这样的武器有强烈的反感，一旦使用这种武器，不仅会伤及市民，而且警察一定会调查到底。美国黑帮重要的暗杀，都是使用携带方便的武器。有一部电影叫《冰人》(*The Iceman*, 2012)，讲的就是美国专门为帮会服务的职业杀手，其中就有射击喉咙的情节。

总之，黑帮杀人与普通刑事犯罪的区别，就是追求有效、隐蔽的手段。

再介绍一下麦克藏身西西里这件事的背景。麦克杀了人，跑到了西西里。在纽约和西西里的黑帮之间，一直有秘密通道，可以供当事人跑路。就像香港黑帮片中，经常出现杀人之后跑到台湾，或者马来西亚、越南等地区。纽约许多黑帮人物受到指控时，就会躲到西西里，等到时机合适，再回到纽约。

意大利黑手党在纽约与西西里之间，建立起一个网络，可以让两个国家的黑帮相互联系，密切配合。促成这个网络的，不是别人，正是墨索里尼。1922 年，墨索里尼执政后不久，就在西西里岛开始全面围剿当地的黑手党。这个行动导致西西里大约 500 到 1 200 名黑手党成员逃到美国。这些人与《教父》中表现的移民不一样，电影里的移民在西西里时就是普通的农民和底层人，在西西里就受到黑手党的欺负，而 20 世纪

20 年代逃到美国的则是真正的意大利黑手党。他们进入美国之后，成为 20 年代美国禁酒令时期现代有组织犯罪的新生力量，从而打通了美国与意大利的有组织犯罪之间的网络。《教父 2》中潘坦居利的哥哥在西西里就是黑手党。老教父和麦克与西西里岛的黑手党汤马西诺也有联系，而效忠柯里昂家族的那些杀手，他们不怎么会说英语，往往沉默寡言，其实都是从西西里来的。

维托·卡肖·费罗和他的儿子在一起（alamy / 视觉中国）

这里有个问题，就是这些黑手党为什么会听维托·柯里昂这些本来是平民的人指挥呢？其实，这些人从西西里逃到美国，是当时的西西里黑手党老大维托·卡肖·费罗（Vito Cascio Ferro）策划的。让这么多人安全从西西里撤出，的确需要周密的安排。费罗设计了南方和北方两条路线，北线是从西西里先到马赛，再从马赛上船去纽约，这些人成为纽约意大利黑帮的新生力量。南线是从西西里到突尼斯，经过古巴到迈阿密。这些人都是愿意效忠于费罗的，他们的计划是到美国之后，接管当地黑手党的生意。但是，费罗在1929年被墨索里尼抓进监狱，1932年就逝世了。因此，这些从西西里去美国的意大利黑手党远离家乡，又群龙无首，只能加入当地的帮派，接受像影片中柯里昂教父这样的人领导。

西西里与纽约之间这种密切而复杂的关系，为美国黑手党避难和跑路提供了便利，也是因为这种关系，美国的意大利黑帮对想要治理西西里的墨索里尼产生了极大的不满，巴格西·西格尔当时就曾利用纽约与西西里之间的这种关系网络，计划刺杀墨索里尼。

在《教父》中，还有一个需要了解的黑帮组织——全美黑手党委员会。当桑尼死后，老教父出面，召集纽约"五大家族"开会，这个会就是指全美黑手党委员会。这是一个在意大利黑手党的倡导下建立的处理黑手党重大事务的最高议事机构，即无论下面怎样打打杀杀，如果发展到一定程度，或者想要杀死其中的重要人物，必须经过委员会讨论和授权。该委员会的第一次会议是1929年在大西洋城召开的，为的是让当时的黑帮结束相互之间的战斗而创立犯罪同盟，这就是美剧《大西洋帝国》(*Boardwalk Empire*, 2010—2014) 要讲的内容。除此之外，1946年的哈瓦那会议也比较重要，这就是《教父2》中那个会议的原型。另外，1957年的阿帕拉契恩会议，就是《教父3》中那个与会者被人用直升机刺杀的会议的原型。

这个委员会主要负责处理美国黑手党内部的矛盾冲突，划分势力范围，在更高的范围内达成新的合作等。该委员会还执掌生杀大权，它直辖一个杀手公司，会直接下命令执行暗杀计划，而不必让任何人负责。

　　这就涉及《教父》中的职业杀手。与后来香港电影中那些英俊、冷酷、年轻的职业杀手不同，意大利黑帮的杀手，几乎都是中老年人，包括《教父》中效忠教父的卢卡，《教父2》中跟随麦克去哈瓦那杀死强尼·欧拉的那位身穿黑衣、戴着黑帽、从不说话的杀手，在有人试图刺杀麦克之后，他始终跟随在麦克左右。因此，美国黑帮的杀手，其实都是一些相貌平平、沉默寡言的中年人。一方面，他们非常成熟可靠，遵守黑帮的契约，接受并执行命令，哪怕委员会让他们去杀的是他们熟悉的人，也会果断执行。另外，中年人行事低调，不那么招摇，因此成功率很高，也少惹麻烦。这些职业杀手一般是老板的司机兼保镖，但他们从来不参与家族中的生意，他们只靠杀人和清理门户生存，而从来不过问家族内部事务。

　　《教父》中还有一种特别的杀手口信——"西西里口信"，教父在街头被人刺杀之后，桑尼和汤姆收到了一条用卢卡的衣服包着的死鱼，这就是西西里黑手党的一个信号，即衣服的主人已经死了，他像衣服里包裹的死鱼一样被干掉了。这是西西里口信中的一种，这些口信都是西西里黑帮文化的一部分。其实在黑帮片中，这些暗语和口信非常多，从某种意义上，黑帮片已成为传播黑帮内部暗语的重要形式，观众并不是黑手党，但他们通过黑帮片学习到了这些暗号和手法，导致他们在面对这些暗号和手法时会屈服于黑手党的要挟。

　　1970年，科伦坡犯罪家族的头目约瑟夫·科伦坡成立了意大利裔美国人民权联盟，用这个组织掩盖犯罪行为。这个联盟把枪口对准了《教父》，他们在麦迪逊广场花园举行了一次集会，歌手弗兰克·辛纳屈

（Frank Sinatra）出席了集会。辛纳屈就是《教父》中老教父所保护的歌手的原型。这个集会的目的一方面是反对派拉蒙拍摄电影，一方面筹集资金阻止《教父》拍摄，最后筹集的金额达到 60 万美元。他们抗议将意大利裔美国人定性为流氓和黑帮分子，抱怨《教父》污蔑所有的意大利裔美国人，认为他们应该拍摄伟大的意大利人的电影，比如意大利的统一者加里波第，或者无线电的发明者马可尼。科波拉后来在《教父 2》中，让一位腐败的参议员在黑手党腐败听证会上说出了这些话，以此来嘲讽抗议《教父》电影拍摄的联盟。

歌手弗兰克·辛纳屈（Distributed by CBS Radio, 1944）

他们曾经威胁过埃文斯，埃文斯让他们去找制片人鲁迪，鲁迪决定与他们的老大约瑟夫·科伦坡进行一次谈判。两人安排于 1971 年 2 月 25 日在喜来登酒店见面，科波拉在那里有一间公寓。但当鲁迪到达酒店时，他看到酒店门口大约有 600 名联盟成员在集会。他大吃一惊，但他很快就明白了，联盟成员的目的不是想阻止影片的拍摄，而是想让他们的人在影片中得到临时工作，甚至是扮演一些小角色。鲁迪对着人群承诺，如果影片进行顺利，他们将得到一些工作，甚至出现在影片中，这时示威的人群中甚至爆发出了欢呼声。而科伦坡塞进来的一个朋友得到了一个角色，这个人就是詹尼·鲁索（Gianni Russo）。他在影片中扮演了卡洛。

应该说，关于《教父》的书出了很多，而且派拉蒙公司为了挖掘这个大 IP（知识产权）的全部价值，出版了许多周边产品，如剧本、图书、画册、DVD 等。关于《教父》制作前前后后的许多内容几乎都已经被说尽了。虽然网络上也有许多坊间传闻或地摊类型的报道，其中讲的许多故事有极大的夸张和猜测的成分，不能完全当真，但有些《教父》的幕后故事，其实来自研究有组织犯罪的书，而且并非只是在一份材料上出现，而是被不同的材料提及，这才让我们能够确认其真实性。有些事可能会超出想象，但的确是真实的。

比如这个詹尼·鲁索，他在《教父》里扮演康妮的第一任丈夫卡洛，电影一开始就是他与康妮的婚礼，后来，他对康妮实施家暴，并出卖了桑尼，最后，麦克派人在汽车里杀死了他。这个演员，全名叫路易·乔瓦尼·鲁索（Louis Giovanni Russo），大家都叫他詹尼·鲁索，他在《教父》之前没有演过电影，但因《教父》而走红，后来成为演员和歌手。在《教父》里演了一个小角色，就让他吃了一辈子演员这碗饭，而他其实是个黑帮成员。

六

詹尼·鲁索 1943 年 12 月 12 日出在纽约曼哈顿，他是意大利裔，在小意大利和斯塔滕岛的罗斯班克（Rosebank, Staten Island）长大，他不仅在《教父》里出演了卡洛，还在《教父2》的结尾有个客串，就是在麦克杀死哥哥弗雷多之后，一个人回忆起一家人在父亲生日聚会那天的场景。值得注意的是，麦克刚刚决定去参军，这是一场家庭聚会，当时卡洛还是一个外人，他为什么会参加家庭聚会呢？笔者认为，这场戏之所以会让卡洛出现，是对《教父》人物关系的补充。通过这场戏，观众会知道卡洛其实是桑尼的哥们儿或手下，至少桑尼没有拿卡洛当外人，正是桑尼在这样一场家庭聚会上把卡洛介绍给妹妹康妮的，这就让观众对人物关系多了一层理解，也明白了为什么当卡洛对康妮实施家暴时，桑尼会如此愤怒而失去理智，因为这个人是他介绍给妹妹的，甚至可以说，是他给妹妹选的丈夫，所以对于卡洛虐待妹妹，桑尼当然难以忍受。反过来，通过这场戏，观众也更能理解为什么麦克最后决定杀死卡洛。因为卡洛与桑尼是亲如兄弟的发小，所以他出卖桑尼的行为就更不可原谅。从小玩到大的朋友，即使有再大的误解、再深的仇怨，也不至于背叛家族，杀死自己的发小和大舅哥，在这个意义上，卡洛该死，所以麦克最后决定杀他，是因为他的确不可原谅。

鲁索扮演卡洛，出现在《教父》两部曲中，这成为他可以吹嘘一辈子的本钱，也成为他娱乐生涯的转折点，他从此就靠《教父》在娱乐圈混迹 40 年。《教父》之后，这个完全没有过表演训练的演员，在超过 35 部电影里扮演了小角色，但并没有特别拿得出手的、大家有印象的角色。鲁索声称，他在青少年时代就开始混迹黑帮，曾为弗兰克·科斯特洛当小弟和跟班，但是他后来放弃了有组织犯罪这种危险而动荡的生活，转行做演员拍电影。

在他的职业生涯开始阶段,他在拉斯维加斯经营一家餐馆,名为"詹尼·鲁索的州街"(Gianni Russo's State Street,1988 年关闭)。此外,他与美国著名歌手狄昂·华薇克(Dionne Warwick)保持了十多年的恋爱关系。可能对欧美流行音乐比较熟悉的人都知道华薇克,她是美国著名的黑人女歌手之一,曾在联合国粮食及农业组织担任全球推广大使。根据美国公告牌排行榜(Billboard),华薇克被评为摇滚乐时代的 40 大热门音乐人之一,仅次于艾瑞莎·富兰克林(Aretha Franklin),是史上销量最多的女歌手之一。1962 年至 1998 年期间,华薇克共有 56 首单曲登上过公告牌百强排行榜。

能与流行天后拍拖,只是鲁索传奇的一部分。在《教父》之后的演艺生涯中,他先后受到了 23 项联邦刑事指控。这些指控都与有组织犯罪有关。如果只是一次或两次起诉,说明他只是有着不光彩的过去,才被人误解,但 23 次指控,只能说明他应该一直与黑帮有往来,可能像《教父》中那个歌手强尼一样,是背后受到黑帮支持的艺人。但是,最厉害的是,这 23 次指控没有一次将他定罪,由于证据不足等原因,他全部胜诉,这才是他的厉害之处。

更厉害的是,1988 年,他在拉斯维加斯赌场外杀死了一个人,但依然被豁免。被杀死的人是麦德林贩毒组织(Medellin drug cartel)的成员。据说,当时死者正在骚扰一名赌场女顾客,鲁索上前去干预。当然,这种干预有很多种理解,可以理解为见义勇为,也可以理解为替赌场收拾一个闹事的小混混。据说那名男子打碎一个酒瓶并刺伤了他,他不得不掏枪还击。此案最后被判定为正当防卫,他被判无罪。

鲁索除了演戏,还喜欢唱歌。他在 2004 年发行了一张名为《反思》(Reflections)的 CD(激光唱盘),模仿迪恩·马丁(Dean Martin)和弗兰克·辛纳屈的浪漫流行风格。之后，他发行过一张仿《教父》音乐风格的 CD，是他用《教父》中的音乐重新谱曲演唱的。现在，他的个人主页上主要推销的还是这张 CD，《教父》的确让他蹭了一辈子。

亚历克斯·罗克（Alex Rocco）也是一个很厉害的配角。这位意大利裔美国演员在《教父》中饰演莫·格林，就是那个在拉斯维加斯经营赌场、戴着墨镜、特别嚣张的家伙，最后他在理发店做养生时，被麦克的杀手打死。他被杀死的方式比较特殊，是被杀手用枪打穿了眼镜，子弹从眼睛打进脑袋，之后血从眼睛里出来。莫·格林这个角色的原型人物，是美国黑帮集团在拉斯维加斯的著名代理人巴格西·西格尔。巴格西·西格尔这个人物，非常传奇，堪称黑帮中的偶像派。他死的时候就是被人打穿了眼睛。这张照片当时通过报纸传遍美国，非常轰动。

亚历克斯·罗克的全名叫小亚历山德罗·费德里科·佩特里科内（Alessandro Federico Petricone Jr.），亚历克斯·罗克是他的艺名。他于 1936 年 2 月 29 日出生于美国马萨诸塞州的剑桥市，不过他主要在萨默维尔市（Somerville）长大，2015 年 7 月 18 日亡故。

根据后来成为警方证人的前有组织犯罪成员文森特·特雷沙（Vincent Teresa, 1930—1990）的供述，罗克是波士顿有组织犯罪团体"冬山帮"（Winter Hill Gang）的成员。冬山帮在波士顿是影响最大的爱尔兰帮派，其中有许多美国有组织犯罪历史上的著名犯罪头子。比如马丁·斯科塞斯的《无间风云》，虽然是改编自《无间道》，但片中杰克·尼科尔森扮演的老大的原型，就是冬山帮的詹姆斯·巴尔杰（James Bulger）。

亚历克斯·罗克在 20 世纪 60 年代加入冬山帮，他在黑帮到底做了什么，现已无从查起。但可以从公开信息中得知，他在 1961 年成为一起谋杀案的嫌疑人，但警方一直没有找到证据能证明他有罪。此外，他还曾因做假账而入狱一年。这差不多可以说明，罗克即便不是波士顿黑帮的核心成员，起码也深入参与了一些非法生意。

最有意思的是，罗克放弃黑帮生涯，改行做演员，竟然是因为女人。在1961年的美国劳动日（Labor Day），一个当地黑帮麦克劳林帮的骨干，叫伯纳德·麦克劳林（Bernard McLaughlin），挑逗和调戏了罗克当时的女友，结果，他被冬山帮杀死，这起凶杀案引发了波士顿爱尔兰帮派的内斗，最后，麦克劳林帮被冬山帮击败。波士顿地区的记者、电台名人豪伊·卡尔（Howie Carr）曾对波士顿黑社会进行过大量的报道，他在报道里写过，1961年11月，在伯纳德·麦克劳林死了以后，当时绰号为"波波"（Bobo）的罗克与冬山帮老大巴迪·麦克莱恩（Buddy McLean）一起被警察抓捕讯问，但最后罗克被无罪释放。

1962年，这件事平息之后，他就搬到了加州，用亚历克斯·罗克这个艺名，改行做起了演员。搬到洛杉矶后，罗克加入了巴哈伊教，这是一个相对比较新的信仰，简单来说，这个信仰鼓励信徒不断完善自我和造福社会，这或许是他远离有组织犯罪的原因。他开始时在加州的圣莫尼卡当酒保，并跟随他的同乡、波士顿人伦纳德·尼莫伊（Leonard Nimoy）学习表演。尼莫伊扮演过的最有名的角色就是《星际旅行》（Star Trek）系列中那个发型古怪的斯波克，他对罗克浓重的波士顿口音不太满意，让他先去上演讲课，纠正口音。罗克按照尼莫伊的指示，在修正了波士顿口音后，跟随尼莫伊学习表演。

在《教父》中饰演莫·格林之前，他出演过许多小角色。但真正开启罗克演艺生涯的还是《教父》，他扮演了拉斯维加斯赌场老板莫·格林，代表了美国地位最高的犹太黑帮老大形象。这个角色让他在之后得到了许多扮演流氓、黑帮分子角色的机会。

1972年，他回到波士顿地区，在电影《线人》（The Friends of Eddie Coyle, 1973）中饰演一名银行劫匪。当时，罗克还安排影片主演罗伯特·米彻姆（Robert Mitchum）与当地的爱尔兰黑帮分子［包括约翰·马托拉诺（John Martorano）和豪伊·温特（Howie Winter）］见面，帮助米彻姆研究如何扮演影片中艾迪·科伊尔这个波士顿爱尔兰黑帮的底层小混混。比较有意思的是，马托拉诺还是个底层寂寂无名的小混混的时候，杀死了当时一个大哥比利·奥布莱恩（Billy O'Brien），他本人或许就是《线人》这部电影主人公的原型。

罗克还在著名动画剧集《辛普森一家》（*The Simpsons*）中得到一个小角色，也就是工作室的负责人小罗杰·梅尔斯，这个角色在剧中会时不时出现一下。罗克非常感谢《辛普森一家》剧组当年给他机会参与该剧，让他得到演艺生涯中第一个配音角色。2008年，他出演了奥迪公司为奥迪R8超级跑车拍摄的超级碗广告，而这个广告的灵感就来源于《教父》。在广告中，罗克饰演一个富翁，他早上起来，在自己的床上发现了自己最爱的豪车的前挡板，这显然是对《教父》中制片人杰克·沃尔茨（Jack Woltz）在床上发现自己最爱的赛马的马头那场戏的戏仿。

1964年3月24日，他与桑德拉·伊莱恩·加雷特（Sandra Elaine Garrett）结婚，并收养了她的儿子马克·罗克（Marc Rocco），这个马克后来也成了电影导演，拍的最有名的片子是叫作《一级谋杀》（*Murder in the First*, 1995）的司法片。亚历克斯·罗克的妻子桑德拉在59岁时因癌症去世。

那么，亚历克斯·罗克在从事演艺事业之后真的与美国黑帮没有关系了吗？这一点无从查证，但在1995年，罗克出席了纽约"五大家族"之一的伯纳诺家族的老大约瑟夫·伯纳诺（Joseph Bonanno, 1905—2002）的90岁生日庆祝活动。

在《教父》中扮演柯里昂家族的长子桑尼的著名演员詹姆斯·肯恩也有很多故事。他1940年出生，2022年去世。他晚年时曾在美国导演詹姆斯·格雷的《家族情仇》中扮演主要角色。该片讲述的是纽约有轨交通兴起时期，犹太企业家族为了获得市政府的招标而与其他公司竞争的故事。詹姆斯·肯恩在里面扮演了一个近似于马龙·白兰度在《教父》中的角色，即一个家族幕后的教父，为了家族企业能够获利，不惜牺牲家族成员。肯恩连表演方式都是抄袭白兰度在《教父》中的表演。

为了演好《教父》中的角色，詹姆斯·肯恩主动观察了一些黑帮人士，尤其在片场通过别人介绍认识了一些黑手党成员。他说，这对于他塑造角色很有帮助。他观察黑帮的行为，比如，他们从来不用玻璃杯喝饮料，而是用瓶子。要向另一个同伙表示他们都认识的一个人被杀了时，他们会把双手举在面前，手指像枪一样指着地面，说："叭叭嗒嘭！［Babada BOOM！］"肯恩告诉美国著名的黑帮片编剧尼古拉斯·派洛基（Nicholas Pileggi），模仿黑帮分子的行为很容易，但模仿他们的语言其实很难，他们会重复某些词语，比如，你去哪了，你在哪？他们都有自己的语言。当然这些语言不是意大利语，也不是英语，是一种黑话。肯恩对美国黑帮的痴迷在《教父》拍摄完成后愈加浓厚，从此他与黑手党之间维系了漫长的关系。

其实，肯恩在布鲁克林区长大，十几岁时曾加入过一个街头帮派。他本人承认，他的一些老街坊、老朋友"并不都是面包师"，意思就是说，他有些道上的兄弟。

在他最早认识的黑帮成员中，有一位跟他关系最好，叫安德鲁·鲁索（Andrew Russo, 1934—2022），这个人是纽约科伦坡家族的著名高层。1985年11月，肯恩曾被联邦调查局传唤，就是因为鲁索的案件。肯恩与鲁索相识了15年，他们在拍摄《教父》期间相识时，鲁索还不是黑帮里的高层。鲁索是在1975年被作为家族二把手的后备人选来培养的，当时他主要是为他的表哥卡明·帕西科（Carmine Persico, 1933—2019）做副手，而卡明·帕西科就是科伦坡犯罪家族的头目之一。肯恩与鲁索交往时，一直否认自己与暴力犯罪有什么关系，但是1985年，鲁索因受贿和敲诈被控告。值得注意的是，在法庭上，肯恩以黑手党的礼仪亲吻了此案的同案被告卡明·帕西科的两颊。在法庭上，该案的联邦检察官鲁道夫·朱利安尼看到肯恩时，还引用了《教父》中的一句话。这位检察官也是《教父》的影迷，把这部电影看了很多遍，所以他能把对白背得滚瓜烂熟。

这个案子1986年6月宣判，卡明·帕西科和其他8人被判犯劳务敲诈罪，而安德鲁·鲁索则被判14年，但他在1994年6月就出狱了，出狱之后立即被家族提拔为家族的街头老板（street boss）。在1999年，他被再次起诉。这次鲁索被指控在法庭审判他儿子约瑟夫·鲁索（Joseph Russo）时干扰陪审团，妨碍司法公正，这次安德鲁·鲁索也被判有罪。

所以，从肯恩在这次诉讼中的公开表现来看，他尽管不是科伦坡家族的正式成员，但是与鲁索以及其他高层之间是有往来的。

除此以外，还有其他一些事实足以证明肯恩与黑手党的关系。1988年，肯恩通过房子抵押，为一个与黑帮有联系的毒贩提供了1 000万美元的保释金。这个人叫乔·伊波利托（Joe Ippolito），他在加州的马里布开了一家名叫"百年"（Cent Anni）的意大利餐厅，当时他曾因走私大麻入狱三年。联邦执法部门认为，伊波利托是新泽西州德卡瓦尔坎特（DeCavalcante）犯罪家族的成员，而这家餐馆是伊波利托与科伦坡家族著名黑帮分子罗尼·洛伦佐（Ronnie Lorenzo）经营可卡因的幌子。1993年，肯恩参加了洛伦佐的诉讼，肯恩在法庭上说，洛伦佐是他最好的朋友。伊波利托和洛伦佐最后都被判有罪，被判处十年监禁。此外，1998年12月，肯恩被联邦调查局特工发现参加了科伦坡犯罪家族在小意大利的一家餐馆里举办的圣诞派对。

作为一个小有名气的电影演员，他为什么会与黑帮有往来呢？主要是因为他染上了毒品。肯恩是可卡因的重度使用者，洛杉矶黑帮老大托尼·费亚托（Tony Fiato）为他供应毒品。具有讽刺意味的是，费亚托的黑帮的部分收入来自盗版录像带，包括《教父》。肯恩当然也利用费亚托做一些他想做的事。比如，他让费亚托派人去向一个欠他钱的演员讨债，还利用费亚托帮他获得一些角色，比如在《大街小痞三》（The Pope of Greenwich Village, 1984）拍摄时，费亚托和另一个黑帮成员一起恐吓影片的制片人，对方解释说，拍摄已经开始了，而且有米基·洛克（Mickey Rourke）做主角，于是他们只好作罢。因为米基·洛克也不是好惹的，他1991年旁听了对甘比诺家族头目约翰·高蒂的审判，并亲吻了这位黑帮老大的戒指。

在肯恩与帮会的故事里，最有意思的是下面这个故事。有一天，他接到一个黑帮成员的电话，说他们绑架了他的弟弟罗尼·肯恩（Ronnie Caan），那帮人勒索5万美元，作为释放他弟弟的条件。他找到费亚托带着小弟伏击了这些绑匪，狠狠地揍了他们一顿。结果，这些挨打的绑匪被黑社会毒打之后不得不说出实情：罗尼·肯恩也是瘾君子，由于沉迷可卡因，为了拿到他哥哥的钱，上演了自己绑架自己的好戏。兄弟俩在街头因为这个事吵架时，还被警察拦下。讽刺的是，其中一个警察对肯恩说，自己特别喜欢《教父》中他扮演的角色，所以决定让他们离去。由于《教父》这个片子特别受欢迎，影片中的许多演员在现实中沾了片子的光。

几年后，詹姆斯·肯恩目睹儿子拿着棒球棍去找可卡因贩子，才决定戒毒。

· 七 ·

查尔斯·布卢多恩在收购派拉蒙公司之后，必须找人经营。黑道律师科沙克向他建议了一个人。20世纪50年代末，科沙克在棕榈泉运动俱乐部遇到过曾经当演员的罗伯特·埃文斯,即那位最早买下《教父》改编权、在《教父》拍摄期间想换掉科波拉、声称自己推动完成了《教父》最后剪辑的制片人埃文斯。据说,埃文斯让科沙克一下子想起了拉斯维加斯的传奇人物巴格西·西格尔,因此科沙克立即推荐了这个没有制作过一部电影的人到派拉蒙公司工作。埃文斯最早在派拉蒙的伦敦分公司经营欧洲的业务,1967年初,埃文斯被派拉蒙任命为副总裁,负责全球制片工作,他在特别想一展拳脚的时候,就遇到了《教父》。

当然,埃文斯执掌派拉蒙制片工作后的第一部作品不是《教父》,而是《罗斯玛丽的婴儿》(*Rosemary's Baby*, 1968)。这是制片厂投拍的第一部A级制作的恐怖片,他请当时在欧洲比较火的年轻导演罗曼·波兰斯基(Roman Polanski)来好莱坞拍片。波兰斯基选了米娅·法罗(Mia Farrow)做女主演,也就是和伍迪·艾伦(Woody Allen)长期保持恋爱关系,后来控告伍迪·艾伦性侵他们的未成年养女的那位米娅·法罗。她当时刚跟歌手弗兰克·辛纳屈结婚,完全没有表演经验,但是长得很漂亮,结果波兰斯基把米娅·法罗的表演拉到了极限,很多戏让她演了30多次,非常折磨人。所以辛纳屈就派人找到了派拉蒙的执行制片彼得·巴特,让他警告波兰斯基,如果波兰斯基再折磨米娅·法罗,自己就会打断波兰斯基的腿。

话说,埃文斯最初在电影圈打拼是非常风光的,他凭借《爱情故事》(*Love Story*, 1970)、《教父》和《唐人街》(*Chinatown*, 1974)获得了成功,但是他的可卡因瘾越来越大,这意味着,他经常因嗑药而无法工作。尽管派拉蒙的总裁布卢多恩很器重埃文斯,但面对这种情况他别无选择,只好放弃埃文斯。这时,科沙克再次为他的客户求情,在1974年与派拉蒙公司谈妥了一份为期8年的24部电影的制作合同。然而6年后,埃文斯连同他的哥哥查尔斯和姐夫迈克尔·舒尔,在一起诉讼中认罪,承认从

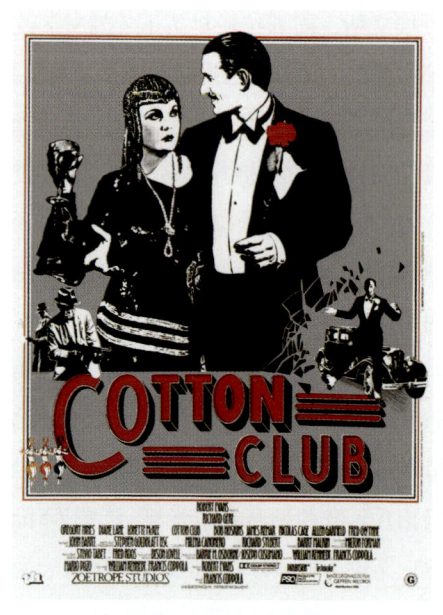

《棉花俱乐部》的海报（album / 视觉中国）

卧底的缉毒人员手中购买了约 150 克的可卡因。这位派拉蒙公司的前制片副总裁被判处一年徒刑，但缓期执行。对罗伯特·埃文斯来说，更糟糕的事情还在后面，他被可卡因导致的妄想症折磨得奄奄一息，而他在好莱坞的电影事业，也渐渐陷入像科恩兄弟的黑色犯罪电影那样的荒诞剧情中。

在 20 世纪 80 年代初，好莱坞已经发生了变化，穿着阿玛尼西装的经纪人已经取代了像埃文斯这样善于表演的人，他们似乎有种神秘的能力，可以为一部电影吸引到难以想象的投资。

在 1980 年的戛纳电影节上，埃文斯正式宣布了他的新项目，即大名鼎鼎的《棉花俱乐部》(*The Cotton Club*, 1984)，同时也开始了他制片人生涯中的噩梦历程。

20 世纪 80 年代初，家庭录像带的出现使电影业务膨胀。制片人们都大吃大喝，投资人只凭一个剧本和推销员的热情，就能把钱交给这些制片人，因为知道电影可以卖给录像带市场，会有大量难以想象的后续销售利润滚滚而来。慢慢地，源源不断的现金预付款或"预售"款进入了电影产业。

在戛纳电影节上，埃文斯向发行商们展示了一张他设计的黑金海报。海报的标题"棉花俱乐部"下面是一幅插图，上面有黑帮、音乐家和飞驰的子弹。下面的文字是这样写的："它的暴力惊动了全国，它的音乐惊动了世界。"通过纯粹的销售技巧，他仿佛让海报活了起来。电影评论家亚历山大·沃克（Alexander Walker）说，人们跟埃文斯握手就像摸到了火花塞。

棉花俱乐部是纽约一家非常有名的有音乐表演的地下酒吧，属于美国演员乔治·拉夫特的黑帮导师欧尼·马登（Owney Madden, 1891—1965）。棉花俱乐部在20世纪20年代名声大噪，白人名流和社会人士会冒险到哈莱姆区的上城，观看黑人舞者和歌手的表演。著名爵士乐音乐家艾灵顿公爵（Duke Ellington）曾是这里的乐队指挥。最辉煌的时期，差不多有700名社会名流、好莱坞明星和黑帮分子坐在舞台周围呈马蹄形的小桌子上。当时随便哪一天，顾客里就可能出现大制片人塞缪尔·戈德温（Samuel Goldwyn）、黑帮大佬卢西亚诺、明星查理·卓别林或者歌舞片演员弗雷德·阿斯泰尔（Fred Astaire）这样的人物。

这样一个传奇俱乐部，如果被改编成电影作品，在国际上还是有市场的。埃文斯靠着戛纳的一张海报，就在国外预售了800万美元。其实很多人并不真正清楚电影圈赚钱的逻辑，许多电影也许还没开拍，制片人就已经开始赢利了。现在，他需要再找1 200万美元，以便开始制作影片。

埃文斯不愧是好莱坞传奇制片人，他找到许多有钱人推销这个项目，得克萨斯州的石油商、阿拉伯军火商和其他潜在的投资人，都在他位于比弗利山庄的家里听过他推销。其中一个最大的潜在投资人，是沙特传奇军火商阿德南·卡舒吉（Adnan Khashoggi），但是两个人的合作最终破裂了，这导致影片的前期制作资金一下子紧张起来，埃文斯在纽约租了一栋联排别墅，《棉花俱乐部》就在那里拍摄，每周要花费14万美元。

之后，尽管他有普佐来写剧本，可是人们对这个片子似乎不感兴趣。理查·基尔（Richard Gere）虽然同意演主角，但如果再不开拍，他也要退出了。最后，埃文斯不得不卖掉他在派拉蒙的股票，以满足每天的现金消耗。在这些被埃文斯瞄准的想在好莱坞投资的富人中，有一个通过一位豪华轿车司机介绍过来的富婆，叫拉妮·雅各布斯（Lanie Jacobs），这是一个 30 多岁的离婚女人，自称是做珠宝生意的，她非常想投资这部电影。通过这位富婆，埃文斯又认识了一位大款，这是一个从纽约来的巡回演出活动经纪人，名叫罗伊·雷丁（Roy Radin）。罗伊当时正在洛杉矶消磨时间，想给自己树立一个电影人的形象，因为他在美国东部遇到了麻烦，混不下去了。一个电视女演员对媒体说，她在罗伊·雷丁的长岛豪宅的可卡因派对上，被殴打和强奸。雷丁来到洛杉矶，其实是想摆脱这些负面影响，通过投资电影在电影圈东山再起。他对埃文斯说，他要把从波多黎各赚来的钱，统统在好莱坞花掉，他要投资《棉花俱乐部》。埃文斯非常高兴地与雷丁签了协议，但是这两个贪婪的男人把作为中间人的富婆拉妮排除在交易之外，拉妮知道后大发雷霆。

拉妮 1982 年才搬到加州，根据警方的说法，她每 6 周就会接到 10 千克的可卡因，而她的工作就是以每千克 6 万美元的价格将这些可卡因在加州卖出去。这位自称做珠宝生意的富婆，根本不是她自己所说的来自得克萨斯的寡妇，而是迈阿密黑帮的可卡因贩子。

表面上看，拉妮和罗伊之间因为埃文斯的《棉花俱乐部》而发生了矛盾，但实际上，二人之间矛盾真正的根源，不是电影利润分成（因为当时的电影只有一张海报），而是拉妮怀疑罗伊与她家中丢失的 10 千克可卡因和 27 万美元现金有关。至少，拉妮认为，罗伊知道小偷是谁，失物在哪里，她很害怕供货商发现毒品和钱被偷后会对她做什么。

1983 年 5 月 13 日，拉妮和罗伊·雷丁在比弗利山庄餐厅"拉斯卡拉"（La Scala）共进晚餐，以解决他们对《棉花俱乐部》的分歧。她乘坐一辆豪华轿车来到罗伊住的酒店门外，一位目击者看到她穿着一件金色的蕾丝裙。罗伊对这次会面非常紧张，他让一个朋友跟着他一起去比弗利山庄。他最后一次活着被人看到，就是上了拉妮·雅各布斯的车。

这辆豪华轿车的司机叫罗伯特·洛威（Robert Lowe），他是美国著名色情杂志老板拉里·弗林特（Larry Flynt）的保镖。这辆车后面还跟着一辆车，上面坐着两个为色情杂志工作的员工，他们是威廉·门泽尔（William Mentzer）和亚历克斯·马蒂（Alex Marti），门泽尔这时候是拉妮·雅各布斯的情人。在这两辆车的后面，还跟着第三辆车，就是罗伊·雷丁朋友的车，他本来是要守着他的朋友，但是，他在去比弗利山庄的途中，把豪华轿车给跟丢了。在豪华轿车内，罗伊和拉妮发生了争吵，豪华轿车停在了路边，大概是停在一个被事先安排好的地点。拉妮·雅各布斯下了车，接着，后面汽车里的门泽尔和马蒂拔枪上了拉妮的车。

这之后的事儿，就没人知道了。电话记录显示，拉妮·雅各布斯不久以后就去了纽约，她给在当地准备拍戏的埃文斯打了个电话，要求成为影片的合作人，她在电话里说：罗伊·雷丁被人干掉了。言外之意是，埃文斯如果不把她拉回到《棉花俱乐部》这个项目，就会成为第二个雷丁。

接着，埃文斯和拉妮·雅各布斯会面了，这场会面的内容从未被披露，埃文斯在见完了这个可怕的女人之后，马上给他在比弗利山庄的家里打了电话，确保家门锁好。然后他当晚就飞到拉斯维加斯，与黎巴嫩赌场老板杜曼尼兄弟（Frederick and Edward Doumani）在一起。据一名参与此案的侦探说，埃文斯告诉杜曼尼兄弟，拉妮·雅各布斯杀了雷丁，而他是下一个。

一个月后，警方在洛杉矶北部一个国家公园干涸的河床上，发现了一具尸体。沙漠的阳光把尸体晒成了69磅[1]，一条萎缩的腿上挂着一只古驰（Gucci）懒人鞋，12颗子弹射入受害者的后脑勺，而且他的脸也被

---

[1] 1磅约合0.45千克。——编者注

炸掉了，以防止警方用牙齿记录来识别尸体。他的嘴里应该被人插进了一根炸药棒。起初，警方将这具尸体列为"无名氏"，后来他们确认，这个人就是罗伊·雷丁。

回到洛杉矶后，埃文斯让朋友、制片人斯科特·斯特拉德（Scott Strader）开车送他和他当时的女友去棕榈泉。由于偏执地认为自己已经被拉妮·雅各布斯监视，埃文斯让斯特拉德开着他管家的车。埃文斯和他的女友则躺在汽车后座的地板上，直到他们安全地离开了林地。旅途平淡无奇，直到去沙漠度假村的路上，车子在卡巴松附近抛锚了，斯特拉德没有办法，只好把车停在路边。埃文斯吓坏了，开始大喊他被人陷害了。突然，汽车被枪声包围了，"我说过他们会杀了我的"，埃文斯尖叫着趴在地上。但是过了一会儿他才发现，斯特拉德无意中把汽车停在了一个射击场的旁边。

与此同时，埃文斯说服他的朋友杜曼尼兄弟接管了罗伊·雷丁在《棉花俱乐部》的投资份额，杜曼尼兄弟又找来了另一位投资者维克多·萨伊拉（Victor Sayrah），影片预算被定为 2 000 万美元。这个杜曼尼家族，拥有拉斯维加斯的摩洛哥饭店（El Morocco）赌场，他们承认认识黑社会成员乔·阿戈斯托（Joe Agosto）和著名的黑帮人物约瑟夫·库苏马诺（Joseph Cusumano）。这些松散的关系让杜曼尼兄弟在内华达州、新泽西州的赌场监管机构那里都遇到了麻烦。内华达州博彩管理委员会对杜曼尼兄弟借数百万美元感到不满，因为阿戈斯托是堪萨斯黑手党老大诉讼案中的关键证人，他被判定为非法侵占拉斯维加斯酒店的利润。另一方面，库苏马诺与芝加哥外围组织在拉斯维加斯的执法者安东尼·斯皮洛特罗（Anthony Spilotro）关系很好，斯皮洛特罗称其为"我铁哥们儿"，而这个斯皮洛特罗不是别人，就是乔·佩西在《赌城风云》里扮演的那个小个子尼基。

库苏马诺后来成为《棉花俱乐部》的制片人之一，他抨击联邦调查局的想象力过强，"我当然认识斯皮洛特罗，但这并不意味着我就是黑帮老大。我在城里也见过很多心脏外科医生，但这不代表我是心脏外科医生"。当局已经监视库苏马诺十年了，但无法证明任何事情，而埃文斯则认为库苏马诺"拿着.38手枪比拿斯坦尼康更顺手"。1987年，库苏马诺被判犯有阴谋诈骗拉斯维加斯厨房工人工会保险的罪行，被判处4年监禁。

埃文斯曾想过自己导演《棉花俱乐部》，因为他在20世纪30年代的哈莱姆区长大，对那里的生活比较熟悉，但是在请来科波拉重写剧本之后，他承认自己拍不了。这个时候科波拉为什么会给曾经的死对头埃文斯拍这部电影呢？因为他当时遇到了资金问题，正好那个时候他对音乐和黑帮的题材也比较熟悉。但是，他在开拍前一个月，放弃了当时的剧本，而请来威廉·肯尼迪（William Kennedy）根据乔治·拉夫特的故事重新写了一个剧本：爵士乐小号手迪克西·德怀尔（Dixie Dwyer），也就是理查·基尔的角色，救了黑帮老大"荷兰仔"舒尔茨（Dutch Schultz）的命，并得到了私酒贩子的回报。

这部电影从1983年8月28日开始拍摄，整个拍摄过程非常混乱。埃文斯的"炼金术"不仅没能让影片获得成功，反而让《棉花俱乐部》的拍摄不断遭遇一些最基础的问题。这个项目从一开始就不太顺利，因为理查德·基尔坚持要扮演一位长号手，但棉花俱乐部其实只雇用黑人音乐家。为了解决这个问题，科波拉和肯尼迪想出了一个办法，他们让电影有两条平行的故事线：第一条是理查德·基尔扮演的角色与"荷兰仔"舒尔茨的女友交往，同时，他的命运又与格里高利·海因斯（Gregory Hines）饰演的俱乐部黑人踢踏舞演员交织在一起。可这种剧情上的调整似乎只是影片不断陷入混乱的开始。拍摄的第一天，基尔就没有出现在片场，因为他当时还没签合同。科波拉不断地随机应变，让影片的拍摄就像是一个爵士乐队在即兴演出。这在音乐酒吧里还行，但对于一部耗资数千万美元的电影来说行不通。有些已经建好的布景最终未被使用，有的布景建成后又被弃置。谁能想到，影片中有的情节居然是合作编剧临时通过公共电话亭打电话告诉科波拉的。影片雇来的黑人爵士乐手，原本是要扮演艾灵顿公爵乐队的乐手，结果却发现是要模仿白人乐手，模仿棉花俱乐部的声音。每一位黑人爵士乐手都是因为他们演奏艾灵顿公爵音乐的专业造诣而被雇用的，但在影片中，只有理查德·基尔才能在现场演奏，这简直荒唐。一位音乐人说，这部片子应该叫"人猿泰山玩爵士"。

随着成本的膨胀，资金也越来越少。科波拉抱怨制片人一直告诉他要削减20%的预算，但从未告诉他预算是多少。到拍摄的第六周结束时，科波拉仍然没有得到报酬。他辞职了，坐着协和式飞机飞往伦敦。直到杜曼尼兄弟同意开始付给他250万美元的片酬，他才回来。与此同时，演员和工作人员也都没有拿到报酬。他们威胁说，除非用现金支付，否则就要罢工。

在影片中扮演马登的英国演员鲍勃·霍斯金斯（Bob Hoskins）后来说，拉斯维加斯的投资者其实在利用这部电影洗钱，这些表情严肃的男人总是带着装满现金的公文包出现在埃文斯的别墅里，这些钱的数额不固定，让制作的现金流无法计算。而杜曼尼兄弟对科波拉的挥霍行为也非常不满，请来了约瑟夫·库苏马诺进入剧组，而当时《棉花俱乐部》每周制作费用已经高达120万美元。

库苏马诺每天早上都会到片场，默默地站在一边。这个拉斯维加斯的黑道打手一整天都不说话，他只是站在那里。库苏马诺后来解释了他为什么很少说话。"在我开口之前，我想知道一些事情，我父亲说过，鱼只有在张嘴的时候才会被抓住。"科波拉也许是被库苏马诺的出现吓到了，将一把导演椅放在他的旁边，椅背上印着"乔"字。埃文斯曾说，科波拉比马基雅弗利还狡猾，但此时因为库苏马诺的加入，情况发生了变化，库苏马诺明显地站在了科波拉这边。这让我想起伍迪·艾伦的喜剧《子弹横飞百老汇》(*Bullets Over Broadway*, 1994)，一个被派去监督老板投资的百老汇戏剧的黑帮分子，逐渐热爱上创作而帮助导演去完成这部艺术作品。库苏马诺也开始保护科波拉，捍卫他的看法。结果，被派到片场做投资人"看门狗"的人，成为艺术家的"守护天使"，库苏马诺告诉爱德华·杜曼尼离科波拉远一点。"弗朗西斯不想听预算的事儿"，库苏马诺警告说，"他只想创作。"

每天的现金消耗已经增加到每周140万美元，预算也在向4 800万美元迈进。一些借钱给埃文斯用于现金流的黑社会人物开始给制片人打电话，警告他如果拿不回钱会有什么后果。埃文斯的律师艾伦·施瓦茨（Alan Schwartz）说，他明显被这些电话吓坏了。埃文斯又转向街头有组织犯罪的放贷者，以高利贷借了350万美元，用高利贷拍电影，这种做法太大胆了。他把自己的房子做抵押，把一项保险理赔款中的4.6万美元以支票形式交给了街头放贷者。"来自拉斯维加斯的家伙们没有心情接受有创意的抨击；离开小镇比试探他们的同情心更好，"埃文斯写道，"我不想让我的人寿保险被取消，但我别无选择，只能勇往直前。"

制片工作一拖再拖，影片严重超支。库苏马诺告诉科波拉，主体拍摄工作必须在1983年12月23日前完成。库苏马诺在剧组被人们称为"大家最爱的黑帮分子"，他分发了印有"1983年12月23日"字样的T恤衫，让大家集中精力拍摄。科波拉专心致志地试图在最后3周的拍摄计划中塞进最重要的场景。奇怪的是，这位以每场戏至少要拍7次而著称的完美主义导演，却在3天内就拍了40个镜头。库苏马诺在《棉花俱乐部》中被誉为"台词制作人"，提供了许多台词上的建议。

同时，埃文斯指控杜曼尼兄弟用暴力威胁自己，他最后放弃了自己在《棉花俱乐部》的利润份额，以换取100万美元的现金和他心爱的树林的地契。事后看来，鉴于《棉花俱乐部》不温不火的评价和低迷的票房，埃文斯轻而易举地从这个投资项目里溜掉了。但如果说埃文斯从《棉花俱乐部》中出来的时候，他的财务状况还相对完好，那么接下来他却直接走进了一场法律诉讼的噩梦。

警方逮捕了拉妮·雅各布斯、威廉·门泽尔、亚历克斯·马蒂和罗伯特·洛威，罪名是谋杀罗伊·雷丁。拉妮·雅各布斯当时已经嫁人了，改名叫凯伦·格林伯格（Karen Greenberger），她嫁给了拉里·格林伯格——黑道人称"文尼·德·安吉洛"（Vinnie De Angelo），被警方怀疑是哥伦比亚可卡因网络的核心人物。从表面上看，这是一起简单的因偷运毒品而产生的谋杀案，但由于充满政治野心的律师急于想将埃文斯与谋杀案联系在一起，案件变得更加复杂。州检察官想极力证明，雷丁被绑架是因为《棉花俱乐部》的利润产生的纷争和矛盾。但这其实是一厢情愿的想象。也就是说，这些人想从一部完全假想的电影中获得一些假想的利润，而他们投资的这些钱本质上又是银行的钱，他们为了这个原因去杀人，这基本是不可能的。或许只有在好莱坞，这样的谋杀动机才可能成立。埃文斯的律师罗伯特·夏皮罗（Robert Shapiro）建议埃文斯行使宪法第五修正案的辩护权，这个律师后来在辛普森（O.J. Simpson）谋杀案审判中为其辩护。时至今日，埃文斯仍不能公开谈论到底发生过什么。而格林伯格和驾驶豪华轿车的保镖罗伯特·洛威，在1991年被判犯有二级谋杀罪，马蒂和门泽尔被判犯有一级谋杀罪，这四人都被判处无期徒刑。

· 八 ·

相信看过《教父》的人都不能忘记这个场景，影片中一个不肯与柯里昂家族合作的好莱坞制片人，在他的豪宅中一觉醒来，发现自己深爱的赛马的头，被人割了下来，血淋淋地、毫无察觉地塞进了自己的被子。这就是《教父》中最引人注目的一场戏"马头敲诈"，赛马，成为一场好莱坞敲诈的牺牲品。

马里奥·普佐在《教父》小说里这样描述制片人杰克·沃尔茨发现他心爱的赛马的头颅与他同床共枕的那个时刻："从身体上被切断，喀土穆大马那颗黑丝般的头颅被厚厚的血饼牢牢地粘在一起。"

这也许是普佐小说中最著名的情节。事业正处于转折期的意大利歌手强尼·方坦（Johny Fantane）参加了康妮的婚礼，并深情款款地献唱。他请求老教父帮助他在一部即将开拍的好莱坞电影中获得一个他想要的角色。老教父派律师汤姆·哈根去洛杉矶与电影公司老板杰克·沃尔茨交涉，哈根向沃尔茨保证，如果他给强尼这个角色，制片厂就不会再出现工会的问题，但沃尔茨非常强硬地拒绝了，结果，这个决定毁掉了他价值60万美元的赛马。他发现有人在他的眼皮底下，杀死了他的爱马，又静悄悄地把马头放进他豪宅的卧室里。

《教父》中这个令人难忘的情节毫无疑问来自好莱坞一桩著名的真实事件，而这个歌手就是美国著名的弗兰克·辛纳屈，他要演的这部电影，就是哥伦比亚公司1953年拍摄的《乱世忠魂》（*From Here To Eternity*, 1953）。无论是在普佐的小说中，还是在科波拉的电影里，强尼这个角色与辛纳屈之间有非常明显的雷同之处，比如他们都与一位女演员结婚，但婚姻生活都不幸福。

在《教父》中，强尼对老教父说，这个角色对他来说特别重要，能让他再次变成巨星。那么在现实中呢？辛纳屈通过《乱世忠魂》，获得了奥斯卡金像奖最佳男配角奖，随后连续接演《十一罗汉》(Ocean's Eleven, 1960)、《谍网迷魂》(The Manchurian Candidate, 1962)等商业影片，这让他的演艺生涯重新起飞。在影片中，被敲诈的是一个名叫杰克·沃尔茨的好莱坞著名制片人，在现实中，这个因为不肯与老教父合作而失去了爱马的制片人，就是哥伦比亚公司的创始人之一、好莱坞著名制片人哈利·科恩(Harry Cohn)。在经典好莱坞时期，好莱坞有八家电影制片厂，根据其规模和行业地位，分为"五大三小"，就是五家大的电影公司和三家相对比较小的公司，哥伦比亚公司是三小之一。但到了20世纪80年代，哥伦比亚公司已经成为美国历史最久的电影公司之一，是当时的"六大"制片公司之一。哥伦比亚公司从创立之初就是一个不折不扣的家族企业，掌门人是科恩兄弟，这个科恩兄弟不是20世纪90年代拍了《冰血暴》(Fargo, 1996)、《谋杀绿脚趾》(The Big Lebowski, 1998)的科恩兄弟，而是好莱坞电影业的大亨科恩兄弟。

哥伦比亚公司的科恩兄弟有四个，其中哈利·科恩是拍板的老大，就像好莱坞电影制片厂的许多老板一样，哈利·科恩来自一个德国裔的犹太家庭，他是19世纪犹太移民的二代，父亲是一个裁缝。他出生在纽约，他的父母总共生了五个孩子，其中一个是女孩安娜·科恩(Anna Cohn)，其余四个是男孩，就是哥伦比亚公司的四兄弟。当哈利·科恩小的时候，家里的生活很艰苦，他14岁辍学，辗转进入剧团工作，开始熟悉演艺事业。1915年，他跟着哥哥杰克·科恩进入了环球电影公司工作，开始了解电影制作。从1920年开始，科恩兄弟独立创业，创建了自己的电影公司，进入电影业，后来成立了我们今天熟悉的哥伦比亚电影公司。

在小说中，辛纳屈和方坦之间的相似性比电影里大得多。小说中的方坦与女演员玛戈·阿什顿(Margot Ashton)结婚，破坏了老板对这位女演员的栽培，这个情节在现实中，就是指辛纳屈与艾娃·加德纳（Ava Gardner）的真实关系。方坦最好的朋友是歌手尼诺·瓦伦蒂（Nino Valenti），据说瓦伦蒂与迪恩·马丁非常相似，也是嗜酒如命的酒鬼。制片厂老板杰克·沃尔茨是哈利·科恩和路易斯·梅耶（Louis B. Mayer）的混合体，与科恩一样，沃尔茨也是纽约下东区的街头小贩，后来在服装区经营一家血汗工厂。与路易斯·梅耶一样，他迷上了赛马，拥有自己的赛马种马场。

显然，辛纳屈自己也知道强尼·方坦是以自己为原型的。1969年，这本书出版之后，普佐在洛杉矶的查森餐厅吃晚饭，一个熟人建议普佐去认识一下坐在附近的辛纳屈，辛纳屈则对普佐破口大骂，当场威胁要打断他的腿。

辛纳屈在20世纪50年代初的处境的确很艰难。1950年4月，路易斯·梅耶从米高梅老板那里得知辛纳屈说他坏话后，就把辛纳屈开除了。到了1951年，辛纳屈的事业陷入了低谷，他和艾娃·加德纳的关系也越来越棘手，甚至让他有了自杀的念头。他的唱片公司放弃了他，电视节目也被取消了，甚至连他的经纪人也辞职不干了。更为棘手的是，一个调查有组织犯罪的参议院委员会拿到了他1947年古巴之行的照片，在照片上，他搂着美国著名的黑帮老大卢西亚诺。这对他的职业生涯来说，简直是雪上加霜。

辛纳屈曾经对他的妻子艾娃·加德纳说，黑帮老大詹卡纳（Giancana）在1950年让他的事业进入巅峰状态。詹卡纳是全球演员经纪公司的幕后老板，其客户包括吉米·杜兰特（Jimmy Durante），这位黑帮大佬确保辛纳屈能够得到夜总会里的驻场表演工作，即使在有些地方不要他、观众冷落他的情况下，他依然能找到工作。同年3月，他在纽约的科帕卡巴纳（Copacabana）俱乐部演唱，教父的原型弗兰克·科斯特洛拥有该俱乐部的部分股权。辛纳屈后来成为新泽西州大西洋城的"瘦子"达马托（Skinny D'Amato）的500俱乐部的常客。英国演员唐纳德·辛登（Donald Sinden）对辛纳屈这样的大明星竟然在这种低级的俱乐部演出表示惊讶，辛纳屈承认说，是黑帮让他这么做的。

1951年，辛纳屈首次去拉斯维加斯演出，是在兰斯基的电视生意伙伴莫·达利茨（Moe Dalitz）控制的沙漠酒店（Desert Inn）里。随后，他又在约瑟夫·斯塔彻拥有的金沙酒店驻唱，不过酒店的利润被黑帮瓜分了。辛纳屈以5.4万美元的价格获得了赌场2%的股权。

让辛纳屈得以重新声名大振的电影《乱世忠魂》，改编自同名小说，作者是詹姆斯·琼斯（James Jones），这是一本长达800页的长篇小说，1951年2月出版。哥伦比亚电影公司总裁哈利·科恩买下了小说的电影版权。虽然《乱世忠魂》是一部畅销书，但由于它对通奸事件的同情和对军队的批评，大家都认为它很难被拍成电影。当时，马丁·朱罗（Martin Jurow）是威廉·莫里斯在纽约的经纪人，他记得同事乔治·伍德（George Wood）把辛纳屈带到他的办公室，伍德与科斯特洛和兰斯基的关系很好，他问朱罗是否有什么办法可以重振辛纳屈的事业。朱罗知道《乱世忠魂》正在筹拍，那天辛纳屈的落寞让他想起了被欺负的"大兵马乔"，于是想帮帮他。朱罗向导演弗雷德·津尼曼（Fred Zinnemann）推荐了辛纳屈，说辛纳屈很感兴趣。然而，科恩在给朱罗的电话中态度坚决，他不会让辛纳屈在他的制片厂工作。

科恩在电话里大发雷霆，之后的几个小时，朱罗去了位于中央公园南区的乔治·伍德的公寓。伍德带了一个朋友，"蓝眼睛"吉米·阿洛（Jimmy 'Blue Eyes' Alo），他是美国著名犹太黑帮人物梅耶·兰斯基的朋友，与吉诺维斯犯罪家族有往来。朱罗向阿洛解释了科恩是如何阻止辛纳屈拥有这个角色的。"哈利·科恩，啊？"朱罗记得阿洛说，黑帮分子问经纪人是否有科恩的私人号码，然后他拍了拍朱罗的头。"他欠我们人情，"阿洛说，"等我打个电话。"

与此同时，艾娃·加德纳也在向她的朋友琼·科恩（Joan Cohn）建议说，辛纳屈是影片中马乔的最佳人选，艾娃也向科恩提出了让辛纳屈出演电影的想法。1952 年下半年，辛纳屈一直在为得到这个角色而努力。他认为这个角色能重振他的事业。这部正在酝酿的电影现在被誉为当年潜在的奥斯卡奖得主。

为了这件事，辛纳屈约哈利·科恩共进午餐，但科恩还是非常强硬，坚决要求把这个角色交给一个合适的演员。"你不过是个该死的骗子。"据说科恩这样回答。在辛纳屈离开时，科恩问他的助手乔尼·塔普斯（Jonie Taps）："谁他妈的会想在一部大电影里看到那个瘦弱的浑蛋？"

就在这时，黑帮开始出面调解。据说，弗兰克·科斯特洛在科帕卡巴纳吃晚饭时告诉朋友们，他接到一个电话，要求他帮忙。虽然科斯特洛与辛纳屈关系并不特别好，但他还是打电话给控制好莱坞工会的黑手党同伙，要求他们施加压力。有一个版本的传言是，为科斯特洛工作的黑手党同伙杰克·法雷尔（Jack Farrell）飞到了洛杉矶，见到了当时控制好莱坞的黑帮代表约翰尼·罗塞利（Johnny Rosselli, 1905—1976）。

罗塞利和法雷尔一起给科恩打了个电话，指出他欠黑帮多少钱。罗塞利和法雷尔告诉他，没有黑手党的钱，就没有哥伦比亚电影公司。到 20 世纪 50 年代初，哥伦比亚公司雇用了 1.9 万人，他们的年薪共 1 800 万美元。尽管取得了这样的成就，但科恩对好莱坞并不抱有幻想。有一天，他在总结这个行业时说："这不是一桩生意，而是一个骗局。"琼·科恩告诉艾娃·加德纳的传记作家，有一天，两个黑手党人出现在哥伦比亚公司，要求她的丈夫必须选辛纳屈做主演。路易斯·梅耶的助理梅雷迪斯·哈利斯（Meredith Harless）也说，她听说罗塞利给科恩下过最后通牒：要么选辛纳屈，要么黑帮就会干掉制片厂的老板。

当然，辛纳屈是否真的是通过黑帮获得了这个角色，没有明确的历史定论。仅就辛纳屈本人来说，尽管始终有传闻说他与黑帮有关系，但他依然是一位非常优秀的歌手和艺人。辛纳屈的歌声非常动人，他曾经红极一时。他那充满魅力的男性嗓音，讲述了许多普通美国人在大都市中的奔波，以及面对命运和挫折时的乐观精神，他因音乐演唱获得了许多荣誉。《教父》上映这一年，他还获得了美国演员工会的终身成就奖，此前他已获得格莱美终身成就奖。

辛纳屈的歌曲中，可能最有名的一首是《我的路》(My Way)，这首歌成为一代人追求自由梦想的象征。在马丁·斯科塞斯的电影《好家伙》的结尾，黑帮世界建立的信任和忠诚被粉碎，播放的就是性手枪(Sex Pistols)乐队的摇滚版《我的路》。几年后，在岩井俊二讲述日本"圆都"的《燕尾蝶》(1996)中，固力果也唱了这首歌。辛纳屈始终是一个被怀疑与黑帮有牵连的艺人，他自己曾多次公开澄清他与意大利犯罪组织没有关系，但他确实与美国意大利犯罪组织的许多重要人物有密切的往来。黑帮大老板弗兰克·科斯特洛去世时，他也参加了葬礼。

《乱世忠魂》上映后大受欢迎，最终获得十项奥斯卡奖提名，并最终获得了八项奥斯卡奖，辛纳屈如愿以偿获得了最佳男配角奖，这让他之后的片酬暴涨。当时，这位流行歌手在《乱世忠魂》里只有8 000美元的片酬，但四年后，他的片酬就涨到了15万美元。在《花红酒绿》(Pal Joey, 1957)中，他更是获得影片票房30%的净利润分成。辛纳屈把欠乔·比恩斯(Joe Beans)的债还清了，却违背了回到科帕卡巴纳俱乐部演出的承诺，所以帕拉迪诺家族(The Palladinos)始终没有原谅他。当然，也不是所有人都认为辛纳屈是通过黑帮获得角色的，导演弗雷德·津尼曼就说，他让辛纳屈出演《乱世忠魂》是因为欣赏辛纳屈的表演，辛纳屈也的确凭借该片获得了奥斯卡奖。

几年后，美国著名电视主持人和制作人史蒂夫·艾伦（Steve Allen）和他的妻子看了《教父》的试映。很多新泽西的黑手党也在放映现场。当灯光亮起的时候，艾伦太太转身对丈夫大声说："这马头就是辛纳屈在《乱世忠魂》里拿到角色的方式。"第二天早上，艾伦夫妇醒来，发现他们家的前廊上有一条马腿。肯定是黑帮成员用这种方法恐吓他们不要乱说。"马头情节"很有趣，在现实中，黑帮只是打电话要挟和谈判，并没有真的砍下马头来敲诈，那只是普佐和科波拉的想象，没想到在《教父》上映之后，电影中的虚构情节反过来成为黑帮新的敲诈手段。对于这个马头，剧组也是煞费苦心。在小说里，马头是放在床头柱上的。但科波拉认为，片中人如果开始时看到床单上的血迹，会首先担心自己被伤害，他马上拉开被子，结果看到的是血淋淋的马头，这会制造出强烈的恐惧效果。科波拉对这场戏的设计确实比普佐写的要更好。

《教父》上映后，有些人给派拉蒙公司写信，谴责他们杀死了一匹赛马，还在电影中展现马头。其实，这个马头是剧组从一个狗粮公司定制的，狗粮公司总需要购买马肉，作为狗粮的重要原料，所以剧组就提前预订了一个马头，将其用干冰保鲜，然后送到拍摄现场。科波拉对这些观众的抱怨也非常不满，因为电影中除了杀死一匹马，还杀死了三十多个人，可大家为什么不关心人被杀害呢？而且，这匹马被杀死也不是因为拍电影，而是因为观众养的宠物狗要吃狗粮。

· 九 ·

下面，我们来说说《教父》中老教父的原型，以及为什么《教父》和《教父2》在美国会产生这么大的影响，还有它们在多大意义上只是电影，又在多大意义上再现了美国历史上真实的有组织犯罪。

马龙·白兰度扮演的老教父，以及阿尔·帕西诺扮演的小教父，在现实中是否真的有原型呢？如果有，原型又是谁？关于这一点，过去许多电影杂志、报纸、网站等都有报道。但这些报道既不完整，也不准确。只有通过研究关于美国有组织犯罪的档案、调查和黑帮人物回忆录、传记等资料，才能确定教父的原型。在笔者看来，电影中的教父来自美国历史上三个真实的人物，是三个黑帮人物的合体，分别体现出他们的经历和特点。

第一个原型当然是众所周知的弗兰克·科斯特洛，美国犯罪史上赫赫有名的人物，为什么说科斯特洛是教父的原型呢？有这样一些根据。

首先，老教父维托·柯里昂是意大利黑帮的老大，家族表面上做的是橄榄油生意，而实际上，柯里昂家族与政治界交往密切，是以橄榄油生意为幌子，主要打通政界的意大利黑帮，这些特点符合科斯特洛的特征。

影片还提到，柯里昂家族控制了拉斯维加斯和迈阿密的赌场，而且为了让歌手强尼在新片中获得一个角色而敲诈制片人，这也符合科斯特洛的特征，科斯特洛不仅在20世纪50年代控制着美国的赌博业，也是帮歌手辛纳屈敲诈制片人的幕后老大。

还有，在《教父2》中，小教父麦克参加了参议员的听证会，这显然是1950年到1951年间专门调查有组织犯罪的"基福弗听证会"。而科斯特洛出席了听证会，并且要求电视台不能拍摄他的脸，只能拍他的手。

所有这些情节，都指向了美国历史上最著名的黑帮老大：弗兰克·科斯特洛。他被称为美国的"黑帮首相"，控制了由卢西亚诺家族创立的全美黑手党委员会，相当于当时的武林霸主，是名副其实的"黑道皇帝"。他经历过美国黑帮史上的战争，经历了政府和警方的多次调查，并从一次次暗杀中活了下来，依然在黑帮世界叱咤风云40年，最后全身而退。应该说，他是一个不折不扣的黑道传奇人物。

科斯特洛的意大利本名为弗朗西斯科·卡斯蒂利亚。1895年，他来到美国，在曼哈顿落脚。少年时代的科斯特洛加入了曼哈顿下城的一个帮派——"五点帮"，正是我们在第一章中提到的美国"黑帮学校"。接下来要讲述的许多美国黑帮片人物，都是五点帮培养出来的精英。科斯特洛从1908年到1918年这10年中，至少四次因伤人、抢劫和持有武器而入狱。1918年，他结婚了，当时他发誓以后再也不拿枪。在此后的40年中，他再也没有进过监狱。

禁酒令是美国黑帮现代化的催化剂，让新一代黑帮人物得以迅速积累第一桶金，其中就包括科斯特洛。在禁酒令时期，科斯特洛与早期的黑帮名人合作，利用非法卖酒起家。与他同时期的几个著名黑帮人物，包括巴格西·西格尔、维托·吉诺维斯、阿尔·卡彭、汤米·卢凯塞（Tommy Lucchese, 1899—1967）、梅耶·兰斯基、阿诺德·罗斯坦（Arnold Rothstein, 1882—1928）、舒尔茨等人，都是在禁酒令时期成为朋友的，其中最重要的就是美国大名鼎鼎的卢西亚诺。这些人，无一例外，属于美国现代黑帮的第二代，也是美国黑帮历史上最为猖獗的一代，这些人对于美国来说，就类似于黄金荣、杜月笙那一代旧中国黑帮人物一样，是尽人皆知的传奇大佬。

1922年，科斯特洛与卢西亚诺一起加入了乔·马塞里亚（Joe Masseria, 1886—1931）的私酒集团和敲诈组织。但是，他们也与经营朗姆酒的爱尔兰帮派（包括比利·德怀尔帮）合作，这种特殊关系，让他不得不把自己的名字改成了听起来更像爱尔兰人的"科斯特洛"。

1926年，德怀尔和科斯特洛因向纽约市走私酒而被起诉，但1927年，庭审陷入了僵局，对科斯特洛的指控被撤销。然而，德怀尔却因贿赂美国海岸警卫队官员而被定罪。于是，科斯特洛接管了朋友在纽约的私酒业务。同伴入狱，他却接管了另一处地盘，这个做法肯定会在黑道引起摩擦，科斯特洛与德怀尔帮派的手下发生了战斗。虽然科斯特洛在冲突中失去了一些地盘，但他作为黑帮老大的影响力却扩大了。到了1928年，科斯特洛与卢西亚诺、兰斯基、西格尔和芝加哥的约翰尼·托里奥结成了联盟，这些是新一代美国黑帮的代表人物，他们在禁酒令时期崛起。

1929年，两个意大利家族因为争夺纽约的私酒、地下赌博和卖淫生意的控制权而开战，双方分别是乔·马塞里亚的家族和萨尔瓦多·马兰扎诺（Salvatore Maranzano, 1886—1931）的家族。这场争夺对美国黑帮秩序的形成有很大的影响。科斯特洛和他的伙伴卢西亚诺在两边开战时，分别属于两方，最后，马兰扎诺家族赢得了这场战争，但马兰扎诺这个人非常保守，虽然接管了马塞里亚的地盘，却压制了青年一代的发展。结果，卢西亚诺作为马兰扎诺的手下，在1931年底派枪手暗杀了自己的大哥。这是一次黑帮内部的政变，其结果就是卢西亚诺坐上了纽约最大犯罪家族的头把交椅，在他的倡导下，纽约分裂的犯罪家族，创立了全美黑手党委员会，指导黑帮的发展并调解黑帮之间的纷争，他的二老板是维托·吉诺维斯（Vito Genovese, 1897—1969），而科斯特洛则是他的最高顾问。

科斯特洛在犯罪家族中的表现可圈可点。首先，他在与路易斯安那州的州长休伊·朗（Huey Long）的交易中，帮助卢西亚诺家族把老虎机的业务扩大到路易斯安那州，在这个过程中，路易斯安那州特遣队获得10%的提成。同时，科斯特洛与梅耶·兰斯基一起，投资了佛罗里达州和古巴的非法赌博，这也是从《教父》到《教父2》的情节。他不仅在纽约，而且在全国范围内，规范了博彩公司之间接注、分注的操作规程。之后，他把赌博业务扩展到全国和世界各地，这给他带来了巨额利润以及黑道上的声誉。

在这时，他还不是教父，只是卢西亚诺集团的高层。1936年，卢西亚诺因非常偶然的卖淫案被定罪，随后被判入狱。于是，二老板吉诺维斯接任老大。但在一年之后，吉诺维斯又因一桩陈年谋杀罪被起诉，他不得不逃往意大利。临走之前，吉诺维斯把卢西亚诺家族的业务交给科斯特洛管理，这为科斯特洛提供了发挥自己才能的机会。接管卢西亚诺家族之后，他继续经营卖淫和赌博业务。同时，最为重要的是，就像《教父》里讲的那样，他知道黑帮业务虽然可以让他们一夜暴富，但他们始终会成为政府和警察的眼中钉。于是，他开始扩大合法业务，比如经营大型家禽厂和肉类包装等。尽管有利可图，但科斯特洛坚决拒绝了毒品生意，这也与《教父》中老教父柯里昂的做法非常吻合。

美国的有组织犯罪研究者，在网上对科斯特洛有着如此夸张的评价：

> 科斯特洛跻身美国黑社会之巅，最辉煌的时期控制着每年价值6 000亿美元的犯罪帝国，每年100亿美元的高利贷业务，每年140亿美元的敲诈业务，以及每年1 000亿美元的国际赌博收入，业务遍布北美、欧洲、亚洲和澳大利亚。科斯特洛在全世界拥有多达1 200个赌场，每年从其中每一个赌场的获利都是数百亿美元，为全美黑手党委员会和'五大家族'带来惊人的、令人难以置信的财富。

科斯特洛在20世纪30年代后期迅速积累财富，依靠犯罪成为亿万富翁。在此后数十年来，他有着令人难以置信的财富和权力。多年来，他的财富和力量继续暴增，很多科斯特洛的手下说，他具有"上帝般的财富和力量"。

科斯特洛在美国和世界各地，掌握着几百名执法人员、政府官员和知名政客的受贿记录，这让他拥有了难以想象的政治保护伞，据说他在美国政界的权力超过了美国所有黑帮的总和。科斯特洛为自己和卢西亚诺，以及美国黑手党赚了数千亿美元。1957 年，他掌握的资产总值令人难以置信地达到 700 亿美元（相当于 2020 年的 6 280 亿美元），使他成为有史以来最富有和最有权力的美国人之一。科斯特洛将铁拳戴上天鹅绒手套，与卢西亚诺联合统治一个庞大的犯罪帝国长达 21 年。在这段时期，纽约的意大利黑手党之间处在相对和平的时期。在他的铁腕统治时期，卢西亚诺家族的财富、政治权力和国际影响力迅速增长。20 多年来，科斯特洛用铁拳统治了美国黑社会，凭借巨大的政治力量使卢西亚诺犯罪家族几乎立于不败之地，他被联邦调查局视为"世界上最危险的人"。

此时此刻，在意大利流亡的老大吉诺维斯，利用自己在美国的关系，在意大利混成了黑手党老大，并与意大利法西斯领导层结成了同盟。具体来说，他与墨索里尼的女婿成了哥们儿，据说是他向墨索里尼的女婿提供可卡因。传说在二战期间，吉诺维斯还得到墨索里尼的授意，下令谋杀了纽约市一位反法西斯的意大利出版商。但在 1943 年，随着盟军对意大利法西斯的胜利，吉诺维斯转而开始为盟军占领政府工作。不要忘记，他在纽约还有一桩谋杀案的诉讼。1945 年，他被盟军押回纽约，面对起诉。但在审判过程中，三名政府证人中有两名被谋杀，所以起诉失败。1946 年，吉诺维斯被释放，他立即开始夺回当时由科斯特洛控制的家族老大的地位。

这些事件与时间，恰好与电影《教父》中的故事相吻合，二战结束后，麦克退伍回家，正好是 1945 年。但是，吉诺维斯想夺回自己的地位并不那么容易，他是在未来十几年间对科斯特洛威胁最大的黑帮人物。

1951 年，代表田纳西州的参议员埃斯蒂斯·基福弗和他的参议院同事发起了对有组织犯罪的调查，并召开对媒体公开的听证会，即"基福弗听证会",科斯特洛同意出席听证会。由于许多电视台进行转播,他要求电视台的摄影机只拍摄他的手,于是整个过程中,美国观众只能看到他的手,并听到他非常独特的沙哑嗓音。在听证会上,科斯特洛回避了一些问题,拒绝回答一些问题,最终听证会没有找到可以给他定罪的证据。

这件事只是他在20世纪50年代经历的风雨之一,在那个年代,科斯特洛都在处理各种棘手的问题,据当时媒体报道,他曾咨询过心理医生。在基福弗听证会上做证的还有科斯特洛的二把手威利·莫雷蒂（Willie Moretti, 1894—1951）,他透露了一些黑帮渗透合法企业的细节。黑手党是绝不允许背叛的,所以莫雷蒂在1951年被人暗杀。据说,暗杀他这个级别的人物,只能是科斯特洛直接下令才能执行。1952年,科斯特洛因为退出参议院听证会而被判"藐视法庭罪",被判处14个月的徒刑。1954年,科斯特洛因逃税再次被定罪,并被判处5年徒刑。他服刑数年后,这些定罪在上诉中均被推翻。科斯特洛的能力、手段可见一斑。

与此同时,回到美国的吉诺维斯正在悄悄地策划对科斯特洛的政变。1957年5月,在吉诺维斯的命令下,杀手文森特·吉甘特（Vincent Gigante, 1928—2005）向科斯特洛的头部开枪。幸运的是,科斯特洛的伤势很轻微,不过对于科斯特洛来说,这已经足够危险了,这场不成功的暗杀也被认为是电影《教父》中老教父被暗杀情节的原型。与老教父柯里昂一样,科斯特洛在这场刺杀之后,决定从老大的位置上退下来,把卢西亚诺家族的控制权还给了吉诺维斯。这也反过来说明,吉诺维斯的暗杀尽管没有得逞,可还是达到了他的目的。在纽约"五大家族"中,没有一个家族叫"科斯特洛",因为科斯特洛的帝国隶属于吉诺维斯,以及他的老朋友卢西亚诺,他们的手下和生意都统称为"吉诺维斯家族的"。尽管交出了老大的位置,但科斯特洛仍然控制着美国各地包括拉斯维加斯的赌博活动,这也与《教父》中的情节如出一辙。虽然他在1961年被剥夺了美国国籍，但他继续居住在纽约。

科斯特洛统治的时间很长，享有几十年的黑帮权力以及巨大财富，从20世纪20年代初到1973年去世，执法部门和政府对他束手无策，这段时期也是美国意大利黑手党的犯罪逐渐全国化甚至国际化的时期。他一生中从未实际犯过任何罪或被定罪，这只是他的另一个惊人的能力，他从不亲自做犯罪的事。他成为当时美国地下社会的老大，受到美国黑帮人士的尊重，许多新人喜欢去他那里征求意见，向他学习，而他与青年时代的朋友卢西亚诺（1962年死于意大利）、梅耶·兰斯基也始终保持着江湖友谊。

1973年，科斯特洛自然死亡，在这不久之前，《教父》上映了。

当然，影片中还有一些情节不属于科斯特洛。比如，科斯特洛的外号不叫"教父"，他的真实绰号是"黑帮首相"。马里奥·普佐根据自己的调查，把发生在其他黑帮人物身上的故事也拼凑在老教父的形象上。那么在美国，是不是真的有一位黑帮老大，他的外号就叫"教父"呢？有！这个被叫作"教父"的人是卡洛·甘比诺（Carlo Gambino, 1902—1976），他是纽约"五大家族"之一甘比诺家族的老大，但是与科斯特洛等黑帮老大不同，甘比诺是一个"平民大佬"，他平时穿得就像老街坊，出入街头小店，隐蔽在普通人中，在纽约，人们就把甘比诺亲切地称为"教父"。而这些特点，也出现在老教父这个形象上。

1971年4月12日，在纽约小意大利区拍摄《教父》中老教父被刺杀这场戏时，马龙·白兰度在一个水果摊前停下来，四处看了看，试吃了几个橘子，科波拉和剧组拍下了这些动作，但同时，摄影机操作台和导演的身后，有两个真正的黑手党人一边看一边评价着白兰度的表演。据《纽约时报》记者、后来成为金牌黑帮片编剧的尼古拉斯·派洛基说，这两个人觉得这场戏拍得太一般了，而且白兰度看上去有点寒酸，他们不喜欢这场戏。"他让老头儿看起来像个病人。这是不对的，像这样的人应该是有腔调的,他应该扎一个带钻石的皮带扣,老大们都有钻石皮带扣,还有钻戒和钻石扣子。老板们都喜欢钻石,都喜欢戴钻石。"在下一场戏中,扮演杀手的演员突然冲出来,用带着刺眼火苗的手枪向白兰度射击,白兰度向前扑倒,最后栽倒在水沟里。这个情节也遭到了后面围观的黑帮分子们的反对:"他们拿枪的方式也不对,他们好像拿着花。"这时,又有一个黑手党人走了过来,告诉他们老大来了。

《教父》的原型人物之一卡洛·甘比诺来到了拍摄现场,坐在格兰街的一家咖啡馆里,喝着咖啡。他和他的弟弟保罗·甘比诺,以及五名保镖来到了现场,观看了白兰度这场戏的拍摄。

甘比诺这个人具有某种贵族气质,但是又有着平易近人的仁慈,这一点被白兰度捕捉到了。这个外表、这个表象,掩盖了他从色情业和贩毒业起家的老大身份。他在20世纪70年代的纽约重现了18世纪西西里岛的传统,这是他的习惯,也是他作为纽约黑手党家族首领的职责,他专门处理意大利街区的一些纠纷,人们从街对面的餐馆里被一个个领到他面前,甘比诺就像《教父》中的柯里昂一样,被邻居们要求主持正义。教父这个称谓,以及他在电影中处理意大利街区的纠纷、经常以平民姿态逛逛咖啡馆和水果店的这些情节正是来自卡洛·甘比诺。而在《教父》的片场,也是由于甘比诺家族的保护,电影才得以顺利拍摄。

第三个原型人物,是君子大佬乔·伯纳诺。乔·伯纳诺是伯纳诺家族的老大,他成为家族老大的时间,与《教父》中老教父掌权的时间是一样的,而他的儿子萨尔瓦多·比尔·伯纳诺(Salvatore Bill Bonanno, 1932—2008)与麦克也有很多相似之处。比尔开始的时候不是按照家族接班人培养的,并没有参与家族的生意。他像麦克一样上了大学,接受教育,他是慢慢卷入家族生意的,但是后来他也是为了家族而选择放弃了所谓的美国式正派的正常生活。最早,比尔认为自己可以自食其力,不过他认为在合法的世界里,他的地位始终不高,他不得不从底层开始奋斗,他家里的势力不能让他在合法的世界里获得想要的成功。所以,他最终不得不回到黑帮世界。

黑帮老大乔·伯纳诺不想让他的儿子比尔进入家族企业,而是鼓励比尔走上正路,让他的儿子去读法律,就像老教父让他的儿子麦克读法律一样。尽管事与愿违,比尔就像麦克一样,最后还是回到了黑帮世界,不过在现实生活中,比尔的个性更像麦克的哥哥弗雷多,他张扬,渴望被关注,依靠家族的财富生活,却没有得到父亲手下的尊重。而且,他一直认为《教父》中的麦克就是以他为原型,一直沉溺于影片营造的幻想中。他每次带着手下去餐馆吃饭,就会点《教父》的主题音乐。他特别想通过这种方式提醒餐馆里的人,《教父》中的原型本尊此时此刻正在餐馆里用餐。可是这又能怎么样呢?他依然无法成为电影中的麦克。

· ✚ ·

《教父3》的开场是麦克写信邀请儿子、女儿以及前妻凯参加一个授勋仪式,他成立了柯里昂基金会,专门用来做慈善活动。麦克在授勋时想起了死去的哥哥弗雷多。从开场就可以看出,《教父3》主要围绕麦克的救赎展开。此时,凯已经组成新的家庭,她和现任丈夫一起来到了现场。仪式结束之后,大家欢聚一堂,举办宴会。这时候闯进了一对母子,他们是桑尼的情妇和私生子,这个私生子叫文森,继承了他父亲拈花惹草的习惯,并在宴会上结识了麦克的女儿玛丽。凯此次前来主要是为了儿子安东尼,因为安东尼不想从事黑道生意,而是想从事自己喜欢的音乐。麦克却想让他学习法律,将来好打理家族产业。凯帮着儿子劝说麦克遵从安东尼的意愿。此时的安东尼,就像年轻时的麦克那样有自己的梦想，不想插手家族事业。麦克虽然不情愿，但安东尼和凯态度坚定，最后他不得不同意。

宴会上，老教父的老朋友、康妮的教父艾图贝洛（Altobello）前来祝贺麦克，并愿意将100万美元投入柯里昂基金。当时，家族在纽约的主要业务由一个年轻的新秀乔伊·扎萨（Joey Zasa）掌管，但是他和文森有矛盾，特地来向麦克告状。麦克其实并不想理会他们帮派内部的事情，极力回避他们之间的纠纷，一心把柯里昂家族的事业合法化，于是想大事化小小事化了，想让文森和扎萨表面上握手言和，但扎萨故意羞辱文森。文森像他的爸爸桑尼一样有着火暴脾气，直接当着麦克的面咬伤了扎萨的耳朵。麦克看到侄子和当年的哥哥脾气一样，决定把他留在身边调教。拍全家合影的时候，麦克还特地把文森拉进来合照。

扎萨由于受到侮辱，当天晚上派杀手去暗杀文森。文森当时正在和在宴会上认识的一个漂亮女记者做不可描述的事情，但他警觉地发现外面有动静，冷静地利用自己的勇气和本事，杀死了两个杀手，杀手交代是扎萨支使的他们干的。

梵蒂冈银行因为大主教经营不善和利用教廷之名贪污腐败，亏空了7亿多美元，他们希望麦克帮忙把柯里昂家族的钱存进梵蒂冈银行，帮助他们渡过难关。麦克想入股欧洲房地产公司屹立集团，从而洗白家族产业，而梵蒂冈银行掌握着屹立集团25%的股份，麦克想要加入就必须得到梵蒂冈银行的支持。因此，他提议说，如果大主教同意，自己会存入6亿美元，以缓解银行的压力。大主教思索再三同意了麦克的提议，麦克也履行了承诺，明面上存入梵蒂冈银行2亿美元，而实际上是6亿。董事会虽然有人反对，但大主教遵守与麦克的协议，支持柯里昂家族持股，麦克的这个动作引来了以前帮派伙伴们的注意。当然麦克心里清楚，绝不能有非法资本进入屹立集团，不然自己将家族产业合法化的行动就会功亏一篑，于是他拒绝了艾图贝洛。

但是，当麦克来到梵蒂冈银行召开股东会议时，他才知道纽约的投票不算数，要经过罗马教廷同意才管用，可是教皇并不能出席会议，大主教也无能为力。麦克很困惑，明明董事会上全员同意了，应该是走个过场而已，钱已经通过私下渠道投了进去，现在却说不能同意。董事会的卢加西（Lucchesi）站了出来，说麦克可以当集团的舵手，但是大家得朝着一个方向航行。麦克明白了，这里面有人故意捣鬼，收割自己那些见不得光的财产。

为了彻底与黑帮世界切割，麦克决定将赌场生意卖掉，用折现的钱安抚以前的合作伙伴，于是他把他们召集到了大西洋城，现场分给每个人一笔巨款，但唯独乔伊·扎萨没有分得一分钱，他大发雷霆后愤然离场，而艾图贝洛则追出去劝解他。然而，整个会场突然遭到了武装直升机的袭击，现场的帮会老大们死伤众多，麦克则在文森和阿尔的保护下得以逃生。

文森认为这件事是扎萨干的，但城府很深的麦克知道，如果没有人在背后撑腰，扎萨绝没有胆量同时向这么多人下手。年轻气盛的文森急切地想复仇，麦克制止了他，因为背后的敌人还没有露面，麦克教导他千万不要说出内心的想法。

后来，麦克因糖尿病中风，躺在病床上的他一直喊着哥哥弗雷多的名字，可见杀死弗雷多这件事一直是萦绕着他的一块心病。凯带着儿子安东尼和女儿赶来看他，安东尼的音乐之路走得很顺利，要在复活节时回到家乡西西里表演，麦克很是高兴。

文森着急复仇，趁着麦克卧床，他得到了姑姑康妮的授权，开始秘密筹备。玛丽一直想念文森，悄悄找到了他，文森不失时机地与她发展关系。文森虽然脾气暴躁，但不是毫无头脑。他找人故意激怒扎萨，引开保镖，骑着马亲手杀了他。

《教父3》中麦克在大西洋城召开会议的场景（alamy / 视觉中国）

直升机袭击大西洋城会场的场景（alamy / 视觉中国）

麦克得知文森的举动后，大发雷霆，让他发誓以后没有自己的同意，不能轻举妄动，他对文森说："怒火会蒙蔽你的理智，你父亲就是脾气暴躁的人。"他不希望文森犯同样的错误。麦克旁敲侧击地告诉文森，不要对玛丽有非分之想，因为这样太危险，敌人动手的时候会先向你所爱的人下手。

安东尼的演出临近，麦克等人提前赶到了西西里，找到了老朋友汤马西诺。这位柯里昂家族在西西里的好友，贯穿了整个影片三部曲。麦克向他询问，谁能策划大西洋城的袭击，还有能力影响梵蒂冈银行的交易。汤马西诺毫不犹豫地说只有卢加西。麦克恍然大悟，卢加西熟悉纽约黑帮的背景，他不想失去对屹立集团的控制权，所以联合大主教设计圈套，让麦克把钱投进银行，又想方法黑了这笔钱。麦克想要洗白，而艾图贝洛则为了个人利益，与扎萨、卢加西合作，他们的目标一致，就是要除掉麦克。

汤马西诺建议麦克去找枢机主教伦巴度投诉，因为他是真正的宗教信徒，德高望重，很有影响力。

麦克和朋友们共聚一堂，邀请他们一起参加安东尼的首场演出。安东尼也专门送给了麦克一份礼物，为他唱了一首地道的西西里歌谣《西西里香橙》。麦克把关于自己的故事讲给儿子和女儿，旁敲侧击地让玛丽离开文森，但是玛丽并不懂得父亲的良苦用心。

麦克为了得到对方的信息，决定让文森假装背叛自己，去艾图贝洛那里当卧底。文森找到艾图贝洛，表现出不想让麦克的家族产业合法化的意愿，想得到扎萨的势力范围，假装自己受到了屈辱。艾图贝洛认为文森有野心吞并麦克的家族，结果上当，然后引荐他认识了真正的幕后黑手卢加西。卢加西是意大利有名的金融政治人物，他对文森说：金融和政治二者没有分别，在他看来，金融是枪，而政治只是适时地扣动扳机。这句话道出了资本主义的本质，银行家和大公司只不过是运用合法的暴力去掠夺人们，与黑帮没什么区别。这就是前文所阐述的，黑帮为什么与公司非常相似，而科波拉则敏锐地发现了这个特点。

麦克听从了汤马西诺的建议，找到枢机主教伦巴度，向他指控大主教和金融政界同流合污，一起诈骗柯里昂家族。伦巴度为人正直，他认为太多的人只是表面接受洗礼，内心却从来没有虔诚的信仰。伦巴度看出麦克怀有心事，建议麦克向他告解，起初麦克并不愿吐露心声，说自己已经罪不可赦。伦巴度说没有什么罪是不可饶恕的，随后支开了其他人，麦克跟随伦巴度走到角落，敞开心扉，把埋藏心底的愧疚说了出来，就是他杀死了哥哥弗雷多。

艾图贝洛为了刺杀麦克，特地找到了一个从未失手的西西里老杀手，不巧的是半路上他被汤马西诺认出。老杀手为了防止走漏风声，杀死了汤马西诺。凯来到西西里，准备参加安东尼的首场演出。麦克想带着她看看真正的西西里，了解一下柯里昂家族的历史。麦克和凯来到汤马西诺家中，这里曾经是麦克避难之处，他在这里向凯表示，希望能得到她的原谅。这时手下卡罗（Calo）赶来告诉麦克汤马西诺被杀的事情，麦克悲痛万分。

教皇去世之后，教会举行投票，选举新一任的教皇，德高望重的伦巴度高票当选，被称为约翰·保罗一世。他上任之后，打算清算梵蒂冈银行，批准了柯里昂家族入股。但此时的银行会计凯斯基（Keinszig）携巨款出逃。面对新教皇的清算动作，大主教有些不知所措，向卢加西求助。文森找到麦克，告诉他都是卢加西的阴谋，艾图贝洛已经派了杀手来杀麦克。文森请求麦克给他下达命令去做最后的安排。得知这些之后，麦克很无奈，自己尽力按照合法的形式处理问题，不想让事情发展到这种地步，但是现实却不给他机会。麦克看着文森，说："一旦你走上这条路，就没了退路，我一生都试图脱离，不让自己的家人深陷其中。"文森则毫不在乎，说他并不想脱离。在文森的不断请求下，麦克决定把位子传给文森，但条件是文森必须离开他的女儿玛丽。文森答应了，随后麦克叫过来自己的亲信，将文森加冕为新教父。

影片结尾是本片的高潮，也是麦克的复仇时刻，这一次由文森和他姑姑康妮一起安排。安东尼的演出即将开始，康妮专门送给了艾图贝洛一盒点心，老奸巨猾的艾图贝洛让康妮先尝了一口，然后才安心吃下。文森也遵照麦克的要求，与玛丽断绝关系。演出正式开始，文森派出的杀手也开始出动，卡罗负责去刺杀卢加西，阿尔负责到教廷刺杀大主教，另外两个手下负责刺杀凯斯基。在歌剧院，文森安排了足够多的保镖，此时艾图贝洛派的老杀手，趁机混入了剧院，杀死一个看守后来到高台，架起狙击枪，瞄准麦克。正在此时，一个保镖发现了他，老杀手瞬间警觉起来，反手杀死了保镖，并把另一个赶来支援的保镖一并杀死，随后准备继续暗杀计划。刚好律师叫走了麦克，告诉他教皇可能遇害的消息，但麦克清醒地明白，教皇远在罗马，自己已无能为力。

大主教为了免遭清算，用毒茶毒死了新任教皇伦巴度，银行家凯斯基则被赶来的杀手刺伤，艾图贝洛也被康妮的点心毒死。卡罗通过层层搜身来到了卢加西身边，利用眼镜杀死了他。阿尔赶到教廷，枪杀了大主教。随着剧院的音乐进入尾声，大主教的尸体跌下。当歌剧结束时，柯里昂家族的敌人都被除掉了。这场杀戮似乎就此结束了。当众人走出剧院的时候，刺杀失败的老杀手一路跟随，趁机向麦克开枪，不料刚好打中赶来与父亲谈话的玛丽，文森等人制伏老杀手之后，直接开枪打死了他。麦克抱着中枪而死的女儿悲痛万分，自己一生都在努力保护家人，但偏偏亲眼看着至爱一个个离他而去。麦克彻底绝望，放声痛哭。

最后，暮年的麦克独自坐在庭院中，回忆着和女儿以及两个妻子的幸福时光，缓缓戴上眼镜，离开城市的喧嚣，独自承受着人生落幕时的孤独。随着手中的橙子滚落在地，这位孤独的老人永远离开了这个世界。

· 十一 ·

《教父3》的故事主要围绕麦克展开，可以理解为麦克的赎罪篇。第三部的剧情相比前两部简单了很多，少了一些隐秘晦涩的情节。这一部整体看下来会感觉有些碎片化。其实这些琐碎的东西是为了更多地展现麦克的情感以及内心世界，用以丰富这个角色。

这一部里的麦克依然为了家族合法化而努力，借着教廷的名声成立基金会，目的是美化家族声誉。看着自己的努力成果，麦克想把儿子安东尼拉入家族打理事务，但安东尼并不想参与，因为小时候家中被袭击的阴影让他难以忘记。这时候的安东尼就像青年时期的麦克一样，有着自己的梦想，并且看不惯家族的行事风格。不同的是安东尼遵从了自己的意愿，而麦克则无可奈何地为了家族担负起重担。一路走到今天，麦克眼看自己的努力越来越接近目标，只要成功入股屹立集团，家族就将彻底洗白，不想遇到了各种阻挠。尽管如此，他也并没有重拾以前那种果断的作风，而是尽量寻求以和平的方式来解决争端，但现实不遂人愿，每次都有人出来阻挠，直到看到老朋友汤马西诺离去，麦克深感失落。他花了一生努力朝着合法的方向走，但是越往高处，奸诈狡猾的人越多，这些人的做事风格比黑手党还要心狠手辣。到最后麦克不得不把权力交给侄子文森，文森其实相当于麦克的另一面，为了家族的荣誉，可以不惜一切手段清理自己的敌人。麦克也警告文森，一旦踏上了这条路，就没有回头的余地，而文森则很乐意这样。柯里昂家族仿佛再次坠入了黑帮世界。麦克本以为自己可以安安稳稳地尽享余生，但女儿玛丽的死让他彻底绝望。他犯下的罪恶，最终以这种方式得到惩罚。老教父维托·柯里昂去世时，还有家人伴随左右，而麦克则在凄凉破落的庭院中，一个人孤独地死去。

纵观《教父》三部曲，从更高的视角来看其内核，这个系列不仅仅是一个人的历史，讲述麦克·柯里昂的成长和衰落，也讲述了一个家族的历史，讲述柯里昂家族如何移民美国、在黑帮世界站稳脚跟、逐渐获得尊重的故事。而且，这更是20世纪美国历史的写照，从20世纪初的移民潮到30年代的禁酒令，从纽约的崛起到拉斯维加斯的出现，从二战后美国经济的发展到美国与古巴之间的政治关系，以及80年代美国与梵蒂冈的密切往来。柯里昂家族的故事根植于城市发展中的原始资本积累，科波拉以史诗的手法描写了一个家族从以暴力掠夺的手段崛起，到家业兴盛后的洗白和转型，再到为了获得合法性而做出的个人牺牲，这个过程何尝不是美国社会的写照。成功的商人有了足够资本后，开始尝试通过各种手段跻身上流社会，影响甚至参与社会利益的再分配。美国的传奇富豪就像电影中的柯里昂家族一样，他们精通竞争规则，为达目的不择手段，成功之后四处办慈善、搞公益，借着教会的力量努力洗白自己，这就是新贵阶层进入上流社会后，反过来操控金融和政治的缩影。就像《教父3》中反派人物卢加西说的那样："金融是枪，而政治只是适时地扣动扳机。"这些冠冕堂皇的强盗用合法的、文明的方式掠夺与收割利益，条件一旦成熟，他们就会重新回到暴力掠夺阶段，继续为了利益相互厮杀。难怪麦克说，这些人才是真正的黑手党。

《教父3》于1990年上映。科波拉本来不打算拍第三部，认为第二部已经是《教父》系列的完结。但是《现代启示录》的拍摄花掉了科波拉个人许多钱，而它尽管获得了戛纳电影节的金棕榈奖，票房却很惨淡。之后他拍摄的影片票房也始终不尽如人意，让他慢慢地陷入了个人经济危机。无奈之下，他才答应了派拉蒙的请求，决定接拍第三部。当然，科波拉决定拍续集，是因为当时他有了一个独一无二的想法，而不是循规蹈矩。这次，科波拉还是与马里奥·普佐合作，而且和《教父2》一样，在科波拉介入之前，普佐已按照派拉蒙公司的要求写好了剧本初稿。派拉蒙很早就请塔莉娅·夏尔把普佐的这个剧本给了她的哥哥科波拉。据说，最初科波拉只看了一眼就把它扔进了壁炉，但这个续集中有个元素特别吸引他，就是桑尼·柯里昂的私生子文森。有的观众或许不知道，文森是在康妮的婚礼上被怀上的，就是《教父》开场的婚礼上，大家在花园里庆祝，桑尼与伴娘露西·曼奇尼（Lucy Mancini）在二楼偷情，曼奇尼因此怀上了文森。所以，这个人物身上包含了西方家族叙事的戏剧传统，而且在剧本中，麦克已经60多岁了，与《教父》中的老教父维托·柯里昂同龄，文森将取代麦克成为这个家族的新掌门人，这与麦克在《教父》中的经历一样。所以，《教父3》似乎让整个故事完成了闭合，只不过，在《教父3》中，麦克依然是最核心的角色，因为在科波拉的心目中，《教父3》就是麦克人生悲剧的终结篇，是一部套着黑帮片外壳的现代莎士比亚戏剧。

《教父3》的剧本写作比较顺利。普佐曾说，他在《教父3》中与科波拉的合作比在前两部中更为密切，他们住进了里诺的一家名叫佩普密尔（Peppermill）的酒店赌场，在那里敲定了故事大纲。后来他们去了纽约，就像之前在前两部《教父》电影拍摄中那样继续合作。有意思的是，《教父3》也被派拉蒙安排在圣诞节档期上映，这意味着他们必须在六周内完成剧本初稿，才能在1989年末准时开拍，并在1990年12月圣诞节上映。科波拉很享受在没有制片厂干涉的情况下创作剧本，他说："当你从制片厂那里获得自由，写剧本要比干一个定制的行活容易得多。"为了写这个剧本，他和普佐对梵蒂冈的当代历史进行了非常细致的研究，尤其是梵蒂冈银行丑闻。然后，他们把已有的角色放入这些事件的虚构版本中。他们按照合作的程序分头写作，然后互相修改对方的初稿。科波拉写前半部分，普佐写后半部分，然后他们把两个初稿"钉"在一起。1989 年 4 月至 11 月间，剧本经历了 12 次修改。后来有媒体报道，说科波拉在拍摄过程中"无休止地改写"剧本，他回答说，因为他和普佐写剧本原稿的时间都很短，所以在拍摄过程中不可避免地要再改剧本。

《教父 3》的最终拍摄剧本设定在《教父 2》结束的 20 年后，当时麦克终于努力使柯里昂家族的所有投资合法化，这是他与凯当年结婚时向她保证的。为了保证三部曲的第三部与前两部之间有连续性，科波拉重新召集了《教父》制作团队的大部分成员，包括摄影师戈登·威利斯，美术设计迪安·塔沃拉里斯，作曲家、他的父亲卡明·科波拉和剪辑师沃尔特·默奇——他曾为科波拉做声音设计师。此外，一些重要演员也再次加盟，包括阿尔·帕西诺、黛安·基顿和塔莉娅·夏尔。与熟悉的合作者再次合作，科波拉必然会更有信心，而这些人也已经成为他导演风格的某种标记。

前两部的主要演员里，这次没有回归的是扮演汤姆·哈根的罗伯特·杜瓦尔，主要原因是杜瓦尔认为给他开出的薪水不能接受，而且对自己的戏份多少也不满意。他认为汤姆·哈根在《教父 3》中根本没有发挥出像前两部电影中的重要作用。科波拉后来在 DVD 评论中说："没能让杜瓦尔出演《教父 3》，对于我和这部电影来说，都是一个巨大损失。"看来科波拉本人还是非常想让杜瓦尔回来的。杜瓦尔的位置被乔治·汉密尔顿（George Hamilton）取代，他出演了哈里森这个角色，这是一个不务正业的公司律师。但哈里森与汤姆·哈根不一样，不是家族成员，而且与麦克也不是义父与义子的关系，所以他没有像汤姆那样成为麦克的知己和盟友。科波拉把这一职能转交给了康妮，在前两部中被动的康妮，在这一部电影中已经成长为家族决策中非常重要的核心成员。

除了汉密尔顿，另一位新成员是安迪·加西亚（Andy Garcia），他饰演桑尼的私生子文森·曼奇尼。科波拉就如何扮演这个角色给了加西亚一些建议，比如告诉他文森有桑尼的脾气，有年轻时维托的聪明和无情，有麦克的冷静和城府，还有一点弗雷多的温情。在拍摄过程中，他和科波拉采用了一种速记法。科波拉会说，这里你演的是桑尼，这里你演的是年轻的维托·柯里昂，这里你演麦克，而这里是弗雷多的戏。总之，加西亚用这种方法很快就把握住了科波拉的意图，成为这个意大利犯罪家族所有男性形象的不同方面的继承人。加西亚说，文森越接近麦克，就越像他。的确，加西亚在电影中的表现就像《教父》中年轻的阿尔·帕西诺，非常强大、严肃、冷酷。

在《教父3》中，人物变化最大的或许是麦克。第三部开始于第二部结束的20年后，麦克走向了生命的终点，他想在自己死之前完成把家族洗白的愿望。因此，科波拉把麦克表现成一个渴望救赎的老人。麦克意识到，他为了成为一个冷血的黑帮教父付出了太大的代价，现在需要与上帝和解，简言之，麦克意识到自己的最后时刻已经越来越近了，他迫切地需要完成救赎。

因此，科波拉把《教父3》拍成了三部曲的尾声。麦克在问："我对我的生活到底做了什么，我到底对我的家庭做了什么？"剧本涉及的救赎与和解的主题与此时此刻科波拉的性格和内心变化有关。《教父3》将麦克描绘成一个渴望获得尊重、希望教会宽恕他的罪孽的黑手党老大，这也是他与艾图贝洛的区别。麦克决心卖掉赌场和其他与黑手党有关的业务，转型做一个国际金融家，这个做法与其他黑手党人背道而驰。

影片开场展现了身穿中世纪披风的麦克接受教皇的授勋：教皇把他封为圣塞巴斯蒂安骑士，以换取"维托·柯里昂基金会"的丰厚捐赠。这场仪式要比之前两部的开场更庄严,但这种庄严却被麦克·柯里昂这样的黑帮老大给削弱了。这个仪式就说明了当代黑手党发展的一些根本性特征,即他们看上去已经完全不像是坏人了。更重要的是,麦克对教会表面上很慷慨,实际上并不像看上去那样无私。麦克不是想放弃他的非法收入,而是想把它们洗干净,因此,《教父3》实际上讲述了一个关于洗钱的阴谋,麦克有了一个通过投资的方式洗白柯里昂家族资金的计划,他通过梵蒂冈银行来洗白大量非法收入,在避免梵蒂冈银行由于金融腐败而破产的同时,还能获得欧洲屹立集团的股份。

屹立集团是梵蒂冈银行控股的一家房地产公司。事实上,屹立集团是由投资者和政客组成的财团,这个财团主要是一个为他们兑换现实利益的经济实体,而这些人就像麦克在纽约市和拉斯维加斯所交往的下层黑手党一样无耻、腐败。通过让柯里昂家族与这些欧洲上流社会的骗子纠缠在一起,麦克风趣地说:"我们又回到了波吉亚家族!"波吉亚家族是欧洲历史上著名的涉足宗教和政治的贵族家族,在历史上以贪婪和荒淫而闻名。麦克最终意识到,当他有希望将家族生意完全合法化的时候,实际上他却再一次卷入了肮脏的交易,他依然是在与不光彩的人打交道,他根本无法摆脱这个世界。他在影片中说过一句话:"就在我以为我已经要出局的时候,他们又把我拉了回来!"这些"白道"的金融阴谋家与黑手党一样虚伪、凶残和贪婪,只不过他们经常以祷告的方式开始他们的阴谋。

麦克的酒会作为一次家庭团聚,请来了已经再婚的凯、再次离婚的康妮,以及麦克的长子安东尼和女儿玛丽,玛丽由科波拉的女儿索菲亚·科波拉扮演。麦克为了挽回前妻和孩子们的信任,想重新恢复与家人的关系。在麦克生命的最后阶段,重视家庭的价值观成为影响他的核心,即使在黑手党死亡法则统治的世界,家庭关系仍然是麦克最看重的。因此,《教父》三部曲对家庭价值的反复强调,说明家庭观念对科波拉的电影产生了至关重要的影响，而且科波拉的父亲、妹妹和女儿都参与了这个作品，让《教父》系列仿佛成为科波拉为自己家族书写的精神寓言。

与《教父2》中黑手党与古巴政府的勾结相比，《教父3》最令人震惊的情节就是梵蒂冈与麦克·柯里昂这样的黑手党的联盟。黑帮不仅从政党、公司中看到了自己的影子，甚至在梵蒂冈教廷，黑帮也看到了与自身相似的东西，这是一种巨大的讽刺和格外冷峻的批判。梵蒂冈不仅是一个天主教徒的精神共同体，也是一个世俗的机构，不仅有权力斗争，也有腐败、阴谋，甚至是凶杀。科波拉说："我在电影中放进的关于梵蒂冈作为商业组织因不正当金融行为而变得贪婪、市侩的全部内容，都是真实的。"

·十二·

在剧本创作阶段，科波拉四处寻找灵感时，正好读到了媒体关于梵蒂冈银行丑闻的报道。据报道，有意大利黑手党参与其中，科波拉马上决定把这个情节写到剧本中去。所以，他创造了吉尔戴（Gilday）大主教这个角色，这个角色是以一位名叫保罗·马辛库斯（Paul Marcinkus）的主教为原型，马辛库斯主教是罗马教廷在纽约的主教，他卷入了这场梵蒂冈金融交易丑闻中。《教父3》中的大主教是马辛库斯的一个高度虚构化的版本，在电影中，这个大主教最后是被柯里昂家族暗杀的，但在现实生活中，马辛库斯是在梵蒂冈银行丑闻爆发后，被梵蒂冈教廷贬到美国亚利桑那州强制退休，从未被正式指控有任何金融犯罪行为，这算是教廷的低调处理。

《教父3》中展现的梵蒂冈银行控股的屹立集团，不仅是剧本的一个设定，也是现实中一家真实存在的公司，而且与派拉蒙公司也有着密切的关系。这家梵蒂冈银行控股的房地产公司曾想收购派拉蒙公司的控股权！当科波拉拍摄《教父》时，这家公司的投资人就频繁出没于纽约海湾和西部公司，拜访派拉蒙公司的总裁布卢多恩。后来梵蒂冈银行丑闻曝光后，人们发现，当年这些去找布卢多恩的人，都是这个丑闻案的参与者。这些不为人知的、混杂着黑帮暴力的投资收购事件，比《教父3》里展现的更为冷酷和决绝。

科波拉在设计剧情时，还受到另外一个真实的意大利金融家经历的启发，这就是米歇尔·辛多纳（Michele Sindona），他是一个著名的与黑手党有联系的西西里金融家，与梵蒂冈银行和屹立集团都有联系。1972年，在辛多纳的策划之下，屹立集团开始收购派拉蒙公司的大量股权，从而为当时的电影创作提供急需的资金。回想一下，那不就是《教父》前两部拍摄的时期吗？当时科波拉每天花出去的钱里，或许就有一些是黑手党金融家米歇尔·辛多纳通过派拉蒙而提供的。假设这个推理成立的话，事实就是，意大利西西里黑手党把非法收入通过辛多纳投入屹立集团，再通过屹立集团购买派拉蒙公司的股权而进入制片行业，最后通过派拉蒙而进入剧组。这样，《教父》系列尽管讲的是美国黑手党的故事，但实际上或许还与意大利黑手党有着隐秘的联系，或许更是一部无意间参与了黑手党洗钱的作品，谁知道呢？而科波拉在《教父3》中，把矛头对准了屹立集团和梵蒂冈教廷，这也需要很大勇气。据说，辛多纳本人曾对派拉蒙公司决定拍摄《教父》"表示遗憾"，他认为这部电影对于黑手党的内部运作来说是一种"背叛"。

随着20世纪70年代的到来，辛多纳建立在金融犯罪和欺诈基础上的帝国开始崩溃，从而引发梵蒂冈银行丑闻。由于辛多纳与屹立集团、梵蒂冈银行都有牵连，屹立集团股票暴跌，梵蒂冈银行也损失了约3 000万美元。1986年，辛多纳与黑手党的关系浮出水面，他被引渡回意大利。

他在意大利被判定犯有金融欺诈罪，被判处终身监禁。判决生效两天后，他在牢房里喝了掺有氰化物的咖啡自杀。很显然，他是被西西里黑手党处死的，目的是防止他泄露其他更为重要的隐秘信息。氰化物中毒是黑手党常用的一种处置方法，目的是让那些知道得太多的罪犯把嘴闭上。

派拉蒙公司当时的总裁布卢多恩曾告诉科波拉，梵蒂冈银行与屹立集团之间有秘密协议，这是他在20世纪70年代与辛多纳打交道时了解到的。科波拉把这些材料和信息，都以虚构的形式融入《教父3》的剧情中。总之，电影中与梵蒂冈谈判的交易，很容易就让美国和意大利观众想起"辛多纳事件"。在片尾字幕中，科波拉把《教父3》"献给布卢多恩"，或许也是因为他对这部电影的核心内容有重要的"贡献"。

在拍摄麦克设计接管屹立集团的高层会议那场戏时，科波拉指出，"在场有一位阴险的绅士，他的原型是我在海湾和西部公司的电梯里看到的一位神秘人"。在这场戏中，赫尔穆特·伯杰（Helmut Berger）饰演的凯斯基是一个不为人知的金融家，这个人物是以罗伯托·卡尔维（Roberto Calvi）为原型的，这个人也与梵蒂冈银行有复杂的往来，被称为"上帝的银行家"，是负责为梵蒂冈银行投资和联络的中间人。科波拉将卡尔维这个角色变成了瑞士人而不是意大利人，目的是不让他与现实生活中的人物原型的身份过于接近。在影片中，文森曾轻蔑地称他为"他妈的瑞士银行家"，这个人物在影片中做了一个精心设计的骗局，从麦克与屹立集团的交易中骗取了大量利润。当然，他最后死得也最惨。

科波拉在作为资本机构的梵蒂冈教廷的世俗、狡猾、阴险的大主教吉尔戴，与作为精神团体的罗马教会的虔诚、善良和仁慈的枢机主教伦巴度之间做了对比，让这些人物达成某种平衡，避免让观众对梵蒂冈产生一边倒的负面印象，这是针对梵蒂冈和天主教信徒的一种安全策略。

伦巴度显然对救赎麦克的灵魂比对麦克带来的商业利润更感兴趣，事实上，麦克通过向枢机主教做神圣的忏悔而获得了慰藉，承认他杀死弗雷多的罪行。伦巴度在不久后成为教皇约翰·保罗一世，他开始对梵蒂冈银行进行清理，但他的早逝让他最终无法完成这场改革。在影片中，教皇保罗六世去世后，伦巴度当选为新教皇，他是一个虔诚的天主教信徒，像东方电影中的佛教高僧一样，是人们心中理想化的宗教领袖。他按照以往教皇的期望，采用了"约翰·保罗一世"这个教名。他对梵蒂冈银行的活动展开调查，要求与梵蒂冈银行的总会计师凯斯基会面。然而，凯斯基却带着大量的现金和文件逃离了罗马，这个举动加深了伦巴度对梵蒂冈银行的怀疑。凯斯基、卢加西和吉尔戴担心新教皇会揭露他们的腐败交易，最后密谋毒杀了教皇。在批准麦克加入屹立集团的几个小时后，教皇被发现死在床上，他的茶水里被下了毒。这个情节并非科波拉的虚构，而是根据真实的教皇约翰·保罗一世的生平改编。他于1978年8月26日当选教皇，只经历短短的一个月，便于1978年9月28日逝世，人们始终怀疑他是被人谋害的。科波拉抓住了这件事与梵蒂冈金融腐败之间可能的联系，把这个人物也写进了剧本。

在影片中，乔伊·扎萨是麦克的对手中最野心勃勃却也最不足为惧的角色，这个角色来源于美国黑手党头目乔·加洛（Joe Gallo, 1929—1972）。这是一个出门时特别在乎穿戴的黑帮分子，所以在影片中，扎萨每次上场时，都穿着过于郑重的衣服。在教堂中，他走下过道，轻快地把礼帽递给随行的保镖，然后向祭坛行礼。黑手党在上帝面前，依然保留或遵守着传统的等级差别，只有科波拉这样背景的导演才懂得如何加入这些精妙的细节。

在开拍之前，科波拉让一位艺术家为所有场景绘制了故事板。之后，他把这些故事板录在录像带上，让临时演员朗读每个场景的对白，这是拍摄《教父》前两部时没有用过的工作方法。他当然继续使用了之前惯用的方法，比如鼓励演员在排练时进行即兴创作，以改进剧本中效果不佳的描写。安迪·加西亚说，科波拉这种充满自主创作氛围的片场，让他获益很多，科波拉当时让他根据剧本随便改动台词。科波拉最后不一定会真的使用，但他强调："或许你们说的某一句台词就会真的成为影片的一部分。"

科波拉的妻子埃莉诺·科波拉曾经在电影制作笔记中记录说，1990年3月6日，当时科波拉在罗马电影城拍片，她发现科波拉总是坐在麦克·柯里昂客厅的沙发上，表情非常沮丧，他厌恶自己要回到20年前曾经拍过的题材，他对自己用这么多时间去拍一部电影有很大的排斥感，并且对这部电影的结果没有信心。因此《教父3》的杀青宴非常低调，在一起拍摄了125天的演员和工作人员，最终以简单的方式结束了拍摄，而没有出现大家期待的一个伟大的三部曲拍摄结束时应该有的狂欢和庆祝，但这就恰恰就是科波拉想要的，他对这部电影没有信心。

科波拉只有6个月的时间来整理堆积如山的素材，最后剪辑成不足3小时的片长，为了赶在派拉蒙的最后期限前完成，科波拉的压力越来越大。他与剪辑师沃尔特·默奇、巴里·马尔金和丽莎·弗拉特曼（Lisa Fruchtman）合作，同时还找了一批助理剪辑师，加快按计划完成最终剪辑。最后科波拉满足了派拉蒙的规定，影片于1990年圣诞节上映。在拍摄期间就有媒体报道称《教父3》的制作费已经失控，成本呈螺旋状上升，科波拉说，原来4 400万美元的预算最终膨胀到5 500万美元，但超额部分有相当一部分是由于要在圣诞节前完成影片，这需要雇用额外的剪辑师。他的原话说，他在与一个"剪辑军队"工作，因此费用要比只用一个剪辑师翻好几倍。

十三

电影从麦克的授勋开始,这是他争取获得尊敬的过程。在酒会的过程中,康妮对柯里昂家族的传统民族风俗进行口头宣传,她和乐队唱了一首意大利民歌,这首歌就是在《教父》中康妮的婚礼上演奏的那首歌,也是《教父2》中潘坦居利想让现场乐队演奏,但是乐队没有奏出来的那首曲子。

《教父3》中康妮这个角色非常特别,尤其是她在影片结尾时复杂的杀人和复仇方式。《教父3》开始于麦克的授勋仪式,仪式结束后是一场酒会,第一组镜头的上场人物其实是康妮,她的登场非常特别:穿了一身深色系的阴暗服装,然后与乐队唱了一首西西里的民歌。在《教父》和《教父2》中,康妮很少出来唱歌,观众甚至不知道她有唱歌的天赋,这个情节意味着什么呢?有可能在说西西里人天生能歌善舞,但还有一点,就是科波拉想通过这个情节来暗示康妮这个角色在《教父3》中有独特的表现。这首西西里民歌,就是《教父》中康妮自己的婚礼上曾经演奏过的曲子。这首歌其实一直伴随着《教父》三部曲的开场狂欢派对。康妮在《教父3》中发展成一位强势的女性黑帮人物,这也是《教父3》的重要贡献。过去的《教父》电影或者黑帮片,都散发着强烈的男权色彩,一种男性沙文主义的父权制色彩,这不仅指剧中的人物几乎都是男性,还包括森严的体系,对于家族、情义的忠诚,这些都散发着强烈的男性色彩,而且,男性人物在家族中占据不可动摇的中心位置。

在《教父3》中,科波拉开始尝试改变黑帮片创作的这个惯例,尝试塑造一个在黑帮电影史当中比较难得的特殊女性角色,就是《教父3》中的康妮。

《教父 3》中的康妮（Paramount Pictures/Entertainment Pictures / 视觉中国）

这时，她已经不是《教父》当中被丈夫家暴的妻子，也不再是《教父2》当中随波逐流的女人。《教父》系列当中最重要的一个女性角色康妮在第三部当中逐渐变成一个包裹在黑色披肩当中的非常凶狠的角色，她不仅支持文森暗杀乔伊·扎萨，而且最后策划并执行了杀死柯里昂家族的敌人艾图贝洛的整个事件。当麦克年老多病、行动力变弱的时候，康妮体现出果断、高效、冷酷的特点，麦克与之相比，反而让人感觉效率低下、行动力差、优柔寡断。

康妮特别器重文森，也就是年轻的新教父接班人。文森脾气狂暴，脾气上来后像一匹不受拘束的野马，但是康妮其实认定了在麦克所有的手下当中，唯一具有行动力的人其实就是文森，他可以保护家族免受敌对方的侵害，所以她在背后默默支持文森。

其实她也是在默默培养文森，因为正是康妮作为文森的支持者，积极游说麦克，最终才让麦克把家族接班人的位子交给了文森，让他成为真正的新教父。因此，真正把教父这个位置传给文森的不是麦克，而是在幕后不动声色运作的康妮。如果理解了这层意思，就会觉得《教父3》是一部非常了不起的作品。康妮登场不多，但起到的作用其实至关重要。

这部电影当中的大反派是最阴险狡诈的艾图贝洛，也就是康妮的教父。他就像《教父2》中的海门·罗斯一样，假装是麦克的朋友，是家族的朋友，是他们家族最坚定的同盟者和支持者，而其实是他们的死敌，想置他们于死地而后快的幕后对手，所以他才把麦克出卖给卢加西。

在电影结尾，科波拉的设置很有意思——让杀手处在一个远距离偷窥的位置上，来验证自己的凶杀过程是否完成。一方面，这是一种杀手行为，他要检验自己的谋杀，要见证过程。另外一方面，由于是从远处用望远镜看，杀人者可以减少对于死者的强烈愧疚感。在这场戏里，康妮的表情非常复杂，从之前经常被虐待的一个女人到犯罪家族最果断的一个执行人，她变成了一个撒旦式的人物，冷酷无情，是一个小号的教父。

影片结尾的歌剧表演，与文森策划的各种花样的暗杀穿插进行。这种创作方法其实大家在《教父》和《教父2》当中已经非常熟悉了。在歌剧院舞台上演的剧叫作《乡村骑士》。对于西西里人来说，这是格外具有象征性的一个戏剧，而且《乡村骑士》这首曲子在《教父》系列中也非常有名。

如果说《教父3》与前两部有什么不同的话，那就是在结尾的时候，科波拉对舞台上的戏剧性事件和舞台下的戏剧性事件做了一种交叉的剪辑，最后又用在歌剧院门口的暗杀，将现实变成了第二个舞台。这是《教父3》在创作上特别用心的一个地方。这段凶杀戏到了尾声的时候，尸体被挂在罗马的一座桥上。这里有什么用意吗？这个人物的原型罗伯托·卡尔维，最后其尸体被发现悬挂在伦敦的黑衣修士桥（Blackfriars Bridge）上，其实他是被黑手党处死了。这种将人杀死并将尸体悬挂在公共场所的方式不是黑帮杀人的惯例，黑帮一般在实施处刑后，会把尸体藏匿起来，不让人发现。在《教父3》当中，金融家被黑帮挂在桥上，是为了让死者把嘴闭上。科波拉在结尾的杀人方式上确实下了很多功夫，一方面制造了一些悬念，另外一方面又确实突破了观众的想象。

吉尔戴大主教头朝下坠落于旋转楼梯深处的地板上的死法也是别具一格，其实带着强烈的宗教暗示的意味，因为他其实是一个不断堕落、失去信仰、被上帝抛弃的人。与此同时，艾图贝洛还雇了一名枪手在歌剧演出中刺杀麦克，但是最后没有成功。这个非常厉害的老杀手，最后还装扮成了神父，出场的时候穿着神父的衣服，准备继续刺杀麦克。穿上神父的衣服给这个杀手的身份又赋予了一种邪恶的隐蔽色彩，或者是一种隐蔽的象征色彩，这就与《教父3》的核心主题有很强烈的对应关系。

　　玛丽的死让人想起了麦克在影片前面所说的一句话："这个世界上唯一的财富就是孩子，比世上所有的金钱和权力都要多。"这场戏的表演也是非常精彩的，麦克在突如其来的打击下，张开了大嘴，发出无声的嘶喊，仿佛被枪击中的人是他，又经过令人窒息的痛苦和绝望之后，他发出了撕心裂肺的呼喊。此时歌剧院门前的台阶仿佛变成了一个新的舞台，悲恸欲绝的麦克俨然成为悲剧的主人公，所有人都被阿尔·帕西诺的演技折服。但是，关于这场戏，可能很多人还有一个不太知道的细节：阿尔·帕西诺在现场表演的时候，的的确确按照戏剧表演的方式哭喊出来了，但为什么在影片中他被处理成无声地嘶喊呢？是剪辑师和声音设计师沃尔特·默奇把前面两句嘶喊声从声轨中拿掉，这个小设计简直是为帕西诺的表演锦上添花。默奇认为，如果前面没有发出声音，后面的哭声会释放出成倍的爆炸式的悲剧感，让老麦克看上去更加痛苦，令人心碎。事实上确实如此。女儿的死非常突然，麦克短时间内还难以接受这个事实，因此他那段无声的痛苦既提高了人物情感的真实感，延迟了观众的期待，又与后来震人心魄的嘶喊形成了对照。

　　《教父 3》的最后 30 分钟是非常好看的，歌剧院内外的暗杀形成了充满悬念的对照，而歌剧院外面台阶上玛丽的死，与上演的马斯卡尼的复仇歌剧《乡村骑士》形成了完美的对照。在最初的剧本中，歌剧院这场戏，玛丽在结尾时没有死，而是麦克在复活节离开教堂时被杀手伏击。但科波拉觉得，只在结尾杀麦克是不够的，于是他想出了一个新的结局，一个比让麦克死去还要悲痛的结局，就是让他亲爱的女儿在他怀中死去。不得不说，这个新的结局不仅是某种叙事上的反转，而且更具有悲剧力量，也与《教父 2》中的主题形成了完美的承接关系，麦克在不断挽救家族的同时，也不断失去他最爱的亲人。

《教父3》首映时，尽管评价不一，但票房强劲，在美国的票房收入达到了出人意料的6 700万美元，比《教父2》多了2 000多万美元。许多人对影片的批评，来自科波拉的女儿索菲亚·科波拉被选来扮演麦克的女儿玛丽，而当初派拉蒙公司最早的人选是薇诺娜·瑞德（Winona Ryder），她也是一位漂亮的女演员，在许多电影中都有令人印象深刻的表演。但是在开拍之前，薇诺娜·瑞德退出了，因为她连续接拍了两部电影，没有得到很好的休息，结果患上了神经性眩晕，没有办法继续拍摄了。在这种情况下，派拉蒙给科波拉发了一份可以换选的演员名单，包括茱莉亚·罗伯茨（Julia Roberts）和麦当娜，但科波拉觉得她们都太老了，当时麦当娜30多岁了，茱莉亚·罗伯茨也20多岁了，科波拉认为她们的外形不适合这个角色，他想要一个真正的18岁左右的女孩来演这个角色。当时剧组已经就绪，只剩下女演员空缺，每天的消耗很大。科波拉认为继续等待派拉蒙从好莱坞派人接替薇诺娜·瑞德，整个剧组会因为延误而产生巨大的损失，而当初派拉蒙公司在谈《教父3》的项目时，就说好了可以授予他选角的权力，因此，这个角色就落到了他女儿索菲亚·科波拉身上。

这件事该如何评价呢？这么工业化、专业化的好莱坞，也有任人唯亲的现象，其实这也不奇怪。在美国，许多导演都会选择与自己要好的朋友加入剧组，可能他们也不避讳与自己的家人合作。何况，科波拉是一个意大利裔，在面对家庭成员时，意大利人与中国人有非常相似的特点，他们会为家人而不惜破坏职业原则。

索菲亚·科波拉的表演如何呢？尽管她当时还没有在重要影片里扮演主要角色的经验，但是她身上那种少女特有的清纯和韵味，还是基本成立的。科波拉以无法忍受剧组承担损失为理由，行使了制片人的权力，决定选择索菲亚。这个做法，遭到一些媒体和影评人批评。科波拉后来说，他对选择索菲亚来演这个角色，并没有感到后悔，因为他看到索菲亚身上具有玛丽那种尽管成熟，但依然脆弱的特质。他说，"我在创造玛丽这个角色时，心中想象的就是索菲亚，她就是父亲眼中的苹果"，玛丽对于麦克来说，就像索菲亚对于科波拉一样。

科波拉和女儿索菲亚（alamy/视觉中国）

当然，媒体的批评也并非没有道理，在这样一部作品中，科波拉的做法自然要经受一定的质疑。这毕竟是一个重大的商业项目，如果导演们都选用家人和朋友来演戏的话，这会对行业风气产生很大的影响。科波拉的妻子埃莉诺·科波拉说，索菲亚·科波拉因为影片而受到的批评，就像玛丽·柯里昂为麦克挡住了子弹一样。塔莉娅·夏尔也为索菲亚出演玛丽这件事辩护，她说如果不是索菲亚及时加入，那《教父3》的制作可能就中止了，至少要停拍几个星期，会影响影片的预算和拍摄日程，所以她认为，科波拉女儿进组拍摄其实是拯救了大家，她不应该受到批评,她其实是个英雄。

迈克尔·威尔明顿(Michael Wilmington)1990 年 12 月在《洛杉矶时报》(*Los Angeles Times*)上评价《教父 3》说,影片中有"与任何一部前作都可以相媲美的精彩时刻,只是故事背后复杂的金融阴谋从未变得清楚……然而,这依然是一部精彩的电影"。如果说《教父 3》与前两部不在一个档次上,那只是承认它与科波拉之前的成就,以及他给自己定下的标准相比,是无法比肩的。

这的确是一部质感丰富的电影。尽管影片的设置过度优雅,一些对白形式化,但《教父 3》是一部深情的电影,安迪·加西亚饰演的隐忍不发、无坚不摧的文森,在影片结尾向柯里昂家族的敌人复仇,带来了愤怒的强度。事实上,这部电影似乎以一种陌生的方式,表达了复仇电影的精髓。

《教父 3》末尾麦克之死(alamy / 视觉中国)

此外,"教父三部曲"加在一起,堪称所有电影中真正传奇的史诗之一,并在全球范围内赚得10亿美元,而且票房至今还在不断增加。然而,科波拉似乎对自己的成就不以为然。他承认,他很喜欢在银幕上描绘自己的意大利传统,但他反感"教父三部曲"占据了他生命中的太多时间。三部曲的故事跨度约70年,从维托·柯里昂的童年到他儿子麦克的晚年生活,探讨了美国社会的宏大主题——家庭、个人成就、移民与有组织犯罪。总而言之,三部曲中的每一部都是美国电影史上经久不衰的杰作。

· 十四 ·

《教父》对美国西西里黑手党的影响,足够写一篇社会学博士论文了。美国黑帮"五大家族"之一的伯纳诺家族的老大约瑟夫·伯纳诺在其自传《君子》(*A Man of Honor*)里这样评价《教父》:

> 这不仅仅是一部关于有组织犯罪或帮派的虚构作品,它真正的主题是家族的骄傲与个人的荣耀,这是它如此流行的原因。影片描绘了那些具有强烈家族感的人是如何在残酷的世界中生存的。

1981年,美国新泽西州警官罗伯特·德莱尼(Robert Delaney)经过多年对有组织犯罪的渗透和调查,向参议院的一个委员会提供了一份关于美国黑帮及其成员的第一手资料。他说:"电影《教父》和《教父2》已经影响了这些犯罪家族。"有些黑帮成员把这些电影看了三四遍,甚至十多遍。当时担任佐治亚州参议员的山姆·南恩(Sam Nunn)问他:"你说他们有时去电影院看黑帮片,就是想了解人们期望他们该怎么做,是这样吗?"德莱尼说:"的确如此,他们从电影中学到了许多东西。那些电影告诉他们该怎么做，他们试着不断符合影片的描述。"德莱尼还举了个例子，他曾与纽约黑社会老大乔·阿多尼斯（Joe Adonis）的儿子约瑟夫·多托（Joseph Doto）吃晚饭，阿多尼斯给了服务员一口袋硬币，让他在自动点唱机上点了一个晚上《教父》的主题曲。这说明像《教父》这样优秀的黑帮片，不仅给观众带来了电影艺术的享受，也潜移默化地改变了真实黑帮成员的精神生活，乃至影响了他们的行为方式和价值取向。

在《教父2》上映之后，美国著名黑帮老大梅耶·兰斯基曾给李·斯特拉斯伯格打过电话，因为斯特拉斯伯格在电影中扮演的海门·罗斯就是以他为原型的。斯特拉斯伯格是纽约演员工作室方法派表演的重要导师，但兰斯基打电话就是想跟他探讨演技。兰斯基在电话里说："你演得很好，但是，你为什么不能把我演得再有一点同情心呢？毕竟我已经是个老人了！"事实上，许多黑帮成员是通过看电影来学习黑帮人士必要的礼仪和规矩的，电影已经成为一种对黑帮秘不可宣的教育手段。

1991年5月，西西里巴勒莫的三个商人在公司的车里发现了一个被割断的马头，这种独特的威胁方式在《教父》之前是没有的。在此之前，在黑帮刺杀没有成功的情况下，也很少有人会追到医院进行二次刺杀。而《教父》上映后，这种追到医院继续行凶的案件逐渐多了起来。意大利西西里黑手党人安东尼奥·卡德隆（Antonio Calderone）在被捕之后曾经透露，西西里著名的黑手党老大托托（Toto'di Cristina）刚看完《教父》，就照着电影里演的那样，伪装成医生，将他的对手坎迪多（Candido Ciuni）杀死在病床上。同样，众所周知的一个与娱乐圈有关的黑帮案件，就是"黄朗维被杀案"。黄朗维曾强行让梅艳芳唱歌，被拒后，他掌掴梅艳芳，后来，新义安的陈耀兴派人在街头用刀刺杀黄朗维。黄朗维重伤住院，两天后被装作探视的杀手在医院病房近距离枪杀。

黑帮老大路易·米利托（Louie Milito）的妻子路易丝·米利托（Louise

Milito）在传记中披露了更多《教父》对黑帮的影响：

> 路易看了无数遍。这部电影就像一盏探照灯，照亮了他坚信的但之前没有任何证据的东西……我们所有的朋友都在看……到这里来的人都像《教父》里演的那样，互相亲吻拥抱，说着电影里的台词。路易和弗兰克在书房里看完，弗兰克跑上楼来，就好像见过上帝一样……路易认为电影贴近现实，但是我不这样认为。当时我笑了笑，这就像一场闹剧一样。

她还写道：“当他们想要表现得强硬、真诚、好辩甚至聪明的时候，《教父》给了他们一系列现成的素材，似乎相当多的黑帮分子将这些台词烂熟于心，变得更不愿意说话了。一个普遍的事实是，很多黑帮分子在他们自己的圈子外会感到痛苦不安，甚至害羞……他们敏锐地意识到自己缺乏教育，还表现得很愚蠢。说一些阿尔·帕西诺或罗伯特·德尼罗说过的话，可以帮助他们打开话匣子。”

约翰·高蒂的副手、外号"公牛"的萨米·格拉瓦诺（Sammy Gravano）曾说：“这部电影绝对影响了我们的生活，我们会在现实中使用一些电影台词，比如：我将给他一个无法拒绝的价格。我总是对人们说，如果你有一个敌人，那他也是我的敌人。”而这些都是《教父》的台词。他还说，看到自己的故事被搬上大银幕，有一种被"合法化"的感觉，电影具有神话的效果，可以帮他克服许多困难。

> 看完《教父》之后，走出电影院，我已经飘飘然了。可能它只是一部虚构的作品，但是对我来说，那就是我们的生活。

作家杰弗里·戈德堡（Jeffrey Goldberg）和约翰·高蒂的保镖史蒂文·卡普兰（Steven Kaplan）曾一起讨论哪些黑帮片影响了黑帮世界，卡普兰盛赞《教父》，而戈德堡则认为《忠奸人》才更真实地描绘出黑帮世界，展现了帮会成员的生活艰辛。没想到卡普兰像捍卫帮会利益一样不容置疑地说：“不！最好的就是《教父》！”

此外，《教父》对美国以外的其他地区的黑帮也有深远的影响。中国香港、日本和俄罗斯等地区的黑社会成员都喜欢看《教父》，莫斯科的帮会谢尔盖·弗罗洛夫帮的成员，几乎背下了影片中的每一句台词。对于苏联解体以后俄罗斯兴起的新黑帮来说，他们没有自己的历史和代号，也没有可以流传的标签，他们最后选择从美国黑帮片中学习如何行贿、敲诈、走私和争夺街区利益。他们从美国黑帮片中借鉴一些被实践证明有效的模式。

《教父》中的许多情节是想象的，但是后来成为黑帮世界的真实行为。比如在意大利裔黑手党中，人们为了保护家人而自杀，这种情况在之前是没有的。但在《教父》中，老教父多年的朋友潘坦居利将出庭做污点证人，麦克把他在西西里的哥哥请到了法庭，他为了不伤害哥哥而当庭翻供，并最终选择自杀，以表达自己没有背叛家族。

在《教父》上映之后，帮会分子安东尼诺·乔埃（Antonino Cioé）就因为乔瓦尼·法尔科内（Giovanni Falcone）法官被杀案而被捕，当时他很有可能会被警方转化成为警方证人，成为打击黑手党的突破口。结果，他选择在狱中自杀。这种为了保守秘密而自杀的情况，过去似乎只出现在训练有素的间谍故事中。意大利著名犯罪学专家狄亚哥·甘贝塔提出，2000年之后，意大利黑手党成员在监狱中自杀的现象越来越普遍，是《教父》启发了他们。

As boys, they made a pact to share their fortunes, their loves, their lives
As men, they shared a dream to rise from poverty to power

CHAPTER

04

Once Upon a Time in America

第四章

美国往事

纽约现代黑帮的四个原型

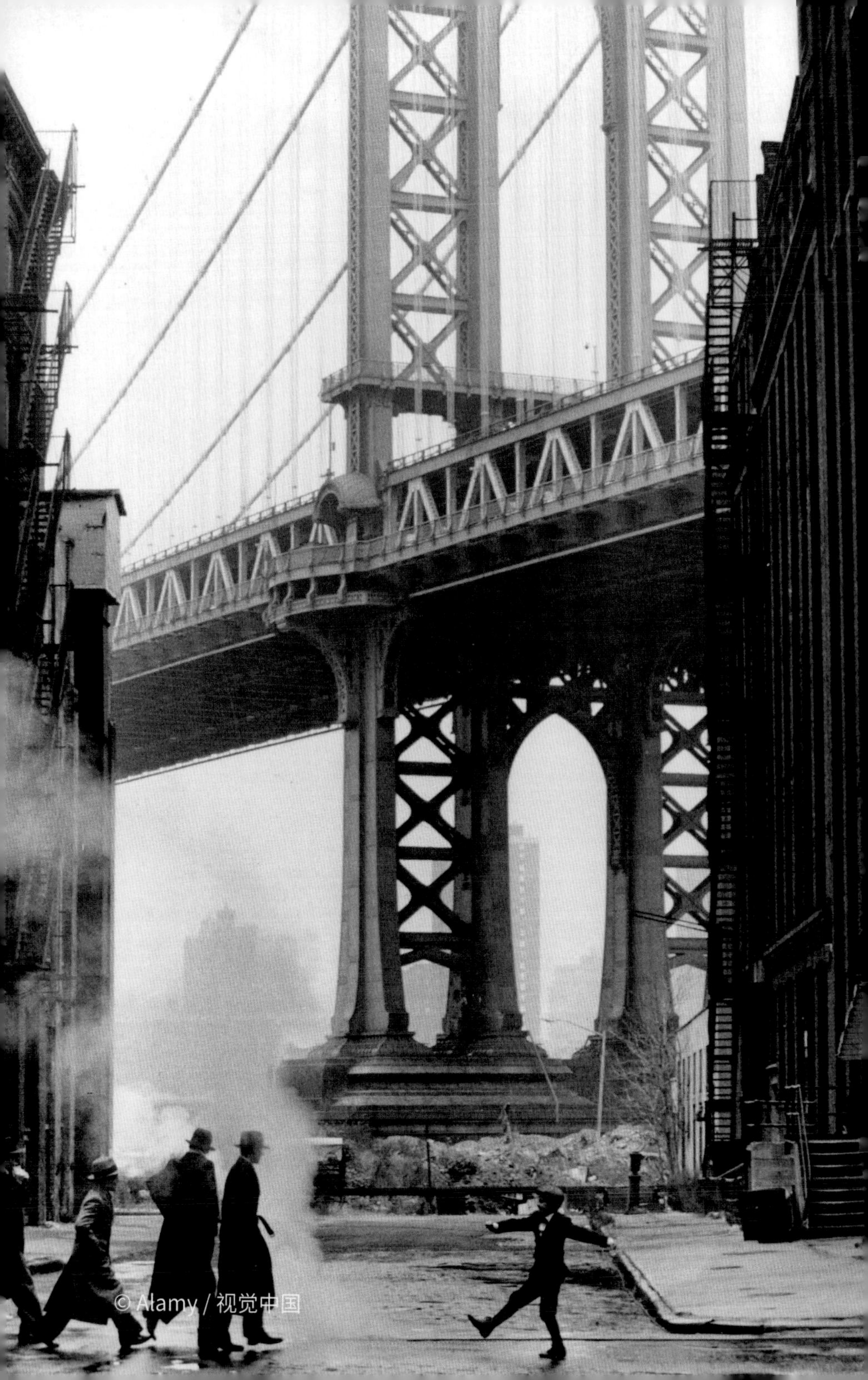
© Alamy / 视觉中国

当你失去了余钱,其实你什么也没有失去;当你失去健康,你会失去一些东西;但当你失去性格,你会失去一切。

——梅耶·兰斯基(《美国往事》麦克斯原型人物)

如果说《教父》主要讲述的是二战期间到 20 世纪 70 年代美国有组织犯罪的历史,那么《美国往事》在《教父》大获成功的十多年后,更多地讲述了 20 世纪 30 年代的故事。在这个时代,美国的白人帮会犯罪正处在黄金时代,年轻一代黑帮领袖借助禁酒令崛起,在全美建立了有组织犯罪的帝国,并开始运用现代治理手段管理犯罪业务。这个时代要比《教父》的时代更加风云变幻、精彩纷呈,这一切还是要从纽约说起。

· 一 ·

《美国往事》的海报上,20 世纪 20 年代的曼哈顿大桥下,五个少年穿过街道。他们中的大孩子身穿明显很不合体的成年人的风衣,风衣甚

《美国往事》中四兄弟的少年友谊（alamy / 视觉中国）

至盖过了他们的膝盖，他们还戴着礼帽，走在前面的小男孩也穿着尺码比较大的西装。影片中，这个小男孩的死成为第一个戏剧高潮，也代表着纯真的毁灭。《美国往事》是以非时序的方式呈现那段历史的，虽然讲述了从20世纪20年代到60年代的故事，但主要是通过主人公在60年代的倒叙来讲述的。

首先，故事发生在20世纪20年代。在曼哈顿下东区的犹太贫民区长大的"面条"（Noodles），与自己的小朋友们，包括帕西、凯奇和小多米尼克，结成小团伙，他们为流氓Bugsy工作。Bugsy这个名字其实不是真实的人名，而是类似于当时江湖上特别流行的绰号，意思是"浑蛋""无赖"。他们在街头偷窃，并把收入分给Bugsy。后来，街区里来了一个大男生麦克斯，他和"面条"打算摆脱Bugsy的领导，独立成为一个团伙。他们经常去一家餐馆，里面有个小胖子莫伊（Moe），隔壁有一个漂亮女孩黛博拉,"面条"喜欢黛博拉,但黛博拉出身于底层,梦想成为一个舞蹈家和女演员。Bugsy 发现这群孩子越来越不听他管教,就殴打他们。双方在争斗中,小多米尼克不幸被枪击中而死。"面条"为了报仇,用刀刺死了 Bugsy,最后他被送往纽约少年监狱。这是影片在情节上的第一个转折。

詹妮弗·康纳利饰演的少女黛博拉(alamy/视觉中国)

故事接着到了 20 世纪 30 年代。"面条"坐牢 12 年之后出狱,与老朋友重新团聚。而那时,当年的小伙伴已在麦克斯的带领下,成为真正的黑帮。禁酒令颁布后,他们开设地下酒馆,贩运私酒,"面条"的回归让他们如虎添翼。当时,他们被底特律黑帮老大乔招募,通过纽约当地的黑帮老大弗兰基,策划去保险商人那里抢劫一批钻石,这个保险商的女秘书卡罗尔是他们的内线,"面条"在抢劫过程中受到怂恿强奸了她。在后来的交易中,乔和他的手下被黑吃黑,弗兰基安排杀手干掉了底特律的竞争者。兄弟儿人在离开现场时,"面条"认为麦克斯没有对他说出全部计划,认为他们不应该再为任何人工作,这让"面条"和麦克斯之间产生了裂痕。在争吵中,"面条"把汽车开下了河。这场戏表达了影片的两个主题之一:友谊与背叛。而影片的另一个主题是"面条"与黛博拉之间一厢情愿的无望的爱情。

四兄弟成立帮派之后,主动与工会组织合作。当时的工会领袖吉米

黑帮时期的"面条"(右)和麦克斯(左)(alamy/视觉中国)

参与了钢铁工人的罢工活动,钢铁大亨雇用黑帮暴徒绑架了他,结果吉米被四兄弟救下来。于是,他们要求吉米帮助他们完成与工会的合作。为了瓦解对手,他们在产房里将纽约警察局长刚出生的儿子调了包,以要挟这名腐败的警察局长成为他们的保护伞。借助于工会的力量和警方的保护,四兄弟的生意风生水起。珠宝商的秘书卡罗尔在地下酒吧重新见到了这几个人,并爱上了麦克斯。而"面条"则幻想通过奢华浪漫的晚餐打动黛博拉,但她却告诉"面条",她要离开纽约去洛杉矶追求她的演艺生涯。在绝望中,"面条"在豪华轿车后座上强奸了黛博拉,但他对自己的所作所为感到后悔,并在黛博拉坐火车离开纽约时去车站见了她最后一面。

麦克斯不顾"面条"的反对,急于提升自己在帮派中的地位。禁酒令被废除后,麦克斯建议去抢劫纽约联邦储备银行,而"面条"认为这

伊丽莎白·麦戈文饰演的成年黛博拉（album/视觉中国）

是去送死。为了制止麦克斯的疯狂行动，他在莫伊的酒吧打了一个匿名电话给警察局。后来，"面条"得知，包括麦克斯在内的三个兄弟被警察围追堵截，最后在枪战中丧生，他则为自己的告密行为而内疚不已。工会的人此时也在追杀"面条"，他的新女友伊芙被工会派来的杀手无情杀死，莫伊也被打得奄奄一息，不得不说出"面条"的下落，"面条"不得已躲进了鸦片馆。他逃脱了工会的追捕，救了奄奄一息的莫伊，取回火车站储物柜里的皮箱，结果发现里面的钱不见了。但他没有时间思考，只能尽快逃离纽约，转而去了水牛城，在那里用假名开始新的生活。

时间到了1968年。白发苍苍、满脸世态炎凉的"面条"回到了纽约，他去莫伊的餐馆，给莫伊看了一封信。这封信是他从当地的犹太拉比那里收到的，通知他说：三个朋友的墓地要出售给开发商，发信人为三位死者提供了一个新的遗体联合安葬的墓地。莫伊告诉"面条"，大约

8个月前,他也收到了一封类似的信。"面条"发现,三个人的遗体早已被移入一个专属私人墓地,所以他才会回来。莫伊问:"这到底是什么意思?""面条"回答说,这个人是想说,虽然他一直躲在这里,但他们依然可以找到他。在朋友们被安葬的陵园,"面条"发现了一块以他的名字立的墓碑,上面挂着一把钥匙。这把钥匙同他儿时与朋友们共用的火车站储物柜的钥匙很相似。他们曾把这个储物柜当作非法生意的非正式银行。他去往火车站,发现储物柜里有一个装满现金的手提箱和一张纸条,纸条上所写的内容大意是预付他下一份工作的费用,并邀请他参加贝利秘书的派对。随后,"面条"去看望年迈的卡罗尔,她在贝利基金会开办的机构里工作,这个机构看起来像医院或老人院。

"面条"在更衣室里探望黛博拉,她此时已经是一个演员,正在卸装。"面条"询问她是否认识在政治上陷入困境的秘书贝利,提到他收到一张邀请函,邀请他参加周六晚上贝利的长岛派对。黛博拉劝他不要去,这时他们的谈话被更衣室的敲门声打断,黛博拉变得紧张起来。一个年轻人的声音叫着黛博拉的名字,她让他等着,请求"面条"从后门离开。结果"面条"从原路离去,看到一个与麦克斯惊人相似的年轻人,"面条"大吃一惊。黛博拉介绍说,这是贝利秘书的儿子,名字叫大卫。在知道贝利就是麦克斯这个惊人的事实后,他离开了黛博拉。

"面条"最后去参加了贝利秘书的聚会,贝利先生如期而至。这个政治家贝利正是当年的麦克斯,他现在因贪污而接受司法调查。现在,吉米领导的工会为了自救,想要扳倒他,因为他们都参与了见不得人的勾当。他们以死亡威胁麦克斯和他的儿子,强迫他立下遗嘱。遗嘱中,除了留给他儿子的那部分,他必须放弃一切财产,以维持在公众面前的形象。他们给他下了最后通牒,要求他当天自杀,这样才能阻止调查,挽救他儿子的生命。

老年"面条"知道贝利就是麦克斯后，与麦克斯见面（alamy / 视觉中国）

麦克斯知道自己已经走上不归路，别无选择，只好屈服，于是决定请"面条"来结束自己的生命，以了结当年的旧债。"面条"见到了30多年未见的老友，并最终拒绝了麦克斯的请求。尽管麦克斯承认是他背叛了兄弟，在路上杀了其他朋友，并偷走了钱，甚至后来"偷"了他的女人黛博拉，但他也含蓄地告诉"面条"，他的背叛是为了救"面条"的命。"面条"也告诉他，在他眼里，麦克斯在35年前就已经死了。麦克斯跟着他来到马路上，停在街道上的一辆工业垃圾处理车后面。接着车辆启动，缓慢地沿着马路边行驶，麦克斯似乎在跟着这辆车走，当他的双脚消失在轮胎后面时，观众听到卡车上传来了奇异的声音。垃圾车经过后，麦克斯消失了，车后方有锋利的粉碎钻头，把垃圾或碎片卷入卡车顶部的垃圾箱里。这个结局让麦克斯的命运有些扑朔迷离，暗示他最后被粉碎在垃圾车中。

之后，影片又回到1933年。"面条"在失去朋友之后，心灰意冷，万念俱灰，决定去鸦片馆。当他沉浸在大烟中时，他的表情似乎从紧张转变为放松，他似乎保留了一丝微弱的意识，最后他咧开嘴露出一个宽阔的笑容，这笑容被定格在影片的片尾。如何解释这个笑容？这似乎要留给每一个观众自行解读。导演似乎想告诉观众，这个故事也许是背叛了兄弟的"面条"在大烟的作用下做的幻梦，或许暗示着"面条"终于找到了现实生活中的幸福，以代替当年依靠抢劫和走私得来的虚假幸福，为沉浸在苦难中的生活找到了平静。

这部荡气回肠的《美国往事》，其导演塞尔吉奥·莱昂内（Sergio Leone）是一个意大利人，他在自己的访谈录中说，"面条"最后的笑容，既是"面条"自己的笑，也是二战后一代意大利裔美国人对美国梦的态度，还是他个人对电影梦的态度。莱昂内是一位传奇导演，他因执导了有史以来最伟大的"意大利式西部片"（Spaghetti Westerns）而闻名，从"镖客三部曲"到《西部往事》（*Once Upon a Time in the West*, 1968），这些作品成就了他的国际声誉，但他在职业生涯的最后，却开始尝试黑帮片，拍了《美国往事》，这部经典黑帮片由罗伯特·德尼罗和詹姆斯·伍兹（James Woods）等人主演，被誉为"有史以来最优秀的黑帮史诗电影"之一。只不过当年莱昂内的剪辑版本，被发行商粗暴地修改，导致许多故事线不太清晰。后来他的原版重新发行了，被视为一部杰作。他沿袭了《教父》，用史诗片的气度拍摄黑帮片，探讨了童年、友谊、爱情、欲望、贪婪、背叛、失落等主题，以及有组织犯罪在美国社会的崛起及其与工会和警察的复杂关系。

尽管《美国往事》于1984年上映，但莱昂内第一次对这个故事产生兴趣却是在1967年。当时，他刚刚完成《黄金三镖客》（*The Good, the Bad and the Ugly*, 1966），在美国算小有名气了，当时《教父》还没有上映，黑帮片整体上还不能算是一个A级制作的类型。那时，莱昂内就对刚出版的小说《小混混》(The Hoods)（即《美国往事》的原著小说）产生了兴趣，可这部电影要等到17年之后才问世。在这期间，他导演了另外两部电影，并制作了一些其他电影。《教父》在1971年上映，反而让莱昂内推迟了《美国往事》的拍摄。在拍《美国往事》之前，莱昂内拍摄的最后一部电影是《革命往事》(Duck, You Sucker, 1971)，《革命往事》于1971年上映，而《美国往事》是在1984年上映。那么，为什么《美国往事》需要这么长时间才能拍完呢？

第一个原因是复杂的版权纠纷。《美国往事》改编自小说《小混混》，这本小说是朱塞佩·科利齐（Giuseppe Colizzi）介绍给莱昂内的。这个科利齐是一名作家，是意大利导演路易吉·赞帕（Luigi Zampa）的亲戚，他跟着莱昂内做过《黄金三镖客》的剪辑，他也想拍西部片，而且曾经用假名拍过一部意大利西部片《神枪手蒂尼达》(Lo chiamavano Trinità..., 1970)。科利齐对莱昂内说，他偷了一部美国小说的整整一章用在他的电影《要命不要钱》(I Quattro dell'Ave Maria, 1968) 中，这本书就是《小混混》，作者叫哈利·格雷（Harry Grey），书的封面上写着"一个真实黑帮成员的自传"。科利齐其实根本没有这本小说的授权。莱昂内拍完了《西部往事》，就找人买了这本书，最开始读的时候不是很喜欢，但他后来找到了一些兴奋点，并对作者哈利·格雷这个人产生了兴趣。莱昂内决定去纽约时找找这个哈利·格雷。他先是给哈利·格雷的经纪人打电话，对方说他的作者不想见任何人。莱昂内只好亮出底牌，告诉对方，"我是一位意大利导演，现在路过纽约，很想约见一下小说的作者，我对这部小说感兴趣，很想跟写作者本人聊聊，如果我买下《小混混》的电影版权，必须跟作者本人好好谈谈"。最后在挂电话之前，他说出了自己的名字，"我的名字叫塞尔吉奥·莱昂内"。结果很快，莱昂内就接到了哈利·格雷本人的电话，他们很快就约好见面了，但对方的条件是不能有第三者在场。莱昂内没法同意,因为他不会说英语,必须带一个翻译。于是他带上了小舅子,这是一个会说英语的意大利人,第二天他们就见了面。据莱昂内自己说,哈利·格雷亲口说自己看过他拍过的所有电影。

哈利·格雷与马里奥·普佐不一样,他真的是黑帮人士。莱昂内回忆说,这是一个粗壮矮小的意大利人,长得有点像美国演员爱德华·G. 罗宾逊(Edward G. Robinson),话不多,为人很谨慎。他告诉莱昂内,小说的版权已经卖给了一个叫丹·柯蒂斯(Dan Curtis)的制片人了。莱昂内联系到丹·柯蒂斯,对方斩钉截铁地拒绝把版权让给他,声称要自己拍这部电影。莱昂内觉得没有希望了,就回到罗马。但那个时候他没有什么好拍的。他总是想起《小混混》中关于童年的故事,于是又想办法联系版权。

这个过程比较曲折,他先联系了法国制片人安德烈·热诺维(André Génovés),出价到25万美元,但柯蒂斯还是不同意,这场交涉持续了18个月,也没有结果。后来莱昂内找到了著名意大利制片人阿尔贝托·格里马尔蒂(Alberto Grimaldi),这个人很了不起,是莱昂内的老搭档,投资了莱昂内的《黄昏双镖客》(*For a Few Dollars More*, 1965)和《黄金三镖客》。莱昂内对他说,只要能搞到版权,就可以继续合作。据说格里马尔蒂很快就飞到了纽约,等他回意大利的时候,就把丹·柯蒂斯的版权转让合同带回来了。格里马尔蒂的确是很厉害的制片人,他给丹·柯蒂斯投资200万,让柯蒂斯拍一部电影,但条件是把《小混混》的版权让给莱昂内。他相信跟莱昂内的合作,赚的必然比200万还多。丹·柯蒂斯是个平庸的导演,格里马尔蒂投资的片子叫《燃烧的祭品》(*Burnt Offerings*, 1976),这是一部平庸的作品,显然证明了他在导演上完全没什么才华。

在项目初期,塞尔吉奥·莱昂内并没有打算亲自执导《美国往事》,他的首选导演是约翰·米利厄斯(John Milius),莱昂内喜欢他早期拍过的几部电影，尤其是《大盗龙虎榜》(*Dillinger*, 1973)。米利厄斯本人也是莱昂内的大影迷，特别喜欢莱昂内的电影，还特别邀请莱昂内去自己在美国的家中，向莱昂内展示了个人收藏的各种枪。但他没有办法接这个工作，因为他正在给科波拉写《现代启示录》。莱昂内也与米洛斯·福尔曼(Milos Forman)见过面，想请他来执导这个片子，但福尔曼不是很适合拍黑帮片，最后拒绝了这个项目，而去拍《爵士年代》(*Ragtime*, 1981)。所以最后，还是莱昂内自己导演了这部电影。

第二个原因是，编剧换了好几批，故事架构多次调整。《美国往事》的编剧过程也是一波三折。莱昂内先是找了两个人来写初稿，一个是《巴黎最后的探戈》(*Last Tango in Paris*, 1972)的编剧，叫弗兰科·阿卡利(Franco Arcalli)，一个是给维斯康蒂(Luchino Visconti)写过《豹》(*Il gattopardo*, 1963)的编剧恩里科·梅迪奥利(Enrico Medioli)。但是莱昂内对两个人拿出的剧本初稿不太满意。于是，他带着编剧恩里科·梅迪奥利去了纽约，再次约见哈利·格雷。这次会面非常充分，由于版权已经在莱昂内手里了，哈利·格雷终于开口说话了。根据这次谈话，莱昂内确定了编剧的重点是少年友谊这个段落，其他段落其实是作者对黑色电影桥段的各种模仿。而对少年友谊的描写，也是该片与《教父》区别比较大的地方。

后来，格里马尔蒂选了新的编剧：美国著名作家诺曼·梅勒(Norman Mailer)。但是诺曼·梅勒对这个片子非常谨慎，警告莱昂内要小心，不仅因为影片讲述了犹太黑帮的故事，而且好莱坞的大亨几乎都是犹太人，这片子搞不好会得罪很多人。为了写这个剧本，梅勒在罗马的一个酒店房间里，采购了一批威士忌、几盒古巴雪茄和一台打字机。三个星期后，他写出了一个初稿。然后，莱昂内又安排他与小说作者哈利·格雷见面。但是，莱昂内发现这个剧本没法用，梅勒对故事的设想与自己的想法完全不一致，最后他拒绝了诺曼·梅勒这个剧本。梅勒也非常生气，起诉了莱昂内的公司，要求他赔偿编剧费用，但最终没有胜诉。所以，莱昂内和诺曼·梅勒的合作最终没能实现。事实证明，两个在各自领域中都有很高成就的人，也可能很难完成合作。

第三个原因是影片在选角上煞费苦心。电影剧本的写作耗费了很长时间，选演员则更加曲折。最初，格里马尔蒂想把《美国往事》做成一部跨国制作电影，这在当时是一种很流行的制片方式，比如《巴黎最后的探戈》、《1900》(*Novecento*, 1976) 和《法国贩毒网》(*The French Connection*, 1971) 等。麦克斯的演员人选最早是法国著名演员热拉尔·德帕迪约 (Gérard Depardieu)，而老年麦克斯的人选是法国著名演员让·迦本 (Jean Gabin)，"面条"的最早人选是理查德·德雷福斯 (Richard Dreyfuss)，他当时在斯皮尔伯格的《大白鲨》(*Jaws*, 1975) 中表现非常出色，莱昂内尤其看中他在《学徒》(*The Apprenticeship of Duddy Kravitz*, 1974) 里扮演的犹太人角色。但这些演员最终都没有成功拿到角色，莱昂内还考虑用美国黑帮片第一个黄金时期的演员詹姆斯·卡格尼 (James Cagney) 来演老年"面条"，因为他从小是在意大利街区长大，而且认识很多黑道中人，非常适合这个角色。但卡格尼当时已经无法演戏。总之，影片的主演很长时间没有确定下来。

然而，莱昂内与格里马尔蒂也分道扬镳了。原因很复杂，核心原因是格里马尔蒂当时陷入了经济危机，贝纳尔多·贝托鲁奇 (Bernardo Bertolucci) 的《1900》和费里尼的《卡萨诺瓦》(*Il Casanova di Federico Fellini*, 1976) 都遭遇了票房失败，尤其是《卡萨诺瓦》成为一场投资灾难，他不敢再让莱昂内无休止地推迟《美国往事》，而且莱昂内还要做成上下两部，他担心最后会赔得倾家荡产。尽管两人在制片方面要分手，但莱昂内想保留这个小说的改编权。于是，这两个当年亲密合作的老朋友开始了旷日持久的官司，时间长达三年多。最终，一个年轻的以色列制片人接手了这个项目，这个人就是阿诺恩·米尔坎（Arnon Milchan），米尔坎经过了三年时间，最终找到 3 000 万美元的投资，接手了这部电影，并向格里马尔蒂支付了 50 万美元的版权费。米尔坎后来成为顶级富豪，而且他承认自己是以色列间谍。

米尔坎进入制片后，选角重新开始。据说，从 1980 年到 1982 年，莱昂内做了差不多 200 次试镜。他把时间分配在寻找外景地、修改剧本与物色合适的演员上，他为了影片中 100 多个有台词的角色，与 3 000 位名演员见过面。当然，最重要的是主角。他们曾邀请过阿尔·帕西诺和杰克·尼科尔森来扮演"面条"，但两个人都拒绝了。莱昂内还想让克林特·伊斯特伍德（Clint Eastwood）演工会主席吉米·奥唐纳（Jimmy O'Donnell）这个角色，也被伊斯特伍德拒绝了。这时，罗伯特·德尼罗参与进来，向莱昂内介绍了大量演员。德尼罗最早接触《美国往事》时，还只是在斯科塞斯的《穷街陋巷》（*Mean Streets*, 1973）中初露头角。但是《美国往事》的拍摄一推再推，等到真正拍摄时，他已经成了高人气的明星。即便已经是位大明星，他还是对这个项目很感兴趣，而且为了这部戏推掉了一个 18 个月的合约。德尼罗是第一个接演《美国往事》的演员，他还为影片推荐其他角色。米尔坎对德尼罗承诺，可以让《愤怒的公牛》（*Raging Bull*, 1980）中与德尼罗合作的乔·佩西来演麦克斯。但莱昂内认为乔·佩西不适合这个角色。作为对德尼罗的回报，莱昂内答应让乔·佩西从其他角色里选择一个，结果他选择了弗兰基。这个人物其实在最初的剧本中比在最终电影里要重要得多，戏份也多，但这些素材最后都被剪掉了。影片中保险商的女秘书卡罗尔的扮演者是塔斯黛·韦尔德（Tuesday Weld），她也是德尼罗推荐的。关于麦克斯的扮演者，莱昂内是在戏剧舞台上发现詹姆斯·伍兹的，莱昂内说，"我感到在他奇怪的脸孔后面有一种真实的神经质"。

导演莱昂内与主演罗伯特·德尼罗在片场（Album / 视觉中国）

  第四个原因是影片的剪辑。莱昂内曾想把电影分成两部分发行，每部分 3 小时。制作结束时，《美国往事》超过了 8 个小时，很明显，没有一家电影院会愿意播放。莱昂内和他的剪辑师尼诺·巴拉格利（Nino Baragli）设法将电影缩短到 6 个小时，计划是将这部 6 小时的作品一分为二，分成两部 3 小时的电影上映。但制片人拒绝了，莱昂内将《美国往事》最初版本剪成了 269 分钟（4 小时 29 分钟），制片方要求莱昂内将其进一步缩减，于是他将其再度缩减到 229 分钟（3 小时 49 分钟），然后在戛纳进行首映。学者霍华德·休斯的著作《犯罪浪潮：电影观众指南》(*Crime Wave: The Filmgoers' Guide to Great Crime Movies*) 里提到，该片 1984 年在戛纳电影节上首映时，得到了 "15 分钟的起立鼓掌"。这个版本也曾在加拿大和美国秘密放映，都获得了极高评价。这个版本也是《美国往事》当年在欧洲电影院上映的版本。所以，欧洲人不仅对作者非常尊重，而且拥有能够包容超长影片的文化和市场。

然而，美国的发行商仍然认为它太长了，于是制片厂在没有获得莱昂内同意的前提下，将影片删减到了几乎无法理解的 139 分钟（2 小时 19 分钟），于 1984 年 6 月 1 日在美国上映，这个短版中改变了影片闪回的叙事方式，按时间顺序重新剪辑，莱昂内对美国制片厂的剪辑感到痛心。

影评人罗杰·伊伯特（Roger Ebert）在 1984 年的影评中说，未剪辑版是"暴力与贪婪的史诗"，而将美国剧场版描述为"荒诞"。罗杰·伊伯特在影评中专门提到，粗暴的剪辑让这部电影的情节变得面目全非，许多最精彩的镜头都不见了，比如伊伯特印象最深的精彩瞬间，是一个意外出现的飞盘被接住，然后直接切到了闪回段落。伊伯特在电视影评节目中的搭档吉恩·西斯科（Gene Siskel）也认为，未剪辑版是 1984 年最好的电影。

2011 年 3 月，原版 269 分钟的版本在莱昂内的子女和影片剪辑师福斯托·安奇拉伊（Fausto Ancillai）的监督下，被重新制作，并于 2012 年在戛纳电影节首映，但是由于删减场景可能涉及不可预见的版权纠纷，新的修复版最终实际上是 245 分钟。2012 年 8 月 3 日，戛纳电影节上首映的修复版影片就不再放映了。马丁·斯科塞斯和他的电影基金会支持影片的修复，他们还尝试帮助莱昂内的子女获得最后 24 分钟删减场景的版权，以制作一个莱昂内自己剪辑的完整的 269 分钟的原始版本。2015 年，北京国际电影节的 4K 修复单元，也曾播放了完整修复版的《美国往事》，这个版本就是戛纳电影节首映的版本，没有完全 4K，官方显示是 251 分钟。

莱昂内自己说：

他们把这部片子做成了139分钟的电视剧，那完全是很平的编年体：童年、青年和老年。不再有时间，不再有神秘、旅行、烟馆和大烟，完全悖谬。我不能接受原始版本太长这种说法，它有着应有的恰当长度。

那么，最初的版本中还有什么？根据莱昂内生前的访谈，其中有一些特别表达致敬的镜头，比如，一个俄罗斯流浪汉在楼梯里的戏，是对查理·卓别林的致敬，这个段落后来被全部剪掉了。

·二·

可能很多人不知道，《美国往事》的故事和人物，是有出处的。作为一部名垂影史的黑帮片，《美国往事》的拍摄怎么可能跟黑帮没有关系呢？在影片筹备期间，莱昂内多次去纽约，与哈利·格雷见面，以期对这个真实的黑帮人物了解更多。他其实是弗兰克·科斯特洛的手下，弗兰克·科斯特洛就是上一章重点讲到的美国"黑帮首相"。哈利·格雷给莱昂内讲了许多黑帮的故事，讲了美国黑帮里做事的方法，这些都启发了莱昂内。他还给莱昂内引荐了当时真正的黑道大哥，允许他真的进入黑帮世界，看看他们工作、开会和交易的方式。哈利·格雷说，影片中的人物，最好不要做太大改动，因为原型人物最好不改。但唯一可以改的，是麦克斯。在莱昂内筹拍《美国往事》的时候，这个麦克斯的原型还活着，这个人是哈利·格雷的死党，他在黑帮里的主要工作是承接纽约黑帮的杀人合同，而这样的合约就来自卢西亚诺一统江湖时，梅耶·兰斯基协助成立的黑帮杀手公司里面的人都是收钱杀人，与被害人没有任何关系，麦克斯的原型就是干这个的，是一个狠角色。他每年能接两单，是个职业杀手。但电影筹拍时，他已经快70岁了，还惦记着合伙抢劫银行，但遭到了格雷的老婆的极力反对，结果他因独自抢劫银行被捕入狱。

莱昂内在筹备《美国往事》期间，还见了一个非常有名的意大利黑帮大人物，但是莱昂内没有在访谈中透露他的名字。根据描述，这应该是一个与卢西亚诺、科斯特洛的辈分相同、有头有脸的大佬，他当时想让莱昂内去拍摄卢西亚诺的传记，但莱昂内表示自己想拍犹太人黑帮。众所周知，好莱坞这个念头让这个大人物对莱昂内的勇气深感佩服。莱昂内自己说，他在拍《美国往事》时并没有接受黑帮的保护，但事实上怎么样，不是特别清楚。

为了重现影片中的犹太街区场景，需要找回那些过去被遮蔽的真实。"人们向我推荐科波拉在《教父2》中用过的那条街，我不觉得那个地方很合适。我希望犹太街区的那些景与景深处的布鲁克林大桥在一起。这是最带劲儿的。但今天这个地方不再是犹太街区，波多黎各人住在那里。出于这个原因，人们建议我不要在那儿拍摄，说那里非常危险。我没有向这种压力让步。我是对的，因为波多黎各人没有给我们带来一丁点儿麻烦。他们总是在那里看着，但很文明，甚至连一块木头都没偷。"

据扮演少年"面条"的演员斯科特·泰勒（Scott Tiler）说，整个剧组的核心成员都是意大利人，当时剧组里没人说英语，就连莱昂内在现场也只用过一个英语单词，就是"再见"。或许因为剧组都是意大利人，当地的波多黎各人不仅没有敲诈他们，反而保护他们。莱昂内说："这就像一群小偷在巡视，却是为了我们不被偷走什么东西。"

剧本的筹备用了三年时间，莱昂内和编剧见了许多犹太人黑帮和意大利人黑帮的成员，这种接触对于《美国往事》来说非常重要，让莱昂内了解到犹太人黑帮的心态和特点。尽管他们也凶残、恶毒，但他们很早就受家庭影响成为信徒，把自己包裹在宗教里。

影片的重要原型之一就是《教父2》中斯特拉斯伯格扮演的梅耶·兰斯基，他在70岁时患了绝症，决定放弃美国而回到以色列。为了这个目的，他给以色列的犹太人基金会捐资1亿美金，但还是遭到了以色列政府的拒绝。以色列人不希望他回以色列，因为对于犹太人来说，除了在战争里，其他情况下是不允许杀人的。

犹太人黑帮人物的这种特质让莱昂内迷恋，也让《美国往事》呈现出与《教父》系列完全不同的气质。正因为麦克斯是犹太人，他才会做出影片中的行为，他也渴望能在死之前被最好的朋友原谅，甚至死在他的枪口下。中国观众不一定会理解麦克斯千辛万苦把"面条"吸引回纽约，目的是让他亲手杀死自己这个情节，而这种事绝不可能发生在爱尔兰人黑帮或意大利人黑帮身上，卢西亚诺绝对会杀了这个朋友，因为意大利人完全不在乎宗教和救赎，对意大利人来说，最重要的是家庭，是父亲、母亲、是女儿，这就与犹太人完全不同。而这也是《美国往事》最特殊的地方。

《美国往事》是一部伟大的黑帮片，经久不衰，是历代影迷喜爱的电影作品。电影几乎完整展现了禁酒令对美国有组织犯罪发展的影响，尤其是对于犹太人黑帮的影响，这在美国黑帮片中格外特殊。影片故事开始于20世纪初新移民登上北美洲大陆那个年代，经过了禁酒令时代疯狂的犯罪活动，到老年"面条"回到纽约时，已经是20世纪60年代。表面上看，莱昂内用复杂的闪回和记忆来解构故事，实际上，他串联了美国有组织犯罪的三个时期。

这部电影的人物关系非常特殊，与《教父》完全不同，展现了四个情同手足的兄弟，他们闯荡江湖，形成同盟，组成犯罪集团，他们真有其人吗？在关于《美国往事》的材料里，都没有提到这一点，包括莱昂内也从没有说过。但是笔者认为，影片之所以没有只讲"面条"和麦克斯的故事,而是选择了四个人,这不是偶然和想象,而是暗中影射禁酒令时期在纽约迅速崛起的四个年轻一代黑帮新秀,他们不仅形成了同盟,而且还做了美国黑帮历史上惊天动地的大案,并奠定了美国有组织犯罪的新格局。这四个人是谁呢?就是被称为"教父之祖"的卢西亚诺、老教父原型之一的"黑帮首相"弗兰克·科斯特洛、被称为"黑帮会计师"(Mob's Accountant)的梅耶·兰斯基,以及被称为缔造了拉斯维加斯的"浪漫暴徒"巴格西·西格尔,这四个人是从小玩到大的朋友,有过命的交情。还有一部叫作《四海一家》(*Mobsters*, 1991)的电影,也讲述了这四个年轻人如何在乱世靠敢打敢干成长为纽约黑帮老大的故事。与《美国往事》不同的是,这部电影全部用了他们本人的真名,是一部根据真人真事改编的浪漫化的传记片。

在四个人中,卢西亚诺是核心人物。卢西亚诺在美国的确是家喻户晓的黑帮大佬,他临死之前还请记者写了他的回忆录,详细讲述了他的一生。当然,他说的不可能都是真的,但回忆录出版之后还是成了畅销

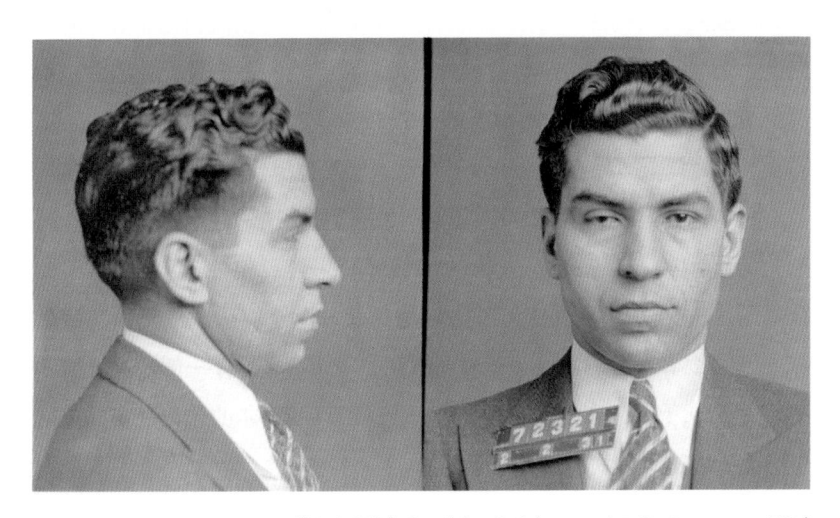

纽约警方发布的卢西亚诺的入狱照(New York Police Department, 1931)

被称为"黑帮会计师"的梅耶·兰斯基（Al Ravenna, World Telegram staff photographer, 1958）

书，这本书讲述了美国禁酒令时期许多黑帮的大事大案，曾于20世纪80年代被翻译成中文，以内部发行的形式出版过。关于卢西亚诺还有一些电影，尤其是意大利导演弗朗西斯科·罗西拍摄的《教父之祖》（*Lucky Luciano*, 1973），罗西还执导过《龙头之死》《马蒂事件》（*Il caso Mattei*, 1972）等与意大利黑手党有关的电影。但是，罗西的电影不那么"好看"，他喜欢以纪实化方式拍摄，采取冷静、客观的态度，因此同《教父》《美国往事》这些电影相比，他的电影丧失了传记片或黑帮片那种强烈的戏剧性，而把重点放在对卢西亚诺的生活和犯罪活动的研究上，近似于一种社会学研究式的电影。值得说一下的是，在影片中扮演探员的查尔斯·西拉古萨（Charles Siragusa）就是现实中追捕卢西亚诺的联邦缉毒探员，他在片中扮演了自己，同时也担任了影片的技术顾问。

回到《美国往事》，如果说麦克斯的原型是梅耶·兰斯基，那么"面条"的原型是谁呢？这个人物的灵感可能来自巴格西·西格尔。因为在这四个兄弟中，兰斯基和西格尔是犹太人，他们认识最早，情感最深，他们故事最后的结局也最接近《美国往事》。还有一部叫《豪情四海》（*Bugsy*, 1991）的电影，就是关于巴格西·西格尔的传记故事，也就是"面条"这个人物的灵感来源。

纽约警方发布的巴格西·西格尔的入狱照（New York Police Department, 1928）

在讲具体的人物之前，还是要先了解一下《美国往事》以及许多经典美国黑帮片中最重要的历史背景——禁酒令。禁酒令是美国历史上的一件大事，1919年1月16日，美国宪法第十八修正案正式生效，这一天对美国有组织犯罪来说是最重要的一天。随着禁酒令的实施，一种新的犯罪形式滋生了，这就是贩运私酒。据说，1月16日禁酒令正式颁布实施，而1月17日芝加哥就有一整车的烈酒被黑帮抢了，私酒生意成为黑帮一个迅速增长的新生意，并不断蔓延，腐蚀美国社会，直到1931年禁酒令被宪法第二十一修正案废除而结束。

美国的街头帮派建立在19世纪20年代到30年代之间，并在19世纪60年代到80年代制造了许多街头骚乱。这些街头帮派在"一战"期间重新发展起来，主要具有两个方面的作用：一是进行各种各样的暴力犯罪，二是在大城市充当政治机器的打手或者地下执法者。但是，自1914年起，街头帮派越来越多，这些小帮派开始陷入混战。比如，纽约至少有1 500名成员的伊斯曼帮逐渐瓦解，他们的老大伊斯曼最后失去了纽约政客的保护,进了监狱,从而失去了对帮派的控制,而这个帮派的成员都是犹太人。伊斯曼帮的主要对手意大利帮派,也在这个时期逐渐分裂,同时联邦政府在"一战"期间也摧毁了芝加哥、新奥尔良和旧金山的犯罪团体,因此,一言以蔽之,在"一战"结束时,美国的大型街头帮派时代结束了,从此进入新的"战国时代",以族裔为中心的大帮派四分五裂,出现了许多小帮派。而就在这时,禁酒令颁布了。

禁酒时代,加利福尼亚州奥兰治县的警官倒掉缴获的酒(Orange County Archives, 1932)

当时,全美的大城市里有 20 万个酒吧,而合法的酒水生产厂家已不能继续生产和运输酒类,许多工厂解散,工人失业,但地下酒吧需要大量的酒水供应,因此专门从事私酒贩卖的大型犯罪集团呼之欲出。仅纽约市就有大约 15 000 个沙龙因为禁酒令而关门,同时,有 32 000 个地下酒吧开张。酒吧老板们根本不顾禁酒令的制约,贿赂执法者,继续非法经营。

在纽约，卢西亚诺、梅耶·兰斯基、弗兰克·科斯特洛、巴格西·西格尔四个年轻人在禁酒令中崛起，他们的小集团每年从私酒贩卖中获利1 200万美元，走私集团有100人左右，包括司机、会计、打手、警卫、信使和线人。所谓线人，不是像《无间道》里那样到警察局里卧底，而是专门到竞争对手的黑帮去获取私酒运输情报的人。在这个时期，一个普通职员的薪水大约是每周25美元，而卢西亚诺大多数手下每周可以拿到200美元。所以，许多黑帮分子就是纯粹出于谋生需要，才加入他们的组织中。他们的私酒集团，每年给小弟的工资支出就超过100万美元，剩下的1 100万美元，一部分用于储存私酒，一部分用来贿赂政府人员，仅贿赂一项，每周开支就超过10万美元。据卢西亚诺说，其中每周有1万美元贿赂给纽约警察局的高级官员，而这只是所有贿赂支出中很小的一部分，几乎所有的执法部门都要照顾到，包括副官、助理和普通官员，黑帮必须尽力收买所有这些人，让他们为私酒走私提供便利。多数执行禁酒令的机构本身就在违法，他们大量收受贿赂，利用执法权力自己参与走私。从1920年到1928年间，财政部以在处理贩运私酒时受贿为由辞退了706名职员，还有257人因收受贿赂被起诉和判刑。但并不是所有违法的人都

1915年的一张政治漫画，它批评了禁酒运动和妇女参政权运动之间的联盟。画面中，一个名为"不容忍"的精灵从酒瓶中钻出，讽刺了这两个运动的狭隘和不宽容（Oscar Edward Cesare, 1915）

会受到惩罚，当时的纽约已经成为腐败贿赂的温床。比如，酿酒是违法的，但是在许多城市的意大利居民区，人们开始家庭手工酿酒，并通过意大利黑帮把这些酒卖出去。酿酒会产生非常难闻的气味，虽然人们可以在地窖里酿酒，但这些味儿是掩盖不住的，会遍布整个社区，人们很容易就可以闻出是在酿酒，但是警察从不干涉，因为他们都被收买了。

除开贿赂开支，卢西亚诺等人每年可以获得大约 400 万美元的纯利润。这成为新一代黑帮迅速崛起扩张的经济基础。在 19 世纪，一个爱尔兰人去杀一个人，可以获得 10 美元的报酬，他会认为这很值，因为他们生活的族裔聚居区就是贫民区，美国警察当时认为，帮派之间的暴力就是族裔聚居区过于贫困和落后的表现，不是美国社会的普遍问题，是局部、阶段性现象。但是到了禁酒令这个时期，黑帮通过贩运私酒暴富，尤其是犹太人和意大利人的帮派，他们靠私酒聚敛的财富远远超过过去依靠拳赛、卖淫、敲诈、偷窃和街头抢劫赚来的钱，这些犯罪集团逐渐取代族裔聚居区的犯罪。帮会从边境外向国内走私酒，如果贿赂不起作用，他们就会动用武力和子弹，彼此抢夺。

那么美国为什么要禁酒呢？禁酒令支持者认为，酒是美国社会弊病的根源，而且最早登上北美大陆的那些英国人，早就产生了这种想法。在工业革命时期，大量工人进入城市，工人平时就会聚集在酒吧里饮酒。人们认为酒精是家庭暴力和贫穷的主要原因，因此从 19 世纪起，美国许多城市或州，就陆陆续续开始了禁酒运动，越来越多的人支持禁酒运动，尤其是妇女组织在推动禁酒运动方面非常积极，因为老公下了班就在外面喝酒鬼混，每天醉醺醺地回家，动不动就家暴。在美国社会中占有重要地位的新教徒则从宗教角度出发，也认为酒精是引人犯罪和堕落的东西。而对于那些旨在提高工人权益的进步主义者来说，酒精让工人精神涣散、工作能力下降、难以组织。总之，美国社会各界在禁酒运动的问

美国往事   235

一幅支持禁酒运动的漫画:《女人的圣战》。图中,一位身穿盔甲的年轻女子骑着一匹黑马,带领着一群穿着相似服装的步行或骑马的女性。她们用大战斧打碎装有啤酒、威士忌、杜松子酒、朗姆酒、白兰地以及"葡萄酒和烈酒"的桶。在右下方可以看到一个逃跑的男人的腿。两条横幅上写着"以上帝和人类的名义"和"禁酒联盟"(Popular Graphic Arts, 1874)

题上达成了共识,认为这是解决美国社会各种问题的良药。

但是,人们意想不到的是,许多人还是克制不住想喝酒,对于在现代化进程中迅速发展起来的美国来说,酒精是必不可少的兴奋剂和麻醉剂。许多美国人对禁酒令不屑一顾,当时法律禁止在公开场合卖酒和饮酒,但在家中饮酒是合法的,许多人在家里举行私人派对。同时,光顾酒吧喝到烈酒反而成为一种身份的象征,成为一种时尚,能请朋友去酒吧里喝酒,那是一种时髦。当时的沃伦·加梅利尔·哈丁(Warren Gamaliel Harding)总统口头上支持禁酒运动,实际上把白宫变成了私人沙龙,经常邀请政客、明星和幕僚去饮酒。

为什么说禁酒令让美国黑帮现代化了?因为酿酒、运酒、卖酒这门生意在性质上与美国黑帮传统的打砸抢偷、卖淫、收保护费都不一样,它不是在一时一地的一次性买卖,而是一个产业,从制造、运输、销售和入账,需要一整套工业流程,不再是靠心狠手辣、兄弟多就能干得了,因此,卢西亚诺这些新兴黑帮领袖,他们做的事跟企业家也没什么分别。比如,一开始的时候,他们是从加拿大等国走私酒,但这个线路成为大家眼里的肥肉,并不安全,经常发生彼此争抢的暴力事件。与此同时,威士忌、葡萄酒和啤酒的酿酒厂倒闭了,许多酿酒工人失业,黑帮就雇这些工人非法酿酒,工人们反而比原来赚得更多了。在运输方面,无论是走私酒还是非法酿酒,这些酒的运输都要跨越不同的州和城市,这些路线都是兵家必争之地,由于涉及不同地区、不同城市和不同街区帮派的利益,为了避免让帮派们把精力放在你争我夺上,就需要各地黑帮联合起来,组成犯罪联盟,大家协商好势力范围,确定谁只能做走私,谁做啤酒,谁负责仓储,谁负责分销,业务划分由全美黑手党委员会来决定,而这就是卢西亚诺他们四个人所实现的。

禁酒令不仅让黑帮壮大,也让新一代黑帮不再满足于简单、粗暴的犯罪形式，他们开始有意识地建立组织有序的黑帮网络，而且与《纽约黑帮》里那些早期帮派分子不同，他们不再是政客的打手和工具。随着禁酒令带来巨额财富，他们开始收买政客和警察为他们服务，导致司法系统逐渐腐败。这就是《美国往事》了不起的地方。麦克斯和"面条"最早只是偷窃和抢劫，禁酒令之后，他们开始收买警察和工会，最后渗透政界。最终，1932年，富兰克林·德拉诺·罗斯福（Franklin Delano Roosevelt）击败了赫伯特·胡佛（Herbert Hoover）而赢得总统大选，民主党还赢得了国会选举，禁酒令被取消。1933年，宪法第二十一修正案废除禁酒令，但是禁酒令时期兴起的庞大黑帮势力不可能从此消失，他们同各种黑手党犯罪家族一样继续从事非法勾当，而且形成了全国犯罪网络。所以说，禁酒令其实孕

几个纽约人喝酒庆祝禁酒令被废除（佚名，1933）

育和促进了美国现代有组织犯罪，这话一点也不夸大其词。直到今天，美国政府依然无法彻底消灭那些因禁酒令得到第一桶金的犯罪集团。

《美国往事》四人团伙的故事丰富曲折，而且，从这四人中还能引出美国黑帮人物的群像，其中在美国有组织犯罪历史上有名有姓的人，就有几十个，而这些人，无一不是美国黑帮影视剧的重要原型人物。他们每个人的出身、个性和命运都不同，而他们的命运又都是在禁酒令这个特殊时代交织在一起，如果要写一本书，恐怕只能按照《水浒传》的结构写才能说得清楚。所谓时势造英雄，他们在今天或许会一事无成，但在那个特殊的年代，纷纷成为风口浪尖的传奇人物，甚至每个人的故事都可以拍成一部电影。按照时间顺序精选出的他们三段时期的精彩华章，是他们的发迹与衰落、友谊与背叛的重要部分，也是美国黑帮片最为人津津乐道的部分。

先说《四海一家》这部电影。在影迷喜欢的黑帮片中，恐怕这部电影没有那么有名，可能许多人没看过，甚至没听说过，但这部电影是在《美国往事》之后的黑帮片中，最准确、最详细地讲述四个人青少年时期在纽约崛起的电影。从艺术上看，该片也有一些夸张的情节和过度戏剧化的内容，比如影片快结束时，两个意大利黑帮恶斗，双方都用汤姆逊冲锋枪疯狂对射，而这几乎是不可能的，因为汤姆逊冲锋枪不那么容易得到，而且没参过军的人根本驾驭不了这种枪，搞不好容易打到自己人。而且，就算枪能搞到，子弹也不好买到，而且子弹也很贵，所以影片中那种没完没了地乱射一通的场景在现实中是不可能出现的。意大利黑帮很少在街头枪战，电影里展现的都是想象。在意大利黑帮，机枪往往被用来扫街，就是随机袭击对方的酒馆或咖啡厅，街头开战一般都用手枪或刀。尽管如此，《四海一家》这部电影展现的故事，基本上是按照这四个传奇人物的真实材料,讲述了他们如何相识、如何发展壮大、怎样建立友谊、每个人的特点是什么,以及怎样在禁酒令时期周旋于两个敌对帮派之间,最后干掉老派黑手党,创立全美黑手党委员会的。

影片中扮演黑帮老大马兰扎诺的是著名墨西哥演员安东尼·奎恩(Anthony Quinn),他曾出演过许多经典影片,比如《大路》(La strada, 1954)、《希腊人佐巴》(Zorba the Greek, 1964)、《阿拉伯的劳伦斯》(Lawrence of Arabia, 1962)和《云中漫步》(A Walk in the Clouds, 1995)等,但不为人知的是,安东尼·奎恩本人就是弗兰克·科斯特洛的好朋友。

影片展现的第一段时期是从1917年到1930年,讲述四个人相识、相知、打天下的故事。他们这个小帮派在禁酒令时期成为纽约最厉害的

《四海一家》中的四兄弟(alamy / 视觉中国)

青年帮派,这也是《美国往事》里讲述的内容。卢西亚诺是四个人的核心,他于 1897 年 11 月 24 日出生在意大利西西里首府巴勒莫附近的村庄莱尔卡拉弗里迪(Lercara Friddi),原名叫萨尔瓦多·卢西亚纳(Salvatore Luciana),9 岁时他跟随父母举家移民到美国纽约,住在意大利人街区。1916 年 6 月 26 日,他因贩卖海洛因而被判刑一年,在新罕布什尔州农场教养所接受管教。6 个月后,他被释放,然后改名叫"查理"。大约从这个时候起,他进入了当时纽约的意大利黑帮中影响最大的家族马塞里亚家族。

在犹太人街区,有两个年龄相仿的青年相识了,这就是麦克斯和"面条"的原型:兰斯基与西格尔。就像《美国往事》里讲的一样,他俩组成一个小帮派,叫"巴格思与梅耶"(Bugs and Meyer),他们表面上是在保护犹太街区的孩子免受爱尔兰人的欺负,实际上是在东哈莱姆区和曼哈顿进行犯罪活动,抢银行、抢商店、偷仓库。这个小团伙慢慢壮大到 20 名成员,且成员都是少年。犹太人的帮派不像意大利人那样排外,一个名叫弗朗西斯科·卡斯蒂利亚的意大利人加入了这个小帮派,他不是别人,就是后来的美国"黑帮首相"弗兰克·科斯特洛。

1917 年,卢西亚诺通过科斯特洛,结识了兰斯基和西格尔,于是四个年轻人组成了一个更大的帮派。在这四人中,卢西亚诺和科斯特洛是意大利人,兰斯基和西格尔是犹太人,他们各具特色。卢西亚诺心狠手辣,顽固,沉稳冷静,有远见卓识,且善于联合他人。兰斯基则精于计算,他数学非常好,曾经花钱请数学教授跟他一起玩数字游戏。兰斯基是四个人中的参谋,城府很深,工于心计,做事低调不露声色,他是四个人中唯一在美国终老死去的。巴格西·西格尔长得仪表堂堂,英俊潇洒,极具个人魅力,完全不输好莱坞明星,但他本质上是一个打手、暴徒,脾气火暴,行动果断凶猛,好斗,每次打架都是冲锋在前,杀人不眨眼，但他始终对同是犹太人的兰斯基非常忠诚。弗兰克·科斯特洛年纪最大，文雅聪明，善于社交。这四个人组成小帮派后，逐渐从偷盗、抢劫、勒索转向博彩，影响越来越大。《美国往事》的四个人虽然没有完全复刻这四个人，但他们之间的默契、忠诚和无所不谈，甚至不在乎分享同一个女人，这些对于意大利人黑帮来说很难想象。四人联盟有一个小插曲，可以帮助理解莱昂内讲述四个人友谊的方式。1917年，美国宣战后加入第一次世界大战，开始在全美征兵。当时的西格尔、兰斯基都年龄太小，达不到服役的要求，而科斯特洛喉咙有伤，不符合条件。卢西亚诺则必须参军，可是他不想去打仗，大家就帮他想办法。后来西格尔想到一个办法，就是让他染上淋病，这样就没法参军了，而淋病可以找个医生朋友再治好。尽管这是个馊主意，但卢西亚诺没有其他办法，只能如此。据说是科斯特洛帮助他在一个妓女那里成功染上淋病，从而躲避了征兵。

那这四人团伙主要做什么呢？《美国往事》的情节其实涵盖了他们犯罪的种类，比如抢劫、敲诈、组织卖淫等。慢慢地，非法收入越来越多，要怎么处理这些钱呢？兰斯基，也就是《美国往事》中的麦克斯发挥作用了，他提议大家不要把钱各自挥霍了，而是把钱存入银行，作为未来的犯罪基金。但是，他们计划存钱的地方，并不是电影里说的火车站储物柜，而是美国联邦银行。兰斯基是犹太人，他的叔叔认识银行里的高层。就在他们打算把钱存进去时，却发现这个银行完全没有安保，根本无法保护大家的钱。所以，他们不仅没有存钱，反而将这家美国联邦银行给抢了，抢走了8 000美元，这就是《美国往事》里麦克斯最后提议大家去抢美国联邦银行的故事原型。

三

禁酒令施行之后，这个四人团伙以汽车租赁公司作为掩护，进入了私酒业。公司表面上看是提供车辆、司机的租赁服务，实际上是在运送私酒。《美国往事》和《四海一家》都渲染了他们依靠贩运私酒发家的过程。在《美国往事》中，是私酒被藏在船上，快要进入港口时，酒桶被抛下大海，上面捆绑着盐块，盐块会让私酒沉入浅海海底，等到盐溶化后，酒桶就会浮上来。这种办法是当时纽约黑帮从加拿大走私烈酒的方法中学来的。他们发现，烈酒生意可以让他们轻松赚到比其他非法生意多几倍的利润。他们分工明确：卢西亚诺负责总体运营，包括招募人手、聘用临时工人，与其他帮派谈判和交易；兰斯基和西格尔则负责拿着猎枪押运私酒，以防被其他帮派黑吃黑；而科斯特洛则从非法收入中拿出一笔钱建立了一个基金，专门贿赂政府人员和警察——科斯特洛称之为"购买影响力"——打通监管部门和政府部门。就像《教父》里讲的那样，老柯里昂在纽约的主要资源，是掌握着大量的政界关系和腐败链条。

赃款越来越多怎么办？与其他意大利黑帮不同的是，这个新兴黑帮组织有犹太人，于是他们计划把赃款投入犹太人比较熟悉的赌博中，在当时就是赛马彩票。不得不说，他们重点从事的两个生意——走私和赌博——都不是公众特别反感的黑社会犯罪活动，公众反而会暗中支持：谁不想结交一个可以帮自己搞到私酒的朋友呢？因此，许多政府人员愿意与他们合作，接受贿赂。在职业赌博中，卢西亚诺结识了他的"导师"阿诺德·罗斯坦，《四海一家》把罗斯坦塑造成一个谙熟美国社会规则、暗中控制有组织犯罪的犹太大佬的形象，他负责把犹太人黑帮的私酒生意落地。《大西洋帝国》中也有这个人物，因为他嗜好赌博。实际上，罗斯坦对卢西亚诺影响最大的是品位，是生活风格，他让卢西亚诺明白，赚再多的钱，也无法掩饰自己作为意大利街区暴发户的粗俗。卢西亚诺与其他人不一样的地方，是他渴望进入美国上流社会，渴望像真正的富豪那样谈吐。是罗斯坦教会了他这些礼仪，并启发他必须与上流社会的人交往。他不想像阿尔·卡彭那样制作低劣的啤酒并将其卖给芝加哥的底层人，他要把最好的威士忌卖给纽约的上流社会，这样在赚钱的同时，还可以跻身名流。《美国往事》和《四海一家》都展现出，来到他们经营的餐厅和酒吧的顾客都是有头有脸的人，而这也缔造了兰斯基的政治梦，就像《教父2》的海门·罗斯和《美国往事》的麦克斯那样。

四人团伙逐渐壮大，这样就进入了故事的第二阶段。从1930年到1931年，他们做了震惊美国黑道的惊天大案，最终扬名立万，改写了有组织犯罪的历史，这就是《四海一家》后半部分的故事。简单来说，他们干掉了两个老派意大利家族的大哥，马塞里亚和马兰扎诺，成功上位。这段故事，在美国有组织犯罪历史上叫"城堡之战"，或者"卡斯特拉马雷之战"，因为马兰扎诺来自意大利西西里的卡斯特拉马雷（Castellammare，也叫戈弗迪堡）地区，这个词的意思就是"城堡"。但为了让大家不至于混淆，以下简称其为"二马战争"。

随着他们四个人越做越大，这个小帮派开始受到更大帮派的注意。最早，卢西亚诺加入了马塞里亚家族。在20世纪20年代，黑手党在美国的活动主要由马塞里亚控制，他的派系主要由来自西西里岛、卡拉布里亚（Calabria）和意大利南部坎帕尼亚（Campania）地区的黑帮分子组成。马塞里亚是个横行意大利街区的老派西西里人，他允许卢西亚诺跟弗兰克·科斯特洛这样的非西西里人在一起，但他无法容忍犹太人也加入他的组织。在电影《四海一家》中，卢西亚诺迟迟不愿意加入他的家族，原因就是卢西亚诺重义气，不能舍弃兰斯基和西格尔这两个犹太兄弟。《四海一家》这部电影相对来说比较浪漫的部分，就是在这段真实的历史中，强调兄弟义气这件事。实话实说，卢西亚诺终其一生，的确是一个很重义气的人，但是他不能加入马塞里亚的原因，也是多方面的。除了兄弟情之外，还有就是他认为，在美国成功，不能缺少犹太人的帮忙，他舍不得完全放下犹太人黑帮这条线，而他与犹太人的这种亲密关系正是其他意大利家族所不具备的。

马塞里亚就像《四海一家》中演的那样，确确实实躲过 14 次暗杀而大难不死。他时常出入高档餐厅，在影片中，他曾对卢西亚诺解释过为什么吃饭很重要。马塞里亚属于意大利人街区资格比较老的帮派，与他竞争的人就是马兰扎诺。马塞里亚非常厌恶这些来自卡斯特拉马雷地区的西西里人，他想把他们从纽约清除出去，尤其是来自卡斯特拉马雷地区的黑帮老大萨尔瓦多·马兰扎诺。马兰扎诺是真正的黑手党移民，因意大利国内政治变化而流亡到纽约，在 20 世纪 20 年代到达纽约后，他重拾旧山河，重建秩序，迅速崛起成为一个势力庞大的犯罪家族的大哥。但马兰扎诺本人狂妄自大，不怎么会说英语。

在《四海一家》中，双方都想争取卢西亚诺这股新生力量，但他们的观念又都特别保守。尽管卢西亚诺的势力没那么大，但他不愿意与他们为伍。他和一批年龄相仿的新一代黑帮分子，想要摆脱老一辈保守、传统和教条的思想。马塞里亚和马兰扎诺双方的冲突一触即发。1930 年 2 月 26 日，马塞里亚找人谋杀了对方的头目汤米·雷纳（Tommy Reina），双方正式爆发战争。过去纽约还没有过这样公开的黑帮战争，而且是双方都用枪来解决问题，这导致两边的小弟不得不睡在床垫上，不敢上街，所以才会有《教父》中桑尼·柯里昂提到的"去睡床垫"这种说法。卢西亚诺对这场所谓的"城堡之战"持鄙视态度，对他来说，这种 19 世纪的血仇观念在 20 世纪已经过时了，事实上干扰了黑帮生意。

卢西亚诺尽管表面上归顺了马塞里亚，但他并不愉快，他认为马塞里亚早晚会对自己下手，于是他先下手为强。1931年4月15日，在科尼岛的一家海鲜餐厅里，他把自己的老大马塞里亚给做掉了。据说是卢西亚诺与马塞里亚一起吃午餐，席间卢西亚诺去了趟洗手间，有三个杀手闯入餐厅，枪杀了马塞里亚。有人说，第一个开枪的杀手，就是西格尔。西格尔就是最勇猛的打手和最忠诚的兄弟，然而头脑并不聪明。

听到马塞里亚的死讯后，马兰扎诺把卢西亚诺招到麾下，把马塞里亚原来的生意都让卢西亚诺管理。然后，就像《四海一家》的故事一样，马兰扎诺在纽约召开会议，邀请纽约和各地的老大参加，当众自封为"老板中的老板"（capo di tutti capi）。马兰扎诺就像《教父2》中的弗兰克·潘坦居利一样，痴迷于罗马历史，尤其喜欢恺撒，他认为恺撒是历史上第一个"老板中的老板"。这个人对美国不是很熟，作风保守，而且也不信任卢西亚诺。很快，马兰扎诺让卢西亚诺去除掉一些人，名单上有包括卡彭、科斯特洛、西格尔等在内的约50个人。卢西亚诺清楚，马兰扎诺是要铲除自己的朋友，这让他暗下决心，要干掉马兰扎诺。1931年9月10日，他派人精心策划，再次刺杀了自己的老大马兰扎诺。

《四海一家》的高潮部分，讲述的就是这场刺杀。卢西亚诺带领他的三个弟兄杀死了马兰扎诺。可自称"老板中的老板"的马兰扎诺，身边有许多随从和保镖，怎么会轻易让人杀了呢？在电影《四海一家》中，是卢西亚诺利用马兰扎诺的自负，利用他特别希望别人去查他税务的骄傲心理，让三个兄弟扮成税务人员进入他的办公室。卢西亚诺和这三人将马兰扎诺从8楼窗口推下去，马兰扎诺当场毙命。而真实的情况是，卢西亚诺本人根本没有参与暗杀，他派了四名杀手，收买了马兰扎诺身边的一个亲信。他们进入办公室时，自称是税务局的工作人员，而马兰扎诺的律师此前曾跟他说过，最近这段时间会有政府人员到办公室突然查账，让马兰扎诺采取配合的态度。于是，马兰扎诺见到陌生人进来没有起疑心。办公室里还有一个女秘书，外间有五名保镖，这些人都被杀手们绑了起来。最后，两个杀手把马兰扎诺拉进他的私人办公室，试图用刀将其杀死。这两个人是谁呢？第一个动手的不是别人，就是巴格西·西格尔。西格尔每逢大案必然冲锋在前，也把卢西亚诺视为兄弟。另外一个人据说是科斯特洛。两个人之所以用刀行刺，是为了避免发出声响。马兰扎诺虽然年纪大了，但毕竟也是黑道出身，起身反抗，双方厮打在一起。最后，两人发现无法迅速解决战斗，就掏出手枪击毙了马兰扎诺，而不是像《四海一家》中演的那样从窗口将其丢下街头。最后，这位自诩当代恺撒的"老板中的老板"、意大利老派黑手党最后一位大哥，身中6刀，头上和身上中了4枪，死在办公室里。网上有一张流传甚广的马兰扎诺遇害时的照片，其实是假的。

卢西亚诺知道，如果马兰扎诺被刺杀，那些老牌黑手党人会产生抵触情绪，这些人一定会很快联合起来为马兰扎诺报仇。他一不做二不休，先下手为强，在马兰扎诺遇刺后的24小时里，在马兰扎诺的保守派死党还没有搞清楚状况时，打他们个措手不及，接连杀了大约50名老派黑手党人。这场耸人听闻的黑帮连环暗杀，在美国有组织犯罪历史上是一场前所未有的大案。这样有计划的大规模刺杀行动，让这些黑帮分子都倒吸一口凉气，这也体现出卢西亚诺与其他黑手党徒完全不同的地方。当然，这段故事是美国黑道的传闻，警方从未出面证实过这件事，但这起案子太有名了，流传很广，江湖人称"西西里晚祷夜"。这个情节也正是电影《教父》最后高潮部分的原型故事：麦克在教堂参加洗礼，同时派出各路杀手，一次性铲除所有异己。

在意大利黑手党眼中，杀自己的老大是冒天下之大不韪，但卢西亚诺同时将忠心耿耿的老派黑手党人一起诛杀，如此果断、凶残和狠毒，在美国黑帮历史上绝无仅有。当然，不得不承认，这么做确实有效，这是美国黑帮历史上近似于政变的刺杀。之后，意大利裔美国黑帮就恢复了秩序，也开始与犹太人、爱尔兰人合作，以纽约为中心的全美黑帮网络建立起来。从某种角度看，卢西亚诺是一个改朝换代的人物。

当然，当时的报纸上并没有关于这起连环杀人事件的报道，美国警方也一直没有公开承认过这个案件，所以，所谓"西西里晚祷夜"也可能是虚构的。但是卢西亚诺在回忆录《最后的遗言》(*The Last Testament of Lucky Luciano*) 中，亲口讲述了策划这件事的经过。他在密谋这件事时，联络了许多纽约之外的黑帮老大，说服他们在干掉马兰扎诺的同时，把分散在各地的支持马兰扎诺的老哥们儿一起干掉，只要马兰扎诺的死讯传开，各地支持他的黑帮领袖就会按照计划立即干掉这些马兰扎诺的死忠追随者。但是，卢西亚诺说，他最后改变了想法，并没有执行这个计划。后来坊间流传的各种"西西里晚祷夜"的故事，越来越夸张，卢西亚诺否定了这个同时杀死马兰扎诺追随者的说法，最夸张的50人被害的说法更是无稽之谈。但这个传说至少包含了一部分真实内容，就是卢西亚诺已经做好了准备，马兰扎诺的死党一旦反击，他同样可以立于不败之地。现实中那些所谓的黑帮传说，往往用简单的方法来解释黑道世界的复杂和神秘。我们可以把"西西里晚祷夜"理解为美国黑道中人解释当时权力斗争的一种简洁、具有威慑力的方式，以此讲述美国年轻一代的黑帮如何取代意大利老派大佬的传奇故事。

在四兄弟中，梅耶·兰斯基（麦克斯）是心机最深的，他告诉卢西亚诺，美国各地的新一代意大利老大，根本不希望被一个纽约老大统治，因此虽然马兰扎诺死了，但卢西亚诺不能重复他的老路。这些老大既然可以配合卢西亚诺干掉马兰扎诺的追随者，同样可以干掉卢西亚诺，所以他们必须用新的方式来领导美国的有组织犯罪。于是，卢西亚诺在兰斯基的建议下，做了两件事，这两件事都不是常人能做到的。第一件事，是隆重举行马兰扎诺的葬礼，让他得到黑帮大哥应该有的尊严。1931年底，与《四海一家》结尾几乎完全一样，在阿尔·卡彭的主持下，卢西亚诺召集了"五大家族"和各地黑帮老大，召开会议，决定成立委员会，凡是涉及黑帮之间重大投资和纠纷的事务，必须由委员会投票决定解决方案。卢西亚诺相当于董事局主席，开启了美国黑帮的新时代。

卢西亚诺掌控美国黑帮的时代到1936年宣告结束，美国检察官托马斯·E. 杜威（Thomas E. Dewey）开始对卢西亚诺展开调查，他找不到能够证明卢西亚诺贩运私酒、凶杀、抢劫等的犯罪证据，最后通过色情犯罪的线索，以强迫卖淫罪起诉卢西亚诺。杜威查抄了80家妓院，逮捕了数百名妓女、皮条客和打手等，卢西亚诺的确控制着纽约的有组织卖淫，每年从中赢利1 200万元。这场诉讼轰动了美国，卢西亚诺以及12名被告最后被判有罪，卢西亚诺被送进了州立监狱，刑期有30年到50年。关于卢西亚诺这个案件，好莱坞在1937年还拍了一部电影，叫《艳窟泪痕》（*Marked Woman*, 1937），亨弗莱·鲍嘉扮演以杜威为原型的检察官角色，贝蒂·戴维斯（Bette Davis）扮演了最后勇敢揭发犯罪的妓女，控诉了强迫妇女卖淫的悲惨故事。但是影片讲述的只是色情犯罪在美国有组织犯罪中的一角。

· 四 ·

四个人友谊的第三段故事，是从1937年到1951年。

这段时期是四个人的友谊承受挑战的时期，他们四个人关系的变化，也让美国黑帮的犯罪结构发生了重大变化，这段故事的转折点是1937年卢西亚诺入狱。作为领导全美黑帮帝国的大哥，卢西亚诺尽管被判刑，但依然可以在监狱中统治黑帮帝国。他先是让弗兰克·科斯特洛作为他在纽约的代理人，负责管理各大家族的生意，维持与政治上的保护者的关系，然后让梅耶·兰斯基接手地下赌博业。兰斯基这个人精于计算，头脑聪明，把赌场管理得井井有条，赚了大笔利润。四个人中最小的西格尔，在刺杀"二马"的案子中身先士卒，立下了汗马功劳，卢西亚诺尽管不认为他有兰斯基那样的头脑，但也对这个忠诚勇猛的犹太兄弟非常在意。进监狱前，卢西亚诺也给他安排了工作，就是让他去西海岸的洛杉矶，接管纽约黑帮在西海岸的生意。西格尔长得一表人才，风流倜傥，但脾气火暴，打架勇猛，杀人不眨眼。他去往洛杉矶可谓碰上了天时地利，很快就爱上了好莱坞，并与社会名流和明星打成一片。卢西亚诺把他派到洛杉矶，本来是让他去西海岸处理混乱的局面，希望他能够让西海岸的生意不受影响，但这个决定最终断送了西格尔的前程，也成就了一段传奇。《四海一家》是1991年上映的，同年上映的还有另一部黑帮片，就是以西格尔为原型的《豪情四海》，台湾过去有个译名叫"一代情枭毕斯"，这是涉及四人友谊第三段故事的核心影片。同一年，美国还出品了一部歌舞片，也是以西格尔的故事为原型的，叫作《抱得美人归》（The Marrying Man, 1991）。

《豪情四海》算是当年美国最重要的电影之一。导演是巴里·莱文森（Barry Levinson），曾经执导过许多著名影片，比如达斯汀·霍夫曼和汤姆·克鲁斯（Tom Cruise）主演的经典影片《雨人》（Rain Man, 1988），以及《摇尾狗》（Wag the Dog, 1997）、《沉睡者》（Sleepers, 1996）等，当时在好莱坞是一线导演。而影片的主演、扮演西格尔的是沃伦·比蒂（Warren Beatty），他可是好莱坞的红人，对于演戏、导演和制片，样样精通，他主演的最有名的电影就是开启了"新好莱坞"时期的《邦妮与克莱德》。《豪情四海》的女主演是安妮特·贝宁（Annette Bening），她扮演西格尔的黑道情人维吉尼亚·希尔（Virginia Hill, 1916—1966)，在现

《豪情四海》的男女主演（alamy / 视觉中国）

实中，两个人也因此片结缘，于 1992 年结婚。影片的作曲人是大名鼎鼎的恩尼奥·莫里康内（Ennio Morricone），因此，尽管很多人不太熟悉这部电影，但它在当时却是一部非常重要的作品，共获得了九项奥斯卡奖提名。

影片主要讲述了西格尔从纽约到洛杉矶之后的生活，直到他最后被黑帮下令处决。这部电影里的人物、故事，基本上是按照西格尔的真实经历改编的，主要事件背景在 1937 年到 1946 年间，核心情节是接管洛杉矶、进军拉斯维加斯、哈瓦那会议和西格尔遇刺，只不过加入了浪漫化元素。影片的情节是这样的：纽约黑帮高层西格尔在兰斯基的安排下，去洛杉矶处理背叛组织的赛马彩票代理人，本来只是安排他在洛杉矶停留几天时间，但西格尔在好莱坞著名演员乔治·拉夫特的带动下，沉迷于洛杉矶电影明星的氛围中，并在比弗利山庄置办豪宅，清除了纽约黑帮在洛杉矶的负责人杰克·德拉格纳（Jack Dragna, 1891—1956）。在这个过程中，他结识了女演员和黑帮名媛维吉尼亚·希尔，两个人很快陷入热恋。在这个过程中，西格尔体现出他作为黑帮暴徒的本性：冲动、残暴、自负、推崇暴力等。另一方面，他风流倜傥，一掷千金，与明星们打成一片。他运用纽约黑帮的方式迅速接管了洛杉矶的地下生意，之后在内华达州的"沙漠小城"拉斯维加斯兴建他理想中的奢华酒店赌场。在这期间，他依然为纽约执行清除叛徒的活动，亲手杀死了来投靠他的朋友哈利·格林伯格（Harry Greenberg, 1909—1939），因为格林伯格背叛了卢西亚诺家族，准备给警方做污点证人。但他在拉斯维加斯的赌城建设计划不断超支，导致黑帮投资人对他越来越不满意，并怀疑超支部分被他与情人维吉尼亚·希尔密谋运到了瑞士。尽管卢西亚诺和兰斯基极力替他辩护，但全美黑手党委员会还是在古巴哈瓦那召开会议，讨论如何处理西格尔涉嫌的洗黑钱和以权谋私等罪行。影片结尾，西格尔在家中被人枪杀，他的一生就此结束。沃伦·比蒂当然是个非常优秀的演员，但他在这部电影里并没有成功地塑造巴格西·西格尔，他的表演总是不断闪烁、跳跃，他所呈现出来的角色并不像是一个黑帮世界的牺牲品，反而像是一个性格极不稳定、好色冲动的神经病。

影片展现了西格尔这个人物的许多真实特征，比如"巴格西"是他的江湖绰号，但他讨厌别人当面叫他的外号，所以，当他喜爱的歌剧演员直接叫出他的外号时，他就露出了黑帮分子特有的野蛮。与《豪情四海》中演的一样，西格尔很快控制了洛杉矶，但是电影中没有展现出他其实是靠敲诈电影公司发展壮大的。西格尔接管了洛杉矶的临时演员工会和卡车司机工会，带领工人举行罢工，胁迫电影公司的老板向他付钱后，再让工人复工。

西格尔在好莱坞混得风生水起，受到好莱坞最高阶层的欢迎，与明星、大亨们成为好友，乔治·拉夫特、克拉克·盖博（Clark Gable）、加里·库珀（Gary Cooper）和加里·格兰特（Cary Grant）等明星都是他的好朋友，西格尔经常在他比弗利山庄的豪宅里举行奢华派对，托尼·柯蒂斯（Tony Curtis）、菲尔·西尔沃斯（Phil Silvers）和弗兰克·辛纳屈都是他的座上宾，其中当然还有好莱坞电影公司的高管，比如路易斯·梅耶和杰克·华纳等。著名女演员珍·哈露（Jean Harlow）是西格尔大女儿米莉森特（Millicent）的教母，他与好莱坞电影圈的关系可想而知。

很多人认为，本杰明·巴格西·西格尔是美国黑社会历史上最接近好莱坞明星的大哥。《豪情四海》中有一场戏，是他在制片厂看乔治·拉夫特演戏，很快就能记住演员的台词，而影片刻意强化了一种印象，即他在洛杉矶的现实人生仿佛就是一部好莱坞电影。

影片中，西格尔的朋友哈利·格林伯格前来投靠，西格尔反而杀死了他。这部电影似乎想表达西格尔作为黑帮杀手的邪恶本性，以及为了捍卫与兰斯基的友情和黑帮利益，不惜对兄弟下毒手。但是，这段情节与真实故事有很大出入，这场凶杀发生在1939年11月22日，西格尔并不是像电影中演的那样，跟他的情人维吉尼亚·希尔在洛杉矶的铁轨边上杀了哈利，而是与另外三个黑帮杀手在哈利·格林伯格的公寓外杀死了他。西格尔还因为这起凶杀案被告上法庭，但最后因两个控方证人相继被杀，在1942年因证据不足被释放。

在电影中，编导似乎想让观众相信，西格尔虽然风流，但对维吉尼亚·希尔是真爱。然而，这并不符合真实情况。在这个时期，西格尔同时与许多名好莱坞女演员和社会名媛有过暧昧关系，在维吉尼亚·希尔之前，西格尔曾与一位意大利伯爵夫人多萝西·迪弗拉索（Dorothy Di Frasso）有过一段关系，这位意大利伯爵夫人原来是一位英国富婆，离婚后嫁给了意大利的弗拉索伯爵，但是她与这个伯爵只共同生活了很短的时间，然后就来到好莱坞成为社交名媛。而在西格尔之前，她还与加里·库珀有过一段关系。在与这位意大利伯爵夫人交往过程中，西格尔跟随她去了意大利，并通过她的丈夫在意大利上流社会的派对上见到了贝尼托·墨索里尼。那是1938年，二战尚未开始。据说，西格尔想把武器卖给墨索里尼。同时，西格尔在意大利还见到了德国盖世太保头子赫尔曼·戈林（Hermann Göring）和约瑟夫·戈培尔（Joseph Goebbels）。西格尔是犹太人，当然对德国纳粹恨之入骨，据说他想当场就杀死他们，但在伯爵夫人的恳求下没有动手。不论这个传说是否真实，它至少可以让人想起杜琪峰在《黑社会》中的一句台词："黑社会也是爱国的。"西格尔虽然是一介草莽，在大时代中跟随兰斯基和卢西亚诺成为职业罪犯，但他也有一颗因为犹太人被迫害而怒发冲冠的侠义之心。纽约黑帮与意大利之间的隐秘联系是始终存在的，美国宣布参加二战后，在监狱中的卢西亚诺为了能够出狱，主动配合美国军方，联系意大利黑手党在港口进行破坏活动，以配合盟军行动。于是，二战结束后，也就是1945年，卢西亚诺因特殊贡献而被释放，但是他被遣送回意大利，并被永久禁止进入美国。

到1945年二战结束的时候，纽约四兄弟中，其他三个人都已成为犯罪帝国的明星，位高权重，富可敌国，只有西格尔的地位和成就依然没什么起色，正因如此，他决心自己干一番事业，证明自己的实力。于是，他借助内华达州赌博合法化的制度，在拉斯维加斯兴建赌场酒店，并凭借他在洛杉矶的影响和他与好莱坞的关系，通过赌场酒店来控制西海岸的旅游博彩业。当时的拉斯维加斯还只是一个沙漠小镇,只有两家小赌场,而西格尔的野心是开设一家豪华赌城,即拥有五星级酒店的环境和服务、规模最大的赌场。当时,他开始与情人维吉尼亚·希尔热恋,于是他把酒店起名为"火烈鸟"(Flamingo),这是他对希尔的爱称。

《豪情四海》后面的故事,主要讲述他如何通过兰斯基向纽约黑帮筹借赌城的建设资金,以及他与维吉尼亚·希尔之间的爱情。这会让观众认为西格尔最终在火烈鸟酒店上的失败,是因为对希尔的爱情,所谓"赌场失意,情场得意"。但如果这么理解就大错特错了。现实中的维吉尼亚·希尔不像电影中演的那么单纯,她是美国有组织犯罪历史上非常厉害的角色,被誉为"黑帮女王"(Queen of the Mob),从20世纪30年代中期到40年代,她是美国黑帮著名的交际花,更是意大利人黑帮的现金信使,就是帮助黑帮运送见不得光的钱并将其洗白的人。她有着诱人的美貌和性感的身材,在芝加哥进入黑帮世界,成为老大的情妇,同时也为黑帮做事,比如色诱一些大亨,对他们进行敲诈,给他们传信,替黑帮洗钱。她虽然与西格尔同居过,并共同参与了火烈鸟酒店的兴建,但是她与西格尔的关系并不像电影中演的那么甜蜜。西格尔醉酒后会在争吵中暴打她。西格尔1947年被杀之前,维吉尼亚·希尔去了巴黎。获知西格尔的死讯后,她在巴黎先后自杀了三次。后来她在滑雪中认识了一位奥地利滑雪教练,两个人结婚并定居奥地利。有人认为她为黑帮在瑞士银行中存入了至少500万美元的赃款,她的后半生也靠着黑帮给她的回扣生活,直到1966年她自杀。

西格尔想要兴建的火烈鸟赌场酒店,最终断送了他的人生。很多人认为西格尔的能力不如卢西亚诺和兰斯基,说他根本就没有兴建和管理赌场的能力,但是实事求是地讲,西格尔并非没有能力,而是过于超前。他想趁着二战后美国社会资源松绑的时期,在拉斯维加斯建立一种新型的赌场模式，就是奢华旅游赌场酒店的模式，它可以提供一站式赌博娱乐服务。而兰斯基当时管理的美国地下赌场，都是比较廉价的低级赌场，西格尔则看到了一种商机，那就是让赌徒和游客们像参加好莱坞上流社会派对那样去赌博，豪华酒店、高级服务、美食美女、歌舞演出应有尽有，因此，他跟刚刚出狱的卢西亚诺提出这个方案的时候，是受到支持的。可惜的是，他的施工建设遇到了许多问题。导致超出预算的一个原因是运送建筑材料到拉斯维加斯的成本非常高，加上施工单位也受当地黑帮控制，不断被黑帮从中捞取好处，因此第一笔100万美元的投入根本不够用，他不得不再次向好兄弟兰斯基和卢西亚诺求助，请他们再次帮他筹款。这个时候，黑帮投资人就已经对他不满意了，认为他和希尔联手黑了投资，但卢西亚诺和兰斯基依然力挺他，最后，火烈鸟酒店的总成本提到600万美元。而就在酒店开张的时候，却赶上了沙漠里极其罕见的风暴天气。在电影中可以看到，开业当天，西格尔请到了许多社会名流一起庆祝，却被一场大雨几乎搅黄了。酒店再次关闭，进行内部装修，直到1947年重新开张。

但是，就在西格尔在拉斯维加斯为酒店项目焦头烂额的时候，1946年10月，卢西亚诺从意大利偷偷来到古巴，与在古巴投资赌场的梅耶·兰斯基会合，并在哈瓦那召开了二战后第一次全美黑手党会议，这就是著名的哈瓦那会议。会议的一个议程，就是讨论如何处理西格尔。

哈瓦那会议几个月后，1947年6月20日晚上10点多，西格尔回到他在比弗利山庄的豪宅，坐在客厅的沙发上读《洛杉矶时报》，这时，有人从窗外向他射击，杀手使用.30口径的M1军用卡宾枪对他连开了9枪，把他杀害。这场凶杀非常残忍，西格尔的头上中了两枪，有一枪打穿了他的右脸，从颈部的左侧射出，另外一枪打在了右侧鼻梁和右眼眶之间，子弹穿过头骨时产生的压力，把他的左眼球从眼眶中炸出，警察最后在距尸体约 5 米远的餐厅地上找到了这个眼球。西格尔在比弗利山庄的富人区被公然射杀，而且死状如此惨烈，震惊了洛杉矶。但是，警方始终没有破案，使这成为美国犯罪史上最著名的悬案。西格尔的右眼被打穿的细节，也被科波拉安排在《教父》结尾麦克的杀手杀死莫·格林的那场戏中，莫·格林的原型就是西格尔。而《教父 2》时，以兰斯基为原型的海门·罗斯因为麦克杀死了莫·格林而震怒，这也与兰斯基和西格尔在现实中的关系完美对应。《豪情四海》在结尾非常真实地重现了这场凶杀。

美国黑帮多数人认为，是兰斯基杀死了西格尔，是他在哈瓦那会议上下令杀死自己的兄弟。至少，兰斯基要对西格尔的死负责，如果他想阻止纽约黑帮去刺杀西格尔，应该不会有人敢反对。所以，《美国往事》中的麦克斯和"面条"，很可能就是以兰斯基和西格尔为原型的，他们都是犹太人，在电影中，麦克斯最后出卖了"面条"和另外两个兄弟，而他自己则摇身一变，利用兄弟们用命换回来的钱，成了政治家。兰斯基和西格尔这两个犹太黑帮人物，在坊间被流传为两个不同的类型：兰斯基精于算计，城府极深，而西格尔冲锋在前，风流倜傥，重义气，最后却被兄弟出卖。

当然，兰斯基始终不承认此事。他几乎整个后半生都在替自己辩解，一直强调自己忠于与西格尔的友谊。他在回忆录中称，西格尔不仅勇敢，行动力强，而且救过许多人的命，包括他的命。他强调清除西格尔的决定，其实是哈瓦那会议的黑手党委员会集体做出的，从清理门户的决议到实施刺杀，之间隔了 7 个多月，就是他一直在阻止他们杀死西格尔，只是最终没有办法挽回。西格尔被杀 20 分钟后，兰斯基的两个手下就接管了火烈鸟酒店。

当时，火烈鸟酒店在西格尔的经营下虽然重新开张，开始扭亏为盈，但是依然无法偿还投资。西格尔的死让他登上了头条，也让全美国的人都知道了拉斯维加斯。讽刺的是，媒体对西格尔之死大肆报道，反而让火烈鸟酒店迅速火了起来，很多人慕名而来。西格尔死后半年，火烈鸟酒店的盈利就还清了当年的投资，而西格尔的这种模式不仅成为全国投资者在拉斯维加斯兴建赌场的样板，而且每年为黑帮持续不断地赚取巨额利润。

在四兄弟中，卢西亚诺、兰斯基和科斯特洛最后也没有坐牢，卢西亚诺由于无法回到美国，晚年郁郁寡欢，科斯特洛在基福弗听证会之后逐渐失去黑帮的信任，只有梅耶·兰斯基，这个最精于算计的幕后军师，是无疾而终。总而言之，西格尔成为美国黑帮历史上最传奇的人物之一，可能唯一能与之媲美的，就是阿尔·卡彭了。西格尔的一生聚集了我们对美国风云激荡时代所有黑帮枭雄的全部想象，他出身卑微，有勇有谋，做事果断狠毒，同时一表人才，风流倜傥，忠诚义气，对赌城拉斯维加斯充满了理想主义。最后，他被自己效力一生的帮会误解和仇视，被兄弟杀害，以悲剧收场，不禁令人感慨，编导们再怎么对西格尔的人生进行艺术想象，也比不上他更具传奇色彩的真实人生。

He loved the American Dream. With a vengeance

CHAPTER

05

Scarface

第五章

疤面煞星

阿尔·卡彭的银幕传奇

/ 视觉中国

> 我们的美国体制,叫美国主义也好,叫资本主义也好,随你怎么叫都行,只要我们用双手抓住它并利用它,它就会给每个人带来巨大的机会。
>
> ——阿尔·卡彭(美国黑帮人物)

美国影视剧最偏爱的传奇黑帮人物当然是阿尔·卡彭,关于他有许多电影作品,如《疤面人》、《阿尔·卡彭》、《情人节大屠杀》(*The St. Valentine's Day Massacre*, 1968)、《龙蛇小霸王》(*Bugsy Malone*, 1976)、《铁面无私》和《卡彭》(*Capone*, 2020)等。电影史上出现过阿尔·卡彭的作品太多了,以上这几部是比较重要的。卡彭在美剧《大西洋帝国》中也出现了,当然,《大西洋帝国》主要呈现的是大西洋城黑道政治家伊诺克·约翰逊(Enoch Johnson, 1883—1968)的故事。

· 一 ·

1917年,纽约发生了一件事。这件事在当时没多大影响,报纸上也没有报道,但20年后,这件事改变了好莱坞。事情发生在纽约科尼岛上的一家名叫"哈佛旅馆"（Harvard Inn）的小酒馆里，这其实是一家咖啡吧旅店，位子不多，装潢一般。之所以起这样一个名字，是为了与另外一家餐馆竞争，那家餐馆叫"大学旅馆"（College Inn），是一家比较讲究的餐厅，有现场歌舞表演。

当时在哈佛旅馆弹钢琴的是一个20岁出头的大鼻子青年，名叫吉米·杜兰特，20年后，他成为美国家喻户晓的歌手和明星，后来获得了艾美奖最佳喜剧类剧集男主角奖（1952年），而跳查尔斯顿舞的是一位16岁的少年，名叫乔治·拉夫特，20年后，他成为好莱坞的黑帮片专业户，专演各种罪犯，出演了《疤面人》《法网惊魂》（*Each Dawn I Die*, 1939）和《热情似火》（*Some Like It Hot*, 1959）等。

哈佛旅馆有两层，楼上的房间都朝向海滩，是专门给寻欢作乐的嫖客们使用的，哈佛旅馆最大的特色是有一个6米长的吧台，也有小舞池和伴奏乐队的小舞台，酒吧老板叫弗朗西斯科·约埃莱（Francesco Ioele），他还有一个更被人熟知的名字：弗兰基·耶尔（Frankie Yale）。

弗兰基7岁来到美国，是纽约帮会成员，除了经营这个酒馆，他还经营一个雪茄工厂和一家洗衣房。他卖的雪茄非常难抽，但迫于他的黑帮身份，很多人必须买他的雪茄。他偶尔也会给意大利穷人家的孩子一点施舍，以便让更多孩子跟着他混。他的酒馆里雇了一个17岁的意大利少年做酒保和打手，主要是教训那些不住旅馆拉活的妓女。这个17岁的打手就是本章的核心人物：阿尔方斯·卡彭（Alphonse Capone），后来江湖人称阿尔·卡彭，美国最著名的黑帮人物。

1917年的这天晚上，哈佛旅馆里来了一位意大利美女。阿尔·卡彭一下子被她迷住了，目不转睛地盯着她，之后他上前搭话，想让对方在这里做妓女。跟着这个美女一起来的意大利青年火冒三丈，上来就给了阿尔·卡彭一记重拳，两个人在酒吧打了起来。这个青年是美女的哥哥弗

1930 年的阿尔·卡彭（Chicago Bureau, 1930）

兰克·加卢西奥（Frank Galluccio），他也不是善茬儿。卡彭虽然勇猛，但是年纪小、个子矮。加卢西奥身上带着一把刀，两个人打红了眼，加卢西奥就把刀掏出来了，给卡彭的脸上来了三刀。一刀在左脸上，从左耳到下颌，有 10 厘米长，第二刀有 5 厘米长，第三刀在左耳的后面。尽管在后来的人生中,阿尔·卡彭做了几次整形手术,但效果仍不理想,左脸上的疤痕依然清晰可见,人们开始叫他"疤面人",但他不喜欢这个外号。他在报纸上露面时,经常是以右脸相迎。

很明显,阿尔·卡彭在这场架里吃了亏,他发誓要报仇。加卢西奥知道后有点害怕了,他找了意大利街区一个名叫阿尔伯特·阿尔蒂利(Albert Altierri)的流氓来摆平这件事,但阿尔蒂利认识阿尔·卡彭,知道自己很难搞定卡彭,于是,他又找来另一个入行比他早的兄弟,这个人正是卢西亚诺!

卢西亚诺比阿尔·卡彭大两岁,他们曾经在同一所学校上学,两个人都加入过同一个少年帮派。但是,卢西亚诺在了解了打架的经过之后,选择站在了加卢西奥这一边。他认为,任何人都无法接受别人以那样的方式调戏自己的妹妹。于是,他出面把双方约出来讲和,地点还是在哈佛旅馆,卢西亚诺、弗兰基·耶尔、加卢西奥和卡彭坐在了一起,这时他们都还是小流氓,还没有成为呼风唤雨的地下社会老板。

弗兰基·耶尔让阿尔·卡彭给加卢西奥道歉。当时,卢西亚诺已在黑道上小有名气,而卡彭不过是个小混混,所以他不敢反对卢西亚诺,只能低头认错。卡彭后来在江湖上混的时候,经常对别人说卢西亚诺是他的堂兄,其实根本不是,两个人没有血缘关系。15年后,他成了芝加哥的"无冕之王"。在布莱恩·德·帕尔玛导演的《铁面无私》中,罗伯特·德尼罗精彩地刻画了极盛时期狂傲的阿尔·卡彭。

1899年1月17日,阿尔·卡彭生于纽约,父母是那不勒斯人,他们像许多意大利人一样,在19世纪末背井离乡移民到美国。意大利移民多数是来自南部乡村的自耕农和农业工人,在1901年到1903年间,西西里岛近25%的居民都移民到美国。这些意大利南部的农民不仅贫困,而且没有政治权利和社会地位,但他们却保持着格外强大的家庭纽带。他们对家庭的依赖和重视，甚至超越了对国家、宗教和道义的重视。就像《教父》所演的那样，他们把家庭看得比什么都重要。这些意大利移民主要在纽约和芝加哥落户，聚居在这些城市的意大利人街区。

并不是所有的意大利移民都参与黑帮犯罪，第一代意大利移民都安分守己，犯罪率极低，他们的违法行为最多不过是斗殴、赌博之类，很少有职业犯罪。尽管在19世纪末，西西里岛的职业犯罪已经非常发达，但多数意大利移民并不是黑手党，反而是黑手党的受害者。他们不像爱尔兰人那样会无端殴打陌生人或抢劫路人。当意大利人来到美国时，美国的有组织犯罪者多数是爱尔兰人和犹太人。

阿尔·卡彭和卢西亚诺都属于第二代移民，而美籍意大利人的有组织犯罪主要就发生在他们这一代移民身上。对于意大利人来说，哪怕是犯罪，也不会让家中的女人去做妓女，这可能也在一定程度上解释了在"哈佛旅馆事件"中，为什么加卢西奥会那么愤怒，以及卢西亚诺为什么会站在加卢西奥这一边。

阿尔·卡彭在布鲁克林区的海军街（Navy Street）长大，那里是纽约最大的意大利人聚居区的中心。阿尔·卡彭5岁就上学了，他与卢西亚诺都在亚当斯街（Adams Street）的公立第七小学读书，他们的班主任都是同一位穆尔瓦尼小姐（Miss Mulvaney），而且，他们两个完全有可能在上学期间打过架。因为在学校里，来自西西里的和来自那不勒斯的意大利孩子总会打架。直到12岁，阿尔·卡彭的学习成绩都还不错，直到他开始跟小流氓混在一起后，成绩才降下来。13岁，他因为殴打教师被开除。后来的事实证明，阿尔·卡彭不但有勇有谋，而且天生具备经商的远见卓识。

阿尔·卡彭最初只是小流氓，抢学生的零花钱。这时，他认识了专门在布鲁克林区收小弟的约翰尼·托里奥。这个人就是1932年电影《疤面人》中约翰尼·勒沃（Johnny Lovo）的原型，但是，与电影中那个胆小怕事、毫无远见的人物相反，约翰尼·托里奥是个不折不扣的黑道大哥。他个子不高，但打架凶猛，擅长用拳头和刀子，街头绰号"恐怖强尼"（Terrible Johnny）。后来他从纽约街头帮派头目，变成芝加哥黑帮的老大。他对阿尔·卡彭有知遇之恩，也是为数不多最后获得善终的帮派老大。托里奥是犹太人，两岁时随父母移民纽约，少年时代加入了纽约的五点帮。五点帮在20世纪初是美国有组织犯罪从爱尔兰残酷街帮时代演变到有组织犯罪集团时代的"过渡性"帮派。他在五点帮专门为老大保罗·凯利在街头物色小弟，深受保罗·凯利赏识，因而他得以掌管一个青年帮派，叫"詹姆斯街头党"（James Streeters），而这个帮派里就有阿尔·卡彭和卢西亚诺。约翰尼·托里奥后来与一个名叫弗兰基·耶尔的意大利人联合开了一家酒馆，就是哈佛旅馆，然后他把自己的小弟阿尔·卡彭拉过来做保安。

前文说起过，阿尔·卡彭在哈佛旅馆里被加卢西奥划花了左脸，卢西亚诺之所以能摆平此事，除了因为他们都属于意大利帮派，还因为这个时候，卡彭的靠山约翰尼·托里奥已经被他的姨夫从纽约叫去了芝加哥。托里奥的姨夫叫"大吉姆"科洛西莫（"Big Jim" Colosimo, 1878—1920），正是《疤面人》开场被杀的"大路易"的原型，而电影中的这个情节也取材于芝加哥黑帮的真实事件。

"大吉姆"科洛西莫1878年生于意大利，24岁时随父亲来到美国芝加哥，从报童和擦鞋工做起，逐渐成为扒窃高手，并为区议员工作。在选举过程中，他把意大利街区的人们组织起来，成立了街道清洁工工会，支持他的合作政客。当时，芝加哥的犯罪并不多，却包容卖淫。

1902年，"大吉姆"认识了一个女人，名叫维多利亚·莫雷斯科（Victoria Moresco）。这个中年妇女比他大6岁，姿色平庸，但她的家庭经营夜场生意，是低级妓院的老板。"大吉姆"其实是看上了她家经营的卖淫业。为了确保"大吉姆"不离开她，维多利亚把两家妓院交给他经营，随后两人结婚。然后，"大吉姆"靠组织舞女合唱团来为夜场招揽生意，这种舞女合唱团就是好莱坞老电影中经常出现的那种站成一排的舞女高抬腿连唱带跳，这当然不是什么高级的舞台表演，而是底层夜总会的表演，但仍然深受欢迎。加上"大吉姆"在餐馆里供应欧洲的进口红酒、干肠和奶酪，他的科洛西莫餐馆（Colosimo's Cafe）很快就红遍芝加哥，甚至名闻全国。

当时芝加哥的妓院生意非常好，"大吉姆"从每个妓女身上抽油水，姑娘们每得2美元，就要给他1.2美元的经纪人提成。很快，"大吉姆"就成了芝加哥最大的皮条客。他的总部在芝加哥南沃巴士大道（South Wabash Avenue）的科洛西莫餐馆，也就是电影《疤面人》开场那家餐厅，这里深受芝加哥社会精英和娱乐明星的欢迎。

人红是非多，他的成功很快就给他带来了烦恼。越来越多的流氓开始敲诈"大吉姆"。1909年，有黑帮敲诈他5万美元，他非常头疼，急需一名保镖。这时候，他的老婆维多利亚出手了，她提议让纽约的外甥到芝加哥，去帮忙对付那些敲诈他们的流氓，而这个外甥不是别人，就是约翰尼·托里奥。托里奥本身就是布鲁克林的老牌敲诈犯，他告诉"大吉姆"他自有办法。他来到芝加哥，让"大吉姆"准备了一辆马车，车内藏着两名枪手。他以付款的名义引诱三名敲诈者出来交易，等人到了以后，枪手从马车里站出来，当场开枪打死其中两个人，并把第三个人打成重伤，解决了困扰科洛西莫的问题。他按照纽约的作风，直接干掉了敲诈者，让"大吉姆"的妓院从此太平。"大吉姆"当然对托里奥非常满意。1915年，"大吉姆"决定把芝加哥的一家妓院交给托里奥全权管理，托里奥于是把他在纽约的哈佛旅馆的股份卖给了合伙人弗兰基·耶尔，并把自己最亲近的小弟阿尔·卡彭介绍给耶尔，自己则驾车离开纽约，来到芝加哥。

约翰尼·托里奥是天生的黑帮大师，经营妓院极有天赋。他让女孩们穿着童装接客，思路近似于今天的JK（日本女子高中生）或Cosplay（角色扮演），利用女孩们的特殊装扮招揽生意，同时提高价格，结果生意蒸蒸日上。很快，"大吉姆"就让托里奥成为二老板。也是在这个时期，远在纽约哈佛旅馆的阿尔·卡彭引发了前面说到的斗殴事件。卡彭没有托里奥在身边支持，只能听从卢西亚诺的安排。

1918年，卡彭在纽约遇到了爱尔兰女孩梅·库格林（Mae Coughlin, 1897—1986），两人于5月18日结婚。一年后，卡彭为五点帮惹上了人命官司，警方要来抓捕他，卢西亚诺提前通知卡彭，让他离开纽约避避风头。于是，卡彭不得不来到芝加哥，投奔当年的大哥托里奥。1919年，卡彭唯一的儿子在芝加哥出生，取名阿尔伯特·弗朗西斯·卡彭（Albert Francis Capone），即"小卡彭"，外号桑尼（Sonny），约翰尼·托里奥成了这个孩子的教父。这个时期的阿尔·卡彭就像《大西洋帝国》第一集里演的那样，是一个梦想着大干一场的打手和司机。

每个大哥都有自己的风格，"大吉姆"和约翰尼·托里奥的风格就完全不同。"大吉姆"还有个绰号，叫"钻石吉姆"（Diamond Jim），他是个十足的"钻石控"，每天要戴好多钻石出门。除了手上戴好几枚钻石戒指，他的腰带、背裤带、领带夹、怀表、袖扣上都镶满了各种宝石。这位大哥喜欢穿一身白西装，晚上泡在夜总会里，与政客名流勾肩搭背、谈笑风生。这个靠拉皮条起家的暴发户，却想做芝加哥风月场的红人，他喜欢炫富，经常随身带一袋钻石，闲着没事就把钻石撒在桌子上，当着客人的面在手中把玩。霍华德·霍克斯在《疤面人》里把"大吉姆"塑造成一个胖墩墩的蠢货，这个形象还是很传神的。但在理查德·威尔逊（Richard Wilson）拍摄的《阿尔·卡彭》（1959）里，"大吉姆"是一个留着小胡子的绅士,气质根本不像暴发户。而来自纽约的约翰尼·托里奥则和"大吉姆"完全不同,他不抽烟、不喝酒、不赌博,行事低调,深藏不露。除了结婚戒指,他不佩戴任何首饰,穿衣戴帽从不浮夸。他的生活很有规律,出门前必须与妻子拥抱,晚上准时下班,晚饭后与妻子打牌,听留声机。他老婆说:"跟托里奥在一起,每天都像度蜜月。"在美国黑帮史上,如此爱妻的谦谦君子屈指可数。但是在一些关键时刻,托里奥也绝不手软。

这样两个性格、作风、素质和视野完全不同的人在一起合作,必然不可能长久。

禁酒令实施之后,作为有远见卓识的犯罪大师,约翰尼·托里奥预感到禁酒会带来巨大的利润。但是,当他对"大吉姆"提起要做私酒生意时,后者并不热心。"大吉姆"认为,自己的卖淫帝国只要唱唱歌、跳跳舞就能轻松赚大钱,何必去造酒贩酒呢?此时,"大吉姆"已另有新欢,爱上了餐馆里一个跳舞的小歌星达尔·温特(Dale Winter),他仿佛瞬间寻到了人生真爱,抛弃原配妻子维多利亚,与小情人云游四海,享受人生去了。这位小歌星的确让"大吉姆"发生了一些变化,比如他不再那么招摇地穿金戴银了,对生意也不那么上心了,把管理权都交给了约翰尼·托里奥。在美剧《大西洋帝国》里,正是在这个时候,阿尔·卡彭成为约翰尼·托里奥的司机和保镖。在卡彭的辅佐之下,约翰尼·托里奥很快接管了芝加哥的妓院生意。在《大西洋帝国》第二季中,约翰尼·托里奥与私酒制造商谈判时,后面有许多袒胸露乳的女人,就是因为他们是在妓院里。

"大吉姆"与托里奥、卡彭之间亲如一家的和谐关系,随着1920年禁酒令的实施而破裂。"大吉姆"代表着意大利黑帮中比较传统的价值观。应该说,这种价值观在19世纪对意大利黑帮的发展起到了推动作用,是意大利黑帮发家的核心价值观，包括坚守帮规和仪式，坚决以家族和意大利人的利益为核心，坚持做赌博、色情和讹诈等传统营利行业，坚决不与警察合作等。但随着时代的发展，这些思想渐渐成为"黑帮现代化"的障碍和束缚。而约翰尼·托里奥则代表着黑帮中的革新派，他认为帮派之间为了地盘而逞凶斗狠的时代快过去了，当下最重要的是抓住时机，有计划地拓展犯罪领域，增加收入。很快，芝加哥的帮派开始做起私酒生意，从而获得了巨大利润，约翰尼·托里奥遇到了许多竞争对手，但"大吉姆"对这件事漠不关心，优柔寡断。

"大吉姆"科洛西莫在自己的餐厅被刺杀。图为警察正在勘查凶案现场（William J. Helmer, 1920）

1920 年 5 月 11 日，"大吉姆"在自己的餐馆门前被人射杀。《疤面人》第一场戏就讲了这件事。在影片里，"大吉姆"（在影片中叫"大路易"）的怀表链子闪闪发光，一个认识他的男人向他打招呼，然后用枪杀死了他。但真实的暗杀发生在白天，而不是电影中演的凌晨。约翰尼·托里奥约"大吉姆"下午 4 点到餐馆接一批货，但是托里奥没有出现，就在"大吉姆"即将离开餐馆时,一个男人从衣帽寄存处跳出来,向他开了两枪,这位浑身镶满宝石的大哥倒在血泊之中。影片里"大吉姆"经营的餐馆倒是与真实的科洛西莫餐馆很相似,这家历史悠久的餐馆在"大吉姆"死后,一直被当作芝加哥的名胜保留了下来。这座房子后来被安迪·沃霍尔买下来,送给了天才街头涂鸦艺术家巴斯奎特。

凶杀案轰动了芝加哥。报纸连篇累牍报道这件事。很多人猜测是他的前妻维多利亚为了报复干的,她被"大吉姆"抛弃,对他恨之入骨。"大吉姆"是芝加哥红人,约翰尼·托里奥为他举行了一场奢华的葬礼,将"大吉姆"的遗体装在价值7 500美元的红木棺材里,送到奥克伍德公墓,这场葬礼在20世纪20年代成为给被谋杀的黑帮老大办的奢华葬礼的样板。纽约的报纸用头版头条报道他出殡的盛况,有5 000人参加了葬礼,其中有的举着民主党和街头劳工工会的旗帜,街道上的市民挤得水泄不通,人们尾随着灵车,很多市民还流下了眼泪。在"大吉姆"家里面举行的仪式上,参加哀悼的人络绎不绝,包括市议员、州议员、联邦议员和法官等。

一位名叫加布雷拉的目击者向警方提供了杀手的样子,说杀手的左脸上有一道刀疤,这似乎在暗示杀手是阿尔·卡彭。警察和多数黑帮传记作家都认为,这场暗杀的确是约翰尼·托里奥和阿尔·卡彭策划的,但他们两个人都有无可挑剔的不在场证据,真正杀掉"大吉姆"的人不是卡彭本人,而是从纽约过来的弗兰基·耶尔——哈佛旅馆的合伙人。芝加哥警方根据证人线索,推断出凶手是纽约布鲁克林的黑帮杀手弗兰基·耶尔。芝加哥警方在暗杀发生后不久,就在火车站发现了弗兰基·耶尔并扣留了他,但最后加布雷拉拒绝指认耶尔,警方不得不将他释放。这个弗兰基·耶尔,在《大西洋帝国》里是一个被阿诺德·罗斯坦吓得连话都说不出来的胆小鬼,其实这个人是一个煞星,喜欢在街头逞凶斗狠,被约翰尼·托里奥招进五点帮，是当时纽约赫赫有名的黑帮杀手。后来，他与卡彭发生了利益冲突，1928年被卡彭干掉，卡彭也为他举办了一场隆重的葬礼。

·二·

禁酒令堪称美国黑帮发家史的催化剂，美国各地帮派都是在禁酒令时期迅速崛起的，他们聚敛了大量财富，导致暴力犯罪升级。这种情况也发生在当时美国第二大城市芝加哥。"大吉姆"死了，但芝加哥并没有因此太平。电影《铁面无私》的开场，讲述了一场发生在咖啡馆的爆炸，一个无辜的小女孩被炸死，这就是当时芝加哥黑帮争斗祸及平民的真实写照。因为私酒，帮派之间相互争夺，让芝加哥一夜之间成为"犯罪之城"，许多无辜市民成为牺牲品。约翰尼·托里奥想用最短的时间整合芝加哥的私酒生意，但事情并不像他想象的那么顺利，因为在意大利人之外，还有爱尔兰人。芝加哥黑帮开始进入混战时期，正所谓"乱世出英雄"，阿尔·卡彭就是在芝加哥这场混战中崛起，成为新一代黑道"枭雄"的。

《疤面人》和《阿尔·卡彭》两部电影里都有这样的情节："大吉姆"被暗杀后，约翰尼·托里奥召集当地的黑帮开会。这是事实，"大吉姆"死后，托里奥在表面上统管了芝加哥的私酒生意，他负责分配利益，制定规则。芝加哥被分为南北两个区，北区主要是爱尔兰人帮派的地盘，托里奥遇到的最大对手就是这些爱尔兰人。尽管爱尔兰人的小帮派也听从约翰尼·托里奥指挥，但他们一直三心二意，并不团结。爱尔兰人帮派的作风不好，他们与所有的族裔都能争个你死我活，而犹太人帮派却能与爱尔兰人、意大利人和谐相处。

阿尔·卡彭的做事风格，与约翰尼·托里奥也不一样。他能脱颖而出不仅是因为他敢打敢拼，其中也有运气的成分。1919 年，他来到芝加哥，1926 年，他就从托里奥手中接管了整个芝加哥黑帮，当时只有 27 岁。在《四海一家》和《大西洋帝国》中，卡彭是可以直接和纽约五大家族老板说话的人，是那种少年得志、成名较早的大佬，而他的作风正好与约翰尼·托里奥形成互补。年长的托里奥寡言少语、沉着冷静、经验丰富、风格保守，不支持滥用暴力，卡彭则年少力壮、脾气火暴、勇猛无比，爱玩又合群。从 1919 年到 1926 年这 7 年中，许多阻挡托里奥的对手都被阿尔·卡彭干掉了，其中最重要的就是芝加哥北区的爱尔兰帮派的老大迪翁·奥班宁（Dion O'Banion, 1892—1924）。许多黑帮电影里都有奥班宁这个人物。

迪翁·奥班宁，原名查尔斯·迪恩·奥班宁（Charles Dean O'Banion），江湖人称"迪尼"（Deanie），是芝加哥北区的黑帮头目。这家伙以做人阴损却喜爱鲜花而闻名。他在芝加哥北区的教堂对面，开了一家花店，名叫斯科菲尔德花店（Schofield），用它来掩盖犯罪活动。他一方面对鲜花情有独钟，一方面也依靠鲜花生意在黑道发家致富。他早年间有个诨号，叫"跛子"（Gimpy），因为他的左腿比较短，走起路来一瘸一拐，传说是小时候在街上被车撞的，但是没有人敢当面这么叫他。芝加哥警察局长摩根·柯林斯（Morgan Collins）说，奥班宁至少杀死过 25 个人，电影《阿尔·卡彭》里的旁白，也是这么说的。但是，有人认为柯林斯只说对了一半，奥班宁可能杀了 60 多个人。许多美国黑帮片里都有奥班宁，但通常很快就被人干掉了，给人留下的印象不深。但其实这个人大有来头。

"鲜花流氓"奥班宁在芝加哥最乱的爱尔兰街区长大。那里贫穷，治安差，罪恶横生。他白天在教堂里唱诗，晚上到芝加哥的"麦戈文自由旅馆"（McGovern's Liberty Inn）做服务生。他有副好嗓子，据说他唱的爱尔兰民谣让许多人感动得热泪盈眶，但当他用动人的爱尔兰嗓音讨好顾客时，他的同伙则在衣帽间翻看这些人的钱包。奥班宁会在有钱客人的酒里下药，当醉酒的客人离开酒店后，他的同伙就会在路上打劫他们。他有一个搭档，名叫路易斯·格林伯格（Louis Greenberg）。他们的相识也非常偶然。某夜，这两个互不相识的流氓都想抢劫同一个人，结果狭路相逢。他们合力打倒了受害人，却没有袭击对方，而是和平分配了战利品。从此俩人狼狈为奸、搭档抢劫。1909年，奥班宁因抢劫罪入狱，而路易斯·格林伯格后来则成为芝加哥黄金海岸塞内卡酒店（Seneca Hotel）的老板、千万富翁，也是阿尔·卡彭的幕后金主之一。

在20世纪第二个十年的美国，坐牢的经历几乎成为提拔黑帮头目的重要条件。奥班宁在监狱里学会了如何逃避法律、贿赂警察。出狱后，他加入了芝加哥的市场街帮（Market Street Gang），这个帮会主要打劫黑市。他同时也兼职做"slugger"，就是受雇于报纸产业的街头打手，专门教训不出售主家报纸的书报摊主。电影《美国往事》里就有"面条"带着几个孩子用汽油烧了一家报摊的情节。小混混们主要出没于街头，所以少年帮派很容易成为报摊零售业在相互竞争时利用的工具。奥班宁所在的市场街帮最早的雇主，居然是历史悠久的《芝加哥论坛报》（Chicago Tribune）。后来他转投了其对手《芝加哥检查报》（Chicago Examiner）。奥班宁和他的兄弟要让那些报摊主知道：他们代表的报纸是世界上最优秀的报纸。

"大吉姆"被干掉时，奥班宁带领的爱尔兰帮派在芝加哥北区已经初步成了气候，手下聚集了一大批打手。尽管当时意大利人和犹太人在美国有组织犯罪界的地位逐渐上升，但爱尔兰帮派的历史影响依然存在。奥班宁当上老大之后，经常整蛊自己的兄弟，他曾经把泻药当巧克力给手下吃，还在霰弹枪管里塞黏土，然后故意激怒他的朋友，说他连30米之外的墙壁都打不中，结果上当的兄弟在开枪时被逆火炸掉一只手臂和一只眼睛，甚至是半边脸。这些情节在《大西洋帝国》里都有真实还原。

正因为对手比较难缠，约翰尼·托里奥为了保持大局稳定并维护芝加哥的黑帮秩序，实行分区而治，把北区让给奥班宁，他与卡彭则负责南区。在电影《疤面人》里，"大路易"死后，托里奥召集芝加哥帮会分子开会时，那几个摇头晃脑、不服不忿的家伙，就是奥班宁帮的。

托里奥作为一个有野心的犯罪大师，目标当然不是快钱。为了维护私酒垄断，他开始建立根据地，并寻求政治庇护。他选的地方是芝加哥南郊小城西塞罗（Cicero）。为了打入西塞罗，托里奥先是派两队妓女去从事卖淫，然后，再以不把卖淫业带入西塞罗为条件，从当地黑帮那里换得西塞罗的私酒市场。进入西塞罗之后，他接着想通过控制地方选举来扶植政客，阿尔·卡彭就成为他的先锋官。

卡彭带领手下贩卖私酒，贿赂政客，还干涉西塞罗的市长选举。托里奥和卡彭支持共和党的市长候选人约瑟夫·Z. 克伦哈（Joseph Z. Klenha），打压民主党候选人威廉·F. 普夫劳姆（William F. Pflaum）。为了赢得选举，卡彭兵分几路，先是在选举前一天晚上，派手下殴打威廉·普夫劳姆。马丁·斯科塞斯在《纽约黑帮》里也展现了这类殴打和杀害候选人的情节。在选举日清晨，卡彭的弟兄开车在街头巡视，以威吓选民，有人专门在支持民主党的市民的选票上做记号，有人则把手枪放在衣兜里，在投票箱周围监视。这种黑恶势力威胁选举的情节，后来也出现在约翰·福特（John Ford）的西部片《双虎屠龙》（*The Man Who Shot Liberty Valance*, 1962）中，只不过发生在西部，而这部西部片被认为是约翰·福特的反思之作。

选举当天下午，库克县（Cook County）法官埃德蒙·K. 亚雷茨基

（Edmund K. Jarecki）带领70多名芝加哥警察装扮成北区的帮派分子，与卡彭的手下在选举站交火，卡彭的哥哥弗兰克（Frank Capone）被警方当场打死。愤怒的阿尔·卡彭打死一名警察，并绑架几名警察。对峙持续到深夜，直到共和党候选人获胜的消息被公布。这已经不是警方与黑帮之间的斗争，而是争夺地方领导权的战役。

1924年4月4日，卡彭为他的哥哥举行了奢华的葬礼，使用了150辆小轿车和价值2万美元的鲜花，而这些鲜花正来自奥班宁的花店。除了私酒生意，奥班宁的花店也因他的黑帮背景而生意兴隆，黑帮分子被害后，葬礼的鲜花都是从他这里购买的。这就是为什么阿尔·卡彭尽管恨他入骨，但给哥哥弗兰克举办葬礼的花也要从他的花店订购。

《大西洋帝国》从第四季开始讲托里奥与卡彭如何在西塞罗发展势力的故事，在剧中，喜欢修剪菊花的奥班宁，安插迈克尔·珊农（Michael Shannon）扮演的联邦探员尼尔森（奥班宁不知道他是卧底）到西塞罗去监视卡彭。

在1924年，奥班宁已经与托里奥发生了矛盾。虽然托里奥控制了芝加哥的酿酒和走私，但奥班宁在芝加哥北区从合法酿酒机构手里抢酒，坐收渔翁之利。在政治方面，托里奥控制了南方的西塞罗，奥班宁则控制了北区爱尔兰人的选票。在许多方面，他们之间的矛盾都越来越深。奥班宁混迹江湖多年，早已学会保护自己。他专门定制了昂贵的西装，能同时藏下三把手枪，左腋下一把，西服左手兜里一把，两腿中间还有一把。他疑心很重，从不与人握手，随时准备拔枪打死对方。

托里奥与奥班宁之所以一直不开战，是因为芝加哥的一个官员麦克·默洛（Mike Merlo, 1880—1924）在双方之间调解矛盾。

1924年11月8日，麦克·默洛去世。11月9日晚，奥班宁接到来自默洛家的一笔订单。第二天，也就是11月10日中午，奥班宁正在花店里修剪鲜花,有三个人走进花店,走在中间的人手里拿着一束花,跟他打招呼。奥班宁非常高兴,以为是麦克·默洛葬礼的筹办者,心里还想着从默洛的葬礼大捞一笔。他左手接过对方的鲜花,右手竟然伸出去握手。就在这时,另外两个人向他开枪。他双手被控制,无法还击,当场被打死。

几乎所有关于阿尔·卡彭的电影都有刺杀奥班宁这个情节。在《疤面人》里,导演霍华德·霍克斯没有展现奥班宁是如何被杀的,只是通过第三者转述了这个过程。《阿尔·卡彭》还原了刺杀奥班宁的整个经过。在1967年美国著名独立导演罗杰·科曼(Roger Corman)导演的电影《情人节大屠杀》中,奥班宁是个瘸子,临死时穿的西服上插了一朵红色玫瑰(《教父》里的老教父柯里昂和《大西洋帝国》里的努基·汤普森都喜欢在西服上插一支红玫瑰),这些细节都与真实的奥班宁相符合。在1975年版的电影《卡彭传》中,暗杀发生在晚上。三个刺杀奥班宁的枪

电影《情人节大屠杀》中奥班宁的葬礼(alamy/视觉中国)

手里，有一个是尚未成名的史泰龙扮演的。但是，这三部电影都没表现出打穿嘴巴和喉咙的细节。

真实情况是，杀手先是两枪打中他的前胸，然后两枪打中喉咙，最后两枪打穿了他的嘴巴。这是典型的黑手党处决方式，在《铁面无私》、《大西洋帝国》和 2012 年根据美国真实黑道杀手回忆录改编的《冰人》中，都能看到这种杀人方法。打向前胸的两枪是让对方失去活动能力，打穿嘴巴和喉咙，一方面是制止受害人呼救叫喊，一方面保证就算没有打死对方，他也无法把秘密告诉警察。这种杀人方法是黑帮内部处决的暗号，警察很快就能由此判断案件的性质。人们都说杀死奥班宁的还是弗兰基·耶尔。据传他杀死"大吉姆"的报酬是 1 万美元，而杀死奥班宁则是 1.5 万美元。

奥班宁的死不但没有让芝加哥平静下来，反而让双方正式开战。奥班宁帮的基层有几个狠角色："臭虫"莫兰（"Bugs" Moran, 1893—1957）、海米·韦斯（Hymie Weiss, 1898—1926）、西莫·德鲁西（Schemer Drucci, 1898—1927）、"双枪"奥特利（"Two Gun" Alterie, 1886—1935）等，他们都要为奥班宁报仇。据说有 500 人死于这场旷日持久的芝加哥黑帮争夺战。霍华德·霍克斯在《疤面人》中极富创意地通过卡宾枪扫射日历牌的方式，展现了芝加哥历史上这段最黑暗的时期。

从某种角度看，"刺杀奥班宁"成全了阿尔·卡彭。海米·韦斯成为接替奥班宁的新老大后，发誓要干掉托里奥。他在托里奥的豪华汽车前发动偷袭，结果托里奥的司机和狗都被打死，托里奥则侥幸躲过一劫。

托里奥决定承认自己非法酿酒，入狱躲避仇杀。法官给他五天时间来处理家事。1925 年 1 月 25 日，托里奥与妻子坐车回到公寓门口，一辆拉着窗帘的凯迪拉克停在他的汽车旁，车上四人用自动步枪和霰弹枪向他们射击，托里奥身中两枪倒地，右臂、腹部随后又中两枪。一个枪手打算上前解决他，恰巧子弹打光了，还没等杀手把子弹换好，卡彭就带着人杀到了，杀手们不得不逃跑，让托里奥捡回了一条命。托里奥住院三周后回家休养，卡彭派了30多人贴身保护他。尽管《教父》中的维托·柯里昂这个人物是根据弗兰克·科斯特洛和卡洛·甘比诺改编的，但教父遭到暗杀的情节，却与托里奥这段经历有相似之处。在医院这段时间，托里奥经过很长时间的思考，做出了一个惊人的决定：他从帮会拿走3 000万美金，回到纽约正式金盆洗手，退出江湖，把芝加哥的人马全权交给阿尔·卡彭。于是，阿尔·卡彭就这样成为芝加哥黑帮的老大，而他当时只有27岁。

· 三 ·

阿尔·卡彭刚当上大哥的日子也不好过，他先后几次遭到机枪谋杀车队（Motorcade Murders）的袭击，这是爱尔兰人"臭虫"莫兰发明的一种夸张的杀人方式：十几个黑帮分子，每个人都手持冲锋枪，坐在几辆豪华汽车里，向受害人的家、商业地点或者帮会办公地点进行扫射，每个枪手会打出几百发子弹，这种方式虽然非常浪费，而且容易伤及无辜，但是场面壮观，破坏力强，非常具有震慑力。在许多黑帮片和黑色电影中，都能看到这种颇有景观效果的杀人方法。1926年1月，卡彭遭到了最危险的一次机枪谋杀车队行动，一个车队在西塞罗向阿尔·卡彭扫射了1 000多发子弹，卡彭的保镖及时把他推倒在餐厅地板上，十几人被打死，但卡彭却毫发无损。《疤面人》里就有这场戏，保罗·穆尼扮演的卡彭（在影片中叫卡蒙特）在咖啡馆里遇到车队袭击，他趴在地板上，不仅不害怕，还像孩子一样喜欢上了冲锋枪。

正是因为纠缠于芝加哥的帮会战争，阿尔·卡彭最后没能按照计划进

保罗·穆尼在《疤面人》中表演参与枪战的阿尔·卡彭
（alamy/视觉中国）

入洛杉矶，控制那里刚刚兴起的好莱坞电影工业。但是，在20世纪20年代，芝加哥也是一座不折不扣的电影城，美国每年有五分之一的电影是在那里拍摄的。

1927年12月11日，阿尔·卡彭生平第一次来到洛杉矶。此时的好莱坞电影工业蓬勃兴旺，热钱汇聚，资本涌动，电影创造的梦想像可卡因一样让人沉醉，人们对未来充满了希望。

这个时期，电影业的不动产（电影公司、摄影棚、电影院等）资产总额超过15亿美元，这还不包括无形资产，比如随着时间越来越值钱的电影片库。全美大约有2.1万个放映厅，每周差不多有5 000万美国人去看电影。据美国电影制片人与发行人协会说，当时好莱坞每年用于洗印底片的钱都超过了美联储的印钞成本。华纳兄弟公司的总资产是1.6亿美元，约等于今天的18亿美元。

阿尔·卡彭一直住在芝加哥，为什么说他改变了好莱坞呢？因为，正是在他统治芝加哥黑帮的时期，芝加哥黑帮集团渗透进洛杉矶的电影工业。卡彭的帮派为了打入南加州地区，通过一些所谓合法商人花掉了数千万美元。禁酒令成为美国黑帮发展的催化剂，而好莱坞的电影工业也差不多是同一时期发展起来的,两个产业之间不可避免地发生了许多关联。

卡彭来到洛杉矶后,住进了比尔特莫大酒店(Biltmore Hotel)。这家酒店1923年开张,是美国最著名的奢华酒店之一,1969年后被改成洛杉矶历史文化纪念馆。卡彭住进这里的主要原因就是想去看看好莱坞。洛杉矶让阿尔·卡彭发现了一个比烈酒和毒品更令人着迷的东西:明星效应。好莱坞不仅生产电影,它真正吸引美国人的,是明星。阿尔·卡彭能看到别人看不到的东西,所以,他去洛杉矶做了一件美国黑帮历史上前所未有的事——在比尔特莫大酒店召开了一次新闻招待会。

这场招待会的情形,基本上与电影《铁面无私》的开场差不多,只不过影片中的记者会发生在芝加哥,而且有所夸大。卡彭以商人的身份召开记者会,当地记者闻风而至,《洛杉矶时报》也派人去了。记者们向卡彭提出许多问题,卡彭像电影明星一样潇洒自如地应对。他偶尔会讲个笑话,记者们报以一片笑声。有人问他是不是干掉了竞争对手,他的回答与《铁面无私》里这场戏的台词几乎一模一样:"杀人会影响生意,这种事我

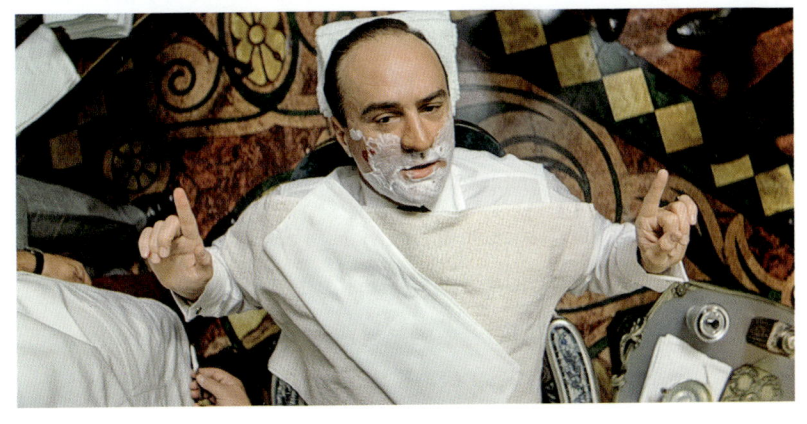

《铁面无私》开场卡彭一边剃须一边召开记者会(alamy / 视觉中国)

不做。"卡彭是那种吹牛和撒谎都不脸红的人，没有这点本事，还真很难成为黑帮明星人物。这场记者会让卡彭迅速成为洛杉矶的焦点，达到了他预期的效果。人们对这个来自黑社会的脸上有刀疤的矮个子商人充满好奇。阿尔·卡彭筹划已久的进军好莱坞计划的重要步骤完美地奏效了。

美国黑帮有一种"司机政治"。私人司机这个岗位非常重要，约等于高级机构里的领导秘书。司机往往受到老大的信任，能了解帮会里更多的秘密，执行秘密任务，地位上升很快。阿尔·卡彭最早就是约翰尼·托里奥的司机。20世纪60年代震动美国的反水人物乔·瓦拉奇（Joe Valachi）也是司机出身，曾经是马兰扎诺的私人司机。美国黑帮历史上还有一个著名人物，理查德·凯恩（Richard Cain），他曾是芝加哥警察局的警察。其实他是被黑帮收买了，相当于被派到芝加哥警察局的卧底，就像《无间风云》里演的那样，黑帮卧底警察局。后来，他因不再受信任而重返黑帮，回来后就成为当时黑帮老大山姆·詹卡纳的私人司机，詹卡纳非常信任他，让他带着自己一个非常难缠的女儿四处闲逛。《低俗小说》中也有类似的情节，约翰·特拉沃尔塔扮演的文森特，受老大指派带着他的女友到处闲逛。在美国，黑帮人士忌讳在外面商量事情，所以很多事情是在汽车里交谈，司机也就成了一个独特的岗位。私人司机必须是老板的心腹，也是秘书和保镖。除了作为左膀右臂的贴身打手，司机就是老板最器重的人。他们往往消息灵通，甚至参与决策。

阿尔·卡彭有个司机叫菲利普·萨科（Filippo Sacco），他是意大利人，因为犯了人命案，跑路到芝加哥，被阿尔·卡彭收留当了司机。卡彭让他换一个爱尔兰化的名字，约翰尼·罗塞利（Johnny Rosselli）。这个名字来自意大利文艺复兴时期的著名画家科西莫·罗塞利（Cosimo Rosselli），萨科就用这个名字留在了"芝加哥集团"（Chicago Outfit），给卡彭做司机，并成为卡彭的心腹。

芝加哥的黑帮为什么叫"集团"呢？前文说过，纽约是欧洲移民的登陆地，因此成为美国黑帮的大本营。芝加哥、洛杉矶和拉斯维加斯等地的黑帮，都是后来才兴起的，这些地方黑帮或多或少都想要获得纽约犯罪家族的认可。所以，纽约黑帮才是正宗，而其他地区的黑帮多少有点"山寨"色彩，会从许多方面去模仿纽约的犯罪家族。纽约的黑帮把自己的犯罪组织叫作"辛迪加"或者"工会"，而芝加哥"集团"这个说法也是来自纽约。因为芝加哥的黑帮一直处于半无政府状态，尤其是卡彭干掉了奥班宁，这相当于向北区爱尔兰人帮派公开宣战，所以帮派之间常年混战，秩序混乱。因此，纽约的黑帮高层不愿意承认芝加哥黑帮在"家族"中的合法地位，每当提到芝加哥黑帮时，他们就用Outfit（集团）来代替Syndicate（辛迪加）。久而久之，Outfit这个带着轻蔑意味的称呼，就成为芝加哥黑帮的代名词，沿用至今。

司机出身的约翰尼·罗塞利也不是等闲之辈，他后来成为芝加哥集团驻洛杉矶的代表。卡彭绝对是那种有眼光和前瞻性的黑帮人物，1924年，他就指派约翰尼·罗塞利去洛杉矶，考察好莱坞的电影工业，看看有没有新的机会。约翰尼·罗塞利来到洛杉矶之后，很快就成为芝加哥集团在好莱坞的先锋官和利益代表。在芝加哥勒索电影院线获得暴利的经验，让卡彭对洛杉矶的电影业充满野心，约翰尼·罗塞利是他很重要的一步棋。1924年，罗塞利进驻洛杉矶，到1927年卡彭访问好莱坞，罗塞利只用三年就在洛杉矶站稳了脚跟。

卡彭到达洛杉矶的第二天，约翰尼·罗塞利就带了一大队人马去酒店看他。但罗塞利并不是来欢迎阿尔·卡彭的，而是来劝他离开的。在洛杉矶，地方帮派和警察都视卡彭为不速之客。当时洛杉矶本地黑帮叫"联合体"（Combination），这个组织豢养当地的警察和法官，以保护他们的赌博和卖淫业，这些赌场和妓院每年为他们赚取5 000万美元的利润。洛杉矶许多公职人员愿意睁一只眼、闭一只眼，以换取不错的额外收入。洛杉矶"联合体"虽然与纽约犯罪家族有一点联系，但总体上看，他们是相对独立的地方黑帮，所以，他们非常担心芝加哥集团在这里侵占地盘。卡彭来访问洛杉矶，"联合体"、当地警方就找到了约翰尼·罗塞利，一起去酒店见阿尔·卡彭。于是，卡彭在到达洛杉矶的第二天，也就是 1927 年 12 月 12 日，便在约翰尼·罗塞利的引荐下，与当地黑帮、警察代表坐到了一起。

卡彭请大家喝咖啡，说他只是来旅游的，请大家放心。约翰尼·罗塞利试图说服警方，告诉他们卡彭只待在酒店里，但警方坚持让卡彭离开。于是，就在当天晚上，卡彭与他的表弟查理·菲斯凯蒂（Charlie Fischetti），以及一位贴身保镖，在洛杉矶警方的"护送"下登上了返回芝加哥的火车。一代枭雄卡彭就这样结束了他的洛杉矶之旅。在离开之前，他特地在好莱坞明星居住的地方转了一圈，尤其去看了看玛丽·碧克馥（Mary Pickford）和道格拉斯·范朋克（Douglas Fairbanks）这对夫妇的别墅。临行前，卡彭对《洛杉矶时报》的记者说："我在芝加哥赚了很多钱，有花不完的钱。但你们把我惹毛了，我迟早是要回来的。"卡彭其实对拍电影不感兴趣，他看好的是前景无限的电影业"勒索"，并下决心未来要定居好莱坞。可惜，在卡彭有生之年，他再也没有来过洛杉矶，但是卡彭安插在好莱坞的约翰尼·罗塞利，却控制了好莱坞电影工业很长一段时间，并开始了有组织犯罪与好莱坞之间复杂的关系。

阿尔·卡彭为什么会去好莱坞呢？主要是因为当时的芝加哥市长威廉·黑尔·汤姆森（William Hale Thompson）——外号"大比尔"（Big Bill）——这个长期收受卡彭的好处、依靠黑恶势力起家的政客，居然想竞选总统。为表现他在芝加哥治理有方，汤姆森逼着阿尔·卡彭离开芝加哥去避避风头。卡彭离开芝加哥时很伤心，他对记者表白说："我这么多年尽心尽力为大家服务，不就是想让他们能喝上点好酒、打几桌好牌吗？但是没有人感谢我，我很难过，我走了。"这才有伤心人卡彭来到洛杉矶的故事，尽管他是用假名字阿尔·布朗（Al Brown）在酒店订房间，但他还是被人认了出来，最后无法在洛杉矶落脚，不得不返回芝加哥。

卡彭担心自己回到芝加哥后就会被警察抓住，成为政治牺牲品，于是通知他的哥哥拉尔夫·卡彭（Ralph Capone, 1894—1974）提前到小城乔利埃特（Joliet）接他，然后再坐汽车回芝加哥。结果，拉尔夫·卡彭行事不小心，在被乔利埃特的警察搜查时被发现私藏禁用枪支，被抓到警察局问话，倒霉的卡彭一到乔利埃特也被抓进了警察局，最后交了巨额保金才被释放出来，一行人灰溜溜地连夜赶回芝加哥。

此时的芝加哥，因为市长要竞选总统，黑道人士都在躲风头。只有一个朋友冒着风险来接卡彭，为他接风洗尘直到深夜，这个人叫杰克·古兹克（Jake Guzik, 1886—1956）。他比卡彭大13岁，是一个企鹅形身材的小胖子，圆脸，总是一副倒霉的悲伤表情。《疤面人》里，卡彭身边有一个不认识字的愚蠢秘书，原型就是杰克·古兹克。这个人看上去憨傻愚钝，长着一张倒霉搞笑的脸，对卡彭却忠心耿耿。卡彭晚年健康每况愈下时，杰克·古兹克一直支撑着卡彭家里的开支和医疗费用，是一个重情重义的好兄弟。

杰克·古兹克有个哥哥叫哈利·古兹克（Harry Guzik），哥儿俩早年在芝加哥以拉皮条为生，卖淫收账由哥哥哈利·古兹克负责，杰克渐渐也学会了记账。这哥儿俩是小混混，本来没多大出息，但一个偶然的机会，杰克·古兹克听到爱尔兰帮派的两个枪手密谋要刺杀卡彭，他当时并不认识卡彭，卡彭也不是大佬，但他向卡彭告密，救了卡彭一命。卡彭知恩图报，一旦有人救过他，就会接受这个人，永远不会背叛和抛弃他，除非对方背叛自己。

1924年5月,杰克·古兹克与做绑票生意的无赖乔·霍华德(Joe Howard)发生了冲突,杰克·古兹克又矮又胖,被高大的霍华德打得没有还手之力。受到羞辱的杰克·古兹克走投无路,只好带着伤来找卡彭,卡彭二话没说,当场就带着他去找霍华德。霍华德当时正在打台球,大家都是江湖中人,他也曾跟卡彭照过面。看到卡彭来了,霍华德满脸笑容地打招呼,但卡彭没有跟他拥抱,而是阴沉着脸问他:"杰克·古兹克是我的人,为什么欺负他?"霍华德就是个典型的地痞,没多大真本事,就是欺软怕硬,装勇扮狠。他跟卡彭也横上了,对卡彭说:"你滚回去泡马子,少管闲事!"结尾还来了一句"你个拉丁鸭子"。这下可把卡彭惹火了,他勃然大怒,当场掏出左轮手枪,把子弹全部打进霍华德的脑袋。周围一群流氓顿时吓得屁滚尿流。这一幕就像电影里的经典情节,在芝加哥黑道流传了很久。打这以后,古兹克兄弟就跟定了卡彭,愿意为他做任何事。

杰克·古兹克算得上是芝加哥犯罪集团里管理财务的天才,他为卡彭管理私酒账目,同时还是向警察和政客行贿的中间人。每周有几个晚上,他都坐在圣休伯茨街的英国传统烧烤店(Old English Grill and Chop House)的某个固定座位上,等着街区的警长过来领取贿赂。市政厅某些领导的中间人,也会不定时到这里收红包。后来,他经手的现金量太大,混在道上的人开始把他叫作"油手指"(Greasy Thumb),他的哥哥哈利·古兹克则在经营卖淫活动时认识了一个名叫威利·比奥夫(Willie Bioff, 1900—1955)的小弟,他把比奥夫介绍给卡彭的另外一个心腹打手弗兰克·尼蒂(Frank Nitti, 1886—1943),后来,这个比奥夫在弗兰克·尼蒂的庇护下,也去好莱坞发展了。

没过多久,芝加哥的"大比尔"市长放弃竞选总统,重新成为卡彭的政治保护伞,卡彭这才重出江湖。经过这一劫,卡彭深感政客是靠不住的,芝加哥也并不安全,所以开始在东海岸谋求出路。他先在迈阿密的棕榈岛买了一栋别墅,既用来度假,也为了狡兔三窟,给自己留一条后路。虽然迈阿密市民也不欢迎卡彭,但当地开发商却想方设法留住了这个阔佬。卡彭在棕榈岛买的别墅价值4万美元,装修却花了10万。卡彭在审美上是典型的大哥气派,品位不高,但出手阔绰。他在客厅摆满了欧式复古家具,在主卧前面修建了一个游泳池,卧室里放着昂贵的欧式四柱木床,床尾的箱子里藏满了现金。浴室则装了360度全方位喷水装置,总共安装了八个花洒,极尽奢华之能。这座宅邸还特别安装了保安系统,因为卡彭格外重视住所的安全性。

他在西塞罗的寓所叫霍桑旅馆(Hawthorne Inn),位于西塞罗市第22街4833号,这座两层的砖瓦小楼被改造成一座堡垒,每一扇窗户都加装了用防弹钢筋制作的百叶窗。电影《疤面人》里就有这个情节,卡彭用坚固的窗户抵挡警察的火力,结果反弹的子弹意外打死了他的妹妹。

另外,在电影《铁面无私》中,卡彭住在一所豪华酒店里,这也是真的。1928年夏天,卡彭在莱克星顿酒店包下两层楼,包养了一个希腊裔情人。他在那里专门开辟了隐蔽的出入通道,每次出门先坐电梯到二楼,之后进入女仆更衣室,翻转一个落地镜子,再进入酒店旁边写字楼的办公室,借那里的楼梯从侧门出去,出口处有司机等着。而且,每次吃饭之前,主厨都要试菜,防止有人投毒。

至于这么谨慎吗?当然至于,因为卡彭正面临着一个强大的敌人:"臭虫"莫兰。

自从卡彭杀死了奥班宁,爱尔兰帮就不断有人寻仇,有各种形式的暗杀等着他。1926年,爱尔兰帮在霍桑旅馆组织过一次针对卡彭的"机枪谋杀",三辆汽车的杀手对着房子一通狂扫,霍桑旅馆门前的35辆汽车被打得弹痕累累,其中一辆汽车里居然还有一个抱着婴儿的母亲。侥幸的是,这对母子在枪林弹雨中只是受伤。卡彭非常恼火,三个礼拜后,他把这场谋杀的主谋海米·韦斯送进了停尸房。在爱尔兰帮派中，还有一个人对卡彭恨之入骨，他就是乔治·莫兰，外号"臭虫"。之所以有这个绰号，是因为他做事难以捉摸。他能当上老大，恰恰是拜卡彭所赐，因为卡彭把爱尔兰帮里有能力的老大都干掉了，"臭虫"就顺理成章当了老大。他当上老大之后，恨不得把卡彭大卸八块。莫兰是以抢劫起家的，还遵循祖辈传统定期做礼拜，不愿意让卖淫业进入北区。他瞧不起曾经拉皮条的卡彭，认为卡彭这样的人都是乡下人。莫兰也像卡彭一样，动用媒体对自己进行宣传，得到了芝加哥市民的认同。他曾经参与暗杀约翰尼·托里奥，并且公开辱骂卡彭，卡彭对他恨得咬牙切齿。

两个人之间的生死之战一触即发。

· 四 ·

1929年2月14日情人节这天，阿尔·卡彭起了个大早，他先去游泳，精心打扮之后又到政府办公室接受记者采访。那天芝加哥很冷，飘着小雪。而在几天前，"臭虫"莫兰接到了电话，有人说要把在底特律抢来的一批威士忌私酒卖给他，莫兰约他们这天去仓库交货。这个仓库位于芝加哥北克拉克街2122号，其实是一个车库，莫兰经常在这里进行私酒交易。但是这天，莫兰刚好睡过头了，他的六个手下先到了仓库，包括他的司机、打手弗兰克·谷森伯格（Frank Gusenberg）和皮特·谷森伯格（Pete Gusenberg）兄弟、他的表兄詹姆斯·克拉克、会计亚当·海耶（Adam Heyer）和帮会里负责洗衣业的阿尔·文森克（Al Weinshank）。当时还有一个人，叫莱因哈特·H.施维莫（Reinhardt H. Schwimmer），他不是帮派成员，后来的新闻报道说，他是路过的无辜者。其实这个人是因为比较嘚瑟，觉得跟黑帮的人混在一起比较刺激，所以这天也来凑热闹，真的是"不作死就不会死"。

这七个人刚到仓库不久,就来了一辆黑色的凯迪拉克汽车,车上下来两个穿警察制服的人,他们以为是警察突然检查。而此时,莫兰正好带着另外两个打手威利·马克斯(Willie Marks)和泰迪·纽布里(Teddy Newbury)赶到,他在街的拐角处看到了警察,马上就绕道离开了,结果捡回一条命。据警察后来分析,仓库里的七个人以为那两个穿制服的人真是警察,于是乖乖缴械,在仓库里面对着墙壁排成一排。这时另外两个穿着便装的人出现,用汤姆逊冲锋枪和猎枪发动袭击。根据现场弹痕来看,汤姆逊冲锋枪扫射了三轮:第一轮扫脑袋,第二轮扫胸部,第三轮扫肚子。几个人瞬间被打成了筛子。打完之后,他们又用猎枪补了几枪。街道上的目击者称还有一个人在外面放哨,总共有五个人。他们行动利落,做事果断,不留活口,完事后很快撤离现场。撤离时,他们伪装成两个警察拘押两个罪犯的样子,进入凯迪拉克后离去。

很显然,这是一场蓄谋已久的暗杀,而不是黑帮之间短兵相接的遭遇战。这就是震惊美国的"情人节大屠杀",美国历史上最臭名昭著的黑帮暗杀案件,莫兰当天就被叫到警察局问话,他说:"只有卡彭才会这样杀人。"

警察在现场发现了70发汤姆逊冲锋枪的子弹,其中有63发子弹命中。对于汤姆逊冲锋枪这种高速自动武器来说,这个命中率非常高,说明当时7个死者站得比较密集,而且没有躲闪和反抗。不过,当警察到达现场时,弗兰克·谷森伯格居然还没有死,他挣扎着爬到了车库门口,最后死在了医院。所以,在当年的犯罪现场照片中,只能看到六具尸体。

芝加哥商会悬赏5万缉拿凶手,后来市民又捐助了1万,州检察机关也加了2万,最终达到10万美元,成为芝加哥有史以来最高的赏金。人们认为这事儿真的是警察干的,禁酒官弗雷德里克·塞罗威(Frederick

电影《情人节大屠杀》中关于这场屠杀的情节（LOS ALTOS / 视觉中国）

收藏于美国内华达州拉斯维加斯黑帮博物馆的"情人节大屠杀"墙（APK）

Silloway)跳出来对记者说："杀手就是芝加哥警察，因为在一个月以前，五个芝加哥警察在外地查收了莫兰的私酒，莫兰想要回这批酒，威胁这几个警察要曝光他们收受贿赂的事，这五个人便想杀掉莫兰。"但这个禁酒官第二天就改口，说是记者对他的话断章取义了。不久，这个大嘴巴禁酒官就被调到了华盛顿。慢慢地，人们开始相信是卡彭做了这件事，但是，警察并没有找到任何指向卡彭的证据。警察逮捕了卡彭的手下杰克·麦古恩（Jack McGurn），但是他也有不在场证明。尽管如此，民众开始改变对卡彭的看法。

这场血腥的屠杀直到今天仍有许多细节无法解释清楚。比如这明显是针对莫兰的暗杀行动，策划非常周密，可杀手为什么没等到莫兰来现场就先动手了呢？美国探索频道"历史谜团"（Unsolved History）栏目，曾围绕这些细节，请武器专家、犯罪现场专家复原了整个过程。根据分析，数天前就有人在仓库对面进行监视。莫兰的打手阿尔·文森克长得特别像莫兰，加上当天下雪，他们都穿了大领风衣，所以监视的人可能误把阿尔·文森克认作了"臭虫"莫兰，就打电话通知黑色凯迪拉克行动了。

由于轰动全国，许多细节也被媒体史无前例地曝光，此案成为公众最熟悉的有组织犯罪案件。芝加哥警方在压力之下，不得不想办法来破案。这导致"情人节大屠杀"这个案子还有了特别的意义。"情人节大屠杀"不仅改变了芝加哥黑帮的格局，也标志着美国黑帮犯罪的升级，这是美国有组织犯罪的转折点。而且，这个案子还推动了犯罪学的进步，由于没有直接的目击证人（现场只有一只狗目睹了整个过程），警察只能依靠遗留的子弹寻找证据。

为了调查这个案件，纽约的弹道学专家卡尔文·戈达德（Calvin Goddard）特地被调到芝加哥。他在芝加哥议员的支持下，在西北大学成立了犯罪现场调查研究室，即后来人们所熟知的CSI。这个研究室1930

年开张，CSI根据弹道学鉴定，确认这些子弹不是来自芝加哥警察，而是来自两把不同款式的汤姆逊冲锋枪，一款是圆盘式50发弹仓，另一款是直插式20发弹仓，两把枪都一口气打光了所有子弹，一共是70发。警察根据弹道痕迹比对，最终找到了这两把枪，并在密歇根州抓住了枪的主人弗雷德·R. 伯克（Fred R. Burke），他的冲锋枪弹道不仅与"情人节大屠杀"的子弹吻合，而且与杀死另外一个人的子弹也吻合，这个人就是杀死"大吉姆"的弗兰基·耶尔。弗兰基·耶尔，哈佛旅馆的老板，也是雇佣杀手，他1928年被害时，公开的身份是西西里同乡会全国总部主席，没想到他也会死于黑道权力争夺。这把枪的主人弗雷德·R. 伯克最后被判处终身监禁，死在监狱里，他是"情人节大屠杀"中唯一确认的凶手，而另外四个凶手是谁，至今仍是个谜。

这个案件在美国社会产生了持久的反响，人们开始把目光聚焦到阿尔·卡彭身上，令他从同时期许多帮会老大中"脱颖而出"，被载入史册。同时，这个案件威胁到了美国黑帮的安全，市民们对黑帮的看法发生了很大的转变，直接促使卢西亚诺等人召开全美黑手党的"大西洋城会议"，这次会议标志着阿尔·卡彭的黑帮事业由盛转衰，这是美国黑帮历史上最重要的三次"黑帮会议"之一，主持这次会议的不是别人，正是《大西洋帝国》主角的原型伊诺克·约翰逊。

这个案件频频被好莱坞采用，成为"被搬上银幕次数最多的黑帮罪案"。在《疤面人》中，这场戏也是重点，影片中的加夫尼（Gaffney）就是"臭虫"莫兰。但由于当时的电影审查要求不能直接展现凶杀场面，霍华德·霍克斯最后用被害人的影子和隐晦的方式表现了这个过程。

1959年比利·怀尔德（Billy Wilder）的《热情似火》，开场也借用了这场著名的谋杀，两个主人公在车库里无意间目睹了一场黑道凶杀，杀人方式与"情人节大屠杀"完全相同。比利·怀尔德拍摄这部电影的初衷之一是想拍部关于"情人节大屠杀"的喜剧："我们很确定它会成为一部好喜剧。我们不知道的是它会成为一部伟大的喜剧。但那真的就是起源,我们想要拍一部关于"情人节大屠杀"的喜剧片。"

在1975年的《卡彭传》中,这场大屠杀被表现为两个假警察让所有人面对墙壁,接受搜身,这时两个枪手出现,在开枪之前还戴上了耳塞。从20世纪50年代以来,有十多部电视剧曾直接或间接表现了这场屠杀,展现芝加哥历史的戏剧《超自然的芝加哥》(Supernatural Chicago)也叙述了这个案件,同时还有许多流行歌曲以此为题材。

在所有的影片中,1967年罗杰·科曼的《情人节大屠杀》是最忠实于所有新闻细节的。这部电影是这个美国B级片教父一生中最成功的作品之一,他在自传《剥削好莱坞》中说:

> 我相信,这也是有史以来最最准确、最最真实的帮派电影。我请了20世纪20年代专门跑芝加哥警局的专线记者来当编剧,每场戏都反复求证,均有事实可依。弗朗西斯·多尔[Frances Doel]至今都记得,当时我让她给每个主要人物做个精神分析侧写,以便演员们能更好地掌握人物的动机和行为。

除了仔细钻研当年的所有案件卷宗,罗杰·科曼还计划找到他认为最理想的人来扮演卡彭和莫兰。他的想法是惊人的,他想让奥逊·威尔斯(Orson Welles)来扮演阿尔·卡彭,让杰森·罗巴兹(Jason Robards,《西部往事》中那个逃狱的匪首)来扮演莫兰。但就在科曼等待威尔斯回复时,福克斯公司坚决反对这个建议,他们认为找威尔斯来演戏就是自找麻烦。他们强行将开拍日期提前,并强迫科曼同意让杰森·罗巴兹扮演卡彭。罗巴兹很瘦,而且是爱尔兰人,怎么看都不像卡彭。可科曼没有办法，只好请罗巴兹扮演卡彭。就像莱昂内评价的那样："杰森·罗巴兹是一位非常优秀的演员，他完成了这个几乎不可能的任务。"这部专门以"情人节大屠杀"为题材的电影，预算只有100万美元，对于一部黑帮片来说，这简直不可思议。但科曼拍完了影片，而且影片口碑极佳。科曼说："光看影片本身，那确实是我执导的影片中最优秀的作品之一，大公司的硬件资源让我有了很多选择。"影片中卡彭居住的豪华寓所，用的是《音乐之声》(*The Sound of Music*, 1965) 里的庄园；芝加哥妓院里的酒吧，用的是《圣保罗炮艇》(*The Sand Pebbles*, 1966) 里的内景；20 世纪 20 年代的芝加哥市中心则是用《我爱红娘》(*Hello, Dolly!*, 1969) 的布景改造的。所以，影片尽管预算很低，但看上去却像是一部制作精良、造价不菲的年代剧，布景奢华、街景逼真，加上完全忠实于历史事实的枪支道具，没有人会相信这只是一部小成本犯罪片。影片介绍了卡彭与莫兰之间发生冲突的起因和过程，详尽描述了"情人节大屠杀"的细节，堪称根据真实罪案改编的电影中的佳作。

由于"情人节大屠杀"闹得太大，卢西亚诺不得不在大西洋城召开黑帮会议，美剧《大西洋帝国》里重现了这个会议。会议结束两天后，卡彭与他的打手弗兰克·里奥 (Frank Rio) 到费城去看电影，他们刚一走出电影院，就被两个警察抓住，卡彭主动交出了手枪，并让弗兰克·里奥也交出武器。两个人如愿以偿，被以持有非法枪支罪逮捕。这两个警察分别叫詹姆斯·马龙 (James Malone) 和约翰·格里顿 (John Greedon)，他们是卡彭养的警察，曾经陪着卡彭去佛罗里达度假，卡彭为了让他们逮捕自己，还支付了 2 万美元。可这苦了跟卡彭一起的弗兰克·里奥，他不想坐牢，但卡彭觉得在监狱里应该有个伴儿，于是把他也拉上了。大西洋城会议上，卢西亚诺命令卡彭必须结束帮派战争，以挽回民众对黑帮的批评。于是，卡彭为了平息芝加哥市民对"情人节大屠杀"的怨气，自导自演了这样一场戏，让自己被捕入狱。

但是，卡彭千算万算也没有算到，费城的法官下手特别狠，本来非法持有枪支只够判三个月，结果他却被判了一年，而且服刑的地方还是费城最差的监狱霍姆斯堡监狱（Holmesburg County Prison）。这座监狱有1 700个囚犯，他们住在600个牢房里，在卡彭入狱不久前，这里还刚刚发生暴动，受这场暴动启发，好莱坞在1932年拍了揭露美国监狱制度的电影《我是越狱犯》（I am a Fugitive from a Chain Gang）。这座监狱的条件之恶劣可想而知。但是卡彭毕竟有通天的手段，很快他就被转移到条件更好的小监狱，自己住一个单间，房间里还铺上了地毯，甚至有基本的家具如五斗橱、书桌、书架、台灯和收音机等。而且像《肖申克的救赎》里的主人公一样，卡彭在监狱里也干起了图书馆管理员这个清闲的工作。在监狱里，他的亲友可以随时来看他。他还可以使用电话，当时他主要打给杰克·古兹克和他哥哥拉尔夫·卡彭，好管理帮中事务。他在监狱里还接受采访，报纸上甚至连续报道卡彭在监狱里的生活，比如他又胖了多少磅、捐了多少善款等。卡彭在监狱里读了《拿破仑传》，他的结论是：拿破仑干的活儿其实也是收保护费。

媒体和影视作品把卡彭塑造成杀人不眨眼的魔王，但他也是凡人，也有可爱和伤感的一面。卡彭在监狱里非常思念儿子，他说："我儿子以为我去了欧洲，每次他看到大船的图片，就会问他妈：'这艘船能带爸爸回家吗？'"他还在监狱里做善事，花1 000美元购买狱友创作的手工艺品，捐给费城孤儿院1 200美元。到最后，连监狱长都舍不得让他走了，监狱长说："我在监狱干了七年，他是我见过的最善良、最乐观、最包容的囚犯。他为人聪明、诚实，真是理想的囚犯。"于是，卡彭被减刑两个月，媒体公布他的出狱日期是1930年3月17日，当天，监狱还特地安排了一个送行仪式。监狱外面来了各路记者和杀手，监狱长先出来接受采访，通知大家："卡彭先生早餐吃的是鸡蛋和虾，精神不错，只要州长签字之后就能离开了。"而实际上，卡彭早在前一天就被监狱长偷偷送了出去。

1930年，大萧条已经非常严重，芝加哥很多人失业，没有收入。卡彭出狱后，为了收买人心，在自己的店面进行施舍。感恩节当天，卡彭发了5 000只火鸡。圣诞节时，他还专门给小意大利街区的无家可归者举行了庆祝仪式，一个老妇人跪倒在他面前，亲吻他的手。

圣诞节过后，卡彭带着妻子和儿子去了迈阿密棕榈岛的豪宅度假，算是为美国黑帮冬天去迈阿密度假开了先河，其他大佬后来也效仿卡彭，陆陆续续在迈阿密买房置地，冬天到这里来避寒，就像中国的北方人去海南一样。卡彭经常在迈阿密别墅举办酒会，娱乐圈的人往往是座上宾，其中就包括百老汇著名歌舞演员艾迪·肯特（Eddie Cantor），他特别害怕卡彭，一来就想表演歌舞，卡彭拦住他说："我请你来只是想见见你，你不用表演。"卡彭想买一艘游艇，而且想试乘，卖游艇的人叫拉尔夫·森特菲特（Ralph Senterfit），也是靠走私朗姆酒发家的，他走私酒的方法就是《美国往事》里"面条"的方法，在酒桶下面绑上盐块，遇到海上警察他们就把酒桶丢下海，食盐化了酒桶会再浮上来。在试乘游艇的过程中，船长由于操控失误撞上了另一艘船，大家都吓坏了，以为会沉船淹死，只有卡彭稳如泰山。上岸后，他点了一支雪茄说："这艘船我买了，修好之后把账单给我。"

尽管进过监狱，但是卡彭却越来越有名。记者们被卡彭的人格魅力征服，欧洲记者也想采访卡彭，但是，给他们留下最深刻印象的还是卡彭的手，又白又嫩，特别美。卡彭的名声甚至带动了芝加哥的旅游业，他住的霍桑旅馆成为当时芝加哥的旅游新景点，导游们称其为"卡彭城堡"。与此同时，各大出版社还竞相出版有关卡彭的书，好莱坞也开始筹拍第一部关于"疤面煞星"的电影,这就是霍华德·霍克斯的《疤面人》。作为"全民公敌"的卡彭,开始走上大银幕。

霍华德·霍克斯的《疤面人》是第一部以阿尔·卡彭为主人公的电影,此外还有三部重要的卡彭题材电影,它们分别是 1959 年理查德·威尔逊导演的《阿尔·卡彭》,1967 年罗杰·科曼导演的《情人节大屠杀》,以及 1975 年罗杰·科曼作为制片人为二十世纪福克斯公司制作的《卡彭传》。《卡彭传》是一部彩色版的卡彭传记片,导演是史蒂夫·卡佛(Steve Carver),美国著名独立电影导演约翰·卡萨维蒂(John Cassavetes)在影片中扮演杀手弗兰基·耶尔,而当时还没有成名的史泰龙扮演了打手弗兰克·尼蒂。罗杰·科曼在 1995 年还作为制片人拍了《犯罪天堂路》(Dillinger and Capone),把阿尔·卡彭和约翰·迪林杰两大罪犯的故事编在了一起,影片尽管很有趣,但故事是虚构的。

有意思的是,曾经扮演卡彭的演员,几乎都与意大利导演塞尔吉奥·莱昂内有关系。罗德·斯泰格尔在 1959 年版的《阿尔·卡彭》里扮演了卡彭,他后来因《炎热的夜晚》(In the Heat of the Night, 1967)获得奥斯卡最佳男主角奖。斯泰格尔在传记里说,他对《阿尔·卡彭》的剧本不满意,先后三次推掉这部戏,后来以修改剧本为条件才接演。他后来在莱昂

电影《阿尔·卡彭》的海报(alamy / 视觉中国)

电影《情人节大屠杀》的海报（Album / 视觉中国）

内的《革命往事》里主演了从土匪变成革命英雄的胡安。在《情人节大屠杀》里，杰森·罗巴兹扮演了阿尔·卡彭，他可能是所有扮演卡彭的演员里，外貌气质与卡彭相差最大的一个。他后来在莱昂内的《西部往事》

里扮演匪帮领袖夏延。在德·帕尔玛的《铁面无私》里，罗伯特·德尼罗扮演了卡彭，尽管他在影片里是反派角色，但是他的表演给人留下了深刻的印象。德尼罗在莱昂内的《美国往事》里演了"面条"。而德·帕尔玛的《疤面煞星》（1983）讲的其实不是阿尔·卡彭的故事，而是二战后一个古巴移民在美国成为黑帮老大的故事，阿尔·帕西诺以其精彩的表演塑造了新时期的疤面煞星形象。

· 五 ·

黑帮片是随着有声电影的出现成为类型片的，或者反过来说，黑帮片和歌舞片才让人感觉到有声电影不仅是技术的飞跃，也让电影语言充满魅力。黑帮片中的夜总会歌舞声、枪声、尖叫声和刹车声，都对观众有着强烈的吸引力。

黑帮片从默片时期就已诞生。D. W. 格里菲斯（D. W. Griffith）的《佩吉巷的火枪手》（*The Musketeers of Pig Alley*, 1912）被认为是黑帮片的"鼻祖"，格里菲斯受到当时轰动纽约的赫尔曼·罗森塔尔（Herman Rosenthal）谋杀案启发，改编了这个故事。在这部 16 分钟长的默片里，为了获得真实的效果，格里菲斯在纽约下东区取景拍摄。下东区充斥着昏暗肮脏的房间、走廊和餐馆，狭窄的街道上挤满了移民，黑暗的箱子里到处都是垃圾和废品。他还邀请街区的混混和黑帮成员在影片中做临时演员。影片展现的帮会成员与后来的黑帮片有很大的不同，他们更接近下等街区的街头混混，有穷人和底层的气息，但是火枪手帮的老大则比后来电影中的黑帮领袖更有绅士风度。这是纽约下东区和真实的帮会成员第一次被呈现在电影中，为黑帮题材提供了最合适的空间和气氛。

电影《佩吉巷的火枪手》中的场景（alamy / 视觉中国）

拉乌尔·沃尔什（Raoul Walsh）的《新生》（*Regeneration*, 1915）是第一部黑帮长片，也是一部被忽视的影史经典。影片根据一个名叫欧文·弗洛里·基尔代尔（Owen Frawley Kildare）的黑帮成员的回忆录改编，讲述一个在纽约街头长大的孤儿成长为黑帮头目的故事。影片也在纽约下东区拍摄，除了营造出纽约下东区的真实环境，更有逼真的打斗场面和表现移民船只的壮观大场景。这是拉乌尔·沃尔什独立导演的第一部作品，也是福克斯公司投资拍摄的第一部长片。沃尔什用两条线索平行讲述两个主人公的故事，在交叉剪辑方面做出了大胆的尝试。沃尔什对黑帮人物的态度与后来的黑帮片不同，他展现了这些人的恶劣生存环境，对他们抱以同情，认为这些罪犯本性是好的，只是受到环境和社会的影响才堕落。

真正拉开黑帮片这个类型大幕的是 1927 年的《地下世界》(Underworld, 1927, 又译为《黑暗之街》), 导演是约瑟夫·冯·斯登堡 (Josef von Sternberg)。影片对禁酒令时期的黑帮生活有全面的展现,包含了经典黑帮片的许多常见桥段,尤其是黑帮舞会那场戏,斯登堡用脱焦拍摄的时而清晰、时而模糊的特写镜头下男女们纸醉金迷的脸,在快速有力的蒙太奇中呈现出狂欢与荒诞的效果。派拉蒙投资拍摄了这部电影,影片完全沉浸在黑帮匪徒的生活和世界里,甚至很长一段时间都在表现黑帮人物为了女人争风吃醋。派拉蒙认为这部电影的票房一定是场灾难,结果却非常成功,刺激了好莱坞继续拍摄这个类型,后来,《非法图利》(*The Racket*, 1928)、《小凯撒》(1931)、《城中街道》(*City Streets*, 1931) 和《国民公敌》(1931) 陆续出现,黑帮片迎来了第一个黄金时期。

电影《地下世界》中的场景(Album / 视觉中国)

《地下世界》的成功要归功于两个人,一个是编剧本·赫克特(Den Hecht),一个是当时为派拉蒙公司做故事策划的霍华德·霍克斯,他们合作编写了初稿故事。后来,冯·斯登堡也对剧本做了修改,尽管本·赫克特对他的修改非常生气,但是霍华德·霍克斯在回忆录里却肯定了冯·斯登堡的改动,认为这是一部无可挑剔的杰作。《地下世界》获得了第一届奥斯卡最佳原创剧本奖。

本·赫克特与霍华德·霍克斯第二次合作,就是《疤面人》。戈达尔在《电影手册》当影评人时,曾选过个人的影史十佳影片,其中就有《疤面人》。这是一部充满传奇的电影,而且影片的主要参与者都堪称传奇人物。

1929年,专门给杂志写侦探小说的作家阿米蒂奇·特瑞尔(Armitage Trail)发表了小说《疤面人》,这部小说虚构了两兄弟犯罪的故事,暗讽当时在芝加哥风头正盛的阿尔·卡彭,吸引了很多人的关注。霍华德·霍克斯发现了这部小说,想把它改编成电影。此时霍克斯已经离开了派拉蒙和福克斯公司,成为独立电影人。为了拍摄这部电影,他找到了霍华德·休斯,也就是马丁·斯科塞斯的电影《飞行家》(The

电影《疤面人》中保罗·穆尼饰演的卡彭(alamy/视觉中国)

Aviator，2004）的主人公原型。他是美国 20 世纪最传奇的实业家、飞行家和航空公司大亨，也是电影制片人和导演，绯闻女友多达 160 多位。休斯与霍克斯的私人关系不错，加上看到《小凯撒》刚刚上映，票房非常好，于是决定投拍这部电影。

接下来，霍克斯还需要找到一个靠谱的编剧，他马上想到了在《芝加哥每日新闻》（*Chicago Daily News*）当记者的本·赫克特。本·赫克特不仅熟悉芝加哥，而且写过《地下世界》，有过黑帮片的写作经验。当时本·赫克特还是个年轻的记者，他本来不愿意重复写黑帮片，但是他的经纪人一口应承下来，向霍华德·休斯开价日薪 1 000 美元，结果，他只用了 11 天就写完了 66 页的剧本，休斯给了他 1.5 万美元，比答应的开价更高。《疤面人》之后，本·赫克特开始做专职编剧，一生有 70 多部电影作品，被誉为"好莱坞的莎士比亚"。而且他是玛丽莲·梦露（Marilyn Monroe）的唯一自传《我的故事》（*My Story*）的"影子写手"，据说好莱坞许多明星的自传实际上也出自他的笔下。

霍克斯的想法是把卡彭的故事拍成"现代版的波吉亚家族"。他从未解释过这么做的原因，可能他认为在观众的想象中，黑帮头目的生活与古代的荒淫家族有相似之处。波吉亚家族在意大利文艺复兴时期发迹于西班牙，15 世纪至 16 世纪间因与政治团体联姻结盟而显赫一时，家族中有两位成员先后登上教皇宝座，即卡利克斯特三世（1455—1458 年在位）与亚历山大六世（1492—1503 年在位）。尤其是亚历山大六世在位期间，波吉亚家族传出了许多丑闻，包括乱伦、谋权、盗窃、强奸、贿赂和毒杀等，所以波吉亚家族成为腐败统治、享乐主义和纵欲主义的代名词。正是基于这个角度，霍克斯才让影片中卡彭这个角色与他的妹妹之间有暧昧的乱伦色彩。

有这样一件趣事。一天晚上，本·赫克特正在宾馆房间里，突然两个陌生人走进来,他们穿风衣戴礼帽,看上去就不像好人,其中一个人把手里的《疤面人》剧本大纲递过来,问:"这是你写的吗?"赫克特没有否认,那人说:"我们都读过。"赫克特回问一句:"那你们觉得怎么样?"那人没有回答,而是接着问:"这写的是不是阿尔·卡彭?"赫克特撒谎了,他说这里写的是别人,比如说迪翁·奥班宁,他们说:"那我们会告诉他〔卡彭〕这片子讲的是别人。"他们走到门口正要离开时,一个家伙突然转回身问:"如果这电影写的不是卡彭,那为什么叫《疤面人》?大家都知道卡彭才是刀疤脸。"本·赫克特一时间没有找到什么好理由,只好说:"我们是想欺骗观众,让他们以为是卡彭,但故事完全不是他的。"那个家伙似乎信了,又问了一句:"霍华德·休斯是干什么的?"赫克特说:"他就是一个靠拍电影赚钱的文盲。"两个人这才心满意足地离开了。和《疤面人》一样,很多黑帮片在拍摄过程中都受到过黑帮人士的特殊"关照",有时候这些"关照"会带来无穷无尽的麻烦。

剧本完成之后,霍克斯找不到投资,也找不到演员,就到纽约碰运气。霍克斯在39街的一家犹太剧院里看到保罗·穆尼表演一个老头,觉得还不错,就问他是否愿意拍电影。保罗·穆尼一开始不同意,霍克斯用了激将法,说他害怕电影镜头,穆尼这才同意试镜。看了试镜之后他自己也非常满意,就接了这个戏。在拍戏过程中,霍克斯为了让他看上去很能打,特地找到一个世界轻量级拳击冠军教他打架。另外一位主演是乔治·拉夫特。霍克斯是在一次拳赛上遇到拉夫特的,他当时在黑帮里做打手,自告奋勇说愿意演戏,霍克斯觉得拉夫特很合适,因为他自己就是黑帮成员,后来他成为演黑帮的专业户。从20世纪30年代到50年代,他演过各种黑帮片,比如《疤面人》《热情似火》《法网惊魂》等。很多人认为《疤面人》是乔治·拉夫特的电影处女作,其实不是,拉夫特最早在酒馆里工作,他之前还在歌舞片里演过龙套角色。尽管没有受过专业训练，但他对表演非常用心。他在《疤面人》里饰演喜欢投掷硬币的打手里纳尔多，还故意模仿纽约老大乔·安东尼斯（Joe Andonis）的动作，比如把手指插在嘴里吹口哨。乔·安东尼斯对拉夫特的模仿非常满意，1951年，他甚至还邀请拉夫特去他家讲表演课。

乔治·拉夫特是最早的黑帮演员。在20世纪40年代，他与巴格西·西格尔关系非常好，西格尔经常宴请他，并通过他结交好莱坞的演员。在"黑色电影"最流行的20世纪40年代，乔治·拉夫特的演艺事业达到了顶峰，他扮演了许多犯罪分子。到了50年代，乔治·拉夫特接受了纽约大佬梅耶·兰斯基的安排，去了古巴首都哈瓦那，在兰斯基的卡普里赌场酒店（Capri Casino）做主持人，从此退出娱乐圈，成为职业骗子，为黑帮在古巴招摇撞骗。拉夫特运用自己的表演才华证明了他的价值，他为黑帮四处寻求投资，游说商人购买酒店股份，为黑帮立下了汗马功劳。

作为早期黑帮片的经典，《疤面人》实实在在地影响了禁酒令时期的黑帮人物。

在《疤面人》拍摄期间，来过五六个打着卡彭的旗号要看片子的人。他们回去后告诉卡彭，说电影很棒。于是卡彭邀请霍克斯去芝加哥见面。他们一起喝茶，卡彭穿着一件晨礼服，一条条纹裤，还戴了一朵康乃馨，非常和蔼。他跟霍克斯聊了两三个小时，说自己非常喜欢《疤面人》。分手时，卡彭约他下次再来聊天。据霍克斯说，卡彭看过五六遍《疤面人》，甚至买了影片拷贝。另外一个著名的黑帮头子带着他的女儿看了《疤面人》，然后主动结识霍克斯。他特别想知道电影中枪战的冲锋枪是从哪儿搞来的，他说："我们就是那样扫射的。"他还问霍克斯："为什么影片没有在芝加哥上映？"霍克斯说："他们不让我上。"他说："你想让它上映吗？"霍克斯说："想啊。"他就说："我能用一下电话吗？"打完电话后，他告诉霍克斯："现在你想什么时候上映就什么时候上映。"

《疤面人》是霍华德·霍克斯最喜欢的电影，因为这部电影完全是他与霍华德·休斯两个人拍起来的，从选题到拍摄，没有依赖任何大公司，没有获得任何人的帮助，结果获得了成功。《疤面人》的成本最初是60万美元，后来加了一些戏，成本上升到70万，但是影片票房非常不错。从1932年首映到1935年停映，票房总计905 298美元。1936年，《疤面人》由阿斯托影业公司（Astor Films）在英国发行，也非常受欢迎，额外有297 934美元的票房入账，因此这部电影的总票房达1 203 232美元。影片的编剧之一莫里斯·库恩（Maurice Coon）是个大胖子，体重超过130千克。很遗憾，他1931年死于心脏病，最终没能看到拍完的电影。影片拍完之后，他们还要与电影审查机构斗智斗勇。当时审查委员会认为像阿尔·卡彭这样的人必须恶有恶报，而这要表现在电影中。于是，霍克斯在主演保罗·穆尼不在的情况下，想尽一切办法让卡彭最后死掉。在现存的版本中，卡彭最后死在街头的臭水沟里。为了让影片上映，电影审查方面的人对影片做了手脚，比如加了关于市长的戏，在影片中，市长对着一群人批评卡彭的行为，这段戏根本不是霍克斯拍的，所以显得非常突兀。

总之，《疤面人》的成功让好莱坞意识到，黑帮里那些人物和故事，伴随着新闻报道变得家喻户晓，将成为一个电影主题的宝藏。把他们的故事改编成电影，就很可能会获得成功，这成为美国黑帮片非常重要的传统。

· 六 ·

最后，再继续回到卡彭，看看他是怎么被人扳倒的。到了20世纪30年代，卡彭在公众心中的形象已经江河日下了，很多人想扳倒卡彭，但这并不容易。芝加哥禁酒局、警察局始终掌握不到直接起诉卡彭的证据。他们发起了很多次对卡彭的调查，但都以失败告终。同一时期，芝加哥还有一股力量在讨伐卡彭，这就是国税局，不过国税局与警察局和禁酒局之间没有太多联系。

为什么这么多机构一起，还扳不倒卡彭呢？有两方面原因。一方面，当时的芝加哥警方太腐败、太黑暗了。举例来说，当时爱尔兰帮的二把手叫杰克·祖塔（Jake Zuta, 1888—1930），据说这是一位仅次于杰克·古兹克的黑帮经理人，他在1930年被人用汤姆逊冲锋枪干掉了。警察从杰克·祖塔的银行保险匣里翻出了他们贿赂警察、法官、记者的账目。这份资产负债表表明，在"情人节大屠杀"之前，爱尔兰帮每周收入429 146美元，其中四分之一都交给警察做保护费。

另一方面，卡彭有一件事做得特别绝，凡是能让他坐牢的人都被干掉了。举个例子，卡彭当时供养了一个记者，名叫杰克·林戈（Jake Lingle, 1891—1930），他总写关于卡彭的报道。这个人虽是记者，暗地里却协助卡彭集团从事敲诈活动。国税局了解到这个情况，为了搞定卡彭，想以约谈杰克·林戈作为突破口。双方定好了时间和地点，结果杰克·林戈没来，因为他来之前就在中央车站被人枪杀了。警察翻出了他的账目，发现他只有500美元的继承遗产。当时记者的周薪有65美元，但是杰克·林戈喜欢赌马，生活花天酒地，花销这么大，却没有存款，这太不正常了。原来，他早与奥班宁帮勾结，这时距离"鲜花流氓"奥班宁被干掉已经六年了，但爱尔兰人还在给他分红。爱尔兰帮在西塞罗新开了一家赛狗场，结果杰克·林戈狮子大开口，要分50%，所以，他是被爱尔兰人干掉了。杰克·林戈被杀四个月后，警察对破案始终没有眉目，就开始怀疑（或者想栽赃）卡彭。卡彭赶紧主动要求帮助警察查找凶手，警察顺着凶手丢弃在现场的枪，找到一个叫雷奥·文森特（Leo Vincent）的金发高个子，他是德裔美国黑帮成员。警察拿不到充分的证据证明这件事与卡彭有关,指向雷奥·文森特的证据甚至自相矛盾,但陪审团最后只能判是他做的,最后他被判入狱14年。雷奥·文森特对记者说:"我很满意。"所以人们猜测,他就是卡彭找来的替罪羊。

林戈遇害四个月后的某天晚上,芝加哥郊外有一辆汽车自燃,车里发现一具尸体。经确认,他是卡彭手下的一个名叫麦克·海特勒(Mike Heitler)的皮条客,车也是他的。此人的离奇死亡使了另一条扳倒卡彭的线索中断。原来,这个麦克逐渐不受卡彭待见,所以开始写匿名信揭发卡彭。不久后,他就被卡彭叫过去,桌上放着他写的匿名信。但他不死心,又写了一封,还对他女儿说,如果自己非自然死亡,就把信邮寄给警长帕特·罗切(Pat Roche)。这封信提到了两个内容:第一,他列出八个密谋杀死记者杰克·林戈的帮派成员,他们都是卡彭的手下;第二,他记录了一次会议内容,卡彭在会上说杰克·林戈是两面派,要收拾他。但他并不明白,这封信提供的信息根本不足以立案起诉卡彭。

其实国税局比警察局、禁酒局更狠,在警方找不到任何证据之后,美国政府只好以偷税的名义让卡彭坐牢。布莱恩·德·帕尔玛的电影《铁面无私》就讲述了这个过程,影片根据芝加哥禁酒局探员艾略特·奈斯(Eliot Ness,1903—1957)的回忆录改编,编剧是大卫·马梅(David Mamet),凯文·科斯特纳(Kevin Costner)在片中扮演了艾略特·奈斯。

艾略特·奈斯是卡彭的死对头,是当时为数不多敢公开反对卡彭的人。他1903年出生于芝加哥,父母都是挪威人。巧合的是,奈斯的父母最早住在牧场大街,与卡彭的父母是邻居。1928年,奈斯从芝加哥大学毕业,进入禁酒局工作。他正想大展拳脚时,却发现几乎整个芝加哥的司法系统都被卡彭贿赂了。于是,他成立了一个独立行动小组,招收了九名清白、诚实的年轻警官,这个小组在芝加哥积极推行禁酒令,因为不接受贿赂、不惧怕恐吓,被芝加哥报纸称为"the untouchables",即电影片名"铁面无私"。他们捣毁了卡彭名下的六家啤酒工厂和五个仓库,缴获了25辆卡车和价值900万美元的啤酒。为了羞辱卡彭,奈斯还特地让25辆卡车在卡彭居住的莱克星顿酒店门前的密歇根大道上游行,他还给卡彭打电话,请卡彭通过窗户参观他的"战利品"。

《铁面无私》中的许多情节就是根据奈斯的真实经历改编的,比如奈斯真的躲过了几次暗杀。其中有一次与电影中的情节高度相似,杀手躲在汽车中,在他家附近伏击他。当然,德·帕尔玛与编剧大卫·马梅对真实的历史进行了戏剧化的改动,比如在电影里,奈斯曾经两次与卡彭面对面,一次是在宾馆大厅,一次是在法庭上。但实际上这两个冤家对头从来没有真的见过面。

奈斯的行动削弱了卡彭的犯罪组织,但是真正击败卡彭的,其实不是他。在《铁面无私》中,奈斯手下有四个人,其中财政局的审计员奥斯卡·华莱士(Oscar Wallace)发现,通过税法可以指控卡彭。但实际上,这个点子是国税局想出来的。

后来,艾略特·奈斯从芝加哥去了俄亥俄州的克利夫兰市当警察局长,继续与警界腐败和有组织犯罪做斗争。但是,当地很快出现了一起社会影响很大的连环杀人案,他没能及时侦破这起案件,信誉受到很大影响。1947年,他在地方选举中失利,退出警界。讽刺的是,这位曾经声名鹊起的禁酒英雄,晚年居然染上了酒瘾,从此一蹶不振。1956年,合众国际社(UPI)的体育记者奥斯卡·弗雷利(Oscar Fraley)找到了奈斯,希望帮他撰写回忆录,两个人仅用了两周时间就写完了《铁面无私》这本书。全书的核心内容围绕奈斯与卡彭的斗争展开,可惜的是,艾略特·奈斯读完手稿之后,在去厨房取水杯的过程中心脏病发作逝世,只活了54岁,还留下9 000美元的债务。而《铁面无私》这本回忆录上市后却红遍美国,销量高达150万册。

美国著名喜剧演员露西尔·鲍尔（Lucille Ball）的丈夫德西·阿纳兹（Desi Arnaz）看上了这本书，他是古巴裔的电视制片人，自己拥有一家制片公司，即德西露制作公司（Desilu Productions）。他果断从出版社编辑朱利安·迈斯纳（Julian Messner）手里买下了这本书的版权，并用60万美元制作成上下两集的电视电影，罗伯特·斯塔克（Robert Stack）扮演奈斯，内维尔·布兰德（Neville Brand）扮演卡彭，这部电视电影在ABC（美国广播公司）电视台的德西露剧场（Desilu Playhouse）栏目播出，创下了当年的收视纪录。之后，德西·阿纳兹还把上下两集合成一部电影长片卖给了欧洲，该片成为他电视制片生涯中最成功的作品。ABC电视台非常满意，他们要求阿纳兹的公司把它改编成电视剧，第一季第一集于1959年10月播出，产生了轰动效应，该季横扫了当年艾美奖最佳演员、最佳摄影、最佳剪辑等多项大奖。同一年，以卡彭为原型的黑帮传记片《阿尔·卡彭》也上映了。

美国黑道上有一个传说，说美国政府之所以千方百计要搞垮卡彭，是因为美国总统赫伯特·胡佛。这个胡佛与克林特·伊斯特伍德导演的《胡佛传》（J. Edgar, 2011）里的联邦调查局长埃德加·胡佛没有关系，但是这两个胡佛都跟阿尔·卡彭有点关系。

赫伯特·胡佛来自加州的共和党。在约翰·卡尔文·柯立芝（John Calvin Coolidge）担任美国总统期间，他做了商务部长。1928年总统大选，他成为共和党候选人，那一年的民主党候选人是阿尔·史密斯（Al Smith）。对手很弱，赫伯特·胡佛轻松当选了美国第31任总统。他1929年3月上任，8个月后，华尔街就爆发了金融危机，他采取了让市场自由调节以度过大萧条的对策。但面对摧枯拉朽的金融危机，这个政策直到他1933年3月卸任时都没发挥什么作用。

赫伯特·胡佛当总统的时候，也是美国民众对禁酒令和帮派斗争怨

失业者在芝加哥一家大萧条救济厨房外排队（佚名，1931，U.S. National Archives and Records Administration）

气最大的时期。实话实说，这对共和党来说有点冤枉，因为禁酒令主要来自 1919 年的两个法案，当时是民主党人托马斯·伍德罗·威尔逊（Thomas Woodrow Wilson）当总统。第一个法案是 1919 年 1 月 16 日的美国宪法第十八修正案，第二个法案是 1919 年 10 月 28 日的"沃尔斯泰德法"（Volstead Act），就是大家熟知的"禁酒法案"，因此禁酒令并不是在共和党执政时通过的，而是在共和党执政时期推行的。前文提及，在纽约地区，美国共和党与黑帮的关系更密切。所以，身为共和党人，胡佛并不是真心想剿灭黑帮，他对打击黑帮也是心猿意马的。

但是，胡佛与阿尔·卡彭的一次相遇改变了他对打击有组织犯罪的态度。美国江湖上的传言是这样的，1930 年，胡佛总统去佛罗里达州度假，

胡佛总统就职典礼（National Photo Company, 1929）

在迈阿密海滩上巧遇了同样也在此度假的卡彭。结果，黑帮老大的排场抢了美国总统的风头，卡彭被一群小弟和跳舞的裸女包围，他的手下肆无忌惮地向天空开枪。胡佛因此对卡彭及其帮派感到厌恶，于是，他计划把民众对政府在治理帮会问题上的不满，转嫁给芝加哥的卡彭"集团"。他向芝加哥市政府施压，暗示他们要不择手段全力铲除卡彭。

《铁面无私》讲述了"卡彭的倒掉"，但是，卡彭的倒掉并不像电影里演的那样简单。在影片中，由肖恩·康纳利（Sean Connery）饰演的退休警察，配合年轻的检察官奈斯，两名正义的司法人员最终联合扳倒了卡彭。但在20世纪30年代的芝加哥，这几乎是不可能的。

作为黑帮老大，卡彭一直想洗白自己的身份，这样对维护他自己的地位和帮派的安全有利。所以，他尽心尽力地贿赂警察，收买记者，控制选举，而且广为布施，结交政客、商人和娱乐明星等。一般来说，司法系统对这种利益关系盘根错节、影响根深蒂固的地方黑帮，是毫无作用的。就像电影《洛城机密》（L.A. Confidential, 1997）里讲的那种，执法系统其实不是束手无策，而是根本不作为。从某种角度看，20世纪20年代的黑帮本身，其实也像执法系统一样在维护芝加哥的秩序，只不过是维护非法生意的秩序。有组织犯罪进化到这个时期，达到如此规模，地方势力其实是毫无办法的，只有依靠真正的政治力量才能粉碎它。

　　法庭宣判之后，卡彭被直接送到库克县监狱。记者们蜂拥而至，卡彭没有意识到政府这一次是动真格的，居然还跟记者开玩笑说："快拍吧！以后很长时间你们就找不到我了。"有一个记者要求拍下卡彭在监狱里的照片，被卡彭拒绝了，他说："我也是有家人的，别这样。"但那个记者还是按下了快门，卡彭气得拿起地上的垃圾桶猛砸他。

　　在库克县监狱，卡彭有两个室友。两人都是轻罪，一个是违反假释条例，一个是拖欠罚金。卡彭给了那个拖欠罚金的人100美元，那个人就出狱了。卡彭当然对判决结果不服，让律师继续上诉。在等待上诉的日子里，卡彭又用了上次入狱时的手段，与库克县监狱长相处非常好，经常安排自己的车给监狱长用。1933年2月27日，卡彭正在跟狱友打牌，监狱告知他上诉被驳回了。卡彭听到这个消息后，依然装作若无其事地继续打牌，但他心里知道，自己必须面对11年牢狱生涯这个残酷的现实。

　　1933年5月4日，卡彭离开库克县监狱，被转押到亚特兰大监狱。除了在监狱里服刑的哥哥拉尔夫·卡彭，卡彭的一家老小都来了。他们开始意识到，卡彭这次可能逃不过去了。在去往亚特兰大的火车上，卡彭戴着手铐和脚镣，还坚持他那套虚假的绅士生活习惯，非要换上天蓝色的真丝睡衣睡觉。跟他铐在一起的犯人是一个偷车贼，他们睡在同一个铺位，结果偷车贼一夜都没合眼，因为卡彭占了整张床。

在亚特兰大监狱，卡彭被分到八人间，条件非常差。但卡彭认识其中一个红头发的狱友（Rusty）。早在贩卖私酒时，卡彭就认识这个红头发犹太人。"红毛"很崇拜卡彭。卡彭遭受了这么大的打击，夜里经常做噩梦大喊大叫，"红毛"就会帮忙推醒他。落难的老大在监狱遇到肝胆相照的知己，这是不是只有香港电影里才能看到的故事？可这就发生在卡彭身上。"红毛"是卡彭给他的外号，此人本名叫莫里斯·鲁登斯基（Morris Rudensky），也是颇有传奇色彩的人物，据他自己说，他曾领导过一次27人的集体越狱，他们从监狱看守的房间墙壁挖洞逃了出去。他不仅与卡彭是狱友，还与鲍勃·斯特劳德（Bob Stroud）被关在一间牢房四年。斯特劳德就是经典监狱片《阿尔卡特兹的养鸟人》（*Birdman of Alcatraz*, 1962）里的那个养鸟的主人公。"红毛"在二战期间成为监狱的运动领袖，因动员监狱人员支援国家参战而受到罗斯福的嘉奖。"红毛"入狱比卡彭早，他对亚特兰大监狱比较熟悉，冒着风险帮助卡彭往监狱里走私现金，打点狱卒。卡彭在监狱里的工作是做鞋，每天工作8小时，平时的体育运动是打球。卡彭一开始打棒球，但是水平太差，只好改打网球，打输了就摔拍子，球品很差。1933年8月，卡彭又雇了一个著名律师继续上诉，理由是当时高等法院裁决中提到的逃税问题，不足以构成欺诈罪，要求用服刑所在地的法律来重新审判。

就在卡彭等待新裁决的过程中，1933年12月5日，罗斯福总统宣布废止禁酒令，一个时代结束了。1934年1月，亚特兰大法院做出了裁决，根据联邦法律，他们认为卡彭服刑地（亚特兰大）的法院没有对犯罪所在地（芝加哥）对他的判决进行改判的权力，这彻底粉碎了卡彭减刑的最后希望。

1933年，美国换了司法部长。新任部长霍默·卡明斯（Homer Cummings）上任后做了一个决定，把军事监狱阿尔卡特兹岛改造成一座现代的关押重刑犯的监狱，这座监狱就是电影《逃出亚卡拉》(*Escape from Alcatraz*, 1979)及《勇闯夺命岛》(*The Rock*, 1996)里的那座传奇监狱，该岛又叫"恶魔岛"。小岛像一块巨大的岩石，监狱建在陡峭的悬崖上，四周都是大海。监狱改造之后，恶魔岛的安保系统也升级了，越狱、劫狱根本没有可能，可谓一座插翅难飞的监狱。1934年，监狱的升级改造完成，霍默·卡明斯与当时的联邦调查局长胡佛来到亚特兰大监狱，挑选合适的犯人送到"恶魔岛"。监狱里人人自危，都怕被送过去，只有卡彭很淡定。"红毛"对卡彭说："他们一定会选名气较大的人做样板。"卡彭却说："放心吧，我已经派人送钱过去了，我是不会去恶魔岛的！"结果，8月18日晚上8点，一个狱卒拿着棍子敲开卡彭的牢房，说："走吧，卡彭，东西不用带了！"卡彭像疯子一样咆哮，大声呼喊"红毛"的名字，大声诅咒那些收了钱没办事的"狗娘养的"。三个狱卒一起把他拖了出去。

从亚特兰大到恶魔岛这段行程简直像炼狱一样，犯人都戴着手铐和脚镣，而且坐的全是硬座，卡彭挣扎着摆了一个舒服的姿势，结果却踢开了暖气阀，车厢变得像蒸笼一样，让卡彭起了痱子，押解人员只好拿酒精和海绵给他擦身子。到了恶魔岛，卡彭想要给大家留个好印象，但他一张热脸偏偏贴在监狱长的冷屁股上。卡彭恳求监狱长约翰逊放宽探监的人数，因为他的亲戚朋友比较多，结果遭到拒绝。为了能在恶魔岛上建立威信，卡彭又开始搞施恩布惠的老一套，比如说送钱给狱友等。但是，恶魔城的监狱长似乎并不像过去的监狱长那么好对付，他千方百计破坏卡彭收买人心的计划。

在恶魔岛，卡彭做了一件令人惊讶的事，他玩起了音乐。恶魔岛上

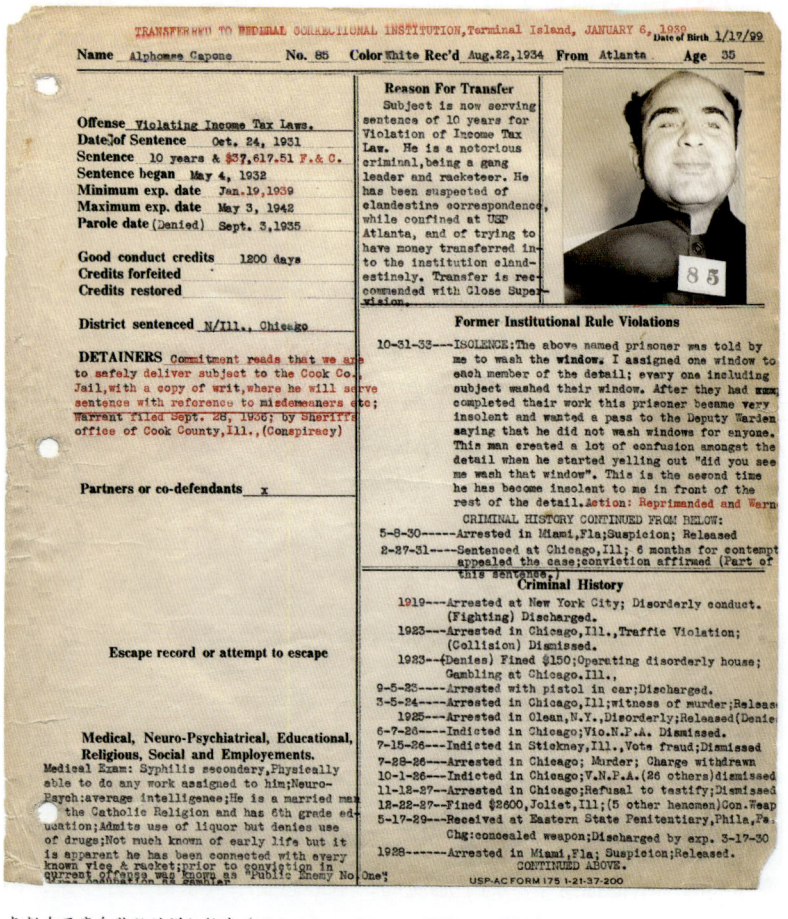

卡彭在恶魔岛监狱的详细档案（United States Bureau of Prisons, 1934）

没法打网球了，他在监狱里组建乐队，自己作曲，并且演奏班卓琴。监狱要求每天 6 点 30 分起床，晚上 9 点 30 分熄灯，周末才能洗澡，每天有两小时休闲，卡彭就在空闲时间选择了音乐创作。他曾写了一曲《母亲》（"Mother"），领着乐队一起演奏，卡彭表演得声情并茂，曲子悠扬动人，很多狱友感动地流下了眼泪。

·七·

1938 年 2 月 5 日，卡彭疯了。

美国有很多黑帮老大都染上过梅毒，他也没逃过这一劫。体检说他已经是梅毒晚期，脊椎化验的结果说梅毒已经侵害了卡彭的中枢神经。但是，也有人说，卡彭是在恶魔岛上受到虐待才疯的。他在恶魔岛的四年是否遭受了司法部门的特殊"关照"，已经不得而知，至少他没有得到很好的环境和特别及时的治疗。2020 年的电影《卡彭》，讲述的就是晚年因梅毒侵害大脑而疯了的卡彭，在出狱之后回家度过的最后那段时光。

疯了之后的刑期，卡彭是在监狱医疗室度过的。不是注射砷凡纳明，就是使用电击疗法，估计就算是好人，也要被折腾疯了。卡彭时而清醒，时而迷糊。1939 年 1 月 6 日，他完成了因逃税而被判处的十年徒刑（其中有减刑），但是因没有报税而被判的一年刑期要回到库克县监狱去服，此时他已经半瘫了。同年 11 月，他又被转到宾夕法尼亚州立监狱。最后，卡彭是在巴尔的摩医院里度过了剩余的刑期。

坐完牢的卡彭复出，让媒体圈一阵骚动。记者前来采访杰克·古兹克，问卡彭是否会重新执掌帮派，杰克·古兹克对卡彭非常忠诚，但他还是说了句残忍的话："卡彭真的是疯了。"

卡彭回到迈阿密家里，经常出现幻觉，认为有人要追杀他。尤其是看到有人乘坐汽车来找他，他就特别害怕。这些情节，在《卡彭》中都有所体现，他的哥哥拉尔夫·卡彭不让外人接近他，以防止卡彭无意识说出帮派里的秘密。卡彭精神正常的时候，也会抽抽雪茄、钓钓鱼、打打网球，他喜欢人多热闹，经常召集老朋友到家里来，前提是他能认得出他们。他喜欢打牌，但是脑子已经不行了，朋友们都很识相，经常假装输牌给他，但偶尔也会因打得顺手、忘乎所以而赢了卡彭，这时卡彭就会大发雷霆:"来人啊,把这个家伙拉出去毙了!"

1941年12月30日,从来不去教堂的卡彭终于去了教堂,因为这一天是他儿子桑尼的婚礼,新娘是桑尼的高中同学。桑尼这个名字与罗伯特·德尼罗根据真人真事自导自演的黑帮片《布朗克斯的故事》(*A Bronx Tale*,1993)里的黑帮老大同名。卡彭的儿子桑尼并没有参与黑帮事务,而是开了一家花店。二战期间,桑尼特别积极为国家效力,但是由于他有听觉障碍,不能入伍,他就自愿加入了后勤保障部门,在迈阿密机场担任机械师。他的老婆给他生了四个女儿,卡彭爱死了这些小孙女,天天带着她们玩。桑尼曾说:"我希望父亲能像劫富济贫的杰西·詹姆斯(Jesse James)那样被人怀念。"杰西·詹姆斯是美国19世纪著名的土匪和侠盗,美国有很多小说、电影和漫画作品都以其为原型。

神经梅毒的后果很难预料,病人有时候正常,有时候会丧失判断力,言语不清,癫痫发作。大名鼎鼎的"疤面煞星"阿尔·卡彭,一代大佬,晚年却如此凄凉。即使在状态最好的时候,他的身体和精神都很难协调,他经常在交谈中不知不觉就转换了话题,或突然吹口哨、唱歌。1942年,青霉素开始在临床上应用,算是救了卡彭一命,但是,梅毒对他大脑的破坏已经无法逆转了。

1947年1月19日早上4点,卡彭突发脑出血。医生和神父都来了,媒体甚至提前报道了卡彭的死讯,但他起死回生了。在接下来的一个星期,卡彭患上了支气管炎,呼吸艰难,人也日渐憔悴,终于在1月25日,卡彭在家人的环绕之中撒手人寰,终年48岁。他临终前没有留下遗言,遗体捐献给了专门研究脑部疾病的医疗机构。

纵观阿尔·卡彭的一生,他肯定不是好人,却称得上是传奇,成为20世纪上半叶美国有组织犯罪的缩影,并进入流行文化而成为一种符号。在《博物馆奇妙夜2》(*Night at the Museum: Battle of the*

卡彭的死亡证明（C.W. Tomlinson, 1947）

Smithsonian, 2009）里，卡彭是与罗斯福、林肯、拿破仑并列的历史人物。他曾预感到电影工业的巨大价值，但是他一边受困于芝加哥的帮派之争，一边忙于应付警方和国税局的调查，最后并没有实现掌控好莱坞的理想。可是他的芝加哥"集团"没有放弃好莱坞。禁酒令被废止时，他的帮派已经兵强马壮，并找到了新的方式介入好莱坞。好莱坞每年有150万美元落进芝加哥黑帮的腰包，连大制片厂也不得不想办法与黑帮斗争。

No one stays at the top forever

CHAPTER

06

Casino

第六章

赌城风云

马丁·斯科塞斯电影中的美国社会

© Alamy/ 视觉中国

如果你干涉赌场的任何运作，或者试图破坏我在这里想要做的任何事情，那么我告诉你，你将永远无法活着离开这家公司。

——弗兰克·罗森塔尔（美国有组织罪犯）

科波拉和莱昂内都是伟大的黑帮片导演，但黑帮片不是他们毕生追求的电影类型，科波拉很快就转向文艺片，莱昂内最擅长的是西部片。但马丁·斯科塞斯则不同，他从登上美国电影的舞台开始，直到今天，始终对黑帮片情有独钟，他不仅创作了许多著名的黑帮片，还监制和导演了著名的黑帮美剧《大西洋帝国》。这部剧的英文名字直译过来不叫"大西洋帝国"，而是"木板道帝国"，因为在大西洋城的海滩上，曾经建成美国历史上最早的一条木板观景大道，这里成为大西洋城的地标性景观，因此某种意义上，"木板道"就是大西洋城的别称。

· 一 ·

《大西洋帝国》就是以大西洋城的著名景观大道为中心，围绕在大

大西洋城的著名景观大道：木板道（alamy/ 视觉中国）

西洋城黑白两道通吃的人物努基·汤普森（Nucky Thompson）展开，而这个努基·汤普森正是以大西洋城历史上著名的涉黑政客伊诺克·约翰逊为原型。在剧中，他绰号叫"努基"，这也是伊诺克·约翰逊的真实绰号。他为什么会有这么一个绰号？它似乎既没有什么气势，也没有特别之处，其实是它的英文 Nucky，听上去是 Lucky 的谐音，因此主要是奔个口彩，强调"好运气"。对于那些在道上混的人，这个外号比较吉利，似乎可以让人逢凶化吉、大难不死。卢西亚诺的外号"Lucky"，也是这个意思。这类口彩式的外号，正是 20 世纪 20 年代美国黑帮的特色。

为什么要从《大西洋帝国》开始说马丁·斯科塞斯呢？因为《大西洋帝国》的剧情恰好把前面几章的内容完整地串联起来。《大西洋帝国》于 2010 年 9 月 19 日在 HBO（家庭票房电视网）首播，因为是马丁·斯科塞斯亲自导演、监制，有许多明星加盟，所以成为当年美国最热门的黑帮历史剧。马丁·斯科塞斯和美国演员马克·沃尔伯格（Mark Wahlberg）监制，史蒂夫·布西米（Steve Buscemi）扮演了以伊诺克·约翰逊为原型的努基·汤普森。这部剧总共有五季，讲述了从 1919 年到 1932 年间美国东海岸城市的历史，以及禁酒令时代大西洋城的兴衰。整个故事与美国真实有组织犯罪有着非常密切的关系，因此有必要仔细回顾一下剧情。整体剧情分为两条线索，主线是讲主人公努基·汤普森在大西洋城如何利用自己的财富、影响力和犯罪集团，在禁酒令时代一步步打击异己，铲除竞争对手，维护自己的政治地位和商业利益；第二条线索就是在禁酒令前后纽约、芝加哥的黑帮风云，许多人物甚至直接用了真实历史人物的名字。比如第一季结尾的故事是发生在1920年，通过约翰尼·托里奥和阿尔·卡彭讲述了前文讲过的"刺杀大吉姆案"，还有前面详细讲述的纽约"二马之战"。在这部剧的结尾，这两条线索汇聚在一起的标志性事件就是1929年著名的"大西洋城会议"。《大西洋帝国》以努基·汤普森的故事为主，讲述他与几个女人，与他的弟弟、义子之间的关系，但恰恰是大西洋城这条故事主线，含有大量虚构的成分，而发生在纽约、芝加哥的重要黑帮事件，比如刺杀奥班宁、阿诺德·罗斯坦被杀、刺杀"二马"等，都被编剧巧妙地化用为推动剧情发展的重要外部力量，它们一步步推动努基·汤普森的性格和命运发生变化，从而将20世纪20年代美国有组织犯罪，尤其是东海岸有组织犯罪的历史拼图变得更加完整。

　　历史上的伊诺克·约翰逊与剧中的汤普森有很多相似之处，但编剧也有许多创造性发挥，让剧中人物与历史人物之间存在一些区别。首先，真实的约翰逊没有像剧中的汤普森那样亲手杀过人，也没有任何证据表明约翰逊曾经下令杀过人，这位大西洋城的城市老板虽然控制犯罪帝国，但本人从不直接参与犯罪。但在《大西洋帝国》中，汤普森不仅杀过人，而且杀死了迈克尔·皮特（Michael Pitt）扮演的与他情同父子的吉米。这些情节完全是为了剧情张力的需要而虚构的。在剧中，汤普森经营酒厂，并走私烈酒，并且与纽约、芝加哥、费城的黑帮分子展开了走私竞争，但真实的约翰逊则完全不用跟别人竞争，他是大西洋城黑白通吃的黑道皇帝，他能从所有人的私酒生意中赚钱，完全没有必要与其他犯罪集团抢夺地盘。

《大西洋帝国》中关于约翰逊的情节，有一多半是虚构的，比如在大结局中，努基·汤普森被枪杀了，但在现实中，伊诺克·约翰逊没有被人杀死。但是，这部剧巧妙的地方就在于，剧中的暗线故事几乎都是真实的，这也是这部剧最吸引人的地方，它用大量人们已经熟知的黑帮人物和故事，引出编剧自己讲述和虚构的大西洋城的历史。整部剧中在历史上有名有姓的人物太多了，尽管马丁·斯科塞斯参与制作和导演的只有第一季，但整部剧都保持着极高的质量，是美剧史上最优秀的黑帮历史剧。

· 二 ·

《大西洋帝国》中涉及的美国真实历史，要从主角努基·汤普森的原型——伊诺克·约翰逊说起。伊诺克·约翰逊，外号"努基"，是新泽西州大西洋城的城市老板。从禁酒令之前到1941年他入狱，他一直控制着大西洋城，贯穿了整个禁酒令和美国黑帮现代化的时期，他是大西洋城无可争议的"老大"。他利用自己的政治地位谋取私利，让大西洋城成为禁酒令时期的避风港，大量游客因为禁酒令在这里形同虚设，而纷纷来这里度假。同时，大西洋城也是美国东部最大的赌博合法化城市，这就造就了大西洋城最辉煌的时期，也是人气最旺的时期。

伊诺克·约翰逊出生在新泽西州，像《大西洋帝国》中所演的那样，他的父亲史密斯·E.约翰逊（Smith E. Johnson）是大西洋城的地方官。1886年，他父亲被选为大西洋县的治安官，任期三年，他们全家因此搬到了县政府所在地梅斯兰丁（Mays Langding）。由于治安官不能连任，史密斯·约翰逊在接下来的20年里，就不断交替担任治安官和副治安官，他与刘易斯·P.斯科特（Lewis P. Scott）以及国会议员约翰·J.加德纳（John J. Gardner）形成了"铁三角"，始终控制着大西洋城和大西

1911 年大西洋城木板道上的人群（George A. McKeague Co., 1911）

洋县。

　　正如电视剧中所演的那样，1905 年，伊诺克·约翰逊成为他父亲的副治安官。《大西洋帝国》的最后一季，主要讲述的内容就是努基·汤普森之所以会变成冷酷阴暗的带有黑帮色彩的政客，是源自他与父亲之间复杂的情感关系。当然，在剧中，他父亲酗酒后经常殴打他母亲，导致他们兄弟二人都憎恨他的父亲，这段故事是编剧虚构的，除了可以渲染一下这个人物内在的悲剧性，以让整个剧走向一个观众可以接受的结局，还起到了强化汤普森与私酒之间紧密关系的作用。在第一季第一集的第一幕，努基·汤普森就在一场禁酒活动中公开批评酗酒的危害，而随后发生的剧情让观众以为，这个反对饮酒的演说是为了强化主人公的虚伪。其实这场戏还有另一个功能，就是体现出在努基这个阴险、冷酷的人物的背后，或许他唯一真实的东西是对酒精的憎恨，因为他的父亲就是因酗酒而毁了家庭，毁了他的童年。现实中，约翰逊早年的确不饮酒，1906年，他与少年时的恋人梅布尔·杰弗里斯（Mabel Jeffries）结婚，可惜的是，婚后六年，也就是1912年，梅布尔就去世了，这对约翰逊的打击很大，他从此开始饮酒。因此，在《大西洋帝国》中，酒扮演了一个特殊的角色。一方面，汤普森通过贩运私酒而赚取大量利润，甚至不惜与卢西亚诺、卡彭等人翻脸；而另一方面，他本人的情感经历也让他从不饮酒发展到酗酒，最后剧中又通过酒，将他与父亲的真实关系展现出来。在外形方面，电视剧与现实也有差别。电视剧与真人最不一致的地方是体形，现实中的约翰逊身高182厘米，体重约102千克，喜欢健身，是一个标准的肌肉男，总戴着一副眼镜，这与《大西洋帝国》中布西米扮演的有点小龅牙的、清瘦苍白的形象差别很大。

《大西洋帝国》中布西米扮演的努基·汤普森（alamy / 视觉中国）

1908年，约翰逊的父亲任期届满，约翰逊当选为大西洋县的治安官。1909年，他又成为大西洋县共和党执行委员会的书记，这是一个重要的政治职位。1911年，当地政治老板路易斯·屈恩勒（Louis Kuehnle）因贪污罪被判刑，约翰逊则接替了他的位子，成为控制大西洋城和大西洋县共和党的领导人。所以，伊诺克·约翰逊是不折不扣的大西洋城的地头蛇，在他统治大西洋城的30年间，他担任过许多地方的重要职务，包括财政局长、日报出版人、银行董事、建筑公司总裁、贷款公司老板、啤酒厂董事等。但是，他拒绝竞选州参议员，不是因为他担心选不上，而是认为自己参加竞选有失身份。作为新泽西州最有权势的共和党人，约翰逊负责运作了几任州长和参议员的选举。1916年，约翰逊帮助共和党候选人沃尔特·埃文斯·埃奇（Walter Evans Edge）成功当选州长。除了为埃奇筹集资金外，他还通过接触民主党哈得孙县的老板弗兰克·黑格（Frank Hague），策划埃奇的选举，原因是他不喜欢民主党的候选人奥托·威特潘（Otto Wittpenn）。埃奇向提供帮助的弗兰克·黑格担保以后共同合作，而黑格则指示他的民主党人在共和党初选中投票给埃奇。埃奇当选后，他给约翰逊的奖励是任命他为州最高法院书记员。

在《大西洋帝国》的第一季，努基·汤普森主要是一个政客，尤其是在第一季的结尾，他为了能够赢得选举，动用了各种手段，包括拉拢黑人社团等。从第二季开始，故事进入禁酒令时期，汤普森的权力在这时达到了顶峰。到第五季时，他基本上背叛了身边的所有人，最后只是维护了一种空洞的权力，而那个让他痴迷的大西洋城，似乎也不再需要他，周围的人也不再爱他。这是典型的美国电影的叙事模式，一个白人男性不顾一切地获得成功，而他成功后却发现他为此失去了周围的一切：家人、友谊和爱情。

大西洋城是美国东部沿海的旅游胜地，约翰逊知道，要想在一个沿

海度假城市取得成功,必须能为游客们提供他们想要但在别的地方无法获得的东西。约翰逊有一段名言是这样说的:

> 我们有威士忌、红酒和女人,有夜总会和老虎机,我不否认这一点,也不会为此道歉。如果大多数人不想要它们,那它们就不会赚钱,也不会存在。这些生意确实存在的事实向我证明,人们需要它们。

因此,约翰逊允许大西洋城在周日为游客提供酒类服务,而当时整个新泽西州都受到禁酒令影响而禁止卖酒和饮酒。在《大西洋帝国》中,我们经常看到人们聚在一起喝酒,就是这个原因。剧中的吉米和汤普森都想方设法搞到更多的酒,这里因为允许卖酒,也就成为向纽约、芝加哥输送酒的中转站。约翰逊还在大西洋城发展赌博业和色情业,他虽然不直接经营妓院,但他掌控当地所有的卖淫业,色情经营者要向他缴纳保护费。约翰逊的主要收入就来自非法销售的酒水提成,以及赌博和卖淫活动。

那么在现实中,约翰逊每年能赚多少钱呢?根据调查人员指控,他每年从犯罪活动中获得的收入超过 50 万美元,按照 2012 年的标准计算,就是超过了 500 万美元。他有一辆价值 1.4 万美元的粉蓝色豪华轿车,这与剧中的情节是一致的。他喜欢穿昂贵的衣服,尤其是一件价值 1 200 美元的浣熊皮大衣。他标签式的打扮,就像剧中演的那样,是每天在胸前别上一朵红色康乃馨。电影《教父》里老教父戴红花这个造型,其实来自大西洋城的伊诺克·约翰逊。

大西洋城的丽思卡尔顿酒店建成后,伊诺克·约翰逊一直住在这座酒店的第 9 层,整个一层都是他的家。不过与电视剧中不同的是,现实中丽思卡尔顿酒店是在 1921 年开业的,而电视剧中的故事开始于 1920 年,

大西洋城的丽思卡尔顿酒店（Paul Lowry，拍摄于 2011 年）

那时伊诺克·约翰逊还没有丽思卡尔顿酒店可住。这座酒店是约翰逊举办奢华派对的地方，《大西洋帝国》第二季专门介绍了这家豪华酒店，约翰逊也因此也被叫作"丽思的沙皇"，当然，也有人说他是"丽思的囚徒"。

大西洋城和其他避暑度假胜地一样，存在季节性问题。到了冬天，大西洋城的旅游业就不行了。但在禁酒令期间，在伊诺克·约翰逊的领导下，大西洋城成为进口私酒的主要港口之一。1927 年，他同意加入一个由东海岸的私酒贩子组成的松散组织"七大集团"。为了推动大西洋城走"会议经济"的发展路线，约翰逊建造了大西洋城会议厅（Convention Hall）。会议厅于 1926 年开工，1929 年 5 月开放，是当时美国最先进的会议厅建筑，其中还有当时最大的房间，人们在里面可以一览无余地欣赏海滩上的风景。会议厅前的海滩上修建了当时美国最长的海滩木板道，因而它被称为"木板道会议厅"（Boardwalk Hall），这也是这部剧的英文名叫"Boardwalk Empire"的原因。

约翰逊在大西洋城的做法在一定程度上缔造了这座城市历史上最辉煌的时期，海边的度假区知名度在美国东海岸逐步提高，吸引了大量游客，所以在这个时期，大西洋城被称为"世界的游乐场"。

· 三 ·

在《大西洋帝国》中，努基·汤普森是一个擅长钻营的人，最明显的例子就是一名政客在酒会上要喝苹果酒，结果努基·汤普森没有准备，另一个人对他说："你看，我们不一定总能得到我们想要的。"第二天，努基就给要喝苹果酒的政客送去了好几箱，并留下字条："我就是想得到所有我想要的。"然而现实中的伊诺克·约翰逊没有这么钻营，他经常对需要帮助的人慷慨解囊，很受大西洋城市民的爱戴，他的仁慈和慷慨在当地市民中就是一个传奇。约翰逊曾说："我活得好，大家［大西洋城的人］就活得好。"

伊诺克·约翰逊也是1929年全美黑手党委员会第一次会议的组织者，因为开会地点就在大西洋城。之前我们介绍过这次会议的重要性，它标志着美国黑手党开始摆脱意大利黑手党的陈规旧俗，为全国范围内有组织犯罪集团的建成奠定了基础，而且促成了美国现代黑手党中两个重要人物卢西亚诺和兰斯基的联盟关系。事实上，也正是因为这次会议，后来伊诺克·约翰逊被媒体更明确地划归为黑帮人物。但无论怎么讲，伊诺克·约翰逊在大西洋城振臂一呼，就能召集全国黑帮大佬来大西洋城开会，本身就证明了他当时在全美黑手党中的实力和影响力。即使伊诺克被定义成黑手党大佬，警力也始终没有证据证明他亲自参与犯罪活动，比如亲手杀人或指使他人杀人。

在他第一任妻子去世后，1941 年 8 月 11 日，他开始了人生的第二场婚姻，第二任妻子弗洛伦丝·奥斯贝克（Florence Osbeck）是一名舞女。他们婚后的第 10 天，伊诺克·约翰逊就因逃税罪被起诉而入狱，弗兰克·S. 法利（Frank S. Farley）接替了约翰逊的位置。约翰逊终其一生，膝下没有子女，这也是为什么《大西洋帝国》在主人公与吉米之间渲染近似于父子之情的情感关系。1941 年，约翰逊因逃税被判 10 年监禁，但他只服了 4 年刑，1945 年就出狱了。出狱后的伊诺克·约翰逊和妻子、兄弟一起平静过日子。他偶尔会从事一些宣传工作，或者参加当地的政治晚宴。1968 年，约翰逊在新泽西的一家疗养院里去世，终年 85 岁。

· 四 ·

美国黑帮组织历史上有很多次重要会议，但是这些会议都不如大西洋城会议有名，这个会议就是全美黑手党委员会的首次会议。约翰逊本人不是来自街头帮派，他出身于政治世家，只不过在特殊的年代，为了能够保住自己在大西洋城的统治权，不得不借助一些手段，或者借助一些黑帮的力量。

他与黑帮真正建立联系是在禁酒令时期，与纽约的卢西亚诺、芝加哥的卡彭等其他黑帮头目之间达成贩运私酒的同盟，这个同盟表面是商业团体，实际是带有黑社会色彩的联盟，正是在此基础之上，这次会议才得以召开。

《大西洋帝国》把这个会议的前后经过讲得非常清楚。约翰逊初登场时，是一名地方官，同时也是当地共和党领袖。随着禁酒令的实施，他慢慢卷入美国的私酒贩运活动中。这个同盟经过一段时间的发展，卢西亚诺想把这种以经济同盟为形式的犯罪联盟扩大到全美。在他的倡议之下，1929年5月，卢西亚诺邀请全美各个城市犯罪家族的黑帮大佬来到大西洋城，各黑帮代表在大西洋城举行了一次前所未有的黑帮聚会，其中包括阿尔·卡彭，以及来自费城、克利夫兰、波士顿、底特律和堪萨斯城的老大等，努基·约翰逊因为主办了这次会议而在全美的地下世界建立了威信。

作为主办方，他要安排所有会议代表的吃喝住行，他格外精于此道。在《大西洋帝国》中，我们可以看到他经常举办派对，招待政府官员，跟不同的人打交道。

这样一场重要的黑帮会议是如何召开的呢？据卢西亚诺的回忆录和《大西洋帝国》的原著小说，也就是尼尔森·约翰逊（Nelson Johnson）所写的《大西洋帝国》一书介绍，会议当天，各地的老大驱车或搭乘火车来到大西洋城，下榻浪花酒店。这是木板道上一家豪华酒店，由英国的清教徒移民经营，带有英国贵族气质。但约翰逊没有想到，由于族裔之间的隔阂很深，盎格鲁—撒克逊清教徒经营的酒店不让意大利人和犹太人入住。当这些老大到达酒店大堂时，约翰逊不在现场，卡彭到前台准备登记，"我们要办理入住"。阿尔·卡彭这名字一看就不是盎格鲁—撒克逊人，也不是清教徒，酒店就拒绝了他们，这可把卡彭气坏了。

来自底特律、克利夫兰的老大也非常生气，但是都没有卡彭那么冲动。卡彭属于一点就着的性格，对于伊诺克·约翰逊的接待非常不满。于是，他在酒店大堂跟工作人员大吵大闹，还喊着："你们不知道我是谁吗？"当约翰逊赶到现场时，他们已从酒店出来了。约翰逊很有经验，现场马上找人再安排住处，也跟他们做了解释："我们都是用假名才能入住，谁知道你们用真名！"

卡彭当时正处在芝加哥黑帮战争的风口浪尖，刚刚做完轰动全美的"情人节大屠杀"，达到了人生的巅峰，似乎有点忘乎所以。但是大西洋城是约翰逊的地盘，他再怎么嚣张还是得服从当地人的安排。而且也不是街头混混，他是受过教育、多年从政的老江湖，所以能够压制住卡彭。他是怎么压制住的呢？卢西亚诺在《最后的遗言》中讲述了这段故事。约翰逊因为人比较高大，他抓起了卡彭的衣领，直接把他丢到了汽车里，然后说："你们跟我走，不要在这里闹事。"他们就这样离开了这家酒店。这些有头有脸的黑帮人物到了大西洋城，本来就容易吸引别人的注意，尤其是小报记者，所以约翰逊不希望让太多的人关注这件事情。

等到他们安顿下来之后，约翰逊的精心接待就让他们非常满意了。第一天，他先给所有与会人员举行了一场盛大宴会。凡是带着老婆或情人来的，每人送一件象征身份和地位的真皮披风，没带老婆、女友来参加会议的，会安排配上女人，大家吃喝玩乐一整天。第二天早饭过后，大西洋城会议才正式开始。但让人意想不到的是，会议其实不是在宾馆或者会议中心召开的，而是这些老大赤足在海滩上一边散步一边聊出来的。这些老大吃完早餐，走到海边，在木板道散步，走到尽头就脱下鞋袜，赤足沿着海边，在沙滩围坐下来谈事。《大西洋帝国》的片头，汤普森站在海边，旁边有被巨浪冲来的酒瓶，就因为这场会议的的确确是在海滩上开的。选择这种方式开会，不是为了浪漫，而是可以保密。这些被警方和媒体关注的大佬，在这里可以避开所有的监视。

会议一开就是好几天，每天早饭过后，这些大哥就到海边讨论事情，其中一项主要议程就是要警告阿尔·卡彭，不能再这样无休止地、毫无节制地与其他黑帮交战了，否则会牵连纽约和大西洋城。卡彭肯定是大西洋城会议的一个核心问题，这次会议也是阿尔·卡彭在美国黑帮势力的转折点。

除此以外，会议目的是通过大会想要推行的新的黑帮制度，比如不要在帮派之间展开盲目的战争。大家都是兄弟，主要目的还是赚钱，这种战争非常愚蠢，不仅让市民人心惶惶，而且两败俱伤也毫无必要。所以，停止黑帮之间盲目的战争，各黑帮联合起来成为商业伙伴，合理分工、合作赚钱，是这次会议的另一个核心内容。

江湖传闻说，卢西亚诺想把黑帮的事务变得像是商业或政治事务。大家在讨论完之后，起草了一份名为"大西洋城宣言"的书面协议。卡彭在回忆录中对这份协议有一段说明，他说："我告诉他们这个生意足以让我们变得有钱，所以应该停止相互打打杀杀了，而且应该让我们的人就像那些老板一样，全身心地投入事业上面，为此甚至晚上都忘了回家。所以这是一个事业，而不是简单的逞强。"当然，他也说，要让多年以来你争我夺的这些老大同意在一个和平的商业计划中共同合作太难了，但是最终，所有人都决定不计前嫌，同意了这份书面协议，每个人都在上面签上名字。卡彭在回忆录中提到过这些内容。

大西洋城会议的重要性以及黑帮聚会这种特殊的形式，为主办者约翰逊在美国的黑手党中奠定了很高的地位。虽然他与黑手党之间有事实的关联，但他不像卢西亚诺和卡彭那样是从街头起家的黑帮老大，而是带有黑社会色彩的政客。

大西洋城会议后来成为美国现代有组织犯罪的一个模板，各地的帮会之间有重大的利益冲突和矛盾的时候，都会效仿卢西亚诺所倡导的这种管理方式。直到 20 世纪 60 年代末，这一代人退出历史舞台，美国黑帮新人换旧人，这一规矩才消失。

· 五 ·

有哪些电影讲述过"后大西洋城时代"的美国黑帮呢？不是科波拉的电影，也不是塞尔吉奥·莱昂内的电影，而是马丁·斯科塞斯的电影。马丁·斯科塞斯的黑帮片讲述的多数都是 20 世纪 60 年代之后的美国黑帮故事,这些故事都发生在卢西亚诺、阿尔·卡彭和伊诺克·约翰逊这一代人退出历史舞台之后。新一代的黑帮与旧一代的黑帮有很大差别,这个差别只被马丁·斯科塞斯细腻地表现了出来。

在五十多年的电影生涯中,马丁·斯科塞斯拍了近十部纪录片,其中有一半是关于电影的。而且,不论是谁,只要拍摄关于电影史或电影人的电视片、纪录片或DVD花絮,找到马丁·斯科塞斯,他都会答应。斯科塞斯在纽约有一个"电影仓库",它相当于个人的电影博物馆,保存了大量的剧本手稿、海报、电影胶片和道具等。判断一个导演是不是迷影人,只要看他在拍电影之外所做的事情是不是与电影有关系,或者看他是否非常投入地做这些与电影有关的工作和活动。在美国,有许多成功的电影导演,他们都对这个职业充满热情。但是,职业精神与马丁·斯科塞斯和昆汀·塔伦蒂诺等对待电影的热情不太一样,他们是真正热爱电影的迷影人。

马丁·斯科塞斯是美国迷影文化最有代表性的人物,他出生在纽约的一个意大利移民家庭,从小在意大利街区生活,母亲是一个天主教徒。在典型的意大利裔移民的街区,人们的生活多数像《教父》里演的那样。19世纪起,意大利移民在东海岸的纽约登陆,许多人就在这里生活下来,而德国移民则更多到中西部去务农。这一代意大利移民中,有许多西西里农民。他们在意大利生活条件比较艰苦,没有受过教育,也不掌握技术,随身携带的财产也很有限。西西里岛虽然历史悠久,但大部分是山区,经济以农业为主,城市化进程比较迟缓,保留了许多传统社会的模式。马丁·斯科塞斯的家庭就来自西西里,与纽约的其他西西里人保持密切的交往。

马丁·斯科塞斯的成长过程有几个特殊之处,奠定了他未来电影创作的底色。第一,作为意大利人或者西西里人后裔,他在典型的天主教家庭中长大,这种家庭背景对他影响很大。他在访谈中说,他在宗教问题上始终有困惑。尽管他没有说出这个困惑是什么,但这一点对于观众理解他的电影非常重要。第二,意大利街区的成长背景,让他接触到许多二战后纽约底层意大利移民中的青少年,包括一些帮会分子。马丁·斯科塞斯从小就能接触他们,熟悉他们,就像熟悉十几年共同生活的街坊邻居。从孩童成长为少年,这些人与斯科塞斯在纽约低矮的公寓街区一起长大。族裔之间亲密的社会关系,让他能够深入观察许多真实底层青年和帮会分子的生活状态。斯科塞斯知道他们每天在想什么、想要获得什么、在什么地方出现,以及他们的命运和结局是什么。这些鲜活的生活体验与他后来的电影创作有很大关系。第三就是纽约的文化。马丁·斯科塞斯在纽约接受教育,他的多数电影都是以纽约为背景。甚至可以说,如果在20世纪选择一位在表现纽约方面最有代表性的导演,那就是马

1900年左右纽约曼哈顿的一个意大利街区(Detroit Photograph Company,约1900年)

丁·斯科塞斯。也有人会说是伍迪·艾伦，但伍迪·艾伦电影中的纽约过于单一，主要聚焦于知识分子阶层，而斯科塞斯电影中的纽约，社会层次要丰富得多，从出租车司机到乐手，从拳击手到小混混，涉及不同阶层的普通人。纽约这座城市的历史和文化是马丁·斯科塞斯的电影最重要的气质，他的电影中人物的对话、装束和行为，来自他在街头巷尾对纽约人的观察。他电影中那种热烈的音乐和充满活力的节奏，都与纽约的生活氛围和文化有关系。纽约是一座生机勃勃、充满喧嚣和幻想的大都市，这也是斯科塞斯电影的气质。

第四点是他所成长的那个年代。斯科塞斯本科毕业后进入纽约大学三年制电影专业读硕士（MFA）。他开始想学英语文学，结果入学后，他发现自己选的专业其实是电影。20世纪60年代是个美国文化的风云时代，一方面，美国战后社会运动和学生运动如火如荼，另一方面，纽约当代艺术和地下电影运动蓬勃兴起。这时的纽约，有乔纳斯·梅卡斯（Jonas Mekas）、安德鲁·萨里斯（Andrew Sarris）、苏珊·桑塔格（Susan Sontag）这些著名影评人和知识分子充满激情地向公众鼓吹电影，还有安迪·沃霍尔、小野洋子、白南准、约翰·凯奇（John Cage）这些艺术家在进行各种展览和创作实验。这个时期在纽约大学攻读硕士的斯科塞斯接触到的社会氛围，与乔治·卢卡斯、科波拉在加州接触到的氛围完全不同，他是在纽约那种充满独立知识分子、作家和当代艺术的氛围下学习电影的，这奠定了他的电影中反叛文化的基底，让他在最初接触电影时就产生了艺术理想。年轻时的斯科塞斯是一位激进的、有叛逆色彩的艺术青年，追求自我解放的生活方式，他心中的偶像是纽约地下电影界那些对主流文化嗤之以鼻的桀骜不驯的艺术家，这是斯科塞斯早期电影最显著的特点。

最早，他接受比利时皇家电影资料馆馆长雅克·勒杜（Jacques

1969 年第一届伍德斯托克音乐节现场（Woodstock Whisperer, 1969）。
该音乐节是 20 世纪 60 年代美国反主流文化运动的重要组成部分

Ledeux）的支持，拍摄了短片《剃须记》（*The Big Shave*, 1967）。雅克·勒杜出钱支持年轻导演从事电影探索，马丁·斯科塞斯就在其中。这部短片很简单，他用 16 毫米胶片粗糙的影像，拍了一个年轻人对着镜子刮胡子。主人公始终对着镜子刮胡子，最后刮得脖子流血。这是一部带有反战色彩的短片，与纽约当时激浪派艺术家的地下电影的创作思路非常接近：用粗糙的影像表现剃须这个动作，这明显带有安迪·沃霍尔电影中那种行为的重复，但斯科塞斯通过血腥的场景表达了对越战的不满和批评。

之后，他拍摄了自己的第一部长片《谁来敲我的门》（*Who's That Knocking at My Door*, 1967）。在视觉美学上，这部电影与《剃须记》几乎如出一辙。影片没有主干故事，只讲述小意大利街区的一群青年天天在社会中游荡、跳舞、喝酒和聊天。哈维·凯特尔担任男主演，扮演一个底层青年，他整天无所事事，偶然间遇到了一个穿着体面、有教养的金发女孩,两个人经过聊天逐渐熟络。这是一个出身于正统家庭的女孩,谈吐优雅,受过良好的教育,与凯特尔周围的女孩完全不同,她爱上了他。但是,当他们知道彼此的秘密后,这场爱情似乎无疾而终。这部电影有着强烈的"新浪潮"风格,马丁·斯科塞斯希望通过电影表现这个街区年轻人的生活、成长和困惑。他在技术上模仿了纽约地下电影的某些实验手法,运用突兀的蒙太奇,讲述男主人公幻想与不同的女人做爱,结尾还有一段带有心灵描写色彩的蒙太奇,强调特写镜头与剪辑之间强烈的冲击,这些段落今天看上去依然前卫,而这种尝试只有在20世纪60年代纽约的艺术氛围下才有可能产生。因此,纽约作为背景,奠定了斯科塞斯电影的基调。

· 六 ·

《谁来敲我的门》是当时美国东海岸第一部用35毫米胶片拍摄的学生毕业作品,斯科塞斯以此为荣。毕业时,他野心勃勃,与追随他的同学们想要拍一部留名青史的作品。他的父亲、同学和老师为他筹集资金,可是拍出来的作品让人不知所云。在学校举行的一场正式的放映后,观众都灰头土脸地离开了现场,因为他们根本看不懂这部电影。斯科塞斯有才华,但是没有经验,不足以马上就拍出最好的作品。他从纽约大学毕业后,电影创作之路并不顺利,他在很长一段时间都挣扎在生活边缘。《谁来敲我的门》拍了好几年,当时,哈维·凯特尔还是法庭记录员,不是专业演员,他还要谋生,所以只能断断续续地拍戏,主人公的发型也总是改变,戏根本连不上,凯特尔也从未相信这部电影能拍完,制片上的困难可想而知。还好在这个时候,有人帮助了斯科塞斯,此人就是罗杰·科曼。人们把罗杰·科曼称为"美国B级片教父",他可以借助于制片厂下的独立电影公司，用小成本来拍质量粗糙、主题较刺激、趣味较低俗，但是相对来说能够赚钱的电影。科曼对制片厂提出他的想法，他可以让那些斤斤计较的老板心甘情愿同意他的设想，同时往往又会用极少的成本、很快的时间拍完，并且保证上映之后让老板们满意。虽然科曼拍的电影质量都一般，但是他利用这样的机制，培养和支持了许多穷途末路的青年导演。这次，他就给了斯科塞斯一次机会，让他可以在经济拮据的时候赚些钱。斯科塞斯接受了已经与制片厂签好协议的项目《冷血霹雳火》(*Boxcar Bertha*, 1972)。拍完这部电影，他摆脱了当时的经济窘迫状况。

在这个过程中，罗杰·科曼教会了他一些只有在行业中才能学会的东西，斯科塞斯在访谈中表达过对罗杰·科曼的尊敬。科曼提供了许多丰富的行业经验和他在好莱坞工业体制中的生存体会，让马丁·斯科塞斯懂得如何利用工业体制，安全地实现自己的艺术理想。这是非常重要的人生课程。马丁·斯科塞斯的电影都不是特别以自我为中心，尤其与科波拉后期的电影相比，他会在好莱坞工业体制允许的商业规则内，保留和彰显个人趣味。在这方面，他实际上比科波拉、卢卡斯都更加平衡。中国导演陆川的毕业论文研究了科波拉，他把科波拉视为偶像，认为他是好莱坞"体制中的作者"，可以在工业体制中完成导演真正想要做的事，但实际上，马丁·斯科塞斯或许更应该是他崇拜的榜样。斯科塞斯在电影生涯中也会委曲求全，接受一些不是个人想拍的影片，比如《恐怖角》(*Cape Fear*, 1991)。这部电影由罗伯特·德尼罗主演，是一个商业翻拍项目，完全不是斯科塞斯自己的选题。电影公司给出的合作协议中包含他接下来想要拍摄的项目《赌城风云》。当时他的个人工作室相当于一家小型制作公司，为了公司的生存，为了能让与他共事的人有事可做，他开始与大制片厂签约合作，签约5年或者10年，每年为大制片厂拍一部电影，这或许就是罗杰·科曼教会他的生存智慧。

拍完《冷血霹雳火》后，从1973年开始，斯科塞斯进入他电影事业的起步期。他是一个非常勤奋的导演，迄今拍了近40部作品，这些电影大体上可以分为四类：现实题材的美国故事、黑帮片、传记片和表达宗教与价值观困惑的作品。在这四个类型中，前两类电影的影响最大。

最初引起反响的马丁·斯科塞斯的电影就是现实题材的美国故事，这是他在20世纪70年代登上电影舞台时，最打动观众的那类电影，也是让他产生世界影响的作品。这些电影以纽约底层普通人的生活和命运为中心，可以被认为具有某种"纽约新现实主义"风格。除了《谁来敲我的门》，这些作品还包括著名的《出租车司机》。影片讲述一个纽约出租车司机与一个雏妓的故事，讲述小人物寻求实现自我价值时所遭遇的幻灭。这类电影还有：《纽约，纽约》(New York, New York, 1977)，讲述一个乐手的生活；《喜剧之王》(The King of Comedy, 1982)，讲述了纽约电视台主持人的故事；《金钱本色》(The Color of Money, 1986)，讲的虽然不是纽约，但也是当代普通人的生活，只不过主人公有特殊的职业——台球和赌博，这是一个台球老千与一个台球天才之间类似于成长教育的故事。斯科塞斯还有一部被很多人忽视的电影，那便是《穿梭阴阳界》(Bringing Out the Dead, 1999)，讲述了纽约救护车司机的故事，观众通过他的眼睛看到了纽约底层社会的真实生活。

这些电影当然不完全是美学意义上的"现实主义"作品，我们若用"现实主义"形容这些作品，哪怕像《出租车司机》这样的作品，都不是非常准确，因为斯科塞斯的这些作品与约翰·卡萨维蒂或者伊利亚·卡赞拍摄的那些写实的自然主义作品都不同。斯科塞斯在这些现实题材的电影中，加入了许多风格化的设计，比如《出租车司机》最后一场戏对颜色和音乐的使用，《喜剧之王》中的剪辑与人物对话方式，都不是典型的现实主义。斯科塞斯始终重视电影语言的风格化。《金钱本色》由保罗·纽曼与汤姆·克鲁斯主演,讲述一老一小两代台球高手的故事,这本身就不那么现实。斯科塞斯总是试图在现实性与观赏性之间取得平衡,比如《穿梭阴阳界》男主角的扮演者是当时非常红的尼古拉斯·凯奇(Nicolas Cage)。这些影片几乎都采用美国社会底层视角,讲述现实中的人及其生活时代的故事。这些作品可以被称为普通人的美国故事,这些人包括主持人、乐手、保险经纪人、台球高手、出租车司机、救护员等。但是斯科塞斯并没有采用写实主义的手法,他从来不认可写实主义的风格,他总是努力在摄影、美术和音乐等方面做出独特的设计,这是他始终坚持的美学。尽管《出租车司机》被誉为新好莱坞时期现实主义电影的代表,但也很难说斯科塞斯的电影属于电影史上的现实主义传统。

从普通人的美国故事中,延伸出来了斯科塞斯电影作品光谱中的第

《出租车司机》剧照(alamy / 视觉中国)

二类作品，这就是从现实题材中衍生出来的黑帮片。《谁来敲我的门》和《穷街陋巷》，这两部作品的主演都是哈维·凯特尔，他扮演的是斯科塞斯从小认识的一个意大利青年。这两部电影都有强烈的自传色彩，这种电影在受到"新浪潮"影响的 20 世纪 60 年代非常流行。斯科塞斯原计划拍摄一个三部曲，但最终只拍成了两部。从《谁来敲我的门》到《穷街陋巷》，哈维扮演的查理是一个帮会分子，他与几个帮会底层青年共同度过了那段时光。尽管《穷街陋巷》保留了早期《谁来敲我的门》里那种散漫的叙事风格，描绘了几个青年无忧无虑的生活和他们之间岌岌可危的友谊，描绘了他们没有理想，也没有固定工作，寄生在帮会体制中和街头，但《穷街陋巷》强化了他们作为黑帮成员的身份，因此《穷街陋巷》成为一部连接现实题材作品与"黑帮片"的作品，也是把现实主义风格、实验电影的气质带入黑帮片的作品。

· 七 ·

《穷街陋巷》被认为是一部与《教父》完全不同的黑帮片，是某种"意大利新现实主义"的《教父》。如果年轻的影迷因为《无间风云》《赌城风云》而喜欢上马丁·斯科塞斯，那他们看到《穷街陋巷》时一定会失望，因为他们会对这部电影的戏剧强度抱以同样的期待。可事实相反，《穷街陋巷》的主人公不像我们熟悉的黑帮分子，只是几个略显可笑的小弟，他们假装在黑帮里混迹，可是一听到枪声就害怕得要命。遇到一场凶杀，就让他们惊慌失措，完全不像麦克·柯里昂那样沉着冷静。斯科塞斯刻画出了黑帮底层青年真实的性格和生活状态。主人公查理、强尼、托尼等，都是底层混混，每天都无事可做，只想有朝一日可以在黑帮世界飞黄腾达。影片以查理为中心，讲述他面对的三种矛盾。他想追随在意大利黑手党里受人尊敬的权威，但黑帮的规则与他从小接受的天主教价值观有严重冲突，他经常陷入矛盾，犹豫不决。在情感方面，他爱上了特蕾莎，可是他怎么在黑帮世界和漂亮的特蕾莎之间做出选择呢？最让他犹豫不决的，也是影片的核心情节，就是他与童年玩伴强尼之间的友谊。强尼与他的友谊，就像《美国往事》中展现的那样，在牢狱生涯结束后，他们依然可以心安理得地坐在一起喝酒聊天，成为人生朋友。查理不仅不知道自己的未来该往何处去，更不知道这份友谊会带来什么。强尼是一个郁郁不得志的小混混，无所事事还四处惹事，爱泡妞、爱吹牛，查理还要罩着这么一个不成器的兄弟。与《教父》中麦克遇到的问题完全不一样，查理面对的世界就是一地鸡毛的黑帮生活。片中没有美国地下世界的高级老板，更没有他们的交易、竞争和家庭纠纷，有的是黑帮底层人的日常生活。查理和强尼也没有《教父》中麦克那种阴郁深

《穷街陋巷》剧照（alamy / 视觉中国）

邃的性格，有的只是底层青年的乖张与狂躁。这部电影讲述了他们在有组织犯罪的世界中如何一步步走向毁灭。

拍《穷街陋巷》时，马丁·斯科塞斯只有30岁，但这部电影成为他创作生涯的里程碑，不仅入围了当年戛纳电影节的导演双周单元，也为他未来的黑帮片奠定了基础。观众可以看到查理是怎样从朴素的教堂轻松转到有香艳应召女郎的酒吧的，而基督则离他的信奉者太远了，这些人从嘈杂的楼梯间转到街道，再转到酒吧，他们的信仰里没有上帝。如果说《教父》中家族血缘的重要性超越了对上帝的信仰，那么在《穷街陋巷》中，邻居和兄弟才是他们的信念支撑，这是相对比较幼稚、脆弱的价值观，他们的暴力行为几乎就是为了一些半开玩笑的威胁或者就是突然毫无道理的杀戮，斯科塞斯用慢动作拍摄暴力，以让观众感受到血从受害者喉咙里不断喷出时带来的恶心，而生活却在这里不得不继续下去。

《穷街陋巷》是一部修修补补的电影，斯科塞斯当时在做纪录片，没有足够的投资，只有25天拍摄周期，非常匆忙。但电影在技术上却丝毫没有掉以轻心，反而在许多方面进行了创新。身体暴力在《穷街陋巷》中基本没有，但是这部电影本质上却非常狂野。所谓的哥们儿之间剑拔弩张的冲突，可以以喝酒和解而宣告结束。斯科塞斯用离题的音乐、欢快的气氛和幽默感来强调这种暴力的荒诞性。《教父》使用了古典音乐，而《穷街陋巷》则使用了当时青年人更熟悉的摇滚乐。《教父》使用高贵的唯一光源布光，让人物沉浸在庄重肃穆的天主教氛围中，讲述教父如何与其他家族周旋，而《穷街陋巷》则大量使用自然光源和纽约实景，里面的人物不是穿着真丝西装的上流人物，而是穿着皮夹克和牛仔裤的毛头小伙子，他们在酒吧和街头与女孩子们聊天闲逛。在美国电影中，沿着马丁·斯科塞斯这个调性拍黑帮片的，是詹姆斯·格雷，他也用这种朴素的风格讲述纽约黑帮分子的生活，只不过他电影中的主人公多数是犹太人,如《小敖德萨》(*Little Odessa*, 1994)、《家族情仇》(2000)和《我们拥有夜晚》(*We Own the Night*, 2007)等。

·八·

《好家伙》是斯科塞斯20世纪90年代的代表作。与《教父》和《美国往事》一样,《好家伙》是美国黑帮电影史上的经典之作。甚至可以说,它在整个美国电影史上也是一部优秀的作品。这部电影是对20世纪50年代后纽约黑帮史的反思,运用独特的写实风格、犀利的社会讽刺,大胆地将故事发生时代的摇滚乐作为配乐,对黑道人生进行了反思与批评。

在拍摄《好家伙》之前,马丁·斯科塞斯拍摄了他职业生涯中最有争议的作品《基督最后的诱惑》(*The Last Temptation of Christ*, 1988),影片引发了激烈的争议,商业上几乎血本无归。正是在这个背景下,他回到了最早热衷的黑帮片题材,准备放弃观众已经习惯了的科波拉式或德·帕尔玛式黑帮片的浪漫主义。于是,他把纽约著名调查记者尼古拉斯·派洛基1985年出版的非虚构著作《聪明家伙》改编成了电影。

尼古拉斯·派洛基可以说是美国黑帮片历史上的金牌编剧,但在20世纪80年代,他还只是一个调查记者。派洛基生于纽约,20世纪50年代成为记者,为纽约当地的媒体撰写文章。他几乎从入记者这一行开始,就做犯罪调查报道。多年的采访和报道让他对纽约当地的有组织犯罪非常熟悉。因为如果你想要写出深入的报道,像马里奥·普佐那样只在图书馆查资料是不行的,必须结识真正的黑帮人士,而黑帮人士也需要在新闻界有"可靠的"朋友。于是,他慢慢地从记者变成了纽约当地研究有组织犯罪的专家,在纽约建立了非常复杂的关系网络。由于比较资深,他甚至比许多小混混更有江湖地位。

尼古拉斯·派洛基的这本非虚构作品是根据之前纽约卢凯塞家族里的中层成员亨利·希尔（Henry Hill）的回忆写成的，整个作品展现了从1955年到1980年这25年纽约底层黑帮的生活。亨利·希尔开始为纽约黑帮工作时只有11岁，他最后决定与联邦执法机构合作，做污点证人，参与"证人保护"计划。斯科塞斯回忆说，他在执导《金钱本色》时第一次读到这本书，就被派洛基对黑帮社会的描写手法深深吸引，特别是他对日常生活的各种细节和琐事的描述，与《教父》那种效仿经典文学的风格完全不同。派洛基的作品最吸引斯科塞斯的地方，是他能深入斯科塞斯成长中所熟悉的那群人中，以及他提出的"黑帮几乎是一个独立的种族"的观念。

其实，斯科塞斯选择《好家伙》是很合情合理的，意味着他又回到1973年《穷街陋巷》里那个世界，只不过他选择了更加成熟的叙事方式和视角，用他的话说，"遥远、成熟、明智和巧妙的视角"。对意大利裔美国黑社会的描写，斯科塞斯没有采用《穷街陋巷》那种写实风格。《穷街陋巷》其实与意大利新现实主义、法国新浪潮有更多相似之处，不是典型的美国黑帮类型片。他这次决定尝试一种超越类型片的原创手法，把写实的内容与形式化的叙事结合起来。用他的话讲，是要把派洛基的现实主义"翻译成"电影，否则有这本书就够了，为什么还要再拍一部黑帮片？

影片名最初也和书名一致，叫"Wiseguy"（聪明家伙），但在临上映前被改名为"Goodfellas"（好家伙）。英文"goodfellas"是黑手党们对"wiseguy"的称呼，两个单词其实是一个意思，改名上映的原因是避免与当时流行的同名电视剧《特警4587》（*Wiseguy*, 1987）混淆，后者讲述的也是纽约街头有组织犯罪的故事。中国在20世纪90年代曾引进播出过《特警4587》，但这个故事与亨利·希尔的故事完全没有关系。

《好家伙》主要以亨利·希尔为视角，讲述了他与吉米、汤米三个纽约黑道兄弟的故事。影片中没有交代，他们所属的犯罪家族其实是卢凯塞家族。故事讲述了爱尔兰与意大利混血青年亨利从小就向往黑帮生活，并如愿以偿跟随吉米和汤米为黑帮做事的故事。影片按照时间线索讲述了从20世纪50年代到80年代之间三个人经历的几起重要事件，按照情节可以概括为：亨利加入保利黑帮，吉米的发家史，亨利的爱情与婚姻，汤米杀死了酒保斯派德和黑手党成员贝茨，航空公司劫案，吉米杀人灭口，汤米被黑手党处决，亨利贩毒被警方抓获，亨利为了保全家人成为污点证人。这部电影与其他黑帮片不同的是，全片没有核心的情节冲突，而是记录一些与三个人有关的重要事件，如果要说有核心冲突，那就是亨利从对黑帮世界的崇拜和羡慕，到最后一步步对他们失望而选择背叛大哥吉米和保利。

在影片中，除了经常与斯科塞斯合作的罗伯特·德尼罗演了吉

《好家伙》中的四人组，从左到右依次是亨利、吉米、保利和汤米（Warner Bros. Pictures/Entertainment Pictures / 视觉中国）

米，乔·佩西演了汤米，斯科塞斯还起用了电视剧演员雷·利奥塔（Ray Liotta）扮演主人公亨利·希尔，一个布鲁克林少年，就像《穷街陋巷》里的哈维·凯特尔那样的角色。这样的少年角色在美国写实主义黑帮片的历史中始终存在，最早可以追溯到默片时代的《佩吉巷的火枪手》（1912）和同样作为早期黑帮片的《新生》（1915）中的主人公等。

亨利很小就羡慕家附近那些小混混，他们穿着昂贵的衣服，佩戴金饰品，开着凯迪拉克敞篷汽车。他完全被这个世界吸引，决定自己也要做个"wiseguy"，并开始为老板保罗·西塞罗工作。保罗的昵称是"保利"，他的收入来源为那些无法找警察的人提供保护。因此，亨利·希尔开始认识另外两个小混混，吉米和汤米，他们成为亲密合作的三兄弟。

汤米这个角色虽然是个配角，却成为整部电影中最耀眼、令人印象最深的角色，他有点像《穷街陋巷》中的强尼，也很像20世纪30年代黑帮片中的詹姆斯·卡格尼。汤米随时有可能因为对方不尊重他而开枪打死对方，是一个经常情绪失控、下手特别凶狠的打手。他最后以为自己可以凭借意大利血统而正式加入黑手党，成为老板，结果却被人从身后开枪打爆了头。而吉米，虽然不像汤米那样经常抽风打人，比较冷静和克制，但是他对兄弟没有太深的情感。他贪婪、冷酷，最后准备干掉跟了他将近30年的小兄弟亨利。吉米这个角色的原型，来自美国真实的黑帮人士"绅士吉米"（Jimmy the Gent），也叫詹姆斯·伯克（James Burke, 1931—1996），但这个人物在现实中并不像电影中吉米那么沉稳、低调和狡猾，而是一个脾气暴躁、杀人不眨眼的杀手，有点像卡格尼在早期黑帮片中塑造的人物。詹姆斯·伯克用"Jimmy the Gent"这个绰号，可能正是受到卡格尼的黑帮片《执法铁汉》（G Men, 1935）片名的启发。

吉米的个人原则是"永远不要出卖你的朋友，永远要闭上你的嘴"。最后，亨利为了生存破坏了这个准则，决定背叛吉米，原因恰恰是吉米要背叛他。当吉米和汤米干掉黑手党成员贝茨时，亨利因为帮助他俩处理尸体而卷入其中。他们三个人里，只有汤米是纯正的意大利血统。他们为由西西里人组成的黑帮工作。要知道，西西里人最重视血统和出身。尽管三个人相互照应，越做越顺，但最终他们还是分道扬镳。亨利开始做起贩毒这一副业，这当时在黑帮中是不被允许的。汤米则因冲动杀了刚出狱的黑手党成员贝茨，而杀死这个级别的人必须经过委员会批准。他们杀了贝茨并掩埋尸体，但依然逃不过组织的追查，结果汤米被秘密处决，而吉米和亨利都不是意大利裔，他们进入犯罪家族上层的可能性因汤米的死而被彻底堵死了。

从这个角度，可以理解影片中的吉米策划了 1978 年肯尼迪机场的汉莎航空劫案（Lufthansa heist），获得了大量现金和珠宝后，而把大部分赃物占为己有这一举动。当联邦调查局开始调查后，吉米担心会被出卖，于是跟汤米、亨利一起把参与抢劫的黑帮成员一个个杀掉，这种做法让亨利意识到吉米在关键时刻根本不会顾及兄弟情义。他最后选择与联邦调查局合作，供出了吉米和保利的犯罪行为。由于他提供的证据，吉米、保利和其他黑帮分子都被送进了监狱。这个案件在当时是美国历史上最大规模的打黑行动之一。

由于美国最高法院推翻了纽约所谓的"山姆之子法"（Son of Sam）——该法案禁止罪犯分享有关其罪行的书籍或电影产生的利润——所以亨利·希尔实际上因他的故事而获得了近 20 万美元的收入。后来他还出现在各种电视谈话节目中，谈论他在有组织犯罪中的经历，也赚了不少钱。

斯科塞斯生动地审视了后艾森豪威尔时代有组织犯罪的运作，《穷街陋巷》和《好家伙》揭示了一个完全颠倒的社会：由血液和仪式统治的社会，贪婪的人和杀手都用圣人的名字给自己命名，他们的妻子和女儿以圣母的名字给自己命名，但是对与错、善与恶的概念变得扭曲。

《好家伙》的风格不像科波拉那种歌剧式的黑帮传奇，相反，影片非常狡猾，在几个方法派演员自然主义的表演之下，具有非常隐蔽的风格化特质。1972 年的《教父》为随后二十年的黑帮片树立了标杆，在这期间，没有任何一部电影像《好家伙》这样，提供了完全不同的体验。《好家伙》虽然没有《教父》知名度高，但两者可能都代表了不同时期美国黑帮片的最高峰，但它们是那么不同，一个是黑帮帝国的歌剧传奇，另一个是街头混混为谋生而不择手段的故事。道虽不同，却同样经典。

斯科塞斯在影片的歌曲、服装、布景等方面，都像意大利导演卢基诺·维斯康蒂那样精益求精，他亲自撰写了剧本。在叙事方面，他用亨利和他妻子凯伦的多视角叙事，这在美国黑帮片中是绝无仅有的。

这部电影与《教父》区别最大的是对旁白的使用。旁白在好莱坞电影中很少出现，因为会破坏观众的观影体验，所以一般只是被用来修补剧本中的小问题。但在《好家伙》中，旁白却扮演了一个全新的、根本性的角色。从某种意义上说，斯科塞斯在《好家伙》中的创新让这种手法焕发了生机。旁白现在已成为电影叙事中司空见惯的手法。一方面，他把旁白作为一种修饰手段，使观众通过亨利·希尔的视角，看到黑帮世界的一系列事件，让断断续续的事件具有了某种连贯性。另一方面，斯科塞斯利用画外音在叙述者和观众之间建立了一种特殊的亲密感，也就是某种面对面交谈的心理距离。这种手法让观众处在了一个观看其他黑帮片时完全没有的位置上，对黑帮人物有了所谓的"同情"，更让观众对人物和行动产生了某种"共鸣"。亨利仿佛一个向导，一方面带领观众一步一步进入美国地下世界不为人知的生活，一方面不由自主地滑向一个黑帮成员的行动和价值观。此外，亨利不是影片中唯一的画外音叙述者，而是与妻子凯伦共同完成了画外音。通过两个叙述者，《好家伙》尽管不可能对故事和人物实现全知全能的视角，但仍然可以实现有趣的双重内部视角。

画外音让人想起美国电视台在 20 世纪 80 年代热衷的社会问题纪录片，整个影片就像一部"准纪录片"。斯科塞斯使用了纪录片传统的典型元素，如画外音，加上小标题、地点的日期等，近似一种对黑帮人群的社会学研究。斯科塞斯坦率地承认，他想把这个片子拍成"一部虚构的纪录片"，并尝试至少保留"纪录片精神"。他对画外音的使用与一般电影有区别，让观众感觉这是一部纪录片。

斯科塞斯有意识地重现了少年时代在街头的所见所闻，开场就预示了主人公与黑手党之间的暧昧关系。这种关系在影片中不断发展，并在他最后决定与联邦当局合作时达到高潮。电影的开场戏令人印象深刻，主人公亨利驾驶着装有尸体的汽车出场，不仅告诉观众主角本人就是个罪犯，同时要通过他展开整个故事。一开始，亨利就像一个偷窥狂，斯科塞斯把画面定格，让他看到后备厢里的尸体，紧接着片头字幕出现。接下来，少年亨利透过家里的百叶窗，看着街对面那些帮派成员，这个情节或许就是斯科塞斯少年时代在家中偷窥邻家帮会分子的再现。亨利在字幕结束后说了第一句话："对我来说，做个帮派分子比当美国总统还要好！"这是亨利的价值观，呼应了一个街头版本的美国梦，表现了美国社会的流动性以及青少年选择犯罪的可能性。亨利认为，他正生活在美国梦中。然而斯科塞斯所描绘的是"美国噩梦"，或者说可能是"美国梦的暗面"。他没有沉溺于一种浪漫的道德观，而是展示了亨利和他的兄弟如何拒绝美国的常规理想，这对美国黑帮片的典型人物是某种修正。

在斯科塞斯的黑帮片中，黑帮世界的神话色彩是通过人物关系的并置来完成的。在《好家伙》中，小亨利与老油条吉米是一对人物，而另一对就是乔·佩西扮演的汤米与被他打死的在帮会工作的年轻酒保。汤米杀死酒保是影片中给人印象最深的一场戏。这个年轻的酒保模仿了一句老西部片《俄克拉何马小子》(The Oklahoma Kid, 1939)中的台词,而乔·佩西扮演的汤米,有着强烈的神经质,他不知道小酒保这句话是引用自影片中亨弗莱·鲍嘉扮演的角色的台词,这个误解最终导致他开枪杀了这个酒保。此外,在影片最后,斯科塞斯设置了一个汤米向观众开枪的画面,这是对美国经典默片《火车大劫案》(The Great Train Robbery, 1903)的致敬。这个动作也和亨利看到凯伦用枪指着他的面部形成某种呼应。枪构成对这场爱情与婚姻的某种象征,也是重要的线索。因为凯伦被对面的邻居骚扰,亨利用枪打碎了对方的脸,并将这把枪交与凯伦,让她藏起来。而接下来凯伦的旁白则证明,枪与性器官之间存在某种象征关系。这把枪让凯伦同时获得了性刺激和经济回报。影片接下来又两次提到这把枪:凯伦用它对着熟睡的亨利,打算惩罚他的背叛,以及最后在因贩毒被警方搜查时,凯伦又将枪塞进了内衣。

《火车大劫案》最后向观众开枪的场景(alamy / 视觉中国)

主人公被黑帮诱惑的情节,最明显的证明是他们进入俱乐部时的那个跟随式平移长镜头,这可能是电影史上叙事功能与美学功能最平衡、最饱满的长镜头之一,也是斯科塞斯的表现性风格化倾向最极端的例子。这个镜头暗示了亨利与凯伦这对年轻恋人的关系发生了根本变化,生动展现一个年轻帮派分子的性格特征。代客泊车、观看演出等行为表现了他追求虚妄的社会地位。在自己喜欢的女孩面前逞能,在夜总会俱乐部进行炫耀式的挥霍,这些都巧妙地展现了亨利被黑帮世界诱惑。当然,他也用这种诱惑将凯伦带进这个世界。跟随两个人穿过迷宫般的街道、走廊、厨房和夜场,直到他们到达舞台旁边的餐台,这场戏一气呵成,强化了亨利与黑帮之间的密切关系。这是一个他渴望归属的世界,也是能给他尊严的世界。同时,这个镜头也向观众展现了亨利在黑帮中权力的上升,他从后门进入,最终来到了俱乐部的中心。具有讽刺意味的是,这种上升是从他们沿着台阶走向地下室开始的,这是一个不折不扣的"地下世界"的象征。亨利是一个成功的智囊,一个好朋友。他努力工作,而他所得到的回报是,可以在消火栓前停两次车而不被开罚单,并从后门进入俱乐部。这就是为什么,用斯科塞斯自己的话说,"必须用一个镜头完成,因为这是他对她的诱惑,也是生活方式对他的诱惑"。

意大利黑手党研究专家皮诺·阿拉基(Pino Arlacchi)认为,黑帮成员的生活与电影完全相反,其实有着很强的去中心化色彩,不像以往黑帮片中以老大为中心、展开步调一致的行动。所以阿拉基认为,《教父》这种把黑帮老大的性格和作用过度传奇化的做法,其实是有害的。老派黑手党人不喜欢炫耀,因为他在黑帮拥有很高的权力,所以体现出非常典型的谨慎、保守色彩,这些人少言寡语,保持低调,刻意降低自己的影响,这才是黑帮老大在公共生活中遵循的规则……黑帮老大很少奢侈消费,因为这对他在组织内部巩固地位没多大用处。在影片中,汉莎航空劫案发生之后，德尼罗扮演的吉米看到一起参与劫案的哥们儿带着一个穿白色貂皮大衣的女人来参加圣诞派对，气得他当场就把貂皮大衣扒了下来。在杜琪峰导演的《黑社会》两部曲中，任达华扮演的老大乐哥，也是生活简单、穿着朴素的普通人的样子，不再是香港电影中那些穿西装、戴墨镜、叼着牙签、举着双枪的老大模样了。

阿拉基认为："20世纪60年代后，黑手党的意识形态和生活方式，因其对市场力量的认同而发生了根本性的转变。"因此有可能出现了一种新的黑手党企业家，他们更深入地持有资本主义价值观，把利润和权力"不是作为满足物质需求的手段，而是作为生活的目标"。这种新旧价值观的冲突，就是通过吉米这个人物被完美地传达出来。吉米带领兄弟抢劫了德国汉莎航空的飞机，但最后以各种理由杀死了参与此案的兄弟，独吞了500万美金。此外，汤米对待黑帮事务和家族关系的态度，也体现了这种冲突。汤米汽车后备厢里还有个半死不活的人，但是他仍毫不犹豫地带着两个兄弟去了母亲家。母亲给汤米和他的朋友准备了晚餐。之后，他借用母亲家里的菜刀去行凶。斯科塞斯用这些有趣的细节表达出新的黑手党价值观的转变，尤其是对过去黑帮片中神圣不可侵犯的家庭空间的态度，当然带有一点嘲讽的意味。汤米的妈妈是斯科塞斯的母亲扮演的，她曾在斯科塞斯拍摄的纪录片《意大利裔美国人》（*Italianamerican*, 1974）中接受了长篇采访。如果学术一点来表达，《好家伙》成功描绘了黑手党价值观从旧时代向资本驱动时代的过渡。

斯科塞斯的黑帮片与古典黑帮片有一个重要的区别，就是现代黑帮被某种危险和不确定性占据。从某种角度看，《教父》以及所有类似的黑帮片，展现的黑帮世界都是理性的，博弈、谈判、阴谋与暗杀，这些行为或许不合法，但它们是理性的产物。也就是说，黑帮世界的行动是现实生活中某种政治的近似物。但斯科塞斯的《好家伙》则展现了某些神经质的、情绪化的、不计后果的行为,这在汤米和亨利身上都有所体现。

《好家伙》上映后票房收入超过 5 000 万美元,并马上成了经典。它在评论界获得了巨大成功,也为斯科塞斯赢得了威尼斯电影节的银狮奖、法国凯撒奖最佳外语片提名、英国电影和电视艺术学院奖的导演奖等荣誉。《好家伙》重新定义了美国黑帮片,充满了令人耳目一新的创新,以及对底层黑帮日常生活的展现,避免了《教父》和《美国往事》那种浪漫化、史诗化和抒情化的黑帮片调性继续无节制地泛滥。如果说科波拉式黑帮片展现的是黑帮大佬和传奇人物,那《好家伙》则讲述了帮会底层打手的人生,讲述了意大利裔美国黑帮的兴衰,并凭借对各种电影元素的创造性使用,将美国黑帮片带入一个新的时期。应该说,斯科塞斯为昆汀·塔伦蒂诺等人在 20 世纪 90 年代的黑色荒诞黑帮片铺平了道路。

·九·

在《赌城风云》上映前,许多人将它与《穷街陋巷》和《好家伙》相提并论。或许是影评人的期望太高,电影上映后收到了一些令人失望的评价,这种情况跟《爱尔兰人》(*The Irishman*, 2019)的情况非常相似。影评人太急于发表评论了,或许斯科塞斯的黑帮片需要一段时间沉淀,才能被人品出其中的味道。

《赌城风云》与《好家伙》一样,也是由斯科塞斯与尼古拉斯·派洛基根据派洛基的书改编的,还是两个人共同创作的剧本。看上去《赌城风云》是《好家伙》的续集或翻版,其实两部电影虽然貌似有许多相似之处,比如演员和手法,但区别很大。斯科塞斯的目的并不是要复制五年前上映的《好家伙》,他是要在离开环球公司加盟迪士尼之前,拍摄最后一部合约电影。

《赌城风云》吸引人的地方在于它更像"圆舞曲",与科波拉那种严肃的"歌剧"完全不同。当科波拉专注于展现意大利裔群体的生活和价值观时,斯科塞斯则在绘制美国有组织犯罪的地图。他的一系列黑帮片追溯了美国有组织犯罪的兴衰,从《纽约黑帮》里粗暴的、街头的、内战前后的冷兵器时代,到《赌城风云》里20世纪80年代的黑帮公司化时期,从纽约到拉斯维加斯,从波士顿到费城。斯科塞斯是一个对犯罪活动充满了研究兴趣的剖析者,以及对黑帮世界那种家族崇拜和情谊忠诚的嘲讽者。他并不喜欢他的人物,比如《赌城风云》中的艾斯和尼基,但他也没有将他们刻画成简单的坏人。如果有组织犯罪分子就是简单的坏人,那或许警方早就把他们清除了。美国社会之所以反复滋生新的有组织犯罪,就在于它就是生活,也就是说,人们在现实中与艾斯、尼基在赌场世界中本质上没有区别。他们都承受着欲望和金钱的诱惑,为了生存承受着更为宏大的、不可见的意识形态的压力,随时可以自我毁灭。

《赌城风云》长达180分钟,是当时斯科塞斯黑帮电影中最长的一部,但整部影片节奏非常紧凑。与《好家伙》一样,影片根据真实人物改编,只是略微把现实人物的名字改了。罗伯特·德尼罗扮演的主人公"艾斯"山姆·罗斯坦(Sam 'Ace' Rothstein)是一个天才赌徒,被黑帮雇用成为赌场经理人,帮忙经营拉斯维加斯的赌场以赚取更大的利润。这个人物的原型是当时还活着的"左撇子"弗兰克·罗森塔尔(Frank 'Lefty' Rosenthal, 1929—2008),他也是美国历史上的一位传奇人物,在20世纪70年代到80年代,他在拉斯维加斯替黑帮经营赌场。这个人还有个人网站,在上面讲述自己的经历。《赌城风云》根据他向派洛基口述的故事改编而成,许多情节和犯罪细节的真实度非常之高。

巴赫的音乐《马太受难曲》在片头响起,被称为"艾斯"的山姆·罗斯坦,身穿红色西装站在拉斯维加斯赌场的五彩霓虹灯中,随后被汽车

导演马丁·斯科塞斯与主演罗伯特·德尼罗在《赌城风云》片场（alamy／视觉中国）

爆炸产生的气浪弹射在空中，落入由火焰组成的无限虚空中。艾斯就是扑克牌中的"尖儿""王牌"的意思。这个由索尔·巴斯（Saul Bass）制作的动画开场是整部电影的缩影：艾斯的命运被拉斯维加斯耀眼的灯光包围，在黑白两道的无间道中如被催眠般坠落。

《赌城风云》讲述了20世纪70年代赌城拉斯维加斯如何替美国黑帮赚取巨额利润，并参与洗钱、行贿等犯罪活动。艾斯从一个专业赌徒成为赌场经理，替黑帮洗钱。他在这里认识了妻子金吉、黑帮朋友尼基，影片也讲述了三个人的关系。斯科塞斯试图通过《赌城风云》展现出几种完全不同的侧面：赌城奢华、光鲜亮丽的虚幻生活，充满其间的令人难以置信的眩晕感，赌徒在虚幻世界里沉沦而无望的人生，以及赌场与黑帮之间复杂的勾结关系。这里充满权力与奢华、骗子与美女、白天与黑夜的融合，以及法律与秩序的悬置。影片中的布光异常大胆，斯科塞斯几乎在每一个画面里都让人物出现在如舞台灯光一般的失真闪光中，

《赌城风云》剧照（alamy／视觉中国）

他不仅大量采用了赌场的现场灯光，还对人物采用了强烈的顶光和轮廓光，各种反光的指甲、首饰、玻璃器皿，让《赌城风云》成为一部在电影史上布光最为大胆甚至激进的黑帮片，所有人物就像在一个明亮巨大的透明鱼缸中被呈现在观众面前。

开场用一系列镜头把赌场复杂的运作方式、行贿受贿、洗钱的流程展现出来，从偏僻的杂货店中艾斯的藏身之处开始，用流畅的蒙太奇构建了一个犯罪空间：灯光和动作的迷宫，令人眼花缭乱的娴熟运作。这段蒙太奇是对《好家伙》中那个著名餐厅长镜头的某种回应，但二者都表达出一种相似的沉浸效果。《赌城风云》的这个镜头更强化了这种效果，摄影指导罗伯特·理查森（Robert Richardson）比斯科塞斯的御用摄影指导迈克尔·鲍尔豪斯（Michael Ballhaus）更进一步，系统使用了摄影机的运动和精细的布光，大量流畅移动的长镜头使赌场的光鲜亮丽与从中获利的罪犯藏身的黑暗密室交织在一起，连续运动，无缝衔接。观众的目光陷入一种兴奋的陶醉中,在奢侈和快钱的海市蜃楼里,发现赌城耀眼的表面与深沉阴暗的本质之间的对比和差异。同样是在这个镜头中,斯科塞斯还带着观众学习了赌场里高度复杂的业务,用相当大的篇幅介绍赌场内部运行的秘密,使用旁白、跟随镜头、滚石乐队充满年代感的音乐:摄影机跟着黑钱从赌桌到箱子,到笼子,到点钞室,到手提箱,再到中西部一家便利店的密室,黑帮老大们在那里秘密聚集。观众了解到穿着牛仔靴的市政府委员们坚持只按他们的方式收受贿赂,也明白了骗子和老千的工作性质,以及赌场对付这些人的办法。

斯科塞斯用圆舞曲一样带有纪录片色彩的剪辑,用大量时代流行歌曲作为背景音乐,加上旁白,讲述了人物的历史故事,以及这个犯罪帝国的运行规则。这让整部影片看上去更像是一部研究有组织犯罪的社会学电影,而不是必须给观众以正义和道德承诺的商业类型片。圆舞曲一样的风格体现在旁白上。就像许多斯科塞斯的电影一样,《赌城风云》在整个过程中特别依赖旁白(或许有点过分依赖了),对于其他导演来说,这可能是懒惰的表现,但对于斯科塞斯来说,这已成为他的个人风格。《赌城风云》里的旁白把整个故事人格化了,让观众从一个特定黑帮人物的角度看待这个世界。然而,与《好家伙》里的凯伦不一样,影片中的女主人公金吉没有旁白,为什么会有这种差别?在《好家伙》中,亨利与凯伦的爱情是一条非常重要的线索,这构成了从小梦想加入黑帮的亨利不断退回的那个现实世界。而在《赌城风云》中,艾斯与金吉的感情已经无法展现这个庞大的赌城犯罪网络,所以斯科塞斯才插入了尼基的旁白,两个人的声音在开场时交错出现,听上去像是一幕关于声音的戏剧,一部广播剧。《赌城风云》旁白的好处是可以带出画面之外的信息,可以回顾过去,补充故事,乃至暗示人物的命运等。当然,在基督教的传统中,旁白形式也带有某种忏悔,偶尔会有自嘲式的内心独白。

可是，观众只有意识到尼基的旁白是一个死者发出来的，才会感到不可思议，这是斯科塞斯的一种高超"骗术"。

在人物塑造方面，如果说金吉代表着拉斯维加斯的繁华、诱人，那么尼基就是幽暗的看不见的危险。尼基和艾斯是少年玩伴，尼基被派到艾斯身边，当艾斯被派往沙漠管理黑帮事务时，尼基就被派去跟他合作。把《好家伙》里的汤米·德维托与《赌城风云》里的尼基·桑托罗相提并论，或许对，或许也不对。二者的相似之处是，他们都有反社会人格，脾气火暴，有拿破仑情结，根深蒂固地喜欢当黑帮老大，像高耸在拉斯维加斯大道上的丹吉尔霓虹灯招牌那样惊人。然而，尼基是一个被改造过的人，汤米则从来都不是。在某种程度上，尼基是按照纽约黑手党的规则行事的人。观众对尼基的了解也比汤米多一些，因为观众看到了他对家庭的爱。他无论在做什么，都会保证及时回家给小尼基做早餐。他会参加儿子的比赛，哪怕其中一个教练是大都会警察局的线人，在这时，他只是支持儿子的父亲。即使和艾斯之间有矛盾，尼基也会很快为他提供支持，因为他和金吉闹翻了。当然，尼基的另一面是个变态的浑蛋，他会因为一个人出言不逊而用笔捅死他，或者为了得到情报，用台虎钳夹住一个人的头，声称要让他的眼珠子爆出来。他心狠手辣，毫不留情，才从芝加哥黑帮的杀手成为拉斯维加斯最大的黑帮分子。

在昆汀·塔伦蒂诺崛起之前，《赌城风云》创造了当时美国公开发行放映的电影中的"脏话之最"，全片共出现了428次粗口，平均每分钟出现2.4次，而《好家伙》中只有300次。当然，《赌城风云》的这个纪录后来被塔伦蒂诺的电影超越了。在《赌城风云》中，总共有23个人被杀死，或者准确地说，出现过23具尸体，而《好家伙》中只出现了10具。《赌城风云》尽管得到的评价不如《好家伙》，但仍不失为一部黑帮片杰作。影片不仅展现了巴格西·西格尔之后的拉斯维加斯赌场的辉煌，也敏锐捕捉到了赌城在 20 世纪 70 年代后道德上的衰落和颓废，甚至表达了二战后充满激情的传统经营模式的失效，影片的结尾是一曲写给拉斯维加斯的挽歌。

· + ·

《赌城风云》的原型人物是弗兰克·罗森塔尔，他 1929 年 6 月 12 日出生于芝加哥，早年跟随父亲在赛马场度过，学习了有关赛马的知识，因此对博彩业比较熟悉。随着年龄的增长，罗森塔尔在赌博方面的兴趣和知识超出了赛马，延伸到其他类似的运动上，比如足球和棒球。他后来说，他还是一个年轻的赌徒时就明白了，每一个投球，每一次挥杆，都有价格。当他刚刚成年就深入参与到芝加哥黑帮控制的非法赌博中。

20 世纪 50 年代中期，罗森塔尔一直为芝加哥黑帮工作，也就是阿尔·卡彭在芝加哥建立的那个犯罪集团。罗森塔尔是个数字奇才，拥有"雨人"一般的计算能力。巴里·莱文森 1988 年拍摄了《雨人》，汤姆·克鲁斯扮演的角色为了得到巨额遗产，不得不照顾一位患有自闭症的弟弟，这个弟弟有着惊人的数学天赋，外号就叫"雨人"。罗森塔尔也有为体育博彩设定完美赔率的天赋，他是一个心思缜密的研究者，每天起床后研究大约 40 份外地报纸，收集所有需要的信息，以分析当天的赔率，绝对算是犯罪集团中的业务高手。他操纵的赔率足以吸引赌徒们下注，当然，罗森塔尔会也不遗余力地采取措施，保证把赔率维持在赌场需要的位置，确保得到他想要的结果，这样就可以确保无论发生什么赌场都会赢。

20 世纪 60 年代初，他因操纵比赛而陷入困境。1962 年，他在北卡罗来纳州的一场比赛中因贿赂一名大学篮球运动员而被定罪。之后，罗森塔尔不得不搬到迈阿密,在那里与其他芝加哥黑帮成员继续参与非法赌博活动,甚至对他们的对手进行暴力攻击。作为美国司法史上所谓的"赌徒战争"的一部分,罗森塔尔被怀疑参与了对他们的对手的建筑物、汽车的几次爆炸袭击。

弗兰克·罗森塔尔在黑道越来越有名,他明白,如果要成为一个大赌徒,赌城才是真正要去的地方。1968 年,他去了拉斯维加斯。罗森塔尔先是与一个来自芝加哥的朋友合伙经营了一家投注站,他的朋友负责运营,他负责计算赔率,这个人是"蚂蚁托尼"安东尼·斯皮洛特罗(Anthony "Tony the Ant" Spilotro, 1938—1986),江湖人称"尼基·桑托罗",也就是《赌城风云》中由乔·佩西扮演的尼基的原型。斯皮洛特罗是一个惯犯,有许多暴力犯罪的记录。在芝加哥,他一直是有组织犯罪头目的雇佣杀手,芝加哥警方认为他可能杀了至少 25 个人。就像电影里描述的那样,他曾吹嘘自己用钳子捏住一个人的头,直到他的眼睛被挤了出来,再割开他的喉咙。还有一种说法是,斯皮洛特罗来到拉斯维加斯之后,当地的凶杀犯罪率上升了 70%,这也是《赌城风云》后半部分渲染的内容。他在拉斯维加斯主要帮助芝加哥黑帮监管他们的赌博利益,这意味着他与罗森塔尔必然要成为合作伙伴。在罗森塔尔身边的还有他的新婚妻子盖瑞·麦基(Geri McGee),也就是影片中由莎朗·斯通(Sharon Stone)扮演的"金吉·麦肯纳"的原型。但是与电影里不一样的是,现实生活中的她并不是赌徒,而是一个无上装舞蹈演员。两个人1969 年结婚,在麦基的鼓励下,罗森塔尔才接受了在赌场的工作。

从 1974 年开始,罗森塔尔开始为星尘酒店(Stardust)工作,由于他的赌博天赋和他与有组织犯罪之间的关系,他很快就晋升为酒店经理。接着,他又接管了其他三家赌场,这些赌场都属于芝加哥犯罪组织。这意味着,黑帮控制的赌场需要一个干净的前台团队,表面上看,他们

一张 20 世纪 60 年代早期的明信片，上面展示了星尘酒店（佚名，1960）

都是专业的赌场工作人员，但其实他们都是为黑帮赚取巨额利润的工具，罗森塔尔实际上就是代表黑帮运营这个团队的老板。

罗森塔尔 1974 年对他的一个名义上的"老板"这样说过：

> 现在是时候让你了解这里发生的事情，以及我从哪里来，你应该到哪里去了……我不能容忍你的任何胡言乱语，我也不必听你说什么，因为你不是我的老板……当我说你没有选择时，我说的不是行政事务，而是关于健康。如果你干涉赌场的任何运作，或者试图破坏我在这里想要做的任何事情，那么我告诉你，你将永远无法活着离开这家公司。

罗森塔尔身上确实有很多无情的东西，正如影片里描述的那样，当保安发现有个客人在作弊时，罗森塔尔命令他们用锤子打断他的手。"他是专业骗子团伙中的成员,叫警察其实没有用,无法阻止他们,"罗森塔尔在后来的采访中说,"所以我们就用一个橡皮锤,让他成了一个左撇子。"这也是他的外号"左撇子"的来历,这不是说他本人是左撇子,而是说他专门砸碎作弊者的右手,让他们只能靠左手生活。

尽管罗森塔尔是一个无情的赌场管理者,但他的管理方法不仅仅在赌博方面奏效,还在管理和运营方面确实奏效。比如他通过大力发展体育博彩和雇用女发牌员,在改革赌场的业务方面做出了贡献。总而言之,弗兰克·罗森塔尔让星尘酒店赌场的利润飙升,成为红极一时的拉斯维加斯赌场。

当然,就像电影演的那样,这个世界注定走向幻灭,尤其是涉及黑帮和数以百万计的利润时。就在星尘酒店蓬勃发展时,弗兰克·罗森塔尔与政府发生了纠纷。虽然他还私下秘密经营着几家赌场,但他并没有正式的博彩执照,因为他过去的犯罪经历,所以他根本不可能申请到执照。内华达州赌博委员会在1976年禁止了他在拉斯维加斯参与赌博活动。与此同时,当局起诉斯皮洛特罗和其他十几个从这些赌场赚钱的黑帮分子。更重要的是,罗森塔尔发现,斯皮洛特罗一直瞒着他的老大从赌场的利润里偷钱,导致两个老友的关系破裂,这一点与影片中的情节非常接近。此外,罗森塔尔还得知,斯皮洛特罗与他的老婆麦基有染。虽然她和罗森塔尔有两个孩子,但这种不忠和她的吸毒行为导致他们的婚姻在1980年走向了终点。这些情节都与影片中的内容高度接近。罗森塔尔的整个世界正在崩塌,与此同时,当局继续调查他与斯皮洛特罗的关系,调查他在赌场里的非法活动。

1982年10月4日,罗森塔尔走出当地的一家餐馆,正准备驾车离开。当他给汽车点火时,突然间火焰从通风口喷出来,照在车内前窗玻璃上,车里很快就充满了火焰,当罗森塔尔挣扎着要下车时,汽车爆炸了,强烈的爆炸导致他撞到了方向盘上,肋骨被撞伤。他的命是被座位下的一块金属板救下的,这块金属板恰好是该型号汽车的特色,就是为司机提供某种保护,使其免受来自下面的炸弹爆炸的伤害。罗森塔尔最后只是轻微烧伤和肋骨骨折。被爆炸力冲出车外时,他的衣服已经烧着。他在地上打滚,将火扑灭。两个人扶起他,此时汽车发生二次爆炸,罗森塔尔看着他的豪华凯迪拉克飞了起来,火焰射穿了车顶。

罗森塔尔非常幸运地从这场炸弹暗杀中活了下来,但他的妻子麦基和斯皮洛特罗却没有如此好运。爆炸案发生几周后,麦基被发现死于洛杉矶,官方报告死因为吸毒过量。1986年,斯皮洛特罗被发现埋在印第安纳州的一片玉米地里,死前还遭到了殴打。这两处情节都与影片几乎完全一致。大难不死的罗森塔尔带着两个孩子去了加州,然后去了佛罗里达,在那里做了夜总会经理,并经营一个投注网站,直到2008年才去世,终年79岁。

· 十一 ·

那么,罗森塔尔对《赌城风云》的电影怎么看呢?他认为,《赌城风云》基本上是准确的,但他坚持说,他从来没有把赌场的利润非法输送给黑帮,只是没人相信他的这番说辞。那么,是谁要杀死罗森塔尔呢?随着电影的上映,"罗森塔尔爆炸案"再次进入公众的视野。在派洛基出版的这本非虚构作品中,罗森塔尔对那天发生的事情进行了详细的描述,而这场戏也被斯科塞斯在影片开场和结尾各呈现了一次。但时至今日,警方都没有查出是谁放的炸弹。罗森塔尔也表示不知道是谁想要杀他,但多数人都怀疑,这是芝加哥黑帮在清理门户。在那个时代,以汽车爆炸作为刺杀手段并不多见。关于这起案件,有几种看法。流传最广的说法是,这是黑帮老大安东尼·斯皮洛特罗所为,他就是影片中的尼基第二种说法是，这是他的妻子在南加州认识的一个摩托车手做的，在汽车爆炸案发生的一个月后，她在那里因吸毒过量而死。

汽车爆炸案的另一名嫌疑人是前犯罪头目弗兰克·巴利斯特里（Frank Balistrieri, 1918—1993）。2020 年，美国历史频道推出了一档名为《美国黑手党：拉斯维加斯有组织犯罪的兴衰》(*American Mafia: The Rise and Fall of Organized Crime in Las Vegas*)的节目，里面说，"大部分证据"都指向巴利斯特里。根据这个节目，巴利斯特里曾指责罗森塔尔黑了芝加哥黑帮的钱。但当年经历这些事的人对这个观点有不同看法，他们认为堪萨斯城的黑帮才是爆炸案的罪魁祸首。弗兰克·巴利斯特里是罗森塔尔在拉斯维加斯的副手，他在一次接受电话采访时说，堪萨斯城黑手党怀疑罗森塔尔是政府的线人，因此想用这个方法干掉他。《拉斯维加斯评论报》(*Las Vegas Review-Journal*)的记者简·安·莫里森（Jane Ann Morrison）后来通过她在执法机构的渠道也证实了这个猜测：罗森塔尔的确是联邦政府安插在黑帮高层的线人。莫里森甚至发现，罗森塔尔的妻子也曾与联邦调查局有过联系。不知道斯科塞斯后来知道这件事时的表情是什么。根据派洛基在曼哈顿公寓通过电话所说，罗森塔尔作为线人已经很长时间了，很可能早在他身处芝加哥，只是一个赌场管理者的时候，就已经是政府在黑帮里的最高层线人。黑帮最终得知这个情况后，当然要做出行动，让他闭嘴。

无论如何，与 1947 年刺杀巴格西·西格尔、1975 年劳工领袖吉米·霍法（Jimmy Hoffa, 1913—1975）的失踪案一样，罗森塔尔汽车爆炸案仍然是美国有组织犯罪中最著名的未解之谜之一，而吉米·霍法就是《爱尔兰人》中由阿尔·帕西诺扮演的角色，丹尼·德维托（Danny DeVito）也曾执导过一部关于吉米·霍法的传记电影《最后巨人》(*Hoffa*, 1992)，由杰克·尼科尔森饰演吉米·霍法。

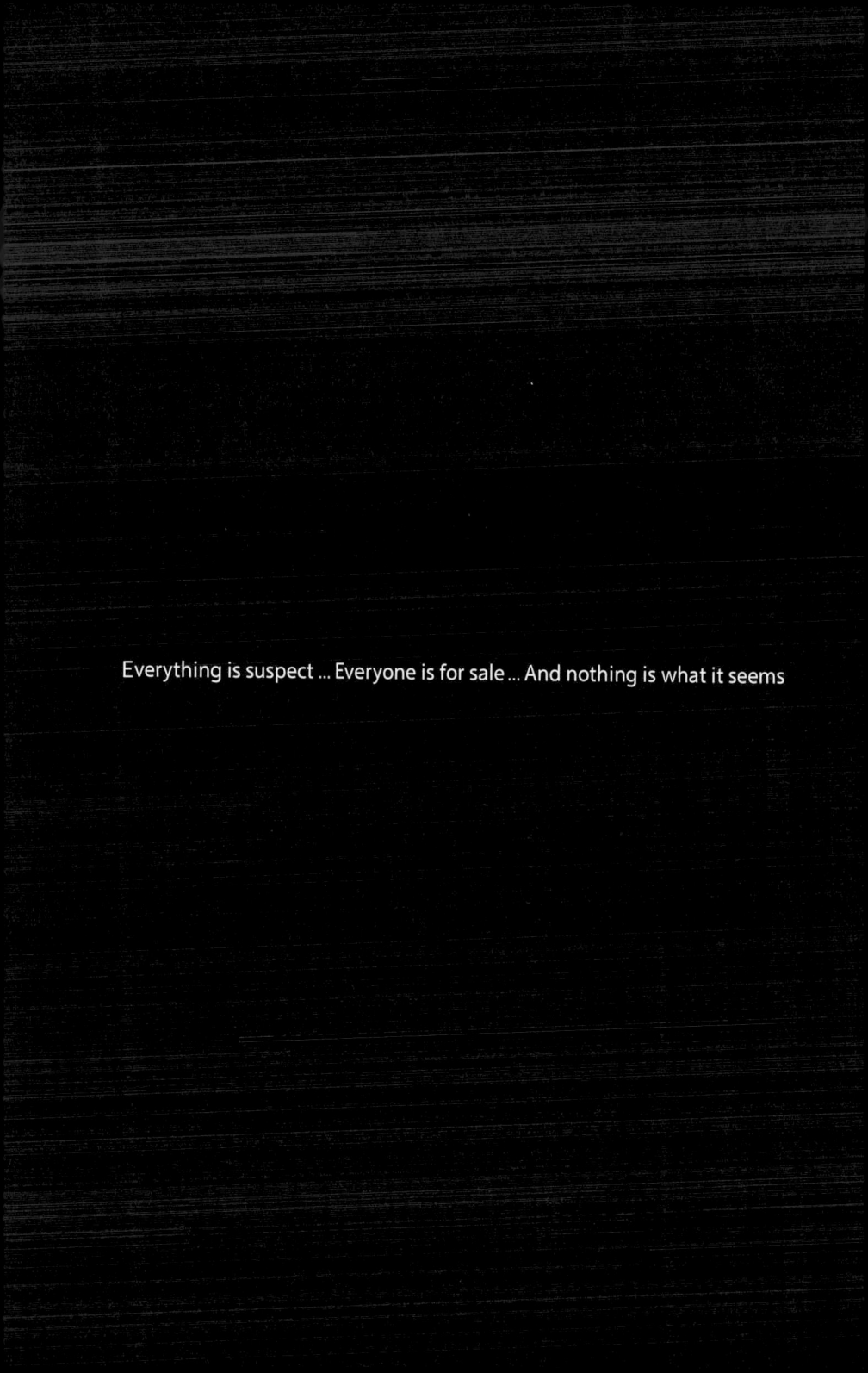

Everything is suspect ... Everyone is for sale ... And nothing is what it seems

CHAPTER

07

L.A. Confidential

第七章

洛城机密

经典好莱坞与黑帮的幕后交易

© Alamy/ 视觉中国

在一些人看来，他［约翰尼·罗塞利］几乎就是电影的创造者，潇洒而有魅力，有着完美的装扮和利落的行头。他在电影界有许多忠诚和钦佩他的朋友，即使在他被认定敲诈电影公司数百万美元之后仍是如此。

——李·塞尔佛（美国传记作家）

好莱坞历史上有许多不为人知的侧面，都与有组织犯罪有关。有些故事，比拍摄《教父》时在剧组里安排几个演员、拍戏时收一点点保护费更加黑暗和复杂，敲诈与勒索只是我们能想象到的部分，黑帮对好莱坞的控制远不止于此，但这些故事因其特殊性和隐蔽性而溢出了电影史研究的视野。

· 一 ·

概括起来，黑帮渗透和控制好莱坞，主要通过三项"业务"。第一是毒品。美国电影业与有组织犯罪之间的关系错综复杂，其中最直接的就是纽约黑帮多年来一直向好莱坞供应毒品，而领导这个庞大的好莱坞毒品网络的人就是前面说过的卢西亚诺。在20世纪20年代初，卢西亚诺就最早建议从欧洲和中东向美国进口毒品，他曾经在纽约布朗克斯区建立地下制毒工厂，用吗啡碱熬制海洛因。禁酒令颁布之后，纽约的黑帮决定效仿阿尔·卡彭在芝加哥不断成功的走私生意。卡彭曾生产自己的啤酒，把这些劣质的啤酒卖给芝加哥底层工人，而兰斯基则从英国和加拿大走私最好的烈酒，卖给纽约的有钱人。兰斯基不仅可以赚更多的钱，还能获得有社会地位的人的支持。因为在美国，走私是一种不太让人讨厌的犯罪。就在私酒贩运兴起的同时，毒品生意也兴起了。

1921年，第一批从英国运往美国的两万箱威士忌，还有大约50磅的毒品（主要是海洛因和鸦片），这批货是由卢西亚诺的导师阿诺德·罗斯坦安排的，我们前面介绍过这个人物，他不仅是一个职业赌徒，同时也是米高梅公司的前身公司（当时名为麦德龙·戈德温·梅耶公司）的老板，还是莱夫（Lev）连锁电影院的股东，这两家公司都是好莱坞著名制片厂的前身。罗斯坦组织了这条苏格兰的供应线，安排了这批毒品。但是，这批毒品没有跟随烈酒进入纽约，而是遵照罗斯坦的安排，被直接运到洛杉矶。

自从第一家电影制片厂在好莱坞开张，可卡因就在这里落地生根。早在1916年，也就是D.W.格里菲斯拍《党同伐异》(*Intolerance*, 1916)的那一年，自称"黑色魔法师"的阿莱斯特·克劳利（Aleister Crowley）就把好莱坞描述为"一群吸可卡因的疯子开设的电影院"。1922年5月，好莱坞商业周刊《综艺》(*Variety*)上发表过一篇文章，可以帮助我们了解当时好莱坞毒品泛滥的情况：

> 毒品在冬季的几个月里并不多见，但仍然在一些特别活动中产生很大的影响。上周，杜鹃喜剧公司的小露露·莱诺尔［Little Lulu Lenore］为最小的瘾君子们跳了一场小型的家庭舞蹈，"你愿意加入

我的雪球吗？"——邀请函上巧妙地写着这样的挑逗字眼儿。客厅的一个角落是一个微型"药房"，奥托·埃弗拉德［Otto Everard］在那里一边配发着小包装的可卡因、吗啡和海洛因，一边让全公司的人都嗨起来。客人离开时，会收到装在化妆盒里的精致的皮下注射针头，这可能会让那些没有被邀请的人感到心痛。

在 20 世纪 20 年代中期，滥用违禁药物和毒品在好莱坞非常普遍，可卡因是时尚圈和富人的首选毒品。当时，一些花花公子的脖子上都会挂着一个小勺儿，那就是用来在聚会时食用所谓"欢乐粉"的工具。美国默片时期的明星芭芭拉·拉玛尔（Barbara La Marr）就是瘾君子，她把可卡因放在她的三角钢琴上的一个金盒子里。1926 年，她死于药物滥用，年仅 28 岁。默片电影明星华莱士·里德（Wallace Reid）和阿尔玛·鲁本斯（Alma Rubens）也都因为吸毒而死。当时，毒贩子会在电影制片厂附近徘徊，为演员们供应毒品。卢西亚诺还向毒贩提供来自纽约的毒品。当时在电影制片厂附近出没的毒贩，在派拉蒙被叫作"那些家伙"，在福克斯被叫作"修理工先生"，在麦克·塞内特（Mack Sennett）公司被称为"伯爵"。最后，卢西亚诺决定在好莱坞培养自己的人，而他选择的人叫帕斯卡尔·迪奇科（Pascal Di Cicco），这是一个代理了许多小演员的经纪人，迪奇科的表弟阿尔伯特·R. 布洛克里（Albert R. Broccoli）后来成为"007"电影系列的制片人之一，这至少说明好莱坞曾为许多黑帮人士提供了工作机会。

黑帮控制好莱坞的第二个重要方面是控制工人运动。1932 年底，由于经济大萧条，电影院的观影人数和票房收入急剧下降。当罗斯福总统关闭银行时，电影公司感到震惊，毕竟看电影是一门需要现金的生意。派拉蒙、环球、福克斯和雷电华尽管还在制作电影，但都进入了准

默片时代的明星芭芭拉·拉玛尔（Milton Brown, 1921）

破产状态。然而，好莱坞大亨们认为没有理由勒紧裤腰带，当时在美国收入最高的 25 位高管中，有 19 位是电影公司高管，这甚至导致罗斯福总统批评好莱坞的薪水"不合情理"。相反，老板们决定继续压榨在最低工资的工作岗位上的工人。米高梅公司下令全线减薪 50%，且减薪至少持续 8 周。因此，演员和编剧开始退出由制片人建立的美国电影艺术与科学学院，尝试组建自己的工会，这个工会就是在大萧条特殊时期成立的国际演艺工人联盟（IATSE）。他们还向美国电影制片人与发行人协会（MPPDA），也就是现在的美国电影协会（MPAA），抱怨其成员的工资被克扣。但这个新成立的工会的要求被 MPPDA 的谈判代表帕特·凯西（Pat Casey）拒绝了，这个为 MPPDA 工作的凯西，过去是一名保安，一个高大、强壮的爱尔兰人，曾在纽约为好莱坞的申克（Schenck）兄弟工作。

双方的谈判不可能成功，凯西不肯让步，所以，1933 年 7 月 24 日，IATSE 号召全体会员举行罢工。凯西走投无路，只好向芝加哥黑帮在洛杉矶的代理人约翰尼·罗塞利求助。约翰尼·罗塞利是好莱坞涉黑历史上的重要人物之一，当时他刚到洛杉矶。他去洛杉矶的主要工作是什么呢？就是代替阿尔·卡彭考察好莱坞。

阿尔·卡彭很早就认识到了好莱坞的重要性，并开始派遣芝加哥黑帮的人去洛杉矶，罗塞利就是在这个背景下被从芝加哥调到了洛杉矶。他的主要工作是把芝加哥黑帮引入洛杉矶，以介入好莱坞工业。罗塞利是以"工会领袖"的身份登场的，他开始为那些在工作中不守规矩的制片厂的工人提供所谓"保护"，驱散或殴打一些罢工者。他的官方职务是"劳工调解员"，专门调解好莱坞的劳资纠纷。帕特·凯西找到了他，说工人们组成了新的工会，要闹事，请求罗塞利从中帮忙调解。罗塞利告诉他，自己不要钱，但希望在调解成功之后，能在好莱坞有一份全职的正式工作。结果，罗塞利顺利解决了这场纠纷，并因此得到了一个正式的工会工作，他与 IATSE 的主席乔治·布朗（George Brown）一起成为芝加哥黑帮介入好莱坞的推手。

黑帮介入好莱坞的第三种方式是投资与洗钱。哥伦比亚公司的老板哈利·科恩，为人贪婪、固执，这或许是一个成功的电影制片人所必备的品质。美联社记者詹姆斯·培根（James Bacon）从芝加哥移居好莱坞后，从报道阿尔·卡彭，改为报道哈利·科恩。他认为哈利·科恩其实比阿尔·卡彭还严厉刻薄。科恩崇拜墨索里尼，他以墨索里尼的办公室为蓝本，为自己定制了办公桌。哥伦比亚公司的高管们把走到科恩办公桌前那个高高的台阶称为"最后一英里"，这其实是形容死刑犯走上绞刑架或电椅前那一小段人生路的，哈利·科恩对待下属的态度可想而知。

约翰尼·罗塞利是科恩家的常客，在他家里打网球、游泳。此外，他还在科恩位于棕榈泉的一处房子里度周末。有一次，科恩给罗塞利提供了一份每周 500 美元的工作，让他做制片人，但罗塞利拒绝了。他说：做庄家赚的钱更多！罗塞利和科恩关系非常密切，他买了两颗一模一样的红宝石，把它们镶嵌在两枚戒指上，把其中一枚戒指送给了科恩，并向洛杉矶黑帮老大杰克·德拉格纳解释说：这是黑帮接纳非意大利人加入黑手党的入会仪式。科恩受宠若惊，戴了这个戒指好几年，尽管他从未正式成为黑帮成员，更不可能被意大利黑手党接纳。

1932 年，哈利·科恩正在努力争取对哥伦比亚公司的控制权，他需要 50 万美元购买他弟弟在公司里的股份。于是，他通过罗塞利联系到了新泽西的黑帮老大阿布纳·兹威尔曼（Abner Zwillman, 1904—1959）。据兹威尔曼的传记，这个新泽西的黑帮老大在他位于好莱坞的酒店"阿拉花园"里约见了哈利·科恩，这个地方在 20 世纪 30 年代初是一个非常时髦的地方。哈利·科恩提议兹威尔曼把 50 万美元按照高利贷条件借给他，兹威尔曼同意了，但要求哈利·科恩必须转让一部分哥伦比亚公司的股票给他，直到科恩把债务最后还清。因此，黑帮老大兹威尔曼始终拥有哥伦比亚公司的股份，直到科恩最后还清了债务。

当地政府知道哈利·科恩与黑帮分子之间有联系，洛杉矶警方将罗塞利描述为哈利·科恩的"私人庄家"，而联邦调查局则偶尔对罗塞利进行监视，最后他们得出结论：这个黑帮分子更像是哈利·科恩的保镖。罗塞利在一个赌博俱乐部的老板被杀之后，接受警方询问，当时他就自称是哥伦比亚公司的制片人。

· 二 ·

约翰尼·罗塞利后来得到了一份自由职业，在贫民窟电影公司（Monogram Pictures）担任助理制片。仅在20世纪40年代，贫民窟电影公司就制作了402部电影，雇了许多在其他地方找不到工作的人。罗塞利与贫民窟电影公司的董事乔治·伯罗斯（George Burrows）关系非常好。这名黑帮分子还在互助电影公司（Mutual Productions）找到了一份工作，互助电影公司是一家竞争对手的电影公司，总裁杰克·迪茨（Jack Dietz）就是哈莱姆区大名鼎鼎的棉花俱乐部的老板。1952年，罗塞利、伯罗斯和迪茨三人联合成立了一家新公司，专门制作科幻电影。随着事业步入正轨，罗塞利搬进了阿拉花园的平房公寓，这个公寓里的住户包括亨弗莱·鲍嘉、爱德华·罗宾逊等好莱坞明星。1942年，罗塞利与妻子琼·朗（June Lang）离婚，开始与其他女演员约会，包括贝蒂·赫顿（Betty Hutton）。他还与另一位由申克公司的乔·申克介绍给他的年轻女演员成了朋友，当时，这个女演员并不出名，但到后来，全世界都知道了她的名字：玛丽莲·梦露。

玛丽莲·梦露的经典造型（Associated Press, 1954）

约翰尼·罗塞利被怀疑与其他黑手党重量级人物一起，参与了一些社会影响很大的事件。比如，有人认为他参与了中情局刺杀古巴领导人卡斯特罗的阴谋。除了这段隐秘的传闻，罗塞利被联邦调查局认定犯了 13 起谋杀罪。他还参与各种合法和非法企业的活动，比如参与了好莱坞和拉斯维加斯的一些公司的活动。罗塞利曾为隐居的亿万富翁霍华德·休斯在南内华达州购买赌场铺平了道路。

不过，随着联邦调查局的监视展开，罗塞利的生活也遇到了不少麻烦。他卷入了好莱坞的勒索丑闻，后来又卷入了比弗利山庄修士俱乐部的牌友作弊案，但这一切都在 1976 年戛然而止，这个 71 岁的黑帮老大被人杀害，尸体被塞进了一个汽油桶里，这个汽油桶漂浮在迈阿密附近的一个海湾里。是谁杀了他？没人知道，这成为好莱坞的悬案。据历史学家和前拉斯维加斯赌场主管比尔·弗里德曼（Bill Friedman）说，罗塞利在意大利出生时的名字是菲利普·萨科，但他在看到他喜欢的意大利文艺复兴时期的画家科西莫·罗塞利在画作上的签名后，就改用了"罗塞利"这个化名。"罗塞利"这个词应该有两个 s，但他有时会故意用一个 s 拼写，但在名片上还是用了双 s 的拼法。

美国媒体普遍认为，罗塞利其实是一个黑帮中介人，对电影既不了解，也没有贡献。但这似乎并不属实。罗塞利的死、他在好莱坞的工作，以及他与阿尔·卡彭、杰克·德拉格纳等黑帮大哥的关系，都是人们津津乐道的故事素材，也让他与那些黑帮人物有所不同。2018 年，美国传记作家李·塞尔佛（Lee Server）出版了罗塞利的传记《帅气的约翰尼——约翰尼·罗塞利的生活和死亡：绅士黑帮、好莱坞制片人、中情局刺客》(*Handsome Johnny: The Life and Death of Johnny Rosselli: Gentleman Gangster, Hollywood Producer, CIA Assassin*)。同时，黑色电影基金会的电子杂志《黑色城市》(*Noir City*) 也对他做了介绍，提到他在好莱坞参与的电影工作，包括在动作犯罪片中扮演角色，这篇文章名叫《帅气强尼玩转罪孽城市》("Handsome Johnny Takes Tinseltown")，作者是约翰·弗兰维克（John Wranovics）。这些著作尝试展现一个对好莱坞的电影工作充满热情的人。塞尔佛指出，罗塞利在电影业为自己开辟了一片特殊的小天地。他"正式受雇为助理采购员，周薪 65 美元，实际上他成了一个实习制片人"。塞尔佛说："作为有组织犯罪的全职成员，约翰尼·罗塞利与好莱坞的关系是独特而非凡的。"他是黑帮和好莱坞双聘的正式职员，其生活方式和职业在当时是很前卫的。

塞尔佛以前出版过的书包括好莱坞影星艾娃·加德纳、罗伯特·米彻姆和电影导演塞缪尔·富勒（Samuel Fuller）的传记，他说罗塞利在好莱坞和有组织犯罪之间游走，是这两个世界"级别最高"的人。"就像他为芝加哥、纽约、洛杉矶的黑帮老大工作一样，他也是电影之都的明星和制片厂大亨们的朋友与顾问，"塞尔佛说，"在一些人看来，他几乎就是电影的创造者，潇洒而有魅力，有着完美的装扮和利落的行头。他在电影界有许多忠诚和钦佩他的朋友，即使在他被认定敲诈电影公司数百万美元之后仍是如此。"当罗塞利从联邦监狱被释放时，假释条件要求他必须找到工作，于是他又回到了好莱坞。"一位制片人朋友给他在小型的鹰狮制片厂找了份工作，"塞尔佛说，"虽然没有署名，但罗塞利与别人联合制作了两部片子——黑暗的暴力犯罪片，就是我们现在所说的'黑色电影'[Film Noir]。"人们普遍认为，罗塞利"只是为这些项目投入了一些资金，并没有其他方面的参与"。但是，塞尔佛的研究表明，他其实一直在这两部黑色电影的创意方面扮演着关键角色。

罗塞利毕生都生活在洛杉矶。在策划黑帮交易时，他住在拉斯维加斯。当中情局秘密策划推翻卡斯特罗时，他出现在南佛罗里达。据塞尔佛说，他一直想与电影业保持联系，尽管他在这些工作中没有特别大的收获。黑帮历史学家和作家迈克尔·尼奥塔（Michael Neota）是洛杉矶犯罪头目杰克·德拉格纳的曾孙，他认为应该拍摄一部关于罗塞利的电影，尤其应当关注好莱坞勒索丑闻和"拉斯维加斯先生"的岁月。

· 三 ·

在派拉蒙电影公司，有一位专为高层摆平黑道的律师，叫西德尼·科沙克，他在好莱坞与黑帮关系中扮演重要角色。我们在关于《教父》的章节曾经提到这个人，他个头儿很高，脸色阴沉，总穿着一身深灰色的西装。在20世纪70年代，他几乎每天都到派拉蒙公司。他经常给派拉蒙总裁布卢多恩打电话，或者找制片人罗伯特·埃文斯协商公司事务。据说，他在派拉蒙公司里非常有礼貌，做事周全，无可挑剔，只是缺乏幽默感。多年后，当一位前派拉蒙公司的高管在无意中抱怨电影公司的经营不如以前好时，那个人的老婆接话说，因为当时有科沙克这样的人在身边不停地告诉他应该怎么做。这说明，科沙克当时对派拉蒙来说非常重要。

科沙克支持民主党，因此他是积极为民主党筹款的社会人物，以至于后来的总统候选人吉米·卡特（Jimmy Carter）在前往洛杉矶时，科沙克是他第一个接见的人。在20世纪60年代，科沙克与环球MCA（美国音乐公司）的首席执行官罗·瓦瑟曼（Lew Wasserman）是好朋友。瓦瑟曼曾被称为"好莱坞奥林匹斯山上的宙斯"，意思是说：瓦瑟曼当时在电影帝国中的地位几乎无人匹敌。

科沙克和瓦瑟曼都是民主党的支持者，他们互相邀请对方参加筹款活动。MCA经纪人哈里斯·凯特曼（Harris Katleman）形容科沙克和瓦瑟曼两个人是"一拍即合"。1939年，瓦瑟曼经人介绍认识了科沙克。

MCA 在第二次世界大战后逐渐发展壮大，被称为"星条旗的章鱼"，因为它当时掌控了美国娱乐圈的各个方面。它不仅代理几乎所有著名演员和歌手，还是唯一被允许制作电视节目的艺人经纪公司，它会收取制作人的费用和客户收入的 10%。1958 年，MCA 买下了环球公司的片厂，又将其租回给几个制片厂。政府试图对 MCA 提起违犯竞争法的诉讼，但由于瓦瑟曼在政界的"关系"，最后无疾而终。1962 年，MCA 从 Decca（迪卡）唱片公司手中收购了环球公司，接下来，环球 MCA 开始在好莱坞旁边的环球影城建造新的公司总部，用制片人索尔·大卫（Saul David）的话说，"它就像宇宙飞船般异样和凶险"。据一位前秘书透露，MCA 主席朱尔斯·斯坦（Jules Stein）早在 1965 年就允许科沙克使用他的办公室，据说科沙克曾在那里约见过梅耶·兰斯基。在整个 20 世纪 60 年代，科沙克和瓦瑟曼对好莱坞都有着巨大影响。洛杉矶有组织犯罪部门前负责人 A.O. 理查兹（A. O. Richards）认为，科沙克当时几乎是"不可撼动的"，因为他非常"绝缘"，一方面受到政治保护，一方面没有留下司法证据。科沙克在 1963 年 10 月 23 日向联邦调查局承认，他的朋友们，包括著名演员柯克·道格拉斯、狄娜·肖尔（Dinah Shore）、赛德·查里斯（Cyd Charisse）和黛比·雷诺斯（Debbie Reynolds）等，都曾经被他"罩着"，接受他的保护来解决麻烦。根据电影演员协会前执行董事切斯特·米格登（Chester Migden）的说法，瓦瑟曼把科沙克当成了"捐客"。电影公司在演员、导演和编剧身上投入了大量资金，当这些人遇到麻烦时，公司就会找到科沙克，以避免公司的资产受到损失。

科沙克的工会客户之一，就是电影《爱尔兰人》中提到的美国卡车司机工会，即"国际卡车司机兄弟会"。在好莱坞拍电影，涉及许多重型设备的运输，因此拍片需要卡车司机工会，以控制所有进入和离开电影拍摄现场的设备，包括摄影机、灯光、道具、食物、便携厕所等，甚至电影胶片本身。卡车司机工会后来还想接管美国电影制片人与发行人协会和其他电影制作行业协会，其影响力可想而知。所以，在影视行业，卡车司机的合作对于影片来说至关重要，尤其是电视行业，制作上对时间有更加严格的要求。如果卡车司机们罢工，那么一部电影或电视剧就会垮掉。科沙克为瓦瑟曼提供了与卡车司机工会的联系，西区卡车司机工会前负责人安迪·安德森（Andy Anderson）说，瓦瑟曼是唯一与科沙克的关系如此密切的制片厂老板，瓦瑟曼甚至可以代表整个好莱坞参加工会谈判。所以，他有时迁就工会的要求到了令人费解的程度。因此，瓦瑟曼让好莱坞在加州的拍摄成本越来越高，这无形中推动了好莱坞的破产，由于高额的用人成本，加州后来的"失控生产"导致行业的瘫痪。

曾经有人质疑过瓦瑟曼与卡车司机工会主席吉米·霍法的"亲密"关系。20世纪50年代末，约翰·肯尼迪的弟弟鲍勃·肯尼迪在参议院一个委员会发起了对工会与黑手党腐败关系的调查，认为吉米·霍法和卡车司机工会是"邪恶阴谋家"，说吉米·霍法欺骗了工会成员，把黑帮亲信安排在工会的关键岗位上，这就是电影《爱尔兰人》中的情节。有人对一个好莱坞大亨与如此臭名昭著的工会人物有密切关系感到不可理解，瓦瑟曼也为他们的"友谊"进行了辩护：考虑到环球MCA每周雇用大约1.5万名卡车司机，所以他宁可与自己熟悉的人做生意，也不愿意跟不认识的人打交道。这个道理似乎大家都能明白。

瓦瑟曼如此热衷于站在卡车司机这一边，可能是因为他们共同挪用工会成员的养老基金。1955年，吉米·霍法把22个州的几十个小的养老基金合并成中央州、东南地区和西南地区三个养老基金。随着制片厂系统的瓦解，以及米高梅创始人路易斯·梅耶的离世，米高梅公司放弃了大部分签约的明星，科沙克就安排瓦瑟曼从卡车司机工会养老基金里贷款。同时，黑帮也向卡车司机工会养老基金借款。1955年，莫·达利茨借了

100 万美元，在拉斯维加斯开了一家医院。这家有 100 张床位的医院是欧文·莫拉斯基与他的合伙人梅文·阿德尔森创立的，阿德尔森用医院的利润分成建了电视制作公司洛里玛（Lorimar），这家公司制作了《危险关系》（Dangerous Liaisons, 1988）、《妙人奇迹》（Being There, 1979）和《军官与绅士》（An Officer and a Gentleman, 1982）等多部电影。如此可见，卡车司机工会与电影行业之间的关系其实是非常复杂的。

尽管芝加哥黑帮在好莱坞安插了科沙克，但每当有黑帮成员提醒他到底谁才是老大时，科沙克本人也不那么排斥。有一次，科沙克在试图解决洛杉矶黑手党家族和卡车司机工会之间关于工会不支付回扣的纷争时，他在自己家门口的邮箱里发现了一条死鱼，这与《教父》中的情节几乎相同。

在 20 世纪 60 年代，另一场轰动好莱坞的事件，也引发了人们对好莱坞与黑社会关系密切的猜想。

· 四 ·

玛丽莲·梦露是尽人皆知的明星，她的传奇以及神秘死亡，几乎是 20 世纪美国娱乐业最轰动的事件。她既是明星制的受益者，也像历史上许多带有悲剧色彩的明星一样，成为明星制的牺牲品。1962 年 8 月 5 日，玛丽莲·梦露死于自己的寓所，死因是服药过量，官方的结论是自杀。但是，从梦露死亡的那一天起，关于她的死因就不停地有着各种猜测，警方、当事人、调查记者、传记作家等纷纷站出来给出不同的解释，让梦露之死始终迷雾重重。

在梦露之死中，有一种流传非常广的观点，认为是黑帮出于某种原因谋杀了梦露。但事实并没有那么简单。黑帮为什么要冒险去杀死一个当红的明星呢？梦露不仅处在黑帮与娱乐圈之间，她与美国政客之间，尤其是与肯尼迪家族之间也保持着复杂的关系。

事情要先从约翰·肯尼迪决定参选美国第35任总统开始。约瑟夫·肯尼迪很早就有计划，让他的儿子约翰·肯尼迪参选美国总统。但在1959年总统大选之际，约翰·肯尼迪的胜算并不大。这时，老肯尼迪决定向黑帮求助，这就引出了芝加哥黑帮另外一位仅次于阿尔·卡彭的第二代黑帮大哥山姆·詹卡纳。詹卡纳是二战后芝加哥地下社会势力最大的老板。1959年底，约瑟夫·肯尼迪找到他，请他助力约翰·肯尼迪竞选总统。老肯尼迪承诺，如果芝加哥黑帮支持约翰·肯尼迪竞选总统，成功之后会得到他儿子的支持。那么，对于美国总统大选，詹卡纳可以做什么呢？他可以利用自己的影响力在选区为民主党拉选票。詹卡纳同意了这场合

约翰·肯尼迪和他的父亲约瑟夫·肯尼迪在一起（alamy/视觉中国）

作。他有他的原因。当时，约瑟夫·肯尼迪是美国驻英国大使，他的二儿子罗伯特·肯尼迪，也就是鲍勃·肯尼迪，是参议院调查工会勒索案的委员会的首席顾问。1959年6月，鲍勃·肯尼迪曾就腐败问题调查过詹卡纳，詹卡纳则使用宪法第五修正案赋予的权利，拒绝回答任何问题。老肯尼迪向詹卡纳承诺，如果黑手党能在边缘选区为民主党拿到选票，那么参议院对他的调查就会中止。

可实际上，双方各有盘算，所谓合作只是一种彼此利用的关系。詹卡纳不信任老肯尼迪，于是，他开始引诱肯尼迪的两个儿子进入一个"甜蜜陷阱"。詹卡纳知道肯尼迪的两个儿子都跟他们的父亲一样好色，于是决定挖出肯尼迪父子身上的污点，如果他们在合作之后出尔反尔，这些污点可以被用来与他们讨价还价，这个"甜蜜陷阱"就是好莱坞。

这场总统大选促成了美国历史上一次非同寻常的联盟：芝加哥黑帮头子、美国总统共享一个情妇，而这个情妇正是好莱坞明星。当时能够把好莱坞、黑手党和华盛顿三者联系起来的人不是别人，就是前面提到过的歌手弗兰克·辛纳屈。

辛纳屈第一次见约翰·肯尼迪是在1955年。当时，这位歌手在民主党的集会上发表演讲。第二年，他们在芝加哥民主党大会上再次见面。阿德莱·史蒂文森（Adlai Stevenson）是当时的总统候选人，他让民主党代表们来决定谁做副总统。约翰·肯尼迪在竞选副总统时，没有按照他父亲说的去做，结果失去了副总统的提名。辛纳屈有个朋友叫彼得·劳福德（Peter Lawford），这位英国出生的演员一生有过四次婚姻，他的第一任妻子叫帕特西娅·肯尼迪（Patricia Kennedy），就是约瑟夫·肯尼迪的女儿、约翰·肯尼迪的妹妹。两个人在1954年结婚。劳福德夫妇与当时的有组织犯罪有联系，他们与派拉蒙公司的一位女演员关系非常要好，这个人是我们前面提到过的黑道律师科沙克的妻子——贝阿·科沙克（Bea

Korshak）。贝阿·科沙克当然也认识辛纳屈，正是劳福德夫妇的关系，让辛纳屈认识了肯尼迪。因此，娱乐圈、政治家族和黑帮就这样建立了联系。

1960 年 7 月 10 日，辛纳屈与约翰·肯尼迪在洛杉矶共同出席一场民主党举办的晚宴
（alamy / 视觉中国）

辛纳屈和约翰·肯尼迪算不上真正的朋友，但他们在一段时间里保持着体面的友谊。他们有共同的爱好：女人。两个人在一起时，谈的从来不是政治或音乐，而是女人。肯尼迪对辛纳屈说，他曾幻想跟好莱坞的每一个女影星上床。肯尼迪并非信口开河，在第二次世界大战期间，他曾与索尼娅·海妮（Sonja Henie）、琼·阿利森（June Allyson）和吉恩·蒂尔尼（Gene Tierney）等女演员有过"交往"，甚至还包括格蕾丝·凯利（Grace Kelly）。1946 年，约翰·肯尼迪进入国会，当时他在好莱坞有两

个好朋友：一个是制片人山姆·斯皮格尔（Sam Spiegel）——《码头风云》的制片人；另一个是查尔斯·费尔德曼（Charles Feldman）——《欲望号街车》(*A Streetcar Named Desire*, 1951) 的制片人。正是在费尔德曼的一次酒会上，约翰·肯尼迪第一次见到了玛丽莲·梦露。

美国总统约翰·肯尼迪（背对镜头）、司法部长罗伯特·F. 肯尼迪（左一）和女演员梦露（左二）在肯尼迪总统 45 岁生日庆典上的合影（Cecil W. Stoughton, 1962）

至此，梦露之死背后复杂的关系网基本清晰了：第一条线索，芝加哥新一代黑帮老大詹卡纳，他与老肯尼迪做选举与保护伞的交易；第二条线索，辛纳屈通过劳福德夫妇认识了约翰·肯尼迪，劳福德夫妇通过科沙克，打开了与黑帮交往的通道；第三条线索，约翰·肯尼迪通过自己在好莱坞的朋友圈，也就是制片人斯皮格尔、费尔德曼，直接认识了玛丽莲·梦露。但是，这三条复杂的线索是怎样汇集到"梦露之死"上面的呢？

· 五 ·

这些男性当事人都是好色之徒。劳福德,也就是肯尼迪的妹夫,后来说,他与辛纳屈、肯尼迪三个人之间的真实关系是:他为辛纳屈找女孩,而辛纳屈则为肯尼迪找女孩。1959年11月,约翰·肯尼迪去了洛杉矶,他比原计划多住了两天,在棕榈泉的家里与辛纳屈一起玩了两天。演员理查德·伯顿(Richard Burton)后来在日记中称:当肯尼迪与辛纳屈住在一起时,棕榈泉的房子就像一家妓院。1959年底,在马萨诸塞州海尼斯港的肯尼迪家中,辛纳屈第一次见到了老肯尼迪。那是辛纳屈第一次被邀请到肯尼迪家吃饭,也是在那个时候,老肯尼迪提出想请辛纳屈和他在芝加哥的黑帮朋友助力约翰·肯尼迪竞选总统。约瑟夫·肯尼迪之所以需要芝加哥黑帮的帮助,是为了让西弗吉尼亚州和伊利诺伊州的选民最后能支持民主党。

辛纳屈接到这个请求时,正在娱乐圈与黑道之间混得风生水起。他依靠自己的能力和判断力,对老肯尼迪这件事心存疑虑,不确定自己是否应该搅这趟浑水。但老肯尼迪是老谋深算的政治家,他早料到辛纳屈未必肯帮忙,于是他像魔鬼一样给了一个让辛纳屈无法拒绝的诱惑:许诺他做美国驻意大利的大使。对只有歌手和演员身份的辛纳屈来说,这个条件太诱人了。就在辛纳屈与肯尼迪家族的关系越来越亲近的同时,他与芝加哥老大山姆·詹卡纳的"友谊"也在不断加深。

詹卡纳这个人脾气暴躁,粗鲁。一个调查过他的警察说,这是"一个喜欢咆哮、爱讽刺人、没教养、脾气坏且带有虐待狂倾向的精神病人"。美国军队征兵委员会也将詹卡纳总结为"宪法定义的精神病患者"。但这位黑帮老大后来承认,他当时为了逃避征兵而故意做出一些反常举动。美国著名演员尤·伯连纳(Yul Brynner)的儿子对詹卡纳的印象是"可怕,丑陋得让人难以直视。他的丑与大多数人的丑不同，那种丑似乎反映了他的灵魂"。但是，弗兰克·辛纳屈把他当成偶像，因为他是芝加哥黑手党头号人物。辛纳屈以前喜欢谈论如何寻找打手和杀手，当他和山姆·詹卡纳是朋友的消息传遍全城时，就没有人敢再惹辛纳屈了。

20 世纪 60 年代初，这个黑帮老大与辛纳屈的关系更进一步。在生意上，辛纳屈把詹卡纳奉为导师。梅耶·兰斯基曾形容詹卡纳是"唯一像犹太人那样理财的意大利人"。辛纳屈当时拥有金沙酒店 9% 的股份，这是"蓝眼睛"吉米·阿洛赠予他的。他想了解生意的运作方式。当他们在芝加哥、迈阿密或夏威夷见面时，詹卡纳会指导辛纳屈如何经营。同时，辛纳屈与他的哥们儿迪恩·马丁、小萨米·戴维斯（Sammy Davis Jr.）、彼得·劳福德等几个人开始做所谓"鼠帮"（Rat Pack）表演，就是以不固定音乐组合的方式，在舞台上唱歌、跳舞、插科打诨，这些演出主要在黑手党控制的酒吧和夜总会里表演，帮助夜店招揽生意，在当时非常出名。

当时，劳福德夫妇买了一部讲述拉斯维加斯抢劫案的小说的改编权，小说叫《十一罗汉》，辛纳屈认为这部片子可以给"鼠帮"带来一个好机会。华纳兄弟公司同意为这部影片投入 280 万美元，主演包括乔治·拉夫特和女演员安吉·迪金森（Angie Dickinson）。当时辛纳屈的想法是，明星们完成现场表演后，电影在晚上拍摄辛纳屈、戴维斯、马丁等人的"鼠帮"表演。1960 年 1 月 11 日，影片正式开机。这部电影讲述了丹尼·奥森（Danny Ocean）和他的手下在拉斯维加斯的四家赌场策划并实施了一场匪夷所思的抢劫案，其中一个镜头是辛纳屈抢劫自己的赌场——金沙酒店。这些钱是用垃圾车偷运出拉斯维加斯的。安吉·迪金森认为，《十一罗汉》反映了当时美国社会的乐观情绪，这部电影带有那种苏格兰威士忌的酷感，与约翰·肯尼迪在总统大选中摇摆不定的前景非常吻合。事实上，肯尼迪在 1960 年 2 月 7 日看了这部电影，而在第二天，也就是 2 月 8 日凌晨，辛纳屈在金沙酒店为肯尼迪组织了一场私人派对。就是在这次活动上，辛纳屈把肯尼迪介绍给一位名叫朱迪·坎贝尔（Judy Campbell，又叫 Judith Exner）的 26 岁高级应召女郎，她自称是一个艺术家，实际上是应召女郎。

朱迪·坎贝尔曾是米高梅、环球和华纳兄弟的签约女明星，她之前的男友是演员罗伯特·瓦格纳（Robert Wagner），她与女演员安吉·迪金森的关系也不错。这位前模特曾在 1960 年圣诞节前与辛纳屈一起住在棕榈泉，当时在那里的还有劳福德夫妇和黑帮老大约翰尼·福莫萨（Johnny Formosa）——他是詹卡纳的副手。事实上，约瑟夫·肯尼迪在他儿子之前就已经和朱迪·坎贝尔睡过了。坎贝尔和约翰·肯尼迪在酒店套房里一起吃午饭。肯尼迪离开后，一个小组立即赶到，销毁任何可能被认定为不检点行为的照片证据。

辛纳屈的朋友布拉德·德克斯特（Brad Dexter）告诉辛纳屈的传记作者安东尼·萨默斯（Anthony Summers），约翰尼·罗塞利和坎贝尔也有过关系，而罗塞利则说，坎贝尔还与詹卡纳有过关系，辛纳屈同样与坎贝尔有过一段关系。因此，在这个时期，总统父子和黑帮头目经常共享一个"情人"，而梦露正是在这个时期进入这个肮脏混乱的圈子的。

1960 年 4 月，总统竞选活动正在进行。辛纳屈游说小萨米·戴维斯等亲信，在肯尼迪的筹款活动中表演，为肯尼迪拉票。而肯尼迪则对被提名为总统有点过于自信，他在大选期间并不低调，以至于 7 月在洛杉矶举行的民主党大会期间，晚上还都跟坎贝尔和玛丽莲·梦露搂搂抱抱。当然，最终他成功了。1960 年 11 月，约翰·肯尼迪当选为第 35 任美国总统。

约翰·肯尼迪总统的就职典礼（CWO Donald Mingfield, 1961）

　　在完成了与黑帮的交易之后，肯尼迪计划继续与黑帮合作，以强化自己的政治影响力。当选总统的那个月，他让朱迪·坎贝尔安排他与詹卡纳在迈阿密进行会面，会面的主题当然不是总统大选，而是刺杀卡斯特罗。他让朱迪·坎贝尔把有关古巴政治领袖卡斯特罗的档案带给詹卡纳，决定利用黑帮刺杀卡斯特罗。朱迪·坎贝尔在纽约的一个公寓里安排了肯尼迪和詹卡纳的另一场会面，肯尼迪让她转给了黑帮老大一笔现金。在芝加哥的东大使酒店，还有一次后续会面，朱迪·坎贝尔就坐在浴缸边上，肯尼迪和詹卡纳则在卧室里谈话。其实，詹卡纳对暗杀卡斯特罗没有兴趣。他之所以表面上接受了这个任务，只是想从肯尼迪政府里骗一点钱。

　　就在肯尼迪、辛纳屈与詹卡纳的合作趋近于完美时，事情发生了变化，这个变化是由肯尼迪的弟弟鲍勃·肯尼迪带来的。1960年12月，肯尼迪当选总统之后，鲍勃·肯尼迪被任命为司法部长，而他上任之后，就开始全面调查美国的有组织犯罪，政治家族与黑帮、好莱坞的短暂而甜蜜的联盟因此瓦解。

· 六 ·

联邦调查局一直在监视约翰尼·罗塞利，局长埃德加·胡佛终于在1961年1月将线索整合在一起，发现了总统家族与黑帮、好莱坞之间的联系。他们录下了朱迪·坎贝尔与约翰·肯尼迪以及她与詹卡纳的电话内容。总统与一个女人有染，而这个女人与芝加哥黑帮的头目有往来，这个人正是总统的弟弟调查有组织犯罪时审讯的老大，这个消息一旦传出去，一定会轰动美国。1961年2月27日，胡佛给鲍勃·肯尼迪写了一封信，信中说了他了解到的关于辛纳屈、詹卡纳和鲍勃的哥哥之间的关系。当年3月的一天，肯尼迪总统与胡佛共进午餐。三天后，肯尼迪将与辛纳屈在棕榈泉一起"聚会"，辛纳屈为此重新装修了房子，还修了一个直升机停机坪。午餐时，肯尼迪和胡佛独处了一段时间。胡佛把他所知道的关于詹卡纳、坎贝尔和总统的情况都说了。肯尼迪终于意识到，这种危险关系将威胁到他的政治生涯。于是，肯尼迪从当天下午开始与朱迪·坎贝尔保持距离，并让劳福德转告辛纳屈，以后不会再"聚会"了。辛纳屈听到这个消息有点发狂，开始在屋子里乱扔东西。他永远不会原谅劳福德，他认为这是他的朋友劳福德对他的背叛。

1961年夏天，联邦调查局加大了对詹卡纳的调查力度，调查他的人是一位前海军陆战队员、前大学拳击冠军比尔·罗默（Bill Roemer）。不断被监视的压力让詹卡纳心中不爽。"这里就像纳粹德国，而我是这个国家最大的犹太人。"于是他决定向辛纳屈寻求帮助,还想利用与肯尼迪家族的合作关系为自己寻求庇护。辛纳屈很够意思,单独去见了鲍勃·肯尼迪,并在一张纸上写下了詹卡纳的名字。他把纸递给鲍勃·肯尼迪,然后对他说:"这是我的兄弟,我想让你知道这一点,鲍勃!"

就在这个黑帮、好莱坞与政治家族的联盟摇摇欲坠之时,一件事情的发生让联盟彻底瓦解。1961年12月,约瑟夫·肯尼迪在棕榈滩的一个高尔夫球场突发脑出血,失去了行动能力。从此,老肯尼迪对黑帮的亲和战略失效,鲍勃·肯尼迪展开了对有组织犯罪的自由调查。仅在1962年,鲍勃·肯尼迪就起诉了350名黑帮分子,其中138人被定罪。电影《爱尔兰人》中表现了这段历史,阿尔·帕西诺饰演的吉米·霍法对着电视暴跳如雷。到了这时,就连詹卡纳也意识到,他为了日后的交易策略与肯尼迪家族建立良好关系,其实是在浪费时间。

1963年9月25日,罗伯特·F.肯尼迪在参议院犯罪小组委员会听证会上作证(Warren K. Leffler, 1963)

正是在这样一个事发生后,梦露的死成为这个联盟瓦解最为沉重的注脚。玛丽莲·梦露从 1960 年开始与约翰·肯尼迪保持一种情人关系,偶尔与他在洛杉矶或纽约见面,发生性关系。但同时,梦露对处方药物上瘾,她把自己三次婚姻的失败和两次流产经历都归咎于自己,导致精神状况很糟糕。梦露的命运是非常悲惨的,她从小遭受虐待和强奸,并怀孕流产,她进入娱乐圈想做一名演员,却只能做性感明星。为了生存,她不得不成为好莱坞的社交工具。1961 年 2 月,玛丽莲·梦露被送进纽约长老会医院康奈尔医学中心的佩恩·惠特尼精神病诊所(Payne Whitney Psychiatric Clinic)。在观察过程中,梦露脱掉了所有的衣服,还把一把椅子丢向了玻璃门,当时她的精神状况之糟糕可想而知。1962 年,梦露还与约翰·肯尼迪在棕榈泉约会,她对他是有期待的,希望借助于这场爱情从好莱坞脱身。可是,她始终只是这场见不得光的合作中的一个玩物。联邦调查局的一份报告援引一位未透露姓名的线人的消息,称梦露、彼得·劳福德、约翰·肯尼迪,还有鲍勃·肯尼迪,都参加了"在纽约卡莱尔酒店举行的性爱派对"。约翰·肯尼迪最后对她的拒绝,让她非常痛苦,正是在这个时候,她遇到了约翰·肯尼迪的弟弟鲍勃。

根据梦露的发型师米奇·桑(Mickey Song)的说法,她于 1962 年 5 月 19 日在麦迪逊广场花园的后台,才正式与鲍勃·肯尼迪约会。4 个月前,她被介绍给鲍勃·肯尼迪。那天晚上,她为肯尼迪总统的 45 岁生日演唱了《生日快乐,总统先生》(Happy Birthday, Mr President)。约翰·肯尼迪当晚在卡莱尔酒店与梦露正式分手了。梦露此时想用一段新感情治疗被抛弃导致的创伤,因此投入与鲍勃·肯尼迪的关系中。她对朋友们说,鲍勃·肯尼迪会为她而离开妻子。然而,这段恋情很快就变质了。作为一个年轻的女人,梦露一直是复杂而迷人的,但是到了 36 岁时,她却变得完全不正常了。约翰·肯尼迪知道之后,命令鲍勃立即与梦露分手，鲍勃听了哥哥的话，不再回梦露的电话。这让梦露几乎陷入崩溃。鲍勃·肯尼迪虽然与梦露交往的时间不长，却对梦露说了许多不该说的话。梦露告诉朋友罗伯特·斯拉泽（Robert Slatzer），鲍勃透露了他们与黑帮合作，计划暗杀卡斯特罗的事情。美国总统联合黑帮刺杀另外一个国家的政治领袖，这在当时是个惊天秘密，结果却被鲍勃·肯尼迪告诉了梦露。当梦露被告知不要再联系肯尼迪兄弟时，她觉得自己被背叛了，开始对周围的人说，她要公开她所知道的一切。她告诉斯拉泽，如果鲍勃继续躲着她，她要召开记者招待会。

1962年7月底，就在梦露陷入与肯尼迪兄弟的恋情纠葛而不可自拔的时候，她被辛纳屈邀请参加一场聚会，参加这场聚会的还有约翰尼·罗塞利、吉米·阿洛，以及詹卡纳。当天晚上，梦露喝得酩酊大醉，向詹卡纳倾诉她是如何被肯尼迪兄弟始乱终弃的。但晚饭后，梦露就跟詹卡纳上楼了，她居然跟詹卡纳上了床。詹卡纳远不如肯尼迪兄弟绅士，就是一个粗人。据说，当天发生的事情非常不堪。后来，他向黑帮朋友吹嘘他与梦露的这场情缘，并对梦露的身体进行了讽刺，称其太恶心了。吉米·阿洛说，当天辛纳屈和劳福德给梦露下了药。后来，摄影师比利·伍德菲尔德（Billy Woodfield）也说，辛纳屈给他看了在那次活动中拍的照片，其中一张照片显示梦露四肢着地被詹卡纳搂着，而另一张则显示她的衣服上有呕吐物，这明显是被下药的结果。

通过醉酒的梦露，詹卡纳得知了更多关于肯尼迪家族的事情，也正是在这件事不久，1962年8月5日，梦露被发现死于自己家中。她的管家给她的心理医生打电话，说她整晚都没有离开卧室，管家觉得很奇怪。她的私人医生赶到现场后宣布梦露已经死亡，验尸官提出死因"可能是自杀"。她的肝脏中含有13毫克的戊巴比妥（pentobarbital），这是确定的安眠药耐波他（Nembutal）的化学物质，而且剂量是正常剂量的10倍。

她的血液中还含有 8 毫克的安眠药水合氯醛（chloral hydrate），剂量是建议睡眠服用量的 20 倍。然而，梦露的尸检并没有在她的胃里发现任何安眠药的残留物。这很奇怪。如果是服药自杀，那么尸检或者会发现还未被完全消化的明胶胶囊的碎片，或者会发现完整的、未被消化的药片。

至于具体的死因，有许多推测，当中包括与黑帮有关的一个推测。洛杉矶地区检察官办公室参与了调查，地区检察官调查员弗兰克·赫罗内克（Frank Hronek）始终相信有组织犯罪是梦露之死的元凶，特别是山姆·詹卡纳和约翰·罗塞利。

犯罪问题作家、纽约犯罪问题联合立法委员会前顾问汉克·梅西克（Hank Messick）提供了另外一个版本，他说詹卡纳试图通过操纵被下药的梦露，给鲍勃·肯尼迪打电话，来威胁肯尼迪停止对芝加哥黑帮的调查。梅西克认为，詹卡纳的计划是让已婚的肯尼迪妥协，让他来到梦露的房间，以便自己抓住肯尼迪的这一把柄。但是肯尼迪铁石心肠，拒绝来救梦露，结果导致她孤独地死去。

《每日新闻报》（Daily News）刊登的梦露的死讯（SNAP/视觉中国）

根据事件的另一个版本，詹卡纳知道梦露要公开黑帮参与刺杀卡斯特罗未遂的事情，于是想杀死梦露，并让鲍勃·肯尼迪牵扯进她的死，以此打击鲍勃·肯尼迪。

这些是对梦露之死的原因的推测。对于具体的死因，2005年，洛杉矶县副地方检察官约翰·米纳（John Miner）在看了野口恒富医生对梦露的解剖报告之后，说他几乎可以认定梦露是被毒药灌肠谋杀的。米纳的理论是，梦露可能是在喝软饮料时喝下了水合氯醛，或被直接注射了水合氯醛，她因此失去了知觉，然后有人将耐波他溶解在水中，给她进行了灌肠。

约翰·肯尼迪总统遇刺前几分钟的照片（Walt Cisco, Dallas Morning News, 1963）

总之，这就是一代传奇明星梦露之死。后来，1963年11月22日，肯尼迪总统被刺杀。辛纳屈想知道詹卡纳是否与暗杀有关。无论是哪种解释，梦露都是一个被利用、被玩弄和被抛弃的人，她被这些背叛她的男人折磨到近乎疯狂，在走投无路的情况下或许会选择鱼死网破，公布娱乐圈、政客和黑帮之间这种肮脏龌龊的勾当，她就是在这个时候死去了。其实梦露的故事只是当时黑帮与好莱坞复杂关系中一个最被大众熟知的故事，还有许多这样的女演员被好莱坞的明星制以及在这里风流猎艳的黑帮老大和政治家玩弄、敲诈、抛弃，甚至杀害，而这段不光彩的历史从来没有进入电影史的书写。

《洛杉矶时报》刊登的罗伯特·F. 肯尼迪遇刺身亡的新闻（alamy / 视觉中国）

If one family doesn't kill him...the other family will

CHAPTER

08

The Sopranos

第八章

黑道家族

美国黑帮的衰落

© Alamy/ 视觉中国

黑手党的孩子们现在与工业巨头们称兄道弟,但他们不会忘记自己的根。

——约瑟夫·皮斯托内(美国联邦调查局特工)

今天的美国主流观众刚出生时,美国的有组织犯罪与黑帮影视剧同时走向了衰落。这一代人在《低俗小说》中看到的世界与《教父》已经完全不同。1999 年 3 月 3 日,美国联邦调查局悄悄地录下了新泽西州德卡瓦尔坎特犯罪家族的大佬安东尼·罗通多(Anthony Rotondo)和约瑟夫·斯克拉法尼(Joseph Sclafani)开车时的对话。斯克拉法尼因为老戴着助听器,被大家戏称为"铁皮耳"。在车上,他得意扬扬地吹嘘自己认识约翰尼·德普(Johnny Depp)和其他好莱坞明星、制片人。靠结交好莱坞明星来提升自己在黑帮中的地位,在美国黑帮里挺常见的,全球各地也差不多。但这两位大佬其实花了更多时间讨论当时正在热播的美剧——《黑道家族》(The Sopranos)。进入 21 世纪后,虽然黑帮片偶尔还能在好莱坞见到,但真正能刷新这个类型的经典作品少得可怜,近十年来甚至是凤毛麟角。美国黑帮电影的巅峰过去后,最能代表这个年代黑帮文化的作品往往是美剧,而《黑道家族》就是其中的佼佼者。

1999年1月10日，HBO电视网首播了电视剧《黑道家族》。该剧之所以能对德卡瓦尔坎特家族等黑帮组织产生影响，是因为其巧妙融合了黑帮剧与肥皂剧这两种类型剧。《黑道家族》在黑帮剧领域确实是成就非凡，它是唯一一部在纽约现代艺术博物馆（MOMA）举办过回顾展的电视剧作品。该剧前三季共计获得56项艾美奖提名，并斩获6项表演奖和剧作奖。剧情围绕新泽西犯罪家族首领托尼·索普拉诺（Tony Soprano）展开。托尼因应对婚姻危机、强势母亲及家族势力瓦解等多重压力，不得不接受心理治疗。在此过程中，他逐步在黑帮事务中重新崛起，成为新一代黑帮头目。

这部剧的成功首先取决于原作者大卫·切斯（David Chase），他出生于意大利那不勒斯，成长于美国新泽西州，《黑道家族》的创作灵感源于他与母亲的关系。大卫·切斯曾想将该剧作为电影剧本出售，但没有成功。1996年，电视制作公司布里尔斯坦-格雷（Brillstein-Grey）邀请他创作一部"教父式"美剧，于是他就把剧本卖给该公司。然而，最初委托制作该剧的福克斯电视台拒绝了试播。随后，哥伦比亚广播公司和全国广播公司也相继拒绝。最终，经验丰富的HBO电视网接手了这部剧，并取得了巨大成功。《卫报》影评人约翰·帕特森（John Patterson）盛赞大卫·切斯为"新泽西的巴尔扎克或多斯·帕索斯"，认为《黑道家族》深入剖析了美国郊区的社会与生活。他还高度评价该剧为"一部有四个乐章的意大利裔美国交响乐，一部伟大的美国小说的四重奏，一个用干血做装饰的四层婚礼蛋糕"。

《黑道家族》的吸引力源自多个方面，其中包括原作小说的卓越文学价值以及主演们的精湛演技。然而，更为引人深思的是，该剧所散发出的

"告别"氛围，与20世纪90年代美国黑帮世界的历史变迁形成了深刻的呼应。到了这一时代，黑手党组织不仅在外部受到严重打击，其内部也日渐空虚，黑帮文化逐渐衰落并僵化，曾经的辉煌岁月已然远去。

《黑道家族》精准地捕捉到了这一时代的特征。剧中展示的索普拉诺及其手下的非法活动，如假电话卡交易、二手汽车安全气囊销售和盗窃电话线等，与20世纪30年代由阿尔·卡彭领导的芝加哥黑帮集团的活动相比，显得特别小儿科。正如大卫·切斯所言，黑帮在美国各地已遭受重创，可谓被"斩首"。从喜剧角度来看，这部剧仿佛揭示了黑帮的精神崩溃现象。剧中主角需要不断接受心理治疗，正是这种"精神崩溃"的直观体现，反映出当时美国黑帮的颓势。托尼·索普拉诺坐在他的书房里，如同我们之前提及的"疯子"乔·加洛一样，盯着20世纪30年代的老黑帮电影。他向心理医生坦白说："最近，我有一种感觉，我来得太晚了，

《黑道家族》原作作者大卫·切斯（右）与两个主演在一起（alamy / 视觉中国）

最好的时代已经过去了。"心理医生回应说,许多美国人都有同样的感慨。这种情感共鸣使得《黑道家族》不仅是一部反映黑帮文化的作品,更是一部触动人心的时代杰作。

《黑道家族》是美国黑帮文化与现实生活相互交织的真实写照。在众多描绘黑帮题材的影视作品中,《黑道家族》以其真实细腻的刻画手法和深刻的社会洞察力,成功将观众带入了一个充满血腥、权力斗争与家庭情感纠葛的黑帮世界。而事实上,这个剧集展现的情节并非完全虚构,而是与美国现实紧密相关,真实反映了美国黑帮文化与社会背景的交融。美国警方获取的德卡瓦尔坎特家族的窃听录音,为我们提供了深入了解黑帮内部生活的宝贵资料。在这份录音中,一个名叫约瑟夫·马塞拉(Joseph Masella, 1948—1998)的黑帮分子抱怨的内容,很容易让人联想到《黑道家族》中的主角托尼·索普拉诺。马塞拉抱怨他面临着来自联邦调查局的传票,他的母亲被牵涉其中。而他的个人生活更是一团糟:前妻与整形外科医生私奔,把他的衣物丢弃在草坪上;女儿遭遇精神危机,需要看心理医生;女朋友沉迷于大麻,还想做昂贵的隆胸手术,而他却无力承担手术费用。此外,新泽西黑帮老大文森特·巴勒莫的司机乔伊·奥也面临着棘手的困境。他欠了黑帮高达10万美元的债务,同时要承担抚养孩子的责任,这让他倍感压力。在窃听录音中,乔伊·奥甚至打电话给前妻,恳求她把孩子带走。黑帮成员在面对家庭困境时的无奈与挣扎,无疑为《黑道家族》中的情节提供了有力的现实依据。

这些真实案例让我们看到,黑帮世界并非只有血腥与暴力,里面更多的是成员们所面临的家庭、情感与道德困境。他们既要面对来自警方的追捕和敌对黑帮的威胁,又要处理个人生活中的琐碎问题。这种不堪的生存环境使得黑帮成员在权力与家庭之间摇摆不定,有时甚至不得不为了生存而牺牲亲情与爱情。《黑道家族》正是抓住了这一现实矛盾,通过托尼·索普拉诺等角色的塑造,让观众看到了黑帮成员在权力斗争与家庭情感之间的挣扎与抉择。

联邦调查局第一次窃听德卡瓦尔坎特家族是在 20 世纪 60 年代初,当时特工在黑帮老大西蒙·里佐·德卡瓦尔坎特（Simone Rizzo DeCavalcante）的办公室里安装了窃听器。这位新泽西州的黑帮老大因做水暖生意而发家,故而江湖人称"水管工山姆"。德卡瓦尔坎特这个人有着老教父维托·柯里昂的色彩,联邦调查局记录了他曾表达过譬如"我愿意为我的人献出生命"这种古典主义父权情绪,可即便如此,他的黑帮的影响力依然逐渐日薄西山。德卡瓦尔坎特曾说,家族过去的 30 多名手下,其中大多数人年事已高,且收入不多。在录音中,他说话的语气就像一个市政工人在仔细计算他的退休金:"如果我能够再继续干两三年,我将能合法地拿到四万或五万美元,然后走人,我的家庭问题也将得到解决。"

《黑道家族》中的索普拉诺家族与德卡瓦尔坎特家族之间有很多相似之处,以至于一名联邦调查局特工怀疑编剧是否与新泽西的犯罪家族有过直接的交流,比如剧中的托尼·索普拉诺拥有一家脱衣舞俱乐部,而现实中德卡瓦尔坎特家族的维尼·奥森（Vinny Ocean）在皇后区也有一家脱衣舞俱乐部——"威格斯俱乐部"（Wiggles）。黑手党在 20 世纪 90 年代末犯下的主要案件都出现在该剧中,有时甚至是在案件被公开之前,就在剧中上演了。比如 1998 年 1 月,甘比诺家族的约翰·高蒂的儿子因出售假长途电话卡而被起诉,这个情节出现在电视剧里。而正如这部剧中演的那样,一个医生被警方逮捕,他推荐健康的人到黑帮控制的医疗公司接受昂贵的治疗,这也是当时德卡瓦尔坎特家族以价值数百万美元的假医疗检查骗取保险金的真实案例。在纽约,成群结队的黑人和拉丁裔建筑工人会在白人控制的工地上抗议,要求获得工作的机会。没有

《黑道家族》中托尼·索普拉诺一家人（alamy / 视觉中国）

人清楚这些所谓的工会是如何在一个由黑帮控制的行业中做到这一点的。与《黑道家族》中的一个情节相同，人们发现黑手党控制了抗议团体，工会会在建筑工地上抗议，这时黑手党会介入，提出解决的办法，当然，他们要收取调解的费用。黑手党向工会领导人付款后，会把房地产开发商的现金收入囊中，而这就是《黑道家族》中的情节。

1998年10月10日，乔伊·奥被发现在弗莱布什高尔夫球场的停车场被人谋杀，他的胰腺、胃、脾脏和肠子里都发现了子弹。乔伊·奥临终时说：“这他妈的生活，谁他妈的想这样？”这场凶杀是警察局决心粉碎德卡瓦尔坎特家族的重要原因。在1999年12月至2001年3月期间，警方对德卡瓦尔坎特家族进行了三次扫荡，新泽西的犯罪家族被"斩首"，数十名黑手党高层人物被捕，其中包括维尼·奥森和约瑟夫·斯克拉法尼。维尼·奥森被指控策划了对乔伊·奥的谋杀。在法庭上，斯克拉法尼的律师辩护说，联邦调查局听到的任何关于谋杀和勒索的对话，都是他们从电视和电影中看到的内容。弗朗西斯科·塞莱多尼奥（Francisco Celedonio）律师说，他的当事人和其他人一样迷恋黑帮传说，约瑟夫·斯克拉法尼对黑手党的一切了解都是从《黑道家族》和马里奥·普佐的小说里学来的。黑帮开始用黑帮片宣扬的文化来为自己洗脱罪名，把犯罪这件事归罪于黑帮片。这也说明，到20世纪90年代末，有组织犯罪的现实与虚构的黑帮片之间的区别已经模糊不清，几乎可以确定二者在相互模仿。如果说黑手党与好莱坞的关系在20世纪20年代还是阿尔·卡彭去参观一下好莱坞的摄影棚，在40年代是乔治·拉夫特向黑帮分子展示如何穿衣戴帽，那么到了90年代，即使是普通小弟也很难区分现实和虚构。事实上，好莱坞与黑帮关系的整个历史都是两者不断地相互模仿、相互启发。

· 二 ·

到了20世纪末和21世纪初，美国有组织犯罪逐渐走向下坡路，经典黑帮片展现的那个华丽而辉煌的犯罪帝国，到这个时期，也被分解成日常生活中琐碎、廉价的争夺。与《教父》和《铁面无私》上映后发生的情况一样，《黑道家族》播出之后，意大利裔美国人团体很快就跳出来指责这部剧抹黑他们的形象，新泽西州的几个城镇甚至禁止播放这部剧，认为《黑道家族》诋毁意大利裔美国人。总部设在芝加哥的美国意大利人保护协会（Italian American Defense Association, IADA）2001年4月5日起诉了时代华纳公司（因为华纳公司是HBO公司背后的实际控股公司），认为该剧对意大利裔美国人造成了严重的冒犯。IADA在诉状中要求伊利诺伊州初审法院做出宣告性判决（Declaratory Judgment），即：

《黑道家族》的单独情节或作为整体，剧中描绘的人物的种族归属，作为原因或作为参照，违反了伊利诺伊州宪法中关于意大利裔美国人个人或作为一个群体的个人尊严的条款。"IADA认为，《黑道家族》把意大利裔美国人描绘成先天就会犯罪的人。这个协会是非营利组织，因此，他们不能要求时代华纳公司做出经济赔偿，所以，他们只能让时代华纳承认该剧违反了伊利诺伊州宪法对个人尊严的保障。协会主席西奥多·格里波（Theodore Grippo）说，他希望这部剧因为对枪支暴力的浪漫美化而被禁播。但是，编剧大卫·切斯否认了这些对《黑道家族》所谓美化犯罪的指控，他认为正相反，剧中主要展示了黑手党如何从内部一步步走向衰落和毁灭。切斯说，剧中的所有人都要下地狱，他们自己也知道这一点。最后，IADA的诉讼被法庭驳回，但这场诉讼已经通过媒体产生了较大的社会影响。

大卫·切斯将《黑道家族》的成功原因部分归于大众观看黑帮生活的内在渴望，许多人都希望能够像剧中的托尼·索普拉诺那样，只要走进一家餐馆，就会得到一张最好的桌子，每天都与性感的脱衣舞娘发生关系，而他们的妻子却对此视而不见。那些奢华的晚餐和在街区里的闲逛，对于普通观众都有着强烈的吸引力。托尼几乎可以被视为一位成功人士，生活富足，黑帮世界就像一个财富的金字塔，人在其中所处的地位越高，就越能赚到更多的钱。托尼·索普拉诺每天的工作就是翻阅模特公司的画册，为他的脱衣舞俱乐部雇用新的女孩，这不仅符合人们对黑帮的想象，也满足了他们的窥视欲望。

当然，《黑道家族》不只是描绘黑道生活的纸醉金迷，这部剧最深沉的内核，在于讲述了人的归属感其实是一种幻觉。索普拉诺的帮会就像一个家族，其成员之间相互关心、相互支持，就像其他家庭一样，这些人在一起很开心，但成员之间也有误解，也会彼此疏远，或者相互谅解，这也是美国社会的缩影，展现了一个需要治疗和自我安慰的美国底层社会。索普拉诺作为老大，要照顾他的小弟，那些刚加入黑帮的小弟都知道，无论他们遇到什么问题，都可以去找老大托尼来解决。大卫·切斯承认，《黑道家族》偶尔会对黑帮世界有某种神化或美化，比如托尼这个形象与《教父》中的老教父一样，拒绝从事毒品交易，而实际上，在20世纪80年代，美国黑帮的毒品交易每年估计有7 800万美元的收入。在21世纪初，所谓"西西里网络"依然在西西里岛、纽约和新泽西的帮派之间走私毒品。切斯说，在现实世界里，小混混真的没什么耻辱感。科伦坡犯罪家族成员卡明·塞萨（Carmine Sessa）说："《好家伙》很好地解释了这一点。也就是说，每个人都会被一群畜生或所谓朋友杀死。我年轻时认为帮会成员会彼此尊重，其实根本就没有尊重。就在观众过于同情托尼的手下时，切斯用出乎意料的暴力把人们拉回现实——他们因为一个服务生动作太慢而射穿了他的脚，或者谋杀了一个抱怨小费太少的服务员。"

《黑道家族》展现的另一个幻觉是，背叛家族的人都要付出代价，他们要么被内疚折磨，要么以其他方式把自己的生活搞得一团糟。索普拉诺发现最好的朋友"大猫"成了联邦调查局的线人后，这个内鬼在去钓鱼时，被人干掉了。新泽西州有组织犯罪探员鲍勃·布奇诺（Bob Buccino）披露，事实上有许多黑帮分子成了线人，这些线人中有一半都与警方签了利润丰厚的协议。布奇诺说："这个工作就是一部电影。实际情况是，人们不仅会背叛家族而不受惩罚，而且，他们往往还会做更大、更好的事情，尤其是在演艺界。"

《黑道家族》还展示了好莱坞和黑帮之间那种类似于莫比乌斯带一般彼此纠缠的无始无终的复杂联系。其中有一集，一个想入行的黑手党打手帮助一个编剧写剧本，让剧本看上去更真实，但他在这个过程中却意识到，好莱坞的世界其实比黑帮更残酷，至少在索普拉诺的黑帮中，人们还有一点耻辱感，但好莱坞似乎一点耻辱感都没有。还有一集讲述了一位电视编剧，最后卷入托尼·索普拉诺的扑克牌赌博，结果失去了一切。

当然，就像我们讲述《教父》时提到的那样，《黑道家族》的制作也离不开黑帮。在剧中出演过几集的演员迈克尔·斯奎查里尼（Michael Squicciarini）就参加过1992年布鲁克林的黑帮活动，而他就是德卡瓦尔坎特家族的人。该剧的另一位黑帮成员保利·瓜尔蒂里的演员托尼·西里科（Tony Sirico），也在现实生活中与黑帮混在一起。西里科第一次在电影中演戏是在监狱里，他1971年曾在纽约威胁过一家俱乐部的老板，告诉这个老板要在他的额头上刻上自己的名字。1998年12月，科伦坡犯罪家族在小意大利的一家意大利餐厅举行了圣诞派对，而监视这家餐厅的联邦调查局探员惊讶地发现，这位西里科与文森特·帕斯托雷（Vincent Pastore）一起出现在派对上，而帕斯托雷就是《黑道家族》剧中扮演"大猫"邦佩西罗（Bonpensiero）的演员。2005年12月，另一位曾在《黑道家族》中出演的演员小利洛·布兰卡托（Lillo Brancato Jr）在涉嫌入室盗窃时，被指控持枪袭警并导致警察重伤死亡，后来布兰卡托的谋杀罪名不成立，但因盗窃而被判十年。据说他与一个名叫史蒂文·阿曼托（Steven Armento）的家伙一起闯入民宅，警方说这个人是吉诺维斯犯罪家族的成员，后来因为吸毒而被家族除名了。

大卫·切斯说，电影圈与黑手党一样，都会吸引那些具有反社会人格的人。但是我想强调，二者也有区别。如果有人在有组织犯罪这条路上走得太远，他们至少会面临报复的危险，甚至是被杀。但在电影圈，人们对不良行为的约束则比较少，做坏事的人或许一直很风光。美国的黑帮世界有数以千计的犯罪分子，对于这些人来说，挣扎着登上好莱坞这条救生筏，是他们共同的出路之一，哪怕这条救生筏不能容纳那么多人，而只有最贪婪、最有手腕的人才能实现这一点,通过转行成为演员而洗白身份。在《黑道家族》中有一集,托尼·索普拉诺说,好莱坞毁了意大利黑手党的生意,他抓住一个参与电影交易的手下的脖子说:"你知道有多少黑帮分子在卖剧本吗?他们把事情搞砸了?黑帮的黄金时代已经过去了,再也回不来了!但黑帮只能怪自己。"

· 三 ·

在探讨黑手党与文化的关联性时,不得不提到美国的科萨·诺斯特拉(Cosa Nostra)以及西西里岛上的黑手党在当代历经的巨大变革。尤其是在RICO法案(即《反敲诈组织和腐败组织法》)的严厉打击下,美国的有组织犯罪得到了有效遏制。RICO法案的核心特征体现在以下几点:首先,法案拓展了适用范围,不仅针对传统犯罪组织,也针对任何依赖模式化非法活动获取收益的组织;其次,法案赋予了政府针对有组织犯罪活动的个体或实体提起刑事和民事诉讼的权力;再次,它授权政府没收通过非法手段所得的财产,即便这些财产经过洗钱或投资于合法事业。此外,法案聚焦于打击持续性和模式化的非法行为,而不是孤立的、偶发的犯罪行为。最后,法案设立了证人保护计划,鼓励犯罪集团内部人士提供证据,助力检方起诉其他团伙成员。RICO法案在剿灭有组织犯罪方面发挥了显著作用,使得美国执法部门能更高效地摧毁犯罪团伙的经济根基,并追责犯罪分子。然而,该法案因其赋予政府的广泛权力及可能的滥用风险,亦引发了一定的争议。

在意大利西西里地区,得益于民众和国家层面的共同努力,黑手党受到了公众舆论的一致谴责及政府的严格控制。为防止监禁中的黑手党首领与外界沟通,意大利在1992年刑法第41条中增设了附加条款,推行了严格的"黑手党隔离措施",对黑手党成员施行了绝对隔离。由此,西西里黑手党的领袖加"托托"(Totò),即萨尔瓦多·里纳(Salvatore Riina, 1930—2017),以及莱奥卢卡·巴加拉(Leoluca Bagarella, 1943—),都曾向意大利政府表达不满,声称自己受到政治势力的利用与剥削。具体来说,里纳在狱中曾通过手写纸条,利用伪装成足球评论或赛车评论的密码,向其他黑手党头目传递信息。在相关法案实施后,里纳和巴加拉被完全与外界隔离,他们甚至失去了打电话与律师沟通的权利。

巴加拉在犯罪家族的继任者、绰号"拖拉机"(the Tractor)的贝尔纳多·普罗文扎诺(Bernardo Provenzano, 1933—2016)于 2006 年被内政部逮捕。他被人叫作"碾人机器",逍遥法外 43 年。他为新黑手党制定了适度使用暴力这一策略,坚持与国家机构合作,最重要的是,要对公共财政进行系统渗透。我们无法估计有多少黑手党成员穿着商务套装混迹于意大利的股票市场,以及投资和金融圈子。但意大利政府的打击还是让他们付出了代价,1995 年,仅里纳一人就被没收了大约 15 万美元的财产,越来越多的黑手党人的资产被冻结或扣押。因此,在新的政策之下,美国和意大利的有组织犯罪都遭受了损失。为此,他们在新千年里不得不通过小规模犯罪活动实现家族复兴,比如复兴了盗窃和入室抢劫等犯罪活动。

但在 20 世纪 90 年代,黑帮片与黑帮剧开始塑造有组织犯罪的日常生活,包括犯罪家族中每个普通的打手和小弟的生活,他们都受到美国黑帮片的影响,尝试在现实中去续写银幕上的黑帮人物传奇。在意大利导演马提欧·加洛尼(Matteo Garrone)的电影《格莫拉》(*Gomorrah*, 2008)的开场,一个男孩挥舞着玩具枪说:"你以为我是谁?我是头号人物……我是托尼·蒙塔纳……到处都是哥伦比亚人……世界是我们的!"另一个男孩则告诉他:"这是我的剧本。"这两个"男孩"

是马可和西罗，他们是《格莫拉》五条交错的情节线的主人公之一，他们的理想是成为格莫拉家族中像《疤面煞星》的蒙塔纳那样的"大人物"，这也是他们故事的起点。此时，他们深处的背景是一个破旧但夸张的别墅，这个别墅正是德·帕尔玛为《疤面煞星》建造的别墅的复制品，这不是托尼·蒙塔纳别墅的第一个复制品。2006年，电子娱乐博览会上展出了托尼·蒙塔纳别墅的全尺寸复制品，人们可以坐在一张桌子上玩斐凡迪国际游戏公司的电子游戏《疤面煞星：世界属于你》，这款游戏的剧本部分由著名编剧大卫·麦克纳（David McKenna）执笔。玩家扮演的主角托尼·蒙塔纳，将在迈阿密市和巴哈马群岛等地通过犯罪、黑帮恶斗等事件当上黑社会老大。

因此，21世纪初，黑手党电影与现实犯罪的界限开始变得模糊。黑帮片、黑帮漫画和黑帮游戏塑造着公众对犯罪世界的看法，并且让现实中的犯罪分子模仿虚拟的经典形象。

到了20世纪90年代末，纽约的司法体制用近20年时间来对付"五大家族"。到了1998年秋，纽约"五大家族"的头目几乎都被关进了监狱：甘比诺家族的约翰·高蒂、科伦坡家族的卡明·佩西科（Carmine Persico, 1933—2019）、吉诺维斯家族的文森特·吉甘特、卢凯塞家族的维托里奥·阿穆索（Vittorio Amuso），以及伯纳诺家族的约瑟夫·马西诺（Joseph Massino）。根据联邦调查局的资料，到20世纪末，在3500万意大利裔美国人中，黑手党成员已缩减至不到3000人。但在15年前，意大利人中的黑帮分子可能是这个数字的两倍。根据一份2002年的材料显示，纽约黑帮家族当时的成员总数为570人，低于2000年的634人和1986年的940人。最大的家族是吉诺维斯家族，有152名成员，其中包括9名新加入的成员。而甘比诺犯罪家族有130人，但他们在一年内就失去了33名成员。卢凯塞家族有113名成员，包括3名新成员。科伦坡家族紧随其后，有 90 名成员，但在上一年里失去了 26 名成员。人数最少的是伯纳诺家族，总共只有 85 名成员。

黑帮在西海岸也几乎被消灭了。1988 年，加州总检察长约翰·范德坎普（John Van de Kamp）说，与当时新兴的街头帮派相比，黑手党已经是城市中最小的问题。在 1985 年至 1988 年期间，洛杉矶警察局注意到城市中的帮派数量增加了 71%。到 1991 年，"瘸子帮"（Crips）甚至发展了 3 万名成员，而"血帮"（Bloods）有 9 000 人。与此同时，麦德林-哥伦比亚可卡因集团——曾利用"瘸子帮"和"血帮"为其街头贩毒——取代了黑手党成为当地有组织犯罪的头目。1988 年，联邦调查局对洛杉矶的黑帮发起了总攻，摧毁了彼得·约翰·米兰诺（Peter John Milano）犯罪家族，这是意大利黑手党在加州所剩的最后一支。彼得·约翰·米兰诺和其 14 个手下被以 18 项罪名起诉。司法部长埃德温·米斯（Edwin Meese）称这次诉讼是"十年来西海岸最重要的有组织犯罪案件"。

这场起诉以及随后的其他起诉波及政府指控的构成洛杉矶科萨·诺斯特拉有组织犯罪家族的几乎所有人。美国律师罗伯特·邦纳（Robert Bonner）补充说，洛杉矶的黑手党已经被彻底清除。洛杉矶有组织犯罪打击小组组长詹姆斯·亨德森（James Henderson）告诉《洛杉矶时报》："我认为这让他们暂时失去了生意。政府再这样做一次，洛杉矶就不会再有黑手党了。"前米兰诺家族的杀手安东尼·费亚托（Anthony Fiato）感到幻灭，他说："政府有太多的方法来抓你，这真的就是实际情况。无论街上的一些人是否知道，这一切都结束了，而且已持续了许多年。"

政府铲除了洛杉矶黑帮的余党，那些与好莱坞有着复杂纠葛的著名黑帮人物也几乎都被干掉了。约翰尼·罗塞利被人肢解，尸体被放在一个汽油桶里，丢进迈阿密附近的一个海湾中。前文我们说过的与玛丽莲·梦露的死密切相关的山姆·詹卡纳，则在为自己准备晚餐时被人射穿了脑袋。

而前面提到的好莱坞黑帮律师科沙克，尽管在拉斯维加斯仍然还有些地位，但随着好莱坞工会开始清除与有组织犯罪有关的人，他的影响力开始变弱。1976 年，调查记者西摩·赫什（Seymour Hersh）和杰夫·格思（Jeff Gerth）在《纽约时报》上对科沙克做了报道，从此以后，像瓦瑟曼这样的大亨都开始与他保持距离。具有讽刺意味的是，科沙克这位记忆力超群以至于从来不做笔记的人，在晚年患上了阿尔茨海默病，最终在他位于北希尔克雷斯 808 号的家中去世。

· 四 ·

虽然街道上不再有枪战，但不能认为黑帮在今天已经对好莱坞失去兴趣，意大利黑帮和电影业之间依然会发生故事，比如好莱坞著名动作明星史蒂文·西格尔（Steven Seagal）身上发生的事情，我们可以通过他的经历来理解衰落期的黑帮与好莱坞的关系。

史蒂文·西格尔是美国动作片最辉煌时期的著名动作演员，与阿诺德·施瓦辛格、史泰龙等动作明星齐名。2004 年 2 月，史蒂文·西格尔的制片人因与黑手党合谋敲诈西格尔，被判处 18 个月监禁，这成为 21 世纪以来好莱坞与黑帮之间最著名的案件。联邦调查局录下了一段录音，他们听到一名甘比诺家族的成员向人吹嘘如何威胁西格尔，还说要把他干掉，而西格尔本人的经纪人、制片人朱利叶斯·纳索（Julius Nasso）最后向联邦调查局承认，他的确与黑帮共同敲诈西格尔。他最终被判入狱服刑，罚款 7.5 万美元。

朱利叶斯·纳索出生于 1952 年，他本人是意大利裔，除了电影制片人的身份，他还是一名药剂师。1980 年，他成为塞尔吉奥·莱昂内的个人助理，并协助莱昂内在纽约拍摄了《美国往事》，也是在这时，他开始在罗马电影城学习电影制片课程。1987 年，他和西格尔在布鲁克林的意大利餐厅马代奥（Madeo）首次相遇，并成了好朋友，也让他成为西格尔在华纳兄弟公司拍摄的动作片《法律之上》(*Above the Law*, 1988) 的国际发行主管。这次合作让他开始了与华纳兄弟公司长达 17 年的制片合作，从 1986 年到 2001 年，他一直是史蒂文·西格尔的经纪人和制片人。在 20 世纪 90 年代初，当西格尔的职业生涯达到高峰时，他们一直共同合作，亲密无间，以至于他们在斯塔滕岛买下两个相邻的豪宅，西格尔的大儿子还与纳索夫妇共同住了四年。他与西格尔合作拍摄了十部电影，包括《潜龙轰天 2》(*Under Siege 2: Dark Territory*, 1995) 和《绝地战将》(*On Deadly Ground*, 1994) 等，这些影片在动作电影大受欢迎的 90 年代成为许多影迷心中的经典作品。纳索的叔叔与甘比诺犯罪家族有联系，他的嫂子也属于甘比诺家族。

纳索和西格尔的合作关系为华纳兄弟公司创造了超过 10 亿美元的收入，华纳兄弟在整个 20 世纪 90 年代投资并发行了西格尔的所有电影。1992 年，西格尔的事业达到顶峰。他拍了《潜龙轰天》(*Under Siege*, 1992)，扮演一名前海豹突击队队员，此人退役后成为"密苏里号"战舰的一名厨师。影片以"密苏里号"退役为背景，虚构了一场精心策划的恐怖袭击，恐怖分子劫持了战舰上的战斧式导弹及其携带的核弹头。西格尔扮演的海豹突击队队员成为挽救这场危机的英雄。影片获得了很高的票房，纳索虽然不是这部电影的制片，但作为西格尔的经纪人，华纳兄弟对纳索的工作也非常满意。1991 年，他还与华纳兄弟的首席执行官特里·塞梅尔（Terry Semel）在纽约的马戏团餐厅（Le Cirque）共进午餐，但到了 2000 年，华纳兄弟就对针对西格尔的大量法庭诉讼感到头疼，所有这些案件都涉及西格尔对公司前女雇员的恐吓。华纳兄弟公司对西格尔的自我膨胀感到不满，从好莱坞的历史来看，这种膨胀对

黑道家族

《潜龙轰天》官方海报（alamy / 视觉中国）

动作演员来说是致命的，而西格尔则完全不改他的脾气。我们可以看一看西格尔之后的好莱坞动作明星，比如汤姆·克鲁斯、克里斯蒂安·贝尔等，他们不仅随时可以为角色而接受严酷的束身训练，而且在动作设计方面也做出了惊人的努力，但西格尔则完全不愿意做这些努力，而只是享受观众的热爱。西格尔的表现让华纳公司越来越难以接受，因此他们的合作在2000年实际上就结束了。

纳索和西格尔决定独立发展，成立了曼哈顿电影公司（Manhattan Pictures）。毕竟，西格尔通过自己的动作片在家庭录像带的市场上拥有了一大批粉丝。他们开始资助和制作一批由西格尔主演的中等预算的动作片，其中一个项目是《成吉思汗》（Genghis Khan）。西格尔当时的片酬已降至每部电影250万美元。问题不是来自片酬，而是来自西格尔坚称自己是活佛转世，这让纳索越来越生气。西格尔在新公司的第一部电影《中央公园的王子》（Prince of Central Park, 2000）中就撂挑子不干了，后来哈维·凯特尔扮演了原本应该由西格尔扮演的角色，西格尔则终止了与纳索的合作。2001年3月，纳索以违反合同为由起诉了西格尔，要求他赔偿6 000万美元。

与此同时，联邦调查局一直在调查纽约码头的黑手党活动，警方窃听到了甘比诺犯罪家族成员之间的谈话。2001年6月4日，纽约和新泽西的警察在黎明前的突袭中逮捕了17名黑帮分子，被捕者被指控在这两个州的海滨附近犯有68项敲诈勒索、威胁、放高利贷等罪行。在被捕的人中，最引人注目的是甘比诺犯罪家族的最高人物约翰·高蒂的哥哥彼得·高蒂（Peter Gotti, 1939—2021）。约翰·高蒂于2002年6月死在狱中，在他入狱后，彼得·高蒂成为甘比诺家族的执行代理人。在这次行动中，同时被捕的还有几名甘比诺家族的杀手，包括"桑尼"安东尼·西科内（Anthony 'Sonny' Ciccone）、弗兰克·斯科洛（Frank Scollo）、普里莫·卡萨里诺（Primo Cassarino），以及与西格尔合作的电影制片人朱利叶斯·纳索。

在接下来的一个月，联邦调查局公布了他们对甘比诺家族谈话的2 200份独立录音拷贝。在这些录音中，纳索、西科内、卡萨里诺以及纳索的兄弟文森特之间有一次谈话，就是密谋勒索西格尔，让西格尔每为纳索拍摄一部电影就要偿还15万美元的债务。西科内告诉纳索，他应该对西格尔强硬一点，西科内说："你必须收拾他，因为我了解这个畜生，我了解这个禽兽。"2000年，西科内在布鲁克林的盖奇和托尔纳（Gage & Tollner）牛排馆面对面恐吓了西格尔，要求他继续与纳索合作。西格尔是被吓到了，他向甘比诺犯罪家族支付了70万美元。

西格尔在银幕上就是横扫千军的英雄，何曾想如此著名的好莱坞动作片明星，在现实中居然承受着黑帮混混的要挟，这是我们这些在20世纪90年代通过录像带看美国动作片的影迷无法想象的。西格尔在"水岸"审判中第一次作为控方证人出庭，这次审判最终让彼得·高蒂、他的兄弟理查德·高蒂和侄子理查德·G. 高蒂等人被定罪。高蒂夫妇因控制码头工人工会1814分会，被判犯有敲诈勒索和洗钱罪，而这个码头工人工会就是《大西洋帝国》中那个腐败工会的原型。

根据法庭上的信息，西格尔在遭到威胁时没有找警察，而是找吉诺维斯家族的老板之一安吉洛·普里斯科（Angelo Prisco）求助，这个普里斯科当时还在监狱里，他因纵火和预谋敲诈勒索被判处12年徒刑。西格尔承认给了普里斯科的律师1万美元，让律师在2001年春天拜访普里斯科并寻求他的帮助。据高蒂的辩护律师说，西格尔希望普里斯科能介入此事，"看看我们是否能像生意人那样，而不是像打手一样来解决这个问题"。

纳索的认罪至少让大家没有注意到西格尔自己可能的暴力行为。

1993 年，他曾被问及是否曾在一起袭击案中因录像证据而唆使他人谋杀，他像《教父》的制片人埃文斯那样，使用了美国宪法第五修正案赋予的沉默权。难免有些人会认为，西格尔曾经与黑手党打交道，他应该可以避开有组织犯罪家族的纠缠，但事实并非如此，或许离黑手党越近，甜蜜的特权与犯罪的风险就越是同时存在。据推测，西格尔与其他那些同黑帮有关系的演员，如詹姆斯·肯恩一样，依赖于黑帮的帮助。尽管他们算不上帮会成员，但他们的生存已经无法摆脱有组织犯罪。据说，西格尔与黑帮头目"桑尼"弗兰泽斯（'Sonny' Franzese）的关系非常好，弗兰泽斯是科伦坡犯罪家族的头目，曾抢劫过银行。弗兰泽斯和他的朋友丹尼·普罗文扎诺（Danny Provenzano）曾前往加拿大，到西格尔主演的动作片《以毒攻毒》（*Exit Wounds*, 2001）的拍摄现场探班，这是西格尔为华纳兄弟公司制作的最后一部电影，而普罗文扎诺还是一部很拙劣的电影《金星吸血鬼》（*Vampire Vixens from Venus*, 1995）的执行制片人，他说服西格尔甩掉了纳索，让科伦坡家族的弗兰泽斯取而代之，成为西格尔新的制作团队的制片人。

这个普罗文扎诺是已故卡车司机工会主席"托尼"普罗文扎诺的侄子，也被认为是策划谋杀了吉米·霍法的凶手之一。在去加拿大探班的过程中，他正面临着指控，罪名是通过暴力、绑架和死亡威胁向商人勒索总计约 150 万美元。普罗文扎诺与其他八个黑帮分子于 1999 年 5 月就被起诉了，罪名包括敲诈勒索、合谋敲诈勒索、盗窃、绑架、以非法目的持有武器、严重攻击、洗钱和恐怖胁迫等 44 项指控，如果全部指控成立，他将面临 200 年的监禁刑罚。然而，他没有被马上判刑。2003 年，普罗文扎诺还上了美国主流电视台，声称不存在所谓的意大利黑手党。同时，他还宣传了电影《我们的事业》（*This Thing of Ours*, 2003），这是一部由他自编、自导、自演的关于黑手党的电影，詹姆斯·肯恩和文森特·帕斯托雷也参与了拍摄。电影中的一些场景来自普罗文扎诺的亲身经历，例如黑帮分子用锤子砸碎某人的拇指，这是普罗文扎诺被控的罪行之一。普罗文扎诺在电视上还炫耀过这次锤子袭击事件。

最终，普罗文扎诺承认自己是吉诺维斯犯罪家族的成员。曾出演过《好家伙》和《赌城风云》的演员弗兰克·文森特（Frank Vincent），是这场审判的证人之一。尽管普罗文扎诺认罪了，但39岁的他只是在2003年9月被判处短短10年监禁，高等法院法官威廉·米汉（William Meehan）在结案时曾说，普罗文扎诺无法确定他的生活是一部电影，还是电影成为支持他生活的方式。新泽西州检察官沃恩·麦考伊（Vaughn McKoy）后来也说，普罗文扎诺利用法庭案件来宣传他的新片《我们的事业》，"这家伙可能是一个有才华的电影制片人，事实是他利用这起刑事案件推销了他的电影"。正如我们所知，这部电影完全没有什么名气，因为质量平平，也没有获得他预想的成功，许多黑帮片影迷甚至没有听说过这部片子。

尽管西格尔受到黑手党的恐吓，但他还是与其他有组织犯罪的人物保持着友谊，这曾有过许多媒体报道。他曾通过伪造黑手党的死亡威胁，警告一位记者不要对他的私生活挖得太深。有人认为西格尔雇用过私家侦探安东尼·佩利卡诺（Anthony Pellicano），这个私家侦探的客户包括阿诺德·施瓦辛格、伊丽莎白·泰勒和迈克尔·杰克逊等明星，他替西格尔恐吓了《洛杉矶时报》的记者安妮塔·布施（Anita Busch）。根据后来警方披露的情况，他应该还雇了毒贩子亚历山大·普罗克特（Alexander Proctor）打碎了这个女记者的汽车前窗玻璃。普罗克特向《名利场》杂志承认，他在被砸碎的前窗玻璃上放了一条死鱼，上面有一朵玫瑰花和一张写着"停止"（Stop）的纸条。他说，鱼和玫瑰是为了让对方以为这是来自黑手党的威胁，而不是来自西格尔。最终联邦调查局排除了西格尔参与这起恐吓事件的嫌疑，但大众已经对他有了不好的印象。

2004年7月，纳索想要为自己的18个月监禁减刑，他提出可以帮助联邦调查局调查针对另一名记者的威胁案，这个记者曾写过西格尔的不光彩往事。纳索通过一名私人侦探告诉联邦调查局，有一个人把车停在记者内德·泽曼（Ned Zeman）身边，用枪指着他的头，这个人就是约翰·克里斯蒂安·罗特格（John Christian Rottger），一个前海豹突击队队员，曾在西格尔的电影中扮演小角色。警方没有被纳索的这种争取减刑的行为打动，他披露的这件事也没有获得证实。尽管纳索因涉黑入狱，但这没能阻挡他继续在电影行业工作。出狱后，纳索在斯塔滕岛建立了一个名为"纳索电影公司"的剪辑和音响设备公司，最早使用他的后期制作设备的作品是他自己制片的《悲伤之王》（*King of Sorrow*, 2007）。在这个时期，他制作的名声比较好的电影是《缉毒特警》（*Narc*, 2002），该片由杰森·帕特里克（Jason Patric）、雷·利奥塔主演，曾入围圣丹斯电影节，并在法国科尼亚克电影节（Cognac Film Festival）上获得了特别奖（Prix Policier）。在《缉毒特警》之后，纳索还制作了《落入敌手》（*In Enemy Hands*, 2004），由威廉·H. 梅西（William H. Macy）、蒂尔·施威格（Til Schweiger）等人主演，以及《战地诗篇》（*The Poet*, 2007），由罗伊·谢德（Roy Scheider）和妮娜·杜波夫（Nina Dobrev）主演。2006年以后，纳索成为著名音乐人哈里·贝拉方特（Harry Belafonte）的制作人，参与了贝拉方特的许多项目，包括《唱你的歌》（*Sing Your Song*, 2011），这是一部贝拉方特的传记纪录片，讲述了这位传奇歌手、演员和活动家的生活。对纳索来说，好莱坞就像黑手党一样，容易陷入其中难以自拔。

· 五 ·

尽管发生了西格尔案这样的涉黑案件，但总体来看，意大利黑手党在 21 世纪初已实现中产阶级化，这也是"教父一代"的目的：通过黑帮发家后洗白身份和历史。他们在 21 世纪初斥巨资教育他们的孩子，把孩子送进最好的私立学校，给他们提供一切可能的条件，避免他们再走上有组织犯罪的道路。在现实中，黑帮老大们不希望他们的孩子加入这一行。在《黑道家族》中，托尼·索普拉诺的儿子小安东尼与他的父亲相比就很软弱，18 岁时还需要妈妈的照顾和保护。这些黑手党的后代尽管不再涉黑，但多数会选择会计师、医生和律师这样的职业，这样可以把家族生意顺利过渡为合法生意。意大利裔黑手党的退出，让其他族裔群体得以填补他们留下的那些犯罪空间，尤其是苏联解体之后的俄罗斯黑手党。

很多人认为俄罗斯黑手党在 21 世纪的美国几乎取代了意大利黑手党，成为一个具有某种深不可测的神秘力量的犯罪团体。正如洛杉矶地区副检察官安东尼·科兰尼诺（Anthony Colannino）所说："意大利黑帮已经变得臃肿，像其他美国人一样懒惰，但他们［俄罗斯黑手党］则习惯了艰苦生活。你把他们扔进监狱，他们会生活得比以前更好。"俄罗斯黑手党在 21 世纪体现出强悍的生存力量。

俄罗斯黑手党的正式名称是"Vory v zakone"，翻译为中文是"律贼"，意为"偷法律的人"。随着 20 世纪末苏联解体，俄罗斯黑手党扩张到了美国，与纽约的科伦坡、卢凯塞、吉诺维斯家族结盟。在这个时期，有组织犯罪与合法商业都开始了全球化进程。1991 年 12 月，美国黑手党再次举行了类似大西洋城会议那样的全国性会议，只不过不同帮派的头目聚在一起讨论的主题，已不再是要不要让卡彭这样的帮会人士低调一点，也不是要不要处死巴格西·西格尔这种掏空了黑道金融的罪魁祸首，而是如何拓宽和提升洗钱的业务。在 20 世纪 80 年代，黑帮获得的非法资金像资本一样开始在全球流动，因此让黑钱通过金融系统洗白，同时赚取巨额利润，成为黑帮老大思考的焦点。这次会议还有一项决定，由瓦切斯拉夫·伊万科夫（Vyacheslav Ivankov）来监管黑手党在美国的业务。

这位伊万科夫是 21 世纪美国有组织犯罪中一个新的铁腕人物，他 1940 年 1 月出生于苏联的格鲁吉亚，父母都是俄罗斯人，他年轻时是一名非职业摔跤手。他曾在酒吧为了保护一位女性而与人发生斗殴，并因此被捕，出狱后加入了俄罗斯黑手党。在整个 20 世纪 80 年代，他多次被捕，并成为俄罗斯黑手党的骨干成员。他以符拉迪沃斯托克（海参崴）为基地，逐渐成为俄罗斯东部最强大的帮派头目。这个人心狠手辣，曾因用气焊枪来烧受害人的肛门而臭名昭著，也因其外表与亚洲人相似，被美国黑帮戏称为"Yaponchik"（"小日本人"）。

让人想象不到的是，这样一个心狠手辣的俄罗斯黑手党老大，他转战美国的方式居然也是电影。1993 年，伊万科夫以在纽约成立一家俄罗斯电影公司的名义，正式移民美国，并培育出纽约最凶猛的当代俄罗斯帮派。他曾亲自敲诈美国当地人，在纽约市布莱顿海滩建立了一个由 100 名俄罗斯黑帮分子组成的团伙，把这里发展成一块"俄罗斯飞地"。他很快就开始从事毒品交易、洗钱和敲诈活动，并于 1995 年被捕。1997 年，他被判处 9 年监禁。2004 年，他因谋杀两名土耳其公民而被驱逐回俄罗斯，但在 2005 年，由于证人改口称他们在生活中从未见过他，他又被宣告无罪。后来，伊万科夫参与了俄罗斯黑帮与格鲁吉亚黑帮的帮派战争，这给他带来了杀身之祸。2009 年 7 月 28 日，他从莫斯科霍洛舍夫斯基路的一家泰国大象餐馆出来时，被停在路对面的一辆汽车里的人用带瞄准镜的 SVD 狙击步枪击中。狙击步枪被遗弃在附近一辆汽车里，但他没有马上死亡，而是被送进医院救治。10 月 9 日，他在一家私人诊所因伤势过重引发的腹膜炎而死。

正因如此，进入 21 世纪以来，美国制作的展现或影射俄罗斯黑帮题材的电影越来越多，比如基努·里维斯（Keanu Reeves）主演的《疾速追杀》（*John Wick*, 2014）系列、丹泽尔·华盛顿（Denzel Washington）主演的《伸冤人》（*The Equalizer*, 2014）系列，以及同样讲述退役特种兵为普通人复仇的《小人物》（*Nobody*, 2021）等。早在 1998 年，俄罗斯犯罪集团就在伦敦和其他欧洲国家从事大规模洗钱，资金通过毒品、诈骗、卖淫和勒索等渠道流入，这些帮派中往往有前克格勃官员。在伦敦，资金经常是通过房地产行业进行清洗。当时黑手党的洗钱活动包括放置、分层和整合三个阶段。首先，现金会被输送到一个小公司，它将被与干净的钱混合，最后被转移到完全干净的股票或更大的投资项目上。当这个过程结束时，黑手党的资金就被洗白了。到 2000 年，估计有 2 000 亿美元被非法带出俄罗斯洗

《疾速追杀》系列第四部的官方海报（alamy / 视觉中国）

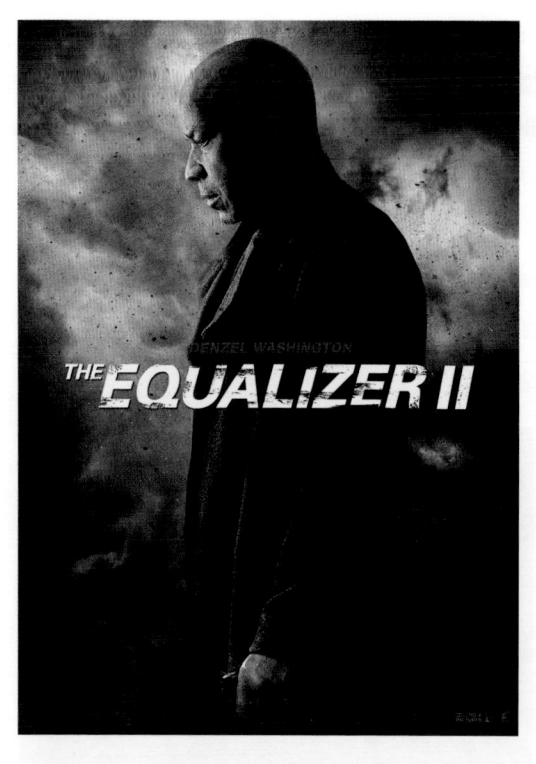

白，俄罗斯黑帮也借助苏联解体后的犯罪"红利"，在英国和美国迅速崛起。大卫·柯南伯格（David Cronenberg）的《东方的承诺》（Eastern Promises, 2007）就是一部讲述伦敦俄罗斯黑帮的优秀作品。

许多人认为，电影业提供了一种最理想的洗钱方式。与需要很长时间修建并购买机器装备的工厂不同，电影需要在短时间内获得大量现金。根据美国电影协会的统计，好莱坞平均每部电影的制作和宣传费用为 9 600 万美元，这个体量的行业足够用来洗钱。电影业对投资者的回报相对来说也比较快。如果处在收入链的顶端，一部电影在不到两年的时间里就可以偿还其成本并溢价。一部电影首先在电影院上映，四个月后发行 DVD，然后是通过付费电视、免费电视、航空录像和其他媒介，以及今天那些收费的视频网络平台播放。在美国，多数电影预算是通过预售、补贴、股权投资拼起来的，但有时电影必须在所有资金到位之前就开始拍摄，比如汤姆·克鲁斯只在 8 月份有三周时间，这时所谓的"缺口融资"就发挥作用了，银行将预算中尚未到位的部分借给制片人，成品电影的销售理应超

《伸冤人》系列第二部的官方海报（alamy/视觉中国）

过其应该偿还的贷款。在 20 世纪 90 年代，很多电影都是通过这种方式融资，不是因为档期问题，而是因为电影人已没有地方可以贷款了。在 90 年代末，缺口融资出现了一个新的变化——为贷款提供保险，这样，如果电影投资失败，保险公司就会介入，向银行还款。如果一部电影的利润在两年内未能偿还银行的贷款，那么保险公司将偿还贷款，至少在理论上如此。或许很多人无法理解这一点，如果银行不确定能否拿回自己的钱而购买保险，为什么首先要提供贷款呢？因为保险公司主要看中了制片人提供的保费。这个策略在美国执行十年就结束了，保险公司承保了约 30 亿美元的电影融资，最后产生了约 4 亿美元的保费。

在 20 世纪 90 年代末，这种由保险支持的缺口融资的出现，为洗钱公司提供了非常完美的机会。黑帮会用非法资金支付大约制片成本的 30%，从而将这部分资金洗白，这个成本接近于电影制片人通过贷款投入保险的成本。他每借入 100 万美元，通常约有 70 万美元会被用

《东方的承诺》官方海报（alamy / 视觉中国）

在制片中。加上电影融资可以很轻松地作为金融操作的幌子,这或许也是为什么英国电影业所在地沃德街被描述为"伦敦唯一两边都有阴影的街道"。

在这个时期,出现了一家俄罗斯公司:闪点公司。这是一家离岸公司,在俄罗斯拥有两个院线的收益权。这家公司引爆了由保险业支持的制片缺口融资,筹集了 2.5 亿美元来资助 60 部不同的电影和电视剧,包括获得奥斯卡奖提名的《众神与野兽》(Gods and Monsters, 1998)。事实上,闪点公司被它的一次成功冲昏了头脑,以至于在全美报纸上花巨资刊登整版广告,大肆宣扬公司在投资上的运气,让人感觉这是一个以花钱为荣的公司。《众神与野兽》的制片人不得不告诉闪点公司,不要再向他的作品投钱了。闪点公司把数百万美元借给美国一些不知名的独立制片公司,还买下了两家位于洛杉矶的发行公司

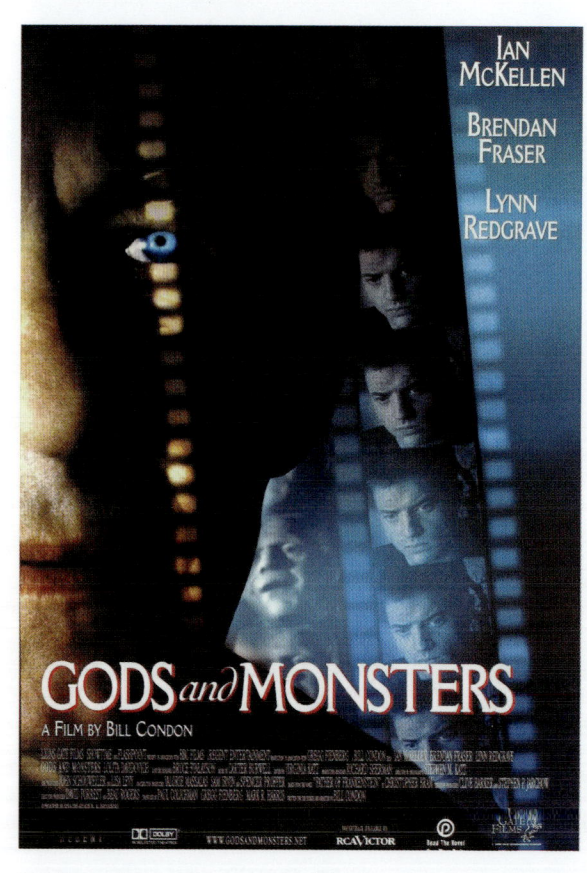

《众神与野兽》官方海报(album/视觉中国)

和好莱坞的一套后期制作设备，而且计划在蒙特利尔购买一个约 1 万平方米的摄影棚，在洛杉矶购买一个经纪公司。但是，这个公司从来没有说过他们的钱是从哪里来的，公司的现金来源让人们对这个公司产生了各种猜测。

1999 年 10 月，闪点公司在伦敦举行了一场派对，他们推出了一家新的电影制作和发行业务公司：炼金术公司（Alchymie）。通过这家公司，闪点公司向电影产业进一步投入了 2.5 亿美元的资本。他们的派对在伦敦著名的 Oxo 塔（Oxo Tower）餐厅举行，当时这家餐厅的场地费是每晚 3 万英镑。《保险内幕》杂志认为，这个数字不包括现场定制的带有企业标识的香槟酒。这个派对与其他同类活动有所不同，有大块头的年轻斯拉夫男子坐在吧台的后面，周围都是穿着暴露的东欧模特。当时的英国文化官员参加了活动并发言。那么，这个闪点公司的钱和这家炼金术公司的资本究竟来自哪里？当然是那些见不得人的有组织犯罪。

像闪点这样的海外电影融资公司，可以用非法资金进行投资，通过一些电影制作公司，比如闪点自己的制片公司兴盛影业（Prosperity Films）制作电影。这些电影的质量都很差，但只要有现金投入电影制作，这个洗钱计划就行得通。根据承保风险协议，如果影片的票房失败，电影投资人可以获得赔付。然后，被用来支付保险金的是合法的钱，受骗的保险公司作为一个不知情的代理方，其实也参与了整个洗钱过程。同时，交易中的内部人员，比如经纪人和风险经理，将获得巨额的佣金，通常是保险金的 15%。所以，闪点公司的大部分资金来自保险公司对投资银行证券化贷款的支持，包括投资银行在内的证券公司根据未来的收入走向，为公司提供贷款。在这种情况下，如果电影在未来有收益，但合法的钱已经与赃款混在一起，被保险公司担保了。最后，没有人关心炼金术公司的钱是从哪里来的，只要这些钱花在他们的电影上就可以了。

然而，这些俄罗斯电影投资公司出现得有多快，闪点公司消失得就有多快，他们给炼金术这样的洗钱公司的寿命只有两年，公司两年后就进入破产倒闭程序。申请破产清算的四个月后，公司解雇了大部分员工。这是一个空壳公司，根本没有制作任何影片。美国高等法院披露，闪点公司挪用了近900万美元的电影制作专用资金，而从未解释过这些钱的用途，只是说花掉了。高等法院的法官认为闪点公司在数百万美元的交易上有"不透明的"和"完全模糊的"的记录，电影收入也没有达到预期效果，这个公司为其中一部电影贷款1 640万美元，但只产生了160万美元的商业收入，出现了1 480万美元的亏空。他们投资的影片几乎都是这种情况。

尽管闪点公司的作品性质可疑，但还是有保险公司愿意参与这个游戏。澳大利亚保险公司HIH支付了价值5 000万美元的保险金，他们希望能够收回理赔。当然这不可能，后来这家保险公司想起诉闪点公司的保险经纪人从事商业欺诈，但这场诉讼在2006年被驳回。通过这两个例子我们可以看到，俄罗斯黑帮在美国逐渐取代了意大利黑帮，并把犯罪触角伸向了电影金融。

·六·

美国的有组织犯罪，其实是由成千上万的小型犯罪集团组成的，这些人之间有着血缘、宗教、地域、种族等关系。在洛杉矶，进入21世纪后，讲俄语的社区人口已经增长到近30万，分布在格伦代尔、好莱坞和西好莱坞。洛杉矶估计有800名东欧裔罪犯，是全美国仅次于纽约的俄罗斯黑帮的活动中心。跨国犯罪与腐败研究学者路易斯·谢莉（Louise Shelley）认为，在洛杉矶不断扩大的东欧移民社区中，有组织犯罪正在不断增长。地区副检察官安东尼·科兰尼诺也认为，每年有数千名俄罗斯罪犯非法进入美国，其中包括前克格勃官员和特种部队士兵。

俄罗斯黑手党在电影业的另一种常见犯罪方法是绑架勒索，这倒是与爱尔兰、意大利黑帮的手法基本一致。2002 年 3 月，发生了一个很有影响的案件，这就是俄罗斯电影金融家和企业家乔治·萨菲耶夫（George Safiev）被绑架案。其实这起案件不只是绑架那么简单，萨菲耶夫与他的合伙人尼克·卡拉巴泽（Nick Kharabadze）被圣费尔南多山谷的黑手党匪帮绑架并残忍杀害。令人难以想象的是，他们其实已经支付了近 100 万美元的赎金，但这位俄罗斯电影大亨还是绑架者杀害了。3 月 21 日，他们腐烂的尸体在约塞米蒂国家公园附近的新梅洛内斯湖（New Melones Lake）被找到，两人在被抛入水中之前，都是被勒死的。根据大陪审团对被控谋杀者的起诉书，卡拉巴泽是作为接近萨菲耶夫的诱饵而共同被害的。卡拉巴泽曾经运营萨菲耶夫在好莱坞的制片公司斗牛士传媒（Matador Media），据估计，萨菲耶夫通过给俄罗斯银行安装电脑管理系统而发家，当时财富有 1 000 万美元。

这起案件的经过是这样的。2001 年 12 月 5 日，斗牛士传媒公司的会计佩克勒（Pekler）给卡拉巴泽打电话，要求与萨菲耶夫见面，但卡拉巴泽告诉她，他要去莫斯科出差，无法见面。事实上，据说此时的佩克勒已被绑架了，她是在一个黑帮分子的家中打的电话。三名男子劫持了她作为人质，这三个人是尤里·米克尔（Iouri Mikhel）、尤里乌斯·卡达莫瓦斯（Jurijus Kadamovas），以及西好莱坞的彼得·克雷洛夫（Peter Krylov），这三个人都是俄罗斯黑帮成员。米克尔和卡达莫瓦斯在谢尔曼橡树园开了一家名为"设计水世界"的水族商店。据推测，他们计划利用女会计佩克勒引诱萨菲耶夫进入圈套，再把他带到一个能够实施绑架的地方。由于佩克勒没能成功安排会面，这三个人杀死了她，其中两人开车向北到达内华达山脉中部的山区，把她的尸体扔进新梅洛内斯湖里。她的尸体在萨菲耶夫的尸体被发现几个月后，也被警方从水中打捞出来了。

随后，卡达莫瓦斯召来他26岁的女友娜塔莉亚·索洛维耶娃（Natalya Solovyeva），试图引诱卡拉巴泽与她见面。2001年1月18日，卡拉巴泽在斗牛士传媒公司的办公室接到了索洛维耶娃的电话，她在他的手机语音信箱上留言，让他打给"莫斯科来的娜塔莉亚"。1月20日下午，卡拉巴泽驱车前往文图拉大道的水族商店，结果被埋伏在那里的绑匪绑架，腿被铐在椅子上。据帮派成员奥特曼尼斯（Altmanis）说，米克尔和卡达莫瓦斯对卡拉巴泽说，他不用担心，他们想要的是萨菲耶夫，而不是他。卡拉巴泽在胁迫之下给萨菲耶夫打了电话，当晚，萨菲耶夫驱车来到文图拉大道的水族商店，他在那里也被绑架。

卡拉巴泽和萨菲耶夫被带到卡达莫瓦斯家中，他们被锁在不同房间。据奥特曼尼斯说，萨菲耶夫在被要挟的情况下给伦敦打电话，安排从一个新加坡的银行账户将钱转到迈阿密的一个银行账户，以此作为赎金。受害者的亲属收到了来自俄罗斯的传真，传真告诉他们把钱汇到拉脱维亚和美国的银行账户。绑匪告诉萨菲耶夫和卡拉巴泽，只要钱到账，就会放了他们。萨菲耶夫照做了，赎金被打入迈阿密的银行账户。但是他们还是在2002年1月24日被人开车送到内华达山脉。米克尔、卡达莫瓦斯和克雷洛夫在新梅洛内斯湖附近的一家汽车旅馆，与奥特曼尼斯分开。奥特曼尼斯负责看着卡拉巴泽，其他人将萨菲耶夫带到一个隐蔽的地方，并勒死了他。然后，他们把尸体从一座桥上丢到水里。这个绑架团伙很快就被警方逮捕，奥特曼尼斯同意与警方合作。三人因涉嫌在土耳其和塞浦路斯绑架和杀人，以及在爱达荷州从事绑架，被判犯有谋杀罪。

虽然好莱坞很容易成为有组织犯罪的寄居行业，但好莱坞带来的煊赫身份，也让其最容易成为暴力犯罪链条上的目标。

· 七 ·

黑手党会试图控制好莱坞的某个工会来控制电影业，比如国际演艺工人联盟、美国演员工会。在20世纪30年代和40年代，黑手党和工会之间就保持着这种复杂的关系。俄罗斯石油大亨可以收购欧洲的足球俱乐部，黑手党也可以收购好莱坞电影制片厂，比如黑帮分子威利·比奥夫在30年代通过工会而控制电影业。电影工业里的人对这种所谓控制不以为然，但美国执法机构却从黑帮与好莱坞关系的历史中吸取了许多教训。所以，联邦调查局在很长一段时间里，不给俄罗斯黑手党在俄罗斯人街区扎根的机会，担心他们壮大后再向美国社会施加影响。《综艺》杂志主编彼得·巴特认为，今天的好莱坞不再有有组织犯罪的生存空间，有些电影公司是受到现代公司治理体系约束的集团企业，必须接受监管机构的严格审查，所以美国电影业再也不会有有组织的犯罪了，再也没有黑手党了。

这种判断虽然有点武断，但从有组织犯罪的发展来看，似乎也符合事实。二代黑手党的孩子长大后，无论他们的父母还是他们本人，都不想让他们再卷入有组织犯罪，他们会选择成为会计师、牙医或律师等。这些工作不仅收入高，而且更加体面。当然，这种选择或许仅仅是一个表象，就像电影《至暴之年》中展现的那样——这部当代黑帮片完全没有任何展现暴力的内容，在影片中，有组织犯罪以更隐蔽的形式与经济活动发生关系。前联邦检察官理查德·斯塔文（Richard Stavin）经过调查，发现"黑二代""黑二代"也会出现"犯罪回流"的现象，有组织犯罪的巨大利润对他们依然充满吸引力，许多人以新的职业身份参与到黑帮的生意中。就像麦克在《教父3》里说的那样："就在我以为自己退出的时候，他们又把我拉了回来。"

因此，认为黑手党的孩子们就变成了高尔夫球场上的中产阶级，有些臆断。据有组织犯罪领域的研究专家詹姆斯·莫顿所述，一个黑帮首领的牙医儿子，会利用其专业技能参与黑手党的商业洽谈。美国联邦调查局的特工约瑟夫·皮斯托内成功渗透进了两个黑手党家族，其亲身经历便是电影《忠奸人》的灵感来源。皮斯托内曾明确指出，伯纳诺家族和科伦坡家族的后代均涉足黑手党活动。在卧底期间，皮斯托内接触到的所有黑手党第二代成员，都清楚自己父辈所从事的行业的本质。"黑手党的孩子们现在与工业巨头们称兄道弟，但他们不会忘记自己的根。"

因此，有组织犯罪腐化好莱坞的故事仍在继续展开。也许邪恶也像病毒一样是具有传染性的，通过与携带者接触而在人与人之间漫无边际地传播着。当然，也像大多数疾病一样，有些人天生就有抵抗力，而有些人则注定是易感人群。因此，就像《轮舞》（*La Ronde*，1950）的黑帮版，吉安卡洛·帕雷蒂（Giancarlo Parretti）从柯克·科克里安（Kirk Kerkorian）手里买下了米高梅电影公司，而帕雷蒂的朋友米歇尔·辛多纳则让派拉蒙电影公司在摄影棚里拍摄色情电影；西德尼·科沙克威胁科克里安让阿尔·帕西诺在《教父》中担任主演，科沙克的朋友约翰尼·罗塞利则威胁要杀死哥伦比亚的老总哈利·科恩，因为罗塞利与哈利·科恩都想追求女明星琼·克劳馥（Joan Crawford），而路易斯·梅耶曾警告琼·克劳馥，除非她允许他的黑帮亲戚到她的剧组，否则就会终结她的电影生涯；弗兰克·辛纳屈在哈瓦那走下飞机，准备去见卢西亚诺，而卢西

《忠奸人》剧照(alamy / 视觉中国)

亚诺则坐在车里等着塞尔玛·托德（Thelma Todd）；阿尔·卡彭则在拍摄默片的制片厂里观看整个电影拍摄过程……这仿佛是好莱坞与美国有组织犯罪之间复杂历史牵连的缩影，这段关系处在电影史的背面，或许永远没有机会可以被完整地呈现。

参考文献

说明：此处给出的参考文献并非一个关于美国黑帮电影和有组织犯罪的完整、严谨的学术文献的集成。本书聚焦于美国黑帮片和美国的有组织犯罪历史，下面给出的参考文献是作者在准备和写作这本书时主要参考的图书与资料，仅供说明本书论及的相关人物和事件在历史上和学术研究中具有的一定的真实性，可以在不同时期、不同作者、不同类型的文献中相互验证。

外文参考文献

Adler, T. (2007). *La Mafia à Hollywood*. Nouveau Monde.

Asbury, H. (1928). *The Gangs of New York: An Informal History of the Underworld*.

Bair, D. (2016). *Al Capone: His Life, Legacy, and Legend*. Knopf Doubleday Publishing Group.

Balboni, A. (1996). *Beyond the Mafia: Italian Americans and the Development of Las Vegas*. University of Nevada Press.

Beauchamp, C. (2009). *Joseph P. Kennedy Presents: His Hollywood Years*. Knopf.

Biskind, P. (1998). *Easy Riders, Raging Bulls*. Bloomsbury.

Block, A. A. (1991). *Masters of Paradise: Organised Crime and the Internal Revenue Service in the Bahamas*. Transaction.

Bonanno, J. (1980). *A Man of Honor: The Autobiography of Joseph Bonanno*. Simon and Schuster.

Brandt, C. (2004). *'I Heard You Paint Houses': Frank 'The Irishman' Sheeran & Closing the Case on Jimmy Hoffa*. Steerforth.

Clem, S. (2018). *Meyer Lansky, The Infamous Life and Legacy of the Mob's Accountant*. Charles River Editors.

Cohen, M., & Nugent, J. P. (1975). *Mickey Cohen: In My Own Words*. Prentice-Hall.

Critchley, D. (2009). *The Origin of Organized Crime in America: The New York City Mafia, 1891-1931*. Routledge.

Dainotto, R. M. (2015). *The Mafia: A Cultural History*. Reaktion Books.

Dickie, J. (2004). *Cosa Nostra: A History of the Sicilian Mafia*. Palgrave.

Downey, P. (2004). *Gangster City: the History of the New York Underworld, 1900-1935*. Barricade Books.

Duncan, P. (2003). *Martin Scorsese*. Pocket Essentials.

Ebert, R. (2008). *Scorsese by Ebert*. University of Chicago Press.

Eisenberg, D., Dan, U., & Landau, E. (1979). *Meyer Lansky: Mogul of the Mob*. Paddington Press.

English, T. J. (2007). *The Havana Mob: Gangsters, Gamblers, Showgirls and Revolutionaries in 1950s Cuba*. Mainstream.

Gambino, R. (2000). *Vendetta: The True Story of the Largest Lynching in U.S. History*. Guernica.

Gardaphé, F. (2006). *From Wiseguys to Wise Men: The Gangster and Italian American Masculinities*. Routledge.

Gayraud, J.-F. (2005). *Le Monde des mafias: Géopolitique du crime organisé*. Odile Jacob.

Hortis, C. A. (2014). *The Mob and the City: The Hidden History of How the Mafia Captured New York*. Prometheus Books.

Hryb, W. (2013). *Vanished: The Life and Disappearance of Jimmy Hoffa*. Strategic Media Books.

Iorizzo, L. (2003). *Al Capone: A Biography*. Greenwood Press.

Kobler, J. (1971). *Capone: The Life and World of Al Capone*. Putnam Pub Group.

Kontos, L., & Brotherton, D. C. (Eds.). (2008). *Encyclopedia of Gangs*.

Greenwood Press.

Larke-Walsh, G. S. (Ed.). (2019). *A Companion to the Gangster Film*. Wiley Blackwell.

Lewis, B. (2007). *Hollywood's Celebrity Gangster: the Incredible Life and Times of Mickey Cohen*. BookSurge Publishing.

Lupo, S. (1999). *Histoire de la Mafia, des origines à nos jours*. Flammarion.

Lupo, S. (2015). *The Two Mafias: A Transatlantic History, 1888-2008*. Palgrave.

Mason, F. (2002). *American Gangster Cinema: From Little Caesar to Pulp Fiction*. Palgrave.

McCarthy, T. (1997). *Howard Hawks: The Grey Fox of Hollywood*. Grove Press.

Mirabel, V. (2011). *Hollywood Crime Stories*. First-Gründ.

Moldea, D. E. (1992). *The Hoffa Wars: The Rise and Fall of Jimmy Hoffa*. S.P.I. Books.

Munby, J. (1999). *Public Enemies, Public Heroes: Screening the Gangster from Little Caesar to Touch of Evil*. University of Chicago Press.

Munn, M. (2013). *Hollywood Connection: L'histoire vraie du crime organisé à Hollywood*. La Librairie Vuibert.

Nelli, H. (1981). *The Business of Crime: Italians and Syndicate Crime in the United States*. University of Chicago Press.

Newark, T. (2010). *Lucky Luciano: The Real and the Fake Gangster*. Thomas Dunne Books.

Newark, T. (2011). *Boardwalk Gangster: The Real Lucky Luciano*. St. Martin's Griffin.

Orsitto, F., & Orsitto, D. (Eds.). (2022). *Italian Americans in Film: Establishing and Challenging Italian American Identities*. Springer Nature.

Paoli, L. (2003). *Mafia Brotherhoods: Organized Crime, Italian Style*. Oxford University Press.

Paoli, L. (2008). *Mafia Brotherhoods: Organized Crime, Italian Style*. Oxford University Press.

Phillips, G. D. (2004). *Godfather: The Intimate Francis Ford Coppola*. The University Press of Kentucky.

Pileggi, N. (1985). *Wiseguy: Life in a Mafia Family*. Simon and Schuster.

Renga, D. (2013). *Unfinished Business: Screening the Italian Mafia in the New Millennium*, University of Toronto Press.

Renga, D. (Ed.). (2011). *Mafia Movies: A Reader*. University of Toronto Press.

Reppetto, T. (2004). *American Mafia: A History of Its Rise to Power*. Picador Paper.

Russo, G., & Picciarelli, P. (2019). *Hollywood Godfather: My Life in the Movies and the Mob*. St. Martin's Press.

Ruth, D. E. (1996). *Inventing the Public Enemy: The Gangster in American Culture, 1918-1934*. University of Chicago Press.

Saint Victor, J. de. (2012). *Un Pouvoir invisible, les Mafias et la Société Démocratique (XIXe-XXIe Siècle)*. Gallimard.

Santopietro, T. (2012). *The Godfather Effect: Changing Hollywood, America, and Me*. Applause.

Schoenberg, R. J. (1992). *Mr. Capone*. William Morrow and Company.

Schwarz, T. (2007). *Hollywood Confidential: How the Studios Beat the Mob at Their Own Game*. Taylor Trade Publishing.

Seal, M. (2021). *Leave the Gun, Take the Cannoli*. Gallery Books.

Server, L. (2018). *Handsome Johnny: The Life and Death of Johnny Rosselli: Gentleman Gangster, Hollywood Producer, CIA Assassin*. St. Martin's Griffin.

Shadoian, J. (2003). *Dreams and Dead Ends: The American Gangster Film* (Revised edition). Oxford University Press.

Sifakis, C. (2006). *The Mafia Encyclopedia*. Infobase Publishing.

Spado, O. (2019). *The Accidental Gangster: From Insurance Salesman to Mob Boss of Hollywood*. Wild Blue Press.

Sterling, C. (1990). *Octopus: The Long Reach of the International Sicilian Mafia*. W. W. Norton & Company.

Thompson, D. (2012). *The Dark Heart of Hollywood: Glamour, Guns and Gambling - Inside the Mafia's Global Empire*. Mainstream.

United States Treasury Department Bureau of Narcotics. (2007). *Mafia: The Government's Secret File on Organized Crime*. Harper.

Wilson, E. (1976). *Sinatra*. Signet.

Wilson, R. (2014). *The Gangster Film: Fatal Success in American Cinema*. Wallflower.

Wolf, G., & DiMona, J. (1975). *Frank Costello: Prime Minister of the Underworld*. Hodder & Stoughton Ltd.

Yablonsky, L. (1989). *George Raft*. Mercury House.

Yacowar, M. (2005). The Sopranos and the American Dream. *Queen's Quarterly*, cxn/3, 383-392.

Zuckerman, I. (1972). *The Godfather Journal*. Manor Books.

中文参考文献

埃里克·高德曼：《好莱坞的犹太人》，王诗源译，世界图书出版公司，2015年。

艾瑞克·霍布斯鲍姆：《原始的叛乱：十九至二十世纪社会运动的古朴形式》，杨德睿译，社会科学文献出版社，2014年。

奥尔特加·加塞特：《大众的反叛》，刘训练、佟德志译，山西人民出版社，2020年。

彼得·比斯金：《逍遥骑士，愤怒公牛》，严敏等译，文汇出版社，2008年。

彼得·毕斯肯德：《低俗电影》，杨向荣译，广西师范大学出版社，2006年。

大卫·斯卡贝克：《黑帮的逻辑：帮派治理美国监狱秘辛》，李立丰译，中国政法大学出版社，2016年。

大卫·索斯韦尔：《有组织犯罪的历史：黑帮的真实故事》，邱颖萍译，文汇出版社，2012年。

大卫·汤普森、伊恩·克里斯蒂编：《斯科塞斯论斯科塞斯》，谭天、杨向荣译，广西师范大学出版社，2005年。

蒂埃里·克雷坦：《黑手党》，许铁兵、钟震宇译，中央编译出版社，2013年。

甘贝塔：《解码黑社会》，任羽中、匡国鑫译，华夏出版社，2011年。

何秉松：《有组织犯罪研究》（第一卷），中国法制出版社，2002年。

劳伦斯·S. 弗里德曼：《谁在敲我的门：马丁·斯科塞斯的电影》，王芫译，上海人民出版社，2010年。

梁茂信：《美国移民史新论》，社会科学文献出版社，2019年。

罗贝尔·萨维亚诺：《蛾摩拉》，赖盈满译，人民文学出版社，2010年。

罗伯特·约翰逊：《弗朗西斯·福特·科波拉评传》，陈守枚、陈进译，中国电影出版社，1998年。

罗杰·科曼、吉姆·杰罗姆：《剥削好莱坞》，黄渊译，上海译文出版社，2010年。

马丁·戈斯克、理查德·哈默：《最后的遗言：美国黑手党首领卢西亚诺的一生》，张志明等译，北京出版社，1980年。

马里奥·普佐：《教父》，姚向辉译，江苏文艺出版社，2014年。

马里奥·普佐：《教父2：西西里人》，祁阿红译，江苏文艺出版社，2014年。

马里奥·普佐：《教父3：最后的教父》，依廉译，江苏文艺出版社，2014年。

迈克·达什：《美国黑手党第一家族》，彭长江译，湖南文艺出版社，2011年。

米尔顿·M.戈登：《美国生活中的同化》，马戎译，译林出版社，2015年。

尼尔森·约翰逊：《大西洋帝国：一座城池的兴与衰》，宋沈黎、刘露译，人民文学出版社，2012年。

尼古拉斯·派洛基：《盗亦有道》，贾令仪、贾文渊译，法律出版社，2012年。

乔安妮·雷塔诺：《九面之城：纽约的冲突与野心》，金眈眈、许多、刘蕾译，中国人民大学出版社，2020年。

秦宝琦：《洪门真史》（修订本），福建人民出版社，2000年。

塞尔温·赖布：《五大家族：黑手党帝国兴衰史》，程涛、钱坤译，江苏人民出版社，2013年。

素德·文卡特斯：《城中城》，孙飞宇译，上海人民出版社，2016年。

托马斯·索威尔：《美国种族简史》，沈宗美译，中信出版社，2011年。

托马斯·英格利希：《狂欢至死：美国黑手党在古巴最后的冒险》，阎纪宇译，九州出版社，2014年。

伊恩·布鲁玛：《日本之镜：日本文化中的英雄与恶人》，倪韬译，上海三联书店，2018年。

约翰·迪基：《歃血兄弟：意大利黑手党的兴起》，付强译，重庆大学出版社，2013年。

约翰·迪基：《意大利黑手党的历史》，王莉娜等译，华东师范大学出版社，2012年。

张爽：《有组织犯罪文化研究》，中国人民公安大学出版社，2012年。

珍妮·M.琼斯编：《教父电影全剧本》，高远致译，黄尤达校订，北京联合出版公司，2019年。

中国人民政治协商会议上海市委员会文史资料工作委员会编：《旧上海的帮会》，上海人民出版社，1986年。

后记

这本书是一个礼物。这本书是两个人相遇的结果。我的博士论文研究了意大利导演塞尔吉奥·莱昂内的西部片，当时没能在论文中写他的《美国往事》。2018 年，乐乐来到这个世界，我希望他未来哪怕不学我这个专业，也能读懂一本我写的书。想来想去，我想把黑帮片这本书写完。希望他长大之后，可以看懂电影中的忠诚、情义和背叛，也明白社会运转的某些规则。

莱昂内用了很长时间筹备《美国往事》，他做了大量关于美国的意大利黑手党和犹太人黑帮的研究工作，这引领着我进入了电影与有组织犯罪之间这个隐蔽的世界。2012 年，Magasa 创立电子杂志《虹膜》，约我开一个专栏，我正式开写"黑帮艺文志"。在一年多时间中，我主要写了阿尔·卡彭。写专栏期间，我对故事中每一个登场的黑帮人物都做了详细的研究。2015 年，我调入北京大学艺术学院，这个写作项目中断。这期间我曾把专栏给述平老师，他读后觉得不错。2019 年，三联中读希望我能做一个音频节目，我提出可以把这个计划继续下去。黑帮片不是特别大众化的选题，只能吸引一部分专业影迷，感谢俞力莎的支持。马玉洁、普光子和张晓琦三位编辑参与了音频节目的编辑工作。这个节目的录制贯穿了新冠疫情前两年的夜晚，我几乎每次都是在处理完行政工作，等乐乐睡熟之后，才能开始录制。在那个到处是棉签、酒精和口罩的时期，工作和学术压力很大，我始终无法全力投入栏目的创作，栏目很难达到我的预期，节目断断续续地更新，特别感谢当时包容我、催促我的听众。音频录制结束后，当时三联中读的图书编辑段珩，约我见了中信出版社的张益。张益有丰富的出版经验，他的信任推动我下决心把这本书稿尽快修订出版。然而，我基本上失去了对时间的管理，书稿修改计划一再延宕。在修改过程中，我曾邀请好友大奇特帮我通读了全书，他是电影史专家，对许多细节进行了校订。我曾为每一期音频节目准备了详细的剧照和历史照片，但在出版之前，陈思航博士协助我重新查找了大量图片。三联中读的赵翠后期对接这本书的出版，她介绍了本书的责编史磊，我与史磊从未谋面，但他的工作方式、态度和效率，让我在每次沟通之后，都对这本反复推迟的书增加一点信心与动力。感谢所有这些朋友对这本书做出的工作。

从初中时看《英雄本色》和《赌神》系列，到大学时看《教父》系列、看《疤面煞星》、看《古惑仔》系列，我像那一代在录像带、VCD和DVD中长大的许多人一样，对黑帮片情有独钟。我曾在苗炜老师的节目中聊过这个话题。我尽可能查找了中文、英文、法文、意大利文、日文关于黑帮片和有组织犯罪的各种材料，包括人物传记、有组织犯罪的学术研究、犯罪史、美国史、媒体报道和电影史著作，我曾到日本立命馆大学图书馆查找日本雅库扎电影的早期资料。正是这些材料，才将许多看不见的线索逐渐编织成一个网络。我总说，在学术界里的电影史研究，都是电影史的正面，而这本书的内容，则在电影史的背面。我希望能让更多读者认识到黑帮片与有组织犯罪之间关系的复杂性和戏剧性，故放弃了使用学术范式。尽管如此，这本书几经辗转才出版，注定挂一漏万，因为大部分内容是以音频讲稿为基础整理而成，必然有些地方词不达意，无法达到我心目中这本书最理想的样子，留下误读和错误，希望读者不吝指正。

2024 年 10 月 2 日